乾隆帝（1711 年 9 月 25 日 — 1799 年 2 月 7 日）
大清王朝帝四位皇帝，雍正敘齒第四子。

雍正身著便服、手持如意之畫像

雍正帝戎裝像

雍正大傳

ᡥᡡᠸᠠᠯᡳᠶᠠᠰᡠᠨ ᡨᠣᠪ

關河五十州 著

康熙帝（1654 年 5 月 4 日 — 1722 年 12 月 20 日）
大清王朝第二位皇帝，雍正之父。

雍正帝坐姿畫像

雍正祭先農壇圖

允禵

（1688 年 2 月 10 日－1755 年 2 月 16 日）

原名胤禵，康熙帝敘齒第十四子，雍正同胞弟。曾任為「大將軍王」。

允禩

（1681 年 3 月 29 日－1726 年 10 月 5 日）

原名胤禩，康熙帝敘齒第八子。

允礽（左上）
（1674年6月6日－1725年1月27日）
原名胤礽，康熙帝嫡次子，第一位受立儲之皇太子。

允䄉（右上）
（1683年11月28日－1741年10月18日）
原名胤䄉，康熙帝敘齒第十子。

允祥（左下）
（1686年11月16日－1730年6月18日）
原名胤祥，康熙帝敘齒第十三子，是為怡親王。

年羹堯

（1679 年 — 1726 年 1 月 15 日）

字亮工，號雙峯，平定青海叛亂，

為雍正寵臣之一。

鄂爾泰

（1677 年 — 1745 年）

字毅庵，推行改土歸流，為雍正帝心腹大臣。

第一章

高手從來都不是天生的

一七一六年秋天，戴鐸從京城出發，前往福建出任知府，就在途經武夷山時，他遇到了一個行為古怪的道士，並立刻產生了與之交談的興趣。

在小說《紅樓夢》中，開篇一出場的就是一僧一道，即癩頭跣腳的癩僧、跛足蓬頭的跛道。別看他們的形貌無法讓人恭維，且舉止怪異，瘋瘋癲癲，卻神通廣大，小說中的主要人物每到窮途困厄時，他們就會出來指點迷津或為之化解困境。

小說雖為虛構，卻也反映了那個時代的一種觀念，當時人們認為，很多仙道高僧就隱藏在民間，他們通常舉止怪異，卻能夠先知先覺，預言人之禍福，指點命運玄機。戴鐸對道士的興趣就來自於此：既然眼前這位道士也極可能是個奇人異士，自然就能夠洞悉許多關於未來的秘密。

在履任知府前，戴鐸是京城清客。在《紅樓夢》中，賈府常年養著一群文人，此即所謂清客。小說中有個叫詹光的清客，平時對賈寶玉父子百般奉承討好，乃至醜態百出，但等到賈府失勢，他就馬上辭職離開了。《紅樓夢》的作者曹雪芹顯然很不屑於這類人，據考證，他給清客起名就多帶有調侃之意，比如詹光音同「沾光」，意為沾主人家的光。

其實如果把清客單純地看成一種用於謀生的職業，就沒必要如此糾結了，更何況清客也分三六九等，既有詹光這樣才質鄙陋，只能起個幫閒解悶作用的低等清客，也有頗具才能和眼光的上等清客。戴鐸就是可以為幕主出主意的幕僚，他在主人家也有著相當的地位，出任福建知府即為幕主所薦。

戴鐸要讓道士算的，是幕主將來的前程如何。道士卜算之後告訴他：「乃是一個『萬』字命。」「萬」字命，就是說戴鐸的幕主將龍飛九五，進入大內，成為至高無上的皇帝。戴鐸聽了大喜過望，但他一直到與道士分別，都沒有把幕主的真實身份告訴對方：皇四子胤禛！

嚴苛的教育方式

話說康熙皇帝有一年微服出宮，見漢人衛某之妾長得漂亮，便召其入宮，大加寵幸。衛某也因妻而貴，簡升為御前侍衛，他老婆隨即給康熙生了個兒子，也就是胤禛。

這是野史中對胤禛身世的一段描寫，按照其中的說法，胤禛並不是康熙的親骨肉，而是「衛家兒」，生父為衛某。

相對於野史，正史中卻記載得相當明確，胤禛於一六七八年誕生於宮中，生母為烏雅氏，滿洲正黃旗人，胤禛是她生的第一胎男孩兒。可以用來駁斥「衛家兒」的另一個依據，是胤禛出生那年，正值康熙平定三藩之亂的關鍵階段，吳三桂已在衡州稱帝，從來不肯廢於政事的康熙忙於打擊三藩尚嫌精力不夠，又有什麼餘暇跑到宮外去勾引別人老婆？

康熙十二歲大婚，在生育前幾個子女的時候，他自己其實都還只是一個發育並不完全的少年，皇后和妃嬪們與他年歲相仿，在生理上也不成熟，這種情況下所結合生育的子女，往往在身體條件上先天就存在嚴重不足，缺陷很多，以至於再怎麼精心護養也無濟於事。康熙的頭六個子女都是他在十八歲以前生養的，這些子女也都無一例外地在四歲以前就夭亡了。

胤禛誕生時，康熙已有了十個兒子，但能夠健康成長的皇子只有胤禔、胤礽、胤祉三人，按照清代皇室規矩，皇子夭折，即不敘齒，也就是不再按年齡長幼在兄弟中排行，這樣一來，胤禛便成了皇四子。

胤、禛二字在字典裡都屬於生僻字，胤禛兄弟們的名字也一樣，看上去怪怪的，這主要是因為他們一旦被起名，人人就都要避諱其名字，甚至於連同音也不行。清代著名詞人納蘭性德本名納蘭成德，由於「成」與胤礽的礽（既可讀「仍」也可讀「成」）音同，所以只能改「成」為「性」。皇帝這麼多子子孫孫，只能多從生僻字中挑選，如此才能盡可能減少日常生活中因避諱而造成的不便。

胤字是輩字排行，康熙一共有三十五個兒子，得以敘齒的二十個皇子用的都是這個字。禛字按辭典解釋是「以真受福」，表示康熙希望他能夠對上天和祖宗真誠，以此得到福佑。

從胤禛及其兄弟們被起名那一刻起，就註定他們的人生將與普通人完全區分開來，但這並不是說他們能坐享其成，恰恰相反，他們從小就必須接受極其嚴格的皇家教育和訓練。以胤禛為例，他自四歲起即入尚書房讀書，學習滿、漢文和以四書五經為主要內容的文化課程，同時接受騎射、游泳等軍體課目的訓練。

康熙一朝，宮廷中有很多服務於皇室的西方傳教士。法國傳教士白晉當年耳聞目睹，包括胤禛在內，所有皇子的老師都是精挑細選出來的飽學之士。胤禛先後師從的老師分別有顧八代、張英、徐元夢等，與胤禛關係最密切的顧八代官至禮部尚書，胤禛給他的評價是「品行端方，學術醇正」。講授四書五經的張英、講授滿文的徐元夢也均官至大學士，白晉瞭解到，他們都是「翰林院中最博學的人，從青年時期就在宮廷裡培養的第一流人物」。

就這樣，康熙還不放心。他看到有些貴胄之家對兒孫過分嬌慣，結果等這些兒孫長大成人之後，不是「癡呆無知」，就是「任性狂惡」，因此對皇子的學習抓得非常緊，不僅親自檢查學習情況，有時還審閱兒子們的文章乃至當面給他們講解功課。

在康熙和老師們的嚴厲督促下，皇子們一天之內幾乎沒有任何時間可用於玩樂，他們從懂事起，唯一能夠當作娛樂和消遣的項目，恐怕就是騎馬、射箭和使用各種火器了，但那其實也是在學習，只不過是不看書罷了。

皇室這種嚴苛的教育方式，不僅把白晉看得瞠目結舌，認為「歐洲人無法辦到」，就連很多大臣見了都歎為觀止。清人趙翼有一次在朝中值早班，他在五鼓也就是淩晨四點鐘左右入朝，那時候天還沒亮，百官都未上朝，宮庭裡只有幾個打雜的在走動，趙翼自己也睡意未盡，就靠在柱子上打起了瞌睡。就在這時，他隱隱約約地看到有一盞白紗燈進入了隆宗門，一問，才知道是皇子們的早課已經開始了。

趙翼是從讀書求功名這條路上走過來的，他自認為學習已很刻苦，但還不能起這麼早，沒想到皇子們居然天天如此，他為此深受觸動，感歎：「本朝家法之嚴，皇子讀書一事，已迥絕千古。」

十全十美的皇太子

胤禛九歲那年，首次隨康熙「秋獮」，以後康熙幾乎每年都會秋獮，每次也都要指令幾位皇子侍行。所謂「秋獮」，是在塞外與蒙古王公一道打獵。法國傳教士張誠深得康熙信任，他曾先後八次隨康熙或大臣出行蒙古和關外。在一六九一年的一次，康熙不但把胤禛等年齡較大些的皇子（胤禛此時已十四歲）帶在身邊，打獵時，還叫另外四個皇子隨同前往，其中最大的十二歲，最小的才九歲。

在整整一個月裡，皇子們風吹日曬，和康熙一起終日狩獵於草原，「他們身背箭筒，手挽弓弩，時而奔馳，時而勒馬，顯得格外矯健」。在那些天裡，皇子們幾乎每天都能捕獲幾隻野味回來，就連最年幼的皇子甫一出手，也用短箭獵獲了兩頭鹿。

狩獵只是形式，「非以從禽，實以習武」。提高騎射技能，培養吃苦耐勞的能力和鍛煉意志，才是康熙執意讓兒子們參與秋獮的真正目的所在，當然，他所希望的還遠不止於此。

秋獮名為狩獵，其更大的意義是為了親近與蒙古王公的關係，用以加強北方邊防。一六九一年那次，康熙在關外最重要的活動就是舉行多倫會盟，在會盟中他成功地調解了蒙古各部的紛爭，並懾服眾心，徹底解決了蒙古游牧民族對中原的威脅。

胤禛在侍行過程中親眼見證了康熙的作為，他發自內心地對父親表示欽佩：「一人臨塞北，萬里息邊烽。」對於康熙來說，讓胤禛等人透過觀察揣摩，提高處理政事的能力和獲得一些經驗，無疑是他帶兒子們出塞的一個重要意圖。

所有良苦用心都沒有白費。一六九七年，胤禛二十歲，在這一年，法國傳教士白晉得知皇子們在學業上進步極快，別說胤禛，就連年齡最小的皇子也已學完四書中的前三部，並開始學習最後一部。一七〇七年，胤禛三十歲，皇子們大多除學業大進，還透過隨皇父巡閱四方以及奉命參與社會活動，在增長見識的同時，擁有了「進得書房，出得廳堂」的自信。

康熙望子成龍，但他萬萬沒有想到，正是這些逐漸成器的兒子，卻給他的晚年生活帶來了無窮困擾。事情還得從立儲說起，與中原王朝的嫡長子繼承制不同，滿人原本的習俗多為傳愛傳少，而且他們在入關之前也沒有建立相應的儲君制度。入關後清代的第一個皇帝順治能夠即位，乃是各派政治勢力交鋒過程中相互妥協的結果。

順治在位時，按照傳愛傳少的傳統，曾有立愛妃董鄂妃所生之子為太子的打算，但這個孩子出生三個月後就死了，不久董鄂妃也得病去世。福臨傷心欲絕，自此便再未立儲，待到順治臨終彌留之際，才由孝莊太后做主立康熙為皇太子，所以史書上說，假使董鄂妃母子尚在，「母愛子抱，神器恐非聖祖（指康熙）所能有」，江山就不一定是康熙的啦！

當年順治即位，不過是個六歲幼童，實權完全操於攝政王多爾袞之手。康熙登基時，也僅有八歲，須由四大臣輔政，四大臣中的鰲拜獨擅大權，使得康熙形同傀儡。順治父子均不甘於充當泥塑木偶，兩人都對架空他們的人恨得牙癢癢，親政後不約而同地展開反擊：順治毫不客氣地剝奪了多爾袞的一切封號，甚至下令毀墓掘屍；康熙設計逮捕鰲拜，並將其予以禁錮。

毫無疑問，順治父子都不希望曾經發生在自己身上的悲劇重演，順治欲立董鄂妃之子為太子，康熙自然也會做這方面的考慮，尤其他在除掉鰲拜後，三藩之亂又起，政局動盪不安，出於安定人心的需要，建立儲君變得更加勢在必行。

康熙是個深受漢文化薰陶，同時對漢文化也相當推崇的君主，他認識到，要想「重萬年之統，繫四海之心」，就必須擯棄過去傳愛傳少或不立儲君的習慣，學習中原王朝的嫡長子繼承制。

眾皇子中，胤禔是長子，可他是庶妃所生，在清代宮室中，庶妃是指地位很低、沒有正式封號的妃嬪，這樣胤禔就先被排除在外。皇次子胤礽比胤禔小兩歲，他是康熙的原配妻子孝誠仁皇后的兒子，足稱「嫡長子」。除此之外，還有更深一層的背景，孝誠仁是輔政大臣索尼的孫女，索尼沒有附和鰲拜擅權之舉，後來又領銜奏請康熙親政，孝誠仁也因此備受康熙寵愛。不幸孝誠仁皇后剛生下胤礽就難產死了，這種痛心與憐惜互相交織的感情，使得康熙在自己二十二歲時，就決定立尚不滿兩周歲的胤礽為太子。

「朕為上天之子，朕所仰賴者，惟上天所倚信者，惟皇太子」。自胤礽被冊立後，康熙寄予了無限期望，對他的關注和關心也遠超過其他皇子。白晉在給法國國王路易十四的一份秘密報告中透露，康熙的主要培養對象就是皇太子胤礽。

自胤礽六歲進學，康熙就專門為他挑選老師，胤礽的老師熊賜履、湯斌等人都是康熙朝著名的理學家。康熙自己平時不管政務多麼繁忙，都要抽出時間來親自給胤礽講四書五經，有一個階段，甚至在每天臨朝御政之前，還要讓胤礽當著他的面，將前一天所授的功課內容背誦複述一遍，直至熟記和融會貫通為止。

錯誤的軌道

表面看來，胤礽並沒有讓乃父失望。他八歲時，朝鮮使臣來華，帶回國的消息是未來的中國皇位繼承人既能背誦四書五經，又能左右開弓地射箭，具備著同年齡段兒童所普遍不具備的素養。

成年後，胤礽更是顯得才華橫溢，他不但熟讀詩書，通曉滿漢文字，而且嫻習騎射，康熙稱讚他「騎射、言詞、文字，無不及人處」。作為一個常居宮中的外國神父，白晉這樣描述那時人們印象中的胤礽：「他那英俊端正的儀表，在北京宮廷裡同齡的皇族中，是最完美無缺的。他是一個十全十美的皇太子，以至在皇族中，在宮廷中，沒有一個人不稱讚他。」

可惜，世上許多看似完美無缺的事物往往都經不起仔細推敲，金玉其外、敗絮其中的現象也屢見不鮮。置身於一片讚美聲中，胤礽很早開始就已經變得飄飄然，乃至無心於學業，一心只想著以後如何繼承皇位。他十三歲時，大臣董漢臣上疏，內有「諭教元良」的陳情，就是請皇帝注意太子的教育，這表明胤礽至少在學習態度上已大不如前。康熙看到奏疏後，卻根本沒有想一想自己兒子的問題，而是認為老師不稱職，胤礽的老師湯斌、耿介因而獲咎，耿介被罷官，湯斌不久病死。

由於康熙的偏愛護短，皇太子不但沒能從錯誤的軌道上及時醒悟過來，反而隨著年齡的增長，胃口和欲望不斷擴大，開始越來越熱衷於對權力的追逐。

古代宮廷本就是個權鬥的大舞臺。康熙是現在的老皇帝，來日無多，早晚歸西，太子是未來的新皇帝，如日中天，前景燦爛，這麼一看，很多人都悄悄地把籌碼放在了胤礽一頭。領侍衛大臣索額圖係前輔政大臣索尼之子、胤礽的叔舅公，由他主持，圍繞在太子周圍的擁護者逐漸形成了一股龐大勢力，此即所謂「太子黨」。

康熙那麼聰明的一個人，不可能察覺不出太子黨的蛛絲馬跡，但他仍和處理董漢臣的上疏一樣，沒有對胤礽及太子黨採取任何預防措施。康熙的這種態度和做法，在縱容胤礽的同時，也讓部分皇子及臣工從中讀出了似是而非的信號，即老皇帝其實是允許大家各自擁有勢力的。

在成年皇子中，胤禔歲數最大，「嫡長子」只缺一個「嫡」字。如果拿白晉「完美無缺」的標準來衡量，胤禔也與胤礽不相上下。據白晉說，胤禔不僅英俊聰明，才華橫溢，「有許多優秀品質和極好的天性」，而且「皇帝十分寵愛這位皇子」。能夠對此加以佐證的是，康熙兩次親征噶爾丹，胤禔都擔任了重要軍務；

內政方面，康熙巡視永定河堤時，他還曾受命負責疏浚河道。可以說，在眾皇子中，胤禔是獨立從事政務活動最多的一個，連太子都有所不及。

見胤禔有不服太子乃至挑戰太子權威的心理基礎和條件，有人便藉此乘虛而入。大學士明珠是皇長子胤禔的舅父，他為幫助胤禔，聯絡一部分重要朝臣與太子黨對立，兩派展開明爭暗鬥。康熙發現後，再不可能置之不問，為穩定皇太子的地位，一六八八年，他下旨罷斥明珠，從而結束了兩派之間的競爭。

只懲治明珠，說明康熙還沒有意識到，或者說不願意正視問題的實質所在。此後，胤礽的權勢與日俱增，也越發不知收斂。索額圖負責制定的關於太子的制度，使胤礽所擁有的規格幾乎與皇帝相同：服裝皆用黃色，要知道黃色可是皇帝的專用顏色；每年元旦、冬至等節日，胤礽在東宮升座，諸王百官須排班朝賀，進表箋，行二跪六叩首禮。

胤礽的「禮制逾常」之舉，顯示著儲權已逐漸與皇權形成了對立，但由於父子感情尚未破裂，所以康熙繼續選擇了忍而不發。直到一六九〇年八月，康熙第一次親征噶爾丹，出兵之後，因感覺身體不適，不得不回師京城，途中他想念胤礽，特將他召至行宮相見。

病中的康熙形容消瘦，身體憔悴。按照道理，看到老父這種樣子，做兒子的不說當場落淚，也應該很傷心難過才是，可是令康熙備感失望和心酸的是，胤礽在見到他時竟沒有一絲一毫的哀容——居然連裝一下都做不到！

康熙內心受到了沉重打擊，他當即讓胤礽先回京師，父子感情至此出現了裂痕，也就是從這個時候起，康熙開始重新審視他這個兒子。

真是不看不要緊，一看嚇一跳，他這才知道，原來胤礽早已養成了奇驕至奢、貪得無厭的毛病，而且性格乖戾暴躁，十三歲時，就有人說太子「剛愎喜殺人」，成人後更有凌虐宗親貴冑、朝中大臣的事發生，有時甚至鞭撻王爺貝勒。

除此之外，胤礽並不安於皇太子之位，企圖早日登極之心迫切，這也就能夠解釋當他面對病中的康熙為什麼會無動於衷了。白晉後來得知，在那次胤礽來見康熙時，胤礽的一些隨從「甚至流露出一些喜色」，原因就是他們「希望自己的主子能早日登上皇帝寶座」。

老皇帝活著的時候，是否可以提前交權給新皇帝？翻閱史書，倒也不乏其例，比如南宋時，宋高宗在盛年時主動禪位給皇太子，自稱太上皇。有一次，康熙也對胤礽說：「朕將來要把政事都交給你，然後找個山水佳處另行居住，以優遊養性，只要能時常聽到你的名字就行了。」

問題是，這種禪讓的打算只可能發生在父子感情未惡化之前，之後你還放心把祖宗留下的基業和自己拼命打下的江山，提前交到他手中嗎？

蠢蠢欲動

儘管已經認識到了事情的嚴重性，對於胤礽也「心眷愛稍衰」，但康熙始終不肯承認，正是自己不分輕重的驕縱和溺愛，才使胤礽變成了如今這種樣子，他仍像過去一樣，一廂情願地認為全是胤礽身邊人的錯，只要對這些人做出嚴厲處分，胤礽就可能幡然悔悟，改過自新。

一六九七年，康熙以「私在皇太子處行走，甚屬悖亂」為名，將胤礽身邊的膳房人、茶房人或處死，或拘禁家中。次年，為了讓胤礽產生危機感，他又授諸子以世爵，授大皇子胤禔、三皇子胤祉為郡王，授四皇子胤禛以下四名皇子為貝勒。這些世爵封號均非徒有虛名的空銜，而是各自都能分到若干佐領，也能參與政務。

可是康熙的這一系列措施並沒有能夠完全起到他意想中的作用和效果。處死胤礽身邊人事件和授爵，只是使太子黨和太子地位受到削弱，但胤礽依然故我，貪財好利、暴戾不仁的壞毛病一個沒改，連隨康熙南巡期間都不知遮掩。一七〇五年，胤礽隨康熙南巡至江寧，因江寧知府陳鵬年供奉比較簡單，胤礽惱怒之下，竟要將其處死，後經人援救，陳鵬年才得以倖免。

與此同時，胤礽和康熙之間的父子關係也沒有得到改善。受封的皇子們若單就文武兼備的才能而言，幾乎個個都不差，以前胤礽被封太子，因為係皇父所封且權勢顯赫，多數人都只能把各種羨慕忌妒恨的念頭藏在心裡，安分守己地過著日子，現在一看胤礽失勢，而自己突然受封，似乎又有取東宮之位而代之的希望，於是其中的幾個兄弟便蠢蠢欲動起來。

最起勁的是周圍曾聚集著以明珠為首的派別，有能力與太子分庭抗禮的大皇子胤禔。此次皇子授爵，胤禔被封直郡王，三皇子胤祉雖然也同時被封郡王，但不久就因罪被降為貝勒，所以在眾兄弟之中除太子，以胤禔的爵位為最高。如此種種，令胤禔認為自己取代胤礽的希望最大，他迷信厭勝術（民間一種用詛咒來加害他人的巫術），在訪得胤祉的下人、牧馬廠蒙古喇嘛巴漢格隆會厭勝術後，他便將巴漢格隆請來「施法」，指望以此咒死胤礽。

其次是八皇子胤禩。胤禩也是深受康熙喜愛的皇子，年方十八歲即被授予貝勒，是封爵皇子中年齡最小的一個。當年康熙宣導仁政，胤禩即以仁愛自勵，同時他在南方士人中也享有很好的聲譽，名士何焯在胤禩府中侍讀，後因丁憂返回原籍，胤禩不僅多次給何焯寫信，囑其節哀，還委託何焯的弟弟在南方幫他採購圖書。事情傳開後，「文士都說胤禩極是好學，極是好王子」。

回過頭來看，胤禩好學和喜歡招賢納士可能是真的，仁愛卻未必，因為他像胤禔一樣覬覦儲位，也一樣不擇手段地想弄死自己的兄長。京城裡有個叫張明德的相師，被人薦到胤禩府中看相，他先誇胤禩是「貴相」，接著說「皇太子暴戾，若遇我，當刺殺之」，同時還吹噓自己有十六個武藝高強的好友，只要招來一兩個就能刺死太子。

如果張明德不是得知了什麼風聲，或是透過察言觀色瞭解了胤禩的心思，他怎麼敢當著胤禩的面說這種話？果然胤禩聽了不但不表示驚訝或憤怒，反而還很高興，過後又把張明德的話轉告給了與之交厚的弟弟胤禟、胤禵。

除了企圖暗殺胤礽，那段時間，很多皇子都和王公聯合起來對胤礽進行揭發。關於胤礽品行不端的傳言越來越多，連朝鮮使臣都從中瞭解到不少，比如胤礽「多受賄賂」、「沉湎酒色」、「事事牟利」等。這其中最令人震驚的是，胤礽居然還有亂倫和養孌童的行徑，康熙知道後很是氣憤，坦承自己平時從不允許宮外的婦女隨意出入宮內，也不讓容貌姣好的少年隨侍左右，誰知兒子卻如此變態，實在是想不到，「今皇太子所行若此，朕實不勝憤懣」。

發現太子成為眾矢之的，地位不穩，康熙似乎也流露出了易儲意圖，太子黨的智囊團首領索額圖便慫恿胤礽先下手為強，發動政變。不料事情洩露，康熙先發制人，傳令刑部將索額圖及其黨人盡行拘捕，罪名是「議論國事，結黨妄行」。康熙認為正是索額圖挑撥離間和慫恿，才使他和胤礽父子離心離德，如果不是自己及早察覺，甚至可能釀成政變，因此對索額圖切齒痛恨。索額圖被捕後不久就神秘地死於獄中，但康熙餘恨未消，多年後仍說「索額圖誠本朝第一罪人也」。

戒急用忍

隨著索額圖的死，太子黨煙消雲散，康熙並沒有真的易儲，胤礽也仍然以太子的身份隨侍皇父外出巡幸。一切似乎都重新歸於平靜，然而這只是表象，實際情況卻是父親猜忌兒子，兒子怨恨父親，他們之間的關係更趨惡化。

一七〇八年夏天，康熙巡行塞外避暑，命胤礽等皇子隨行。其間，一到晚上，胤礽就圍著康熙的帳篷轉，從帳篷的縫隙中窺視皇父的動靜，康熙發現後，懷疑胤礽是想為索額圖復仇，繼續策劃政變。

康熙八歲登基，十四歲親政，此後經歷過無數的驚濤駭浪，但他從來沒有設想過，自己最疼愛的兒子會給自己造成致命威脅，這使他簡直有一種防不勝防之感——「朕未卜今日被鴆，明日遇害，晝夜戒慎不寧」。

思前想後，康熙不得不痛下決心。返程路上，他突然在行宮前召集諸王大臣，然後命令胤礽跪下，接著便老淚縱橫地公佈了皇太子不仁不孝的各種罪狀，末了說：「朕之天下，斷不可以付此人！」說完痛哭倒地，大臣們急忙上前將他扶起。

稍稍穩定心神後，康熙宣佈皇太子胤礽沒有資格接受祖宗創立的基業，將其廢黜並加監禁，「乘朕身體康健，定此大事，著將胤礽即行拘執」。廢立太子關乎國本，本應到京城祭告天地後再宣之於眾，康熙如此急行廢黜，是因為他覺得自己對於皇太子的劣行已經容忍了二十年之久（從胤礽十三歲時，胤礽的老師湯斌、耿介獲咎算起），到了忍無可忍，無法再忍的地步。

康熙不知道的是，太子一廢，才算真正拉開了皇室紛爭的序幕，包括四皇子胤禛在內的其他皇子全都被捲入了這場漩渦之中。

胤禛曾經一再強調，自己從小受乃父異眷，是由康熙親自撫養長大的，而其他兄弟則多托人視養，因此從小其他兄弟就對他很敬愛。胤禛這麼說，並非是在沒有根據地信口胡吹，內務府總管馬武侍候康熙五十年，他就負責照應幼小的胤禛，而且「抱扶服事，備極小心」。胤禛兒時也很受康熙喜愛，據說他八歲那年得了一場病，其時康熙正在秋獮，聞訊一晝夜就趕回京城探視。

只是隨著年歲增長，胤禛在皇父心目中的位置開始悄然下降。野史中說是因為他嗜殺外國進貢的小白鼠，而康熙素來寬厚仁慈，發現後對他日益嫌惡疏遠。胤禛受到皇父冷落，脾氣發作，便乾脆離家出走，在外面待了一段日子。

關於胤禛嗜殺小白鼠的事，正史中無此記載，而且皇子與普通人家的孩子不同，不是想出宮就能出宮，但這個故事還是揭示出了其中的一個實情，那就是在胤禛逐漸長大後，康熙確實不太喜歡他了。

不喜歡的明顯跡象來自皇子授爵，胤禛雖被封為貝勒，但受封郡王的胤祉只比他年長一歲，同時比他小三歲的胤禩也封了貝勒。胤禛不能被封王的原因跟小白鼠毫無關係，而是康熙發現他從幼時開始就有兩個缺點，一是性格急躁，「為人輕率」，二是「喜怒不定」。有此兩點說明胤禛平時遇事不沉著，情緒起伏大，容易說過頭話，辦過頭事，這顯然不符合康熙對於皇子的要求。

大約在授爵的前幾年，康熙便訓誡胤禛遇事務必「戒急用忍」，避免「喜怒不定」。胤禛當即將「戒急用忍」四字書寫出來，置於居室，以便朝夕觀覽，他這麼做倒不僅僅是為了迎合或敷衍皇父，而是確實認識到了自己的缺點並想予以改正。

在以後很長的一段時間裡，胤禛都能依靠堅忍的毅力來鍛煉自己，竭力克服身上所存在的毛病。他自云少年時就喜歡閱讀佛家典籍，成年後不但更事研討，而且還雇人代自己出家，擁有所謂的替僧。有人認為，禪學在胤禛性格修煉的過程中也確實起到了很大作用。

三十歲後的胤禛做事雖然仍非常感性，但一般情況下，都表現得城府極深，喜怒不形於色，也很少犯急躁和感情用事的毛病。他自己總結道：「經歷世故多年，所以動心忍性處實不尋常。」如果引為教育學的案例，他和胤礽恰是一正一反，一個生來脾氣急躁，控制不住自己的情緒，因為批評和周圍環境的壓力，有了脫胎換骨式的變化和進步；另一個原本可能沒有急躁之病，但在長輩的溺愛和鮮花掌聲中逐漸迷失方向，反而變成了一個乖戾暴躁的人。

皇子們成年後，康熙主要把精力放在胤礽等人身邊，對胤禛關注不多。就在廢黜太子的這一年，他在對兒子們進行點評時，又老話重提，說胤禛「喜怒不定」。在康熙可能就是這麼一說，但胤禛意識到如果不改正皇父的這一評價和成見，對自己的影響將會非常之大——當時官場上考核官員有一條標準，叫作「浮躁」，倘若哪個官員得到這樣的評語，官往往就做不成了。官員尚且不能浮躁和喜怒不定，一個皇子豈能連官員都不如？

他急忙啟奏道：「當初聽到皇父關於我『喜怒不定』的訓誡時，我深感慚愧，不過此後一直反省並改正著錯誤。這十餘年來，性格已經基本穩定，居心行事也不像幼時那樣忽喜忽怒了，所以皇父您也未就這方面再批評過我。鑒於『喜怒不定』四字關乎我的生平，請皇父不要將這一諭旨記載在檔案裡。」

康熙聽後回想了一下，覺得確如胤禛所言，於是傳諭：「十餘年來，實未見四阿哥有喜怒不定之處，此語（即『喜怒不定』）不必記載。」

探測器

太子廢黜事件發生時，胤禛沒有隨康熙出巡，他和胤祺奉命「在京辦理事務」。

從前因為胤礽儲君的地位，胤禛對其十分恭敬，但胤礽根本不把他放在眼裡，對之非常輕視鄙薄。如今胤礽一變而為階下囚，胤禛就算不藉機報復，只是坐而觀之，於情於理也都說得通，然而就在多數兄弟幸災樂禍，全都忙著對胤礽落井下石的時候，胤禛卻一反常態，表現得十分著急——不是急著要繼續把胤礽往深坑裡推，而是為太子將另易他人而不安。

胤禛和胤礽的關係雖然一般，但至少不對立，而且兩人已有君臣名分，以後胤礽做了新皇帝，就是待胤禛再不好，也壞不到哪裡去。胤禔、胤祺受父親喜愛，地位明顯超過胤禛，胤礽被廢，新太子既輪不到他胤禛，他和胤禔、胤祺的關係也不密切，太子換人後，又需要建立新的君臣關係，這對他並沒有好處。

在自身與儲位無關，連替補都難以指望的情況下，胤禛自然不願意出現新太子。與此同時，雖然大家都覺得胤礽已無翻身之日，但胤禛隱隱察覺出其中似乎還有變數：要是父親突然改變主意呢？到時太子依舊是胤礽，自己在其倒楣的時候幫助他，無異於進行了一筆所費不多，然而收效可能很大的感情投資。

是不是可以幫胤礽說話，康熙的態度無疑舉足輕重。在康熙一行返京途中，廢太子胤礽本由胤禔看守，回京後，康熙除下旨將胤礽繼續予以拘禁，規定未經許可，不准他與任何人見面，還命胤禛與胤禔共同看守。

此時康熙對廢太子的態度其實很矛盾，他始終自欺欺人地希望胤礽只是被周圍人所蠱惑，甚至是因為腦子一時糊塗才做出了蠢事。在這種心理支配下，他自己固然可以對廢太子生殺予奪，但其他人要想對胤礽不利，實際是他內心非常不願意看到的。

胤禔在出巡和返京途中，受康熙之命擔負保駕和看守胤礽之責，由此給他造成了一個很大的錯覺，即以為自己已是未來儲君的最佳人選。由於過於興奮，他根本未體察到康熙複雜的內心世界，只是一心想著如何儘快弄死胤礽。康熙心思敏銳，豈能看不出來，他立刻對胤禔失去了好感。在行宮宣佈廢黜太子時，針對朝臣中有人猜測胤禔是否能當太子，他明確表示「並無欲立胤禔為皇太子之意」，而且指出胤禔「秉性躁急愚頑」，沒有資格做皇太子。

早在返京時，康熙就已安排親信侍衛直接看管胤礽，回京後讓胤禛參與看守，也未嘗沒有牽制和提防胤禔的考慮。接到看守任務後，胤禛親自給關在牢房中的廢太子送去了一碗羹湯。門衛或許是受到過相關的囑咐或暗示，對此加以阻止，胤禛推開門衛，一邊走一邊說：「我只知道盡兄弟之情，不知道顧及什麼個人的利害得失！」

這件事自然很快就被奏報給了康熙，康熙不但沒有不高興，還對胤禛的行動頗為贊許。一碗羹湯猶如探測器，讓胤禛進一步確認康熙對於廢太子只是恨鐵不成鋼，而絕沒有要置之於死地的打算，保護廢太子的正當利益，對自己有益無害。

康熙回京後，親自撰寫祭告天地太廟社稷的文書，說明廢黜太子的原因，寫完了他讓人拿給胤礽看。胤礽雖處絕境，態度倒還很倔強，說：「我的皇太子之位本就是皇父給的，皇父要廢就廢，何必告天？」胤禔把這個話轉奏給康熙，康熙大為惱火：「做皇帝是受天之命，這樣大事，怎能不告天，胤礽如此胡說，以後他的話不必上奏了！」

胤禔將此諭旨傳達給胤礽，胤礽知道胤禔對他不懷好意，如果父親盛怒之下真的對他不聞不問，自己的境遇極可能更為糟糕，於是連忙請胤禔替他傳話：「皇父若說我別樣的不是，事事都有，只弒逆的事，我實無此心，須代我奏明。」

胤禔正為胤礽又一次掉到溝裡感到高興，哪肯給他幫忙，當即便以皇父已有旨意在先為由，嚴詞厲色地加以拒絕。

弄巧成拙

胤禛雖不願意胤禩當新太子，但為了避免將來吃虧，他同胤禩一派也保持著若即若離的關係，胤禛的門客馬爾齊哈作為雙方的聯絡人，與胤禩一直往來密切。

這時除了胤禛，胤禩一派皇子也或多或少地看出，康熙對廢太子尚留有餘地。依附於胤禩的九皇子胤禟對胤禛說：「這件事關係重大，我們似乎還是應該代奏才是。」胤禛完全同意：「九阿哥你說得對，即使我們因代奏得了不是，也該替他（胤礽）奏明。」

兩個人去找胤禔商量，可是胤禔仍不肯答應代奏，胤禛見狀便下決心說：「你不奏，我就奏。」

胤禔拗不過，只得同意代廢太子陳奏。康熙聽後說你們奏得對，下旨把套在胤礽脖子上的鎖鏈給拿掉了。

代奏一事，對康熙和廢太子之間的感情疏通起到了積極作用，雖然只有廢太子是直接的受益者，卻間接讓胤禎在康熙面前贏得了好感，除此之外，胤禎的仗義直陳，也給眾人留下了重兄弟義氣，敢講實話的良好印象。

對於廢黜太子，康熙的感受完全可以用一句「打在你身，痛在我心」來形容。自將胤礽廢立拘禁起，一連六天，他都輾轉反側，整夜整夜地失眠，到了第七天，他諭告群臣，說胤礽的種種舉動，「竟類狂易之疾，似有鬼物憑之者」，也就是他認為胤礽其實是中了邪，而不是本心有什麼問題。

康熙此語既是在為胤礽開脫，顯然也是因為他實在無法接受殘酷的現實，而必須找個名目讓他自己得到安慰。如果胤禔能靜下心來，仔細揣摩一下，不難領悟得到，只可惜這位大皇子已被爭儲鬥爭弄得頭腦發昏，哪裡還能想到這一層？不過鑒於康熙明確表示不會立他為太子，胤禔在失望之餘，便轉而支持親近自己的人當太子。

按照清宮制度，為了避免母子關係過於親密，從而聯合起來有所企圖甚至謀求皇位，後妃生了孩子後，必須交給另外的後妃去撫養，即親生的母親不能直接撫養親生的兒子。胤禩兒時為胤禔生母惠妃所撫養，兩人由此結納，早在太子被廢黜之前，他們便聯合起來共同對付太子，胤禩接受相面等府中秘密，胤禔也都知道。

胤禔向康熙保薦胤禩為太子，為了打動康熙，他竟然把張明德為胤禩相面，說胤禩「後必大貴」的事都和盤托出，並且自告奮勇可以充當處死胤礽的幹將，「今欲誅胤礽，不必出自皇父之手」。

康熙知道胤禔對胤礽有敵意，但尚未料到他的殺心如此之重，不由又驚又怒，當場痛斥胤禔「不諳君臣大義，不念父子至情」，是「亂臣賊子，天理國法，皆所不容」。

胤禔的話讓康熙變得無比沮喪。他不僅是對胤禔徹底失望，還因為從中意識到胤禩也參與了這場儲位之爭，而且很可能已與胤禔聯合，密謀「聚集黨羽，殺害胤礽」。

在廢黜胤礽，對胤禔又失去好感的情況下，康熙確曾一度寄望於胤禩。廢黜皇太子的第四天，他即讓胤禩署理內務府總管，負責對前任內務府總管凌普進行審查。

凌普是胤礽乳母的丈夫，康熙任用他，是出於對胤礽的溺愛，方便胤礽指使內府下人和使用宮中財物，結果凌普便也藉著太子的勢力多行貪婪不法之事。胤禩接任內務府總管，是皇家出現重大事情時的非常任命，總管人選都得是皇帝信得過的才行。對胤禩而言，不僅是一種榮耀，也是他進一步獲得儲位的信號和機會。

胤禩在太子被廢之前，恨不得找人刺殺兄長，負責審查牽涉到胤礽的案件後，卻又想在大庭廣眾之下收買人心，以突出自己的仁愛和肚量。為此，他準備包庇凌普，草草了結此案，只可惜在老到的康熙面前，這點伎倆還是顯得太嫩了一點。康熙聽完上奏後，一眼便識破了胤禩等人的心思：「凌普貪婪巨富，眾所周知。你們的調查根本就是草草了事，如此欺騙朕，朕必斬爾等之首！」又說：「八阿哥到處博取虛名，凡是朕寬宥及施以恩澤的地方，他都要歸功於己，不過就是想讓別人都稱讚他罷了。」

胤禔、胤禩彷彿是一個過左，一個過右，卻都沒有能夠逃脫自作聰明、弄巧成拙的窠臼。營私舞弊，與君父爭人心，僅此兩點，就足夠讓康熙對胤禩失望了，偏偏胤禔這個豬隊友還來添亂，等於是把胤禩的活路給徹底堵死了。

康熙循著相面的線索順藤摸瓜，除將相師張明德處死，進而在乾清宮召集眾皇子，當眾指斥胤禩「妄蓄大志」，陰謀奪嫡，下令予以鎖拿，交議政處審理。

胤礽被廢黜後，凡是已經涉足政治舞臺的皇子，大多已被自覺不自覺地捲進了這場漩渦，其中一類是自己想當皇太子，如胤禔（被康熙否決前）、胤禩，另一類是見自己當皇太子無望，就公開或暗中向他們所支持的人靠攏。九皇子胤禟、十四皇子胤禵即為後面一類，他們與胤禩素來交厚，也實際參與了張明德案，二人甚至私藏毒藥，準備一旦胤禩遭遇不測，就陪著胤禩同歸於盡。

眼看著胤禩要倒大楣，胤禟忙暗示胤禵：「爾我此時不言，何待？」兩人向康熙陳奏：「八阿哥無此心，臣等願保之。」

康熙一聽，這種時候居然還有人組團替胤禩幫腔，很是惱火，斥責道：「你們兩個要指望他（胤禩）做了皇太子，日後登極，封你們兩個為親王嗎？你們的意思是說你們有義氣，都是好漢子，我看來都是梁山泊的義氣！」

胤禵性格較為耿直，遭到斥責後，當眾便詛咒發誓，說願以一死證明自己絕無依附別人當親王的想法，因為激動，他在言語舉止間對康熙有些衝撞和冒犯。康熙大怒，當即拔出身上的小刀對他說：「你要死，如今就死！」

發現場面失控，五皇子胤祺趕緊跪上前將康熙抱住，其他皇子也都叩首懇求。康熙怒氣稍解，但在收了小刀之後，又拿著板子要打胤禵。胤禟跪上前抱住，被康熙連打兩個巴掌，整個臉都紅腫起來。最後胤禵仍挨了鞭笞二十板，被與胤禟一起逐出宮外。

狩獵場

胤禩在接受審理時，承認了張明德給他相面一事，康熙對此做出處理：「貝勒胤禩聽了張明德那樣的妄言，竟然不上奏報告，著革去貝勒，為閒散宗室。」

對胤禩的懲罰，和廢黜胤礽一樣，其實也是康熙在往自己身上插刀。想到自己最器重的這三個兒子，或自甘墮落，或包藏禍心，多年來的傾心培育、用心呵護轉眼成空，康熙幾有痛不欲生之感。與此同時，胤禟、胤禵聯手為胤禩求情一事，又使他敏銳地覺察出，其他皇子可能也都或明或暗地參與了奪嫡鬥爭，而這正是他最感恐懼之處。他平時把皇子們帶到塞外狩獵場，為的是要提高禦敵技能，何曾想到有一天皇宮也會變成狩獵場，皇子們相互獵殺對方乃至對他這個君父都形成威脅呢？

康熙熟讀史書，想當年，齊桓公為春秋五霸之首，功業何等顯赫，不料在他死後，五個公子忙於爭奪王位，居然不給老子辦葬禮，齊桓公的屍首被扔在床上達六十七天，最後屍蟲都從窗子裡爬了出來！史書中描述的情景令康熙不寒而慄，在他親自撰寫的祭告天地太廟社稷文書中，特地聲明「臣雖有眾子，遠不及臣」，表示所有皇子都不令他滿意，所以不會立即再立太子，意思就是讓眾皇子安分守己，不要再邀結人心和謀奪儲位。

在胤禟、胤禵求情事件發生後，康熙訓誡眾皇子說：「觀伊等以強凌弱，將來兄弟內或互相爭鬥，未可定也。」「眾阿哥當思朕為君父，朕如何降旨，爾等即如何遵行，始是為臣子之正理。」他還把齊桓公的例子搬出來，對皇子們說：「爾等如果繼續爭競不息，等朕死時，必至將朕躬置乾清宮內，爾等束甲相爭耳！」

可是爭嫡大戲的序幕既已拉開，豈有中途突然落幕的道理？康熙苦口婆心，已近乎於在哀求兒子們聽話，兒子們卻沒有被他打動，事態發展也沒有能夠真正得到控制。

康熙的應對辦法之一，是殺雞給猴看，先向看起來與廢太子走得較近且又年長的皇子開刀。三皇子胤祉過去與胤礽關係不錯，因此被立即召至城中拘捕。其間，胤禛居然也被莫名其妙地關押了起來，具體原因皇宮檔案中雖沒有記載，但據分析，無非兩條：一是奉命看守廢太子時，曾替廢太子說話，有太子黨嫌疑；二是他是年長皇子，有結黨和謀反的可能。

胤禛以前和廢太子的關係並不親密，這一點大家都看得到，抓胤禛實在很勉強，幾乎可以說就是拿來給胤祉陪綁的。胤祉就不一樣了，他與廢太子確實曾經「甚相親睦」，所以他非常緊張，為了「戴罪立功」，便主動揭發說，手下的蒙古喇嘛巴漢格隆會厭勝術，大阿哥胤禔與其曾時常來往。康熙得報立即派人對有關的幾個喇嘛進行審查，巴漢格隆等人在被審時供認：「直郡王欲咒詛廢皇太子，令我等用術鎮魘是實。」

康熙下令按照口供進行搜查，結果真的從十幾個地方都挖出了鎮魘物品，此事令他受到極大震動，認為胤禔「其行事比廢皇太子胤礽更甚，斷不可以輕縱也」。

一七〇八年十二月十二日，胤禔被革去王爵，幽禁於王府內。與胤礽、胤禩等人不同的是，胤禔這一跤跌倒後就再也沒能爬起來，他的政治生命被徹底終結。

在康熙的潛意識裡，一直巴望胤礽只是中邪而致瘋癲，鎮魘案可謂是對症下藥，給了他最想得到的那個解釋：「凡鎮魘皇太子，使之不善，播揚惡名者，俱係大阿哥。皇太子雖有惡名，並未殺人，亦無黨羽。」鎮魘案發的次日，康熙即召見廢太子胤礽和胤禩，並說自此以後不提往事，與胤礽牽扯在一起的胤祉、胤禛也因此獲釋。

康熙雖然如其所願地對胤礽有所諒解，但是也沒有說讓胤礽立即復立，他的公開態度是「立皇太子之事，朕心已有成算」，即究竟立誰為皇太子，他不會告訴眾人，到時只須聽他安排。

此後，有人因為看到康熙召見胤礽，便認為廢太子有復立的可能，依舊密上條陳，加以保奏。康熙不得不再次跟大臣們打招呼，讓大家不要向廢太子獻殷勤——立誰為太子，「在朕裁奪」，表明胤礽此時並不在他的考慮範圍之內。

意外偏偏就發生了

至皇太子被廢黜，立嫡長子制度在清宮已存在了三十多年，這使康熙君臣在心理上早就形成了一種既定觀念，那就是國家必須有儲君，胤礽雖然被廢，但或早或晚，總得有人填補此虛位。很快，在宮內外的無形壓力下，康熙原有的決心就動搖了。十二月二十五日，他突然命滿漢文武大臣各自舉薦太子，還說除大阿哥胤禔，諸皇子皆可入選，「眾意屬誰，朕即從之」。

舉薦太子，大家都可以，除了大學士馬齊。按清制，大學士要以滿人居首，馬齊是首席大學士，相當於百官之首，在朝中位高望重。康熙擔心，如果讓馬齊參與舉薦，將出現不可控的意外，因此指示「議此事，勿令馬齊預之」。

怕意外，意外偏偏就發生了。康熙可能以為群臣舉薦，被舉薦者一定有好幾個，他可以從中挑選，不料送來的名單上卻只有一個人的名字：胤禩！

發現與自己的想像大相徑庭，康熙慌了，他當即收回諾言，轉而改口說立太子事關重大，還要再盡心詳議。

且不說胤禩不久前才剛剛遭到處分，就說眼前群臣眾口一詞都要推薦他當太子，就讓康熙深感威脅——以前就說你愛博取虛名，與君父爭人心，現在看來果然不差，不然怎麼可能得到大臣們的一致擁戴？

對於康熙來說，他的所有兒子也都是他的臣，只要他在位一天，就決不允許任何臣子挑戰皇權。「春秋之義，人臣無將（將是謀逆的意思），將則必誅」，胤礽被廢的原因之一就是因為權傾皇父，胤禩尚未得到儲位，就有了做第二個胤礽的政治潛力和能量，這是康熙無論如何不能容忍的。

康熙不好直接道出自己的隱衷，對於胤禩不能被立為太子的原因，除了在廢太子問題上犯過罪，剛受革爵處分，他又臨時敷衍出兩條：其一，胤禩沒有辦理過政事，缺乏經驗；其二，胤禩的生母身份低微，母家門第和出身不適宜做儲君。

此時康熙處於騎虎難下之勢，他不願屈從群臣意見立胤禩，但若立胤禩以外的人，難孚眾望不說，其他皇子也不會服氣，無奈之下，他想到只有把原來的太子抬出來，才能讓眾人說不出什麼閒話。幾年後，他重新回顧了自己的這段尷尬處境及其心態：「朕前患病，諸大臣保奏八阿哥，朕甚無奈，將不可冊立之胤礽放出。」

次日，康熙召見大臣，說太皇太后、皇后最近都不約而同地做了一個夢，夢見廢太子被冤枉了。藉著這個引子，他放出了風聲：「朕現在不會馬上立胤礽為皇太子，只是令你們諸大臣知道一下而已。」

一七〇八年十二月二十七日，康熙召集廢太子胤礽、諸皇子以及領侍衛內大臣等，除繼續為胤礽理正冤枉和加以釋放，又讓胤礽當眾表態。胤礽吃了這麼多苦頭，哪能不學乖，馬上順著父親的意思說千錯萬錯都是自己的錯，以後如果不改惡從善，或對揭發他的人打擊報復，「天亦不容」。

接著，康熙敞開心扉和大家分享了他的心情。他說他翻閱史書，發現自古以來凡太子被廢，沒有一個廢太子能保住性命，之後皇帝也沒有一個不後悔，言下之意，同樣的悲劇也可能發生在他們父子身上，所以胤礽千萬不能重蹈覆轍，以致害人害己。

康熙不但怕廢太子故態復萌，還擔心兒子們因爭嫡而骨肉相殘，為此他特地講了胤礽的幾個兄弟的好處，希望胤礽能與之親近。被誇獎的兄弟中甚至也包括了胤禩：「八阿哥之為人，諸臣奏稱其賢，裕親王（康熙的兄長，已病故）生前也曾奏言，八阿哥心性好，不務矜誇。」

其實康熙對胤禩成見已深，所謂「諸臣稱賢」云云恰是引起他猜忌與不滿之處，他內心的胤禩也絕不是「心性好，不務矜誇」，而是為人陰險，居心叵測。他之所以違背自己心意說這些話，不過是想讓胤禩等有爭嫡實力的皇子與胤礽捐棄前嫌，轉而也「改惡從善」，輔佐胤礽。

就在這次講話中，康熙還意味深長地提到了一個上古傳說。傳說商湯之際，太甲即位，即位後不理朝政，破壞成法，結果被大臣伊尹放逐。三年後，太甲痛改前非，悔過自新，便又被迎回都城復位。「古放太甲，卒成令主。有過何妨，改之即是。」

康熙的真實意圖至此昭然若揭，第二天，諸臣就都題本請求復立胤礽。康熙考慮胤礽以戴罪之身獲釋不久，馬上就讓他復立不太合適，遂將題本留中不發，準備待時機成熟再行宣佈。

風向還在變

康熙認定舉薦案藏有內幕，但他不動聲色，過了幾個月後才突然進行追查。起先群臣還相互包庇，可是紙終究包不住火，最後真相水落石出，原來果真有人違規，而違規者就是限令不得參與舉薦的首席大學士馬齊！

根據調查，舉薦那天，馬齊首先到內閣，對另一位大學士張玉書說：「大家的意思是都想舉薦胤禩。」實際就是要眾人舉薦胤禩。領侍衛內大臣鄂倫岱、理藩院尚書阿靈阿、戶部尚書王鴻緒、工部右侍郎揆敘等人早有擁立胤禩之意，他們抓住馬齊的這句話，暗中聯結，在手掌上書「八阿哥」三個字以示眾人，朝臣們見此，便相繼推薦了胤禩。

皇家制度，立儲是皇帝的絕對權力，皇帝喜愛誰就立誰為儲君，任何人不得染指。早在廢黜太子的當月，康熙就曾對皇子們發出警告：「諸阿哥如有鑽營謀為皇太子者，即國之賊，法斷不容。」同樣的，他也不允許大臣輔助皇子謀求儲位，為的就是防止這些人將來居功專擅，使得皇權旁落。

康熙將馬齊等人在舉薦案中的舉動一律看作結黨圖私，是在幫助胤禩謀取儲位，他斥責馬齊：「你不就是想結恩於胤禩，好為日後專權行方便嗎？」作為對大臣們的警告，他下旨革去馬齊大學士一職，交由胤禩「嚴行管束」。

康熙嚴查舉薦案的另一個目的，是為胤礽復位掃清障礙。一七〇九年四月十八日，康熙祭告天地、宗廟、社稷，以胤礽受胤禔鎮魘而發瘋，現已康復為名，宣佈復立胤礽為太子，祭文中稱「臣諸子中，胤礽居貴」。

康熙年輕時候因過於投入政務和學習，曾經大口吐血，但他酷嗜遊獵，年年不停，所以身體其實一直都很強壯，就算偶爾生病也很快就好了。自廢黜太子那年起，因為胤礽不爭氣和諸子爭奪儲位，他急火攻心，生了一場大病，且久久不能痊癒。

康熙生病後，大臣中雖有問安的，但不過多是虛應故事，根本連皇帝的健康狀況都不敢細問，更有甚者，個別皇親國戚出於某種目的，仍催逼著他儘快建儲，而全然不顧病人的身心健康。

坐在皇位上的人固然擁有無上權勢，卻也有著高處不勝寒的寂寞和悲哀，就在康熙備感辛酸苦惱，明知得病都不肯主動求治的時候，胤祉、胤禛以年長皇子身份堅請康熙不要硬撐，趕快就醫休息：「皇父聖容如此清減，不令醫人診視，進用藥餌，徒然拖延，萬國何所依賴？」兩人還請求由他們來擇醫護理：「臣等雖不知醫理，願冒死擇醫，令其日加調治。」

來自親情的溫暖和體貼，如同春雨一樣滋潤了康熙的心田。他當即接受請求，命二人同胤祺、胤禩一起檢視藥方和用藥，經過一番治療和調養，終於得以恢復了健康。

胤祉、胤禛如此貼心，固然有父子之情，但同時也是因為他們獲釋不久，急於要贏得康熙的信任和好感。康熙也的確深受感動，尤其胤禛，與其餘皇子不同，是他親自撫養長大，現在一看，果然還是自己一手帶大的孩子最孝順：「惟四阿哥，朕親撫育，幼年時微覺喜怒不定，至其能體朕意，愛朕之心，殷勤懇切，可謂誠孝！」

除了孝順，胤禛在看守胤礽時的表現，也讓康熙覺得他比其他兒子更顧念手足之情，因此特傳諭旨表彰：「前拘禁胤礽時，並無一人為之陳奏，惟四阿哥性量過人，深知大義，屢在朕前為胤礽保奏，似此居心行事，洵是偉人。」

面對皇父給出的這麼高的評價，照例胤禛應該高興才是，但他接旨後卻極力否認，說自己從來沒有保過胤礽，「皇父褒嘉之旨，臣不敢仰承」。

廢太子事件本身是一場沒有預演的政治角鬥，皇子們誰也不具備足夠的經驗，運用八面玲瓏、四方討好策略周旋於其中的胤禛同樣如此。為廢太子說話時，他本來已經觀察好了風向，確認對己有利，康熙當時也曾對此予以肯定，誰知一轉眼，康熙要拿廢太子事件作文章，竟又把他作為太子黨嫌疑給關了起來。

政治角鬥就是如此險惡，你以為已經看準了風向，其實風向還在變，而在風向轉變時，別說多往前邁出一步，就是半步，都可能遭遇不測之災。胤禛一旦領悟到此，整個人都感到後怕不已，他知道他再不能冒類似的風險，也絕不能接受皇父的表彰——在勝負未分，眾兄弟仍虎視眈眈的情況下，接受表彰無異於引火焚身，必將遭來兄弟們的嫉妒。況且，誰知道胤礽將來究竟會有什麼樣的結局？倘若又出事，自己將可能因太子黨的罪名而第一個受到牽連。反之，謝絕表彰，卻能讓人覺得你居功不傲，知榮守辱，給皇父和胤礽留下的好感也不會因此就被抹掉。

在復位太子的同時，康熙為使皇家皆大歡喜，也為了牽制皇太子，不使他的政治地位與其他皇子過於懸殊，將八皇子胤禩重新封為貝勒，封胤禛與三皇子胤祉、五皇子胤祺為親王，七皇子胤祐、十皇子胤䄉為郡王，九皇子胤禟、十二皇子胤祹、十四皇子胤禵為貝子。胤禛啟奏，說胤禟、胤祹、胤禵的爵位較低，都是一般兄弟，他願意降低自己的世爵，以提高胤禟等人的爵位，使得兄弟們地位相當。

胤禛的奏述自然很假很做作，但搔中的正是康熙的癢處，老皇帝就怕兒子們爭權奪利，這個時候，就算他看出你是在表演，心裡也一樣受用。康熙因此稱讚胤禛「為諸阿哥陳奏之事甚多」——平時不是熱衷於跟其他兄弟鬥來鬥去，而是盡可能多為他們說好話或在需要的時候給予支援，好樣的！

胤禛在康熙心目中的地位於是繼續上升，幾個月後，他被正式賜號雍親王，登上了作為臣子所能到達的頂端。

高手從來都不是天生的，在狂風駭浪的不斷衝擊下，依靠著出眾的悟性和耐力，權鬥場上的四皇子已然在向高手進階。

扶不起的阿斗

這個世上，有人越歷練越老練，有人卻彷彿是扶不起的阿斗，吃再多的虧，也不知道「教訓」二字怎麼寫。胤礽復位是康熙在不得已的情況下所做出的選擇，這是當時許多人都清楚的，京城及江南的輿論均透露出這樣的資訊：「東宮目下雖然復位，聖心猶在未定。」「東宮雖復，將來恐也難定。」

別人都知道太子的地位很不穩固，胤礽卻意識不到這一點，也從沒想到用改過來改善自己的處境。復位後，他仍不知韜光養晦，照舊糾集黨羽，擴展勢力，很快在周圍又聚集了一批親貴大臣，從而形成新的太子黨勢力。吃穿住行方面，他還是大擺太子派頭，不但標準比康熙都要高出幾倍，而且常派家奴向各省富饒地區勒索貢物和美女，稍不如意，就向康熙誣告地方官，要求給予懲罰。這麼說吧，他不是改過自新的問題，而是變本加厲了。

太子如此胡作非為，弄得官員們無所適從，有「兩處總是一死」之言。康熙也聽到了這句話，而且知道處於夾縫中的官員們日子有多難過：屈從太子，乃至投靠逢迎結黨吧，老皇帝不樂意，「被朕知黨，朕即誅之」；忠於老皇帝，不理會太子吧，太子嗣位後也會遭到懲罰，同樣可能被砍頭。

太子從被廢到復立，不過才六個多月，如果馬上再廢，豈不是要讓外人看笑話？康熙只好極力隱忍，胤礽要責備的官員就替他責備，要處分的就替他處分，要驅逐的就替他驅逐，總之盡可能滿足他的願望和要求。當然康熙也採取了措施，他的措施就是不讓太子單獨活動，每有巡幸，必令其隨從，以防止發生事變。當時的朝鮮使臣在給本國的報告中說：「皇太子經變（指第一次被廢）之後，皇帝操切甚嚴，使之不得須臾離側。」

胤礽根本不顧及康熙的一片苦心孤詣，他認為自己被父親帶到東帶到西，一點自由都沒有，可其他皇子卻想到哪裡就到哪裡，因而牢騷滿腹，怨氣沖天。此時的老皇帝康熙雖近花甲之年，但身體並無明顯異樣，反過來，作為太子的胤礽卻已直奔不惑之年而去，這使得他脫口而出：「古今天下，豈有四十年太子乎？」

隔牆有耳，這句難聽的話別說傳到康熙的耳朵裡，連海外的朝鮮人都知道了！

胤礽在復位前險被奪嫡，對胤禩等兄弟懷恨在心。康熙對此自然很清楚，他第二次對眾皇子大授世爵，用意之一就是避免眾皇子受到太子的打擊報復，同時改善太子與兄弟們的關係。可是讓他始料不及的是，諸子提高了地位，自恃顯貴，反而更不將太子放在眼裡，也更有資本與太子爭鬥了，他們之間的裂痕非但沒有得到彌合，反而越來越大。

還在舉薦案爆發時，胤禩就已事實上形成了以他為核心的黨人勢力。胤礽復位，胤禩黨人非常失望，大臣阿靈阿甚至說他都不想活了，他們不甘就此失敗，便利用胤礽的弱點，推波助瀾地營造倒太子的輿論氛圍。工部右侍郎揆敘甚至不惜拿出家財，與阿靈阿等人合謀收買走街串巷的民間藝人，在人們宴飲會聚的地方用演出節目的方式編派胤礽，總之是不把胤礽攻倒誓不甘休。當時民間流傳一句諺語：「此人（胤礽）為君，皇族無噍類矣！」康熙素來重視社會輿論的採集，這些顯然都不能不影響到他的視聽和決策。

像第一次廢黜太子時那樣，康熙一忍再忍，直至忍無可忍。一七一一年十二月六日，他召集諸王文武大臣，指出：「今國家大臣，有些是為依附皇太子而援結朋黨的。諸大臣都是朕擢用之人，受恩五十年，那些想要依附皇太子的大臣，究竟意欲何為？」

這時有人告發涉嫌結黨的步軍統領托合齊不守禮法，康熙即命胤祉、胤禛以及領侍衛內大臣阿靈阿、署內務府總管馬齊等人，會同宗人府進行審查。

胤祉、胤禛曾受胤礽牽連而被關押，阿靈阿屬胤禩黨，馬齊在舉薦案中因極力舉薦胤禩被懲，他們或者急於同胤礽劃清界限，或者支持胤禩，反對胤礽，由他們參與對太子黨人的審訊，自然一個個都不會手軟。

一七一二年五月十七日，宗人府等衙門將太子黨人的審訊供詞具奏，康熙評論說，「此等事俱因胤礽所致」，太子黨的事都是胤礽造成的。數月後，胤礽被再度廢立、拘禁，康熙痛心疾首：「（胤礽）狂疾未除，大失人心。祖宗弘業，斷不可託付此人！」

這段廢立、復立、再廢立的過程，令康熙身心極度疲憊，「心思用盡，容顏清減」，對胤礽也徹底死了心。他當眾宣佈：「後若有奏請皇太子已經改過從善，應當釋放者，朕即誅之。……日後朕若再行復立，其何以示天下耶？」

繼他的哥哥胤禔之後，胤礽在儲位大戰中成為第二個被獵殺者，他雖然人還活著，但已成了一具再也無法醒來的政治僵屍。

奪儲策

儲位又空缺了，更多的皇子開始進入爭儲的中心地帶。一七一三年，雍親王府的清客戴鐸給胤禛寫了一封長信。在信中說，值此胤礽被廢，儲位未定之際，諸皇子爭奪激烈，誰活動有力，誰就可能奪標，「利害之關，終身榮辱」。他鼓動胤禛參加角逐，爭取不世之榮，並提出了參與爭儲的一整套方案。

看完這封信後，胤禛批覆道：「你說的雖是金玉良言，但對於我沒有一點用處，因為我不想圖謀大位。」他還說，做皇帝是「大苦之事」，要是給我，我躲還來不及呢，怎麼會去爭奪呢？

胤禛的批語顯然半真半假，認為戴鐸所說是金石之言是真，說不想謀圖大位是假。

站在胤禛的角度，他原先確實對儲位不抱希望，但隨著胤禔、胤礽先後出局，自己被封為親王，政治地位已在僅為貝勒的胤禩之上，以他的能力和抱負，這個時候如何還能對儲位無動於衷？再退一步說，倘若他真的不想當太子，怎麼會容忍或不告發戴鐸引誘皇子謀位的大罪？

說到底，他這一手，不過是遮人耳目，免得萬一信件內容暴露，自己難以脫身而已。

戴鐸在「奪儲策」中分析得非常好，康熙是世所公認的明君，「有天縱之資，誠為不世出之主」，但恰恰就是他太精明了，與之打交道才異常困難：你在他面前表現得庸碌無能，「不露其長」吧，他必然嫌棄你沒有用；可若過於突出和張揚，「過露其長」，他又會猜疑你想搶他風頭！

比如說胤禩，才智過人，「頗有識量」，別說在大臣中，就是在皇子裡面威望也是最高的，否則自身失去爭嫡希望的胤禔不會轉而支持他，胤禟、胤䄉等人也不會認為他「極正氣」，並甘心依附，對其「傾心悅服」。可胤禩的優勢也恰恰是他的劣勢，他過早地嶄露了頭角，光芒耀眼到甚至有超越康熙本人之勢，如此豈能不敗？

另一方面，康熙能幹的兒子又實在太多，倘若在爭儲之戰中一個個地與之較量，「此有好竽，彼有好瑟，此有所爭，彼有所勝」，也就是打倒這個可能幹不倒那個，在這個地方得勝，在另外一個地方就可能失利。胤礽二次復立後，動手扳倒他的儘管仍是皇父，但眾兄弟所施放的明槍暗箭，亦未嘗不是導致他折戟的因素之一。

「處庸眾之父子易，處英明之父子難；處孤寡之手足易，處眾多之手足難。」這是戴鐸的總結，他提出的對策是投其所好。

老皇帝春秋已高，身體不適，對皇子們越來越不放心，從胤禔到胤礽、胤禩，不管具體犯的是什麼錯誤，都被指為「不仁不孝」。既然他要的是這個，那你就給他這個，「孝以事之，誠以格之，和以結之，忍以容之」，這樣老皇帝再怎麼挑刺，也難找出破綻。

在以投其所好之法與康熙及眾兄弟周旋的同時，戴鐸還建議胤禛，在有把握奪取儲位之前，必須裝出對儲位毫無興趣、毫不在意的樣子，儘量不樹敵，也儘量不把爭儲的矛盾引到自己身上，從而使得「有才者不為忌，無才者以為靠」，換句話說，就是得學會隱蔽自己。

「奪儲策」的基本精神、脈絡和胤禛自己的所思所想可謂不謀而合，事實上，他也早就這麼做了。胤礽第一次被廢前，胤禛便在藩邸宴請康熙，之後他和胤祉共同為康熙治病效勞，鞍前馬後，小心服侍，更使得康熙對他留下了「誠孝」的良好印象，父子感情得到進一步加強。

至於如何隱蔽，胤禛自有絕招。他喜歡研討佛法，也精通佛法，被封雍親王後不僅在北京西山修建大覺寺，廣為招攬佛徒，而且常在雍邸和僧人品茶講法，研討佛理，所謂「偶值朝來暇，留師品茗泉」。

尊崇佛教尤其是藏傳佛教，本是清朝國策，康熙朝也以此為管道，用於加強和蒙古王公的聯繫，但胤禛的目的決不僅僅是為了回應國策，最主要的還是要把自己打扮成一個恬情自適、與世無爭、一心向佛的皇子，以掩蓋他的真實用意及其活動。

胤禛擅長賦詩作文，他以「天下第一閒人」的扮相，寫下了「懶問浮沉事，閒娛花柳朝」等詩句，同時又編輯了一套名為《悅心集》的文集，書中收錄歷代政治家、思想家、僧道及一般文人隱士的著述，所選文字內容充滿了佛家出世的思想。

在小說《紅樓夢》中，跛足道人作了一首《好了歌》，這樣基調的作品在《悅心集》裡可謂比比皆是。比如唐寅的《一世歌》：「請君細點眼前人，一年一度埋荒草，草裡高低多少墳，一年一半無人掃。」又比如無名氏的《醒世歌》：「南來北往走西東，看得浮生總是空。天也空，地也空，人生杳杳在其中。日也空，月也空，來來往往有何功。」

就在爭儲大戰風起雲湧，你爭我奪的時候，雍親王卻一邊哼哼著「人生如夢，一切皆空」，一邊「安心坐下念彌陀」。這樣一個人，不問功名榮辱，一心只願與山僧野老為伍，過清心寡欲的恬淡生活，你們還會覺得他有威脅嗎？

你敢跟我一鬥嗎

胤禛是個極聰明和富有心計的人，戴鐸能夠想到的，他都提前想到並且預先做出了部署，比如培植人才。

按照順治以後的清代八旗制度，皇帝自將三旗，叫作上三旗，其餘五旗分屬親王、貝勒，稱為下五旗。胤禛被封雍親王，主鑲白旗，戴鐸是鑲白旗人，與胤禛有事實上的主奴關係，即所謂的屬人，按照慣例，屬人即使出任高官，也依舊附屬和聽命於本門主人。戴鐸在「奪儲策」中主張大力培植包括屬人在內的雍邸人才，胤禛對此顯然是非常認同的，因為還在「奪儲策」誕生之前，他就已在重重煙幕掩護下，著意於幫助門下有能力的屬人謀求官職，以打造聽命於他的嫡系人馬，這其中最有名的就是年羹堯。

有的清宮野史上像煞有介事地記載道，胤禛生母私通年羹堯，「入宮八月」，生下了胤禛，又說「呂氏居奇，私亂謀立」，彷彿他們之間是呂不韋和秦始皇的關係。其實專家根據朝鮮史料考證，年羹堯比胤禛還小一歲，證明這些說法只是茶餘飯後的笑談而已。

年羹堯的父親年遐齡累官至湖北巡撫，所以家境很是顯赫。據傳年羹堯自幼就偉岸異常，膂力過人，平時好勇鬥狠，就是不願安下心來讀書。年遐齡給他聘請了三位師父，都被他給打跑了，之後再沒人敢來應聘。年遐齡為此十分頭疼，只好張榜用高薪招募良師，但過了很長一段時間，依舊乏人問津。

一天，總算有個老者來到年府，對年遐齡說：「聽說公子缺一名師父，故來應募。」

年遐齡一看，老者已近六十，想想年輕力壯者尚且待不下去，這麼一個老頭如何能夠勝任？於是忙說：「感謝先生美意，只是小兒頑劣，師父已經被打跑仨了！」

老者居然沒被嚇退：「這件事我已經聽說了，不過還是讓我姑且一試吧。」

見老者並非說笑，年遐齡便擇日命年羹堯拜這位姓汪的老先生為師。拜師儀式結束，年羹堯招呼不打一聲就走了，第二天開學也不來，只在花園中玩耍，奇怪的是，汪先生也不勉強他。如是者三，兩人互不干涉，雖然師父沒有被趕跑，可年羹堯也一天課都沒上。

過了一個月，汪先生似乎是有些無聊了，關上門彈奏胡琴。這時年羹堯忽然聞聲破門而入，對汪先生說：「先生，我願意學這個。」

汪先生道：「你還是去玩吧，學這個幹什麼？」他不說這話還好，一說更激起了年羹堯的好奇心：「先生，我願意學這個，請你教教我。」

於是汪先生便開始教年羹堯彈胡琴，可是他學了沒多久，剛剛能彈成個樣子，就扔下胡琴去玩了。汪先生也不與之計較，某日又在書齋裡吹奏胡笳，年羹堯再次破門而入，要學吹胡笳。汪先生說：「算了吧，這個不是你能學會的。」

年羹堯再三懇求，汪先生只好答應教他，但和上次一樣，他僅僅學了個皮毛，便半途而廢。

很多天過去了，年羹堯一天書也沒讀過，不過汪先生透過欲擒故縱之法，已於不動聲色中掌握到了自己學生的優缺點：優點是不受陳規束縛，對新鮮事物感興趣，發展潛力大，缺點是沒有恆心和韌勁，做事往往淺嘗輒止，自然也讀不進書。

結合年羹堯膂力過人、喜歡打鬥等其他特點，汪先生計上心來。一天，他換上新花樣，獨自在室內練起了拳棒，年羹堯透過窗戶看到大喜，這不正是我平常愛玩的那套嗎？他立即闖進來：「先生，這是最好的，我願意學！」

汪先生並不直接回應，只是說：「聽說你力大能鬥，你去找些僕人來，讓我看看你的身手。」

年羹堯正愁沒地方顯擺自己的本事，一聽先生要看，便立刻應承著召來十六名體壯善鬥的家僕。

「先生，你看我的身手如何？」年羹堯和這些家僕每人手裡都拿一根棍子，話音剛落，他舉棍一揮，十六名家僕全部仰天栽倒在地。

汪先生見狀點點頭：「身手確實可以，但你敢跟我一鬥嗎？」

「有什麼不敢的？但要我打贏了，你可不要到外面四處宣揚，說什麼年家的兒子又欺負老師了。」年羹堯年少氣盛，哪肯相讓。

汪先生一笑：「不會的，你且莫擔心。」

兩人於是你一棍我一棍地較量起來，打著打著，汪先生身形一閃，突然消失了。年羹堯撲了個空，連忙大叫：「先生，你到哪裡去啦？」

「我在這裡。」汪先生在年羹堯的耳邊說道。原來在神不知鬼不覺中，他已經閃到了年羹堯背後——如果他願意的話，年羹堯早就被打倒在地了！

十三太保

一個花甲之年的老者，身手竟如此快捷矯健，年羹堯大為敬服，說：「先生，這個你一定要教我。」

汪先生搖搖頭：「你還是玩去吧，學它有什麼用呢？」

年羹堯急了，雙膝跪地，懇求道：「先生必須教我，我真的願意學！」

「真的想學？」

「真的想學。」

「好，起來，起來！」

汪先生一邊讓年羹堯從地上站起來，一邊從床上拿出一卷書交給他：「你要跟我學，就得先讀這卷書。」

年羹堯最怕讀書，一聽頭就大了：「我想學的是搏擊術，讀這個幹什麼？」

「搏擊術充其量不過是一人敵，讀此書可萬人敵！」汪先生告訴他。

「哪有這種事？先生是騙我的吧？」年羹堯不相信，「這麼小小的一卷書，我拿兩個手指一捏就可以扔到一丈開外，有什麼萬人敵？」

「你要這麼認為，那就不要跟我學了，還是玩你的去吧。」汪先生正色道。

年羹堯一心要先生教他搏擊術，不得已，只好說：「那我就先讀書吧。」

至此，年家書齋便傳出了琅琅讀書聲。鄰居們得知，年遐齡那個頑劣不堪、猶如野馬一樣的兒子，終於被先生收住轡繩，開始用功讀書了。

年羹堯一邊讀書，一邊習武，逐漸成長為一個文武雙全的棟樑之材。據正史記載，在胤禛被封貝勒的次年，二十二歲的年羹堯就考中了進士，入翰林院為庶吉士。庶吉士是從進士中選拔出來的佼佼者，雖然還不是正式官員，但已具備了成為高級官員的資格。

青少年時期所受到的教育往往讓人受益一生。日後當年羹堯權傾一時之際，不管多大的官從面前走過，他都不會拿正眼去看，唯獨對家裡延聘的塾師極為尊重客氣，當然要求也很高。為此，他曾親筆寫下一副對聯，懸掛於私塾門口，曰：「怠慢先生，天誅地滅；誤人子弟，男盜女娼。」

年家是漢軍鑲白旗，年羹堯與胤禛的關係，也就是從胤禛主鑲白旗開始的。對於這一本旗中的希望之星，胤禛備加籠絡，並稱其為「最有才情之人」，兩人建立關係不久，年羹堯即得以出任四川巡撫。

野史裡的胤禛「少年無賴，好飲酒擊劍」，由於不被皇帝所喜愛，且與太子相爭，於是便以增加閱歷，瞭解民間疾苦為名，隻身行走於江湖。在行走江湖的過程中，他結交了很多劍客力士，並與其中的十三人結拜為兄弟，十三兄弟個個身懷絕技，被人們稱為「十三太保」。

傳說中「十三太保」中的老二善練劍之術，能把劍練到小如草芥，藏在指甲縫裡，用劍時伸手往空一指一擲，飛劍盤空，當者披靡。年羹堯是雍邸「十三太保」中屈指可數的封疆大吏，以此比擬，他已足當老二的名號了。

胤禛在爭儲中的活動手法是力圖隱蔽，不露痕跡。按照戴鐸在「奪儲策」中所言，為擴展力量，除在雍邸中提拔人才，還要加意聯絡百官。可是康熙有不准皇子結交官僚和結黨的規定，加上胤礽、胤禩的前車之鑒，所以胤禛最初表現得極其謹慎，在延攬方面沒有什麼大動作，不過他還有另外一個管道對此加以彌補，這就是「用比丘密參帷幄」。

讓信得過的一些僧人參與機密及其謀劃，是胤禛有別於其競爭對手的地方。與胤禛交往甚密的禪僧性音、禪師文覺等人，都曾以這樣的方式充當過胤禛的「比丘軍師」，別看他們是出家人，但長年的禪修使其思維縝密，同時他們又都見多識廣，對社會和朝廷的觀察較常人更為深刻，在胤禛的奪嫡活動中可以起到較好的輔助作用。當然最重要的一點是，胤禛係以學佛的名義與他們交往，不易引起外人注意和洩密。

雍邸智囊們謀劃的內容，自然離不開如何擊敗對手。胤禔、胤礽相繼出局後，胤禩雖然只是貝勒，前面還有三個親王、兩個郡王，但入主東宮的呼聲仍以他為最高。

胤禩的強項是受到大臣和文士的擁護，胤禛對此有清醒的認識，他也曾竭力在這方面進行追趕。閻若璩是康熙年間的著名學者，此人學問精深，可惜考運不佳，連博學鴻儒科這類專門錄取學者的考試都通過不了。胤禛親自寫信將閻若璩從家鄉請到京城自己的府邸，一見面就握著他的手，一邊賜坐一邊稱其為「先生」。

閻若璩應邀進京後，胤禛每天都會把他的書要去閱讀，閻若璩每送去一篇，胤禛便連連稱善，令老先生如遇知音。不久，閻若璩因病在京城寓所去世，胤禛為之慟哭，不僅派人安排閻的喪事，還親自撰寫挽詩及祭文，中間最為惹眼的一句就是「三千里路為予來」。

如此「讀書等身，一字無假」的一個大學問家，跑這麼遠的路來京城，就是為了見我啊！很顯然，胤禛是想藉此在朝野間樹立自己禮賢下士的形象，並以此取得士人和官員的好感。

胤禛禮遇閻若璩尚是他被封親王前的事，等到他決定奪取儲位後，出於韜光養晦的策略需要，反而謹慎了許多，在爭取朝野的支持率方面，自然無法與胤禩進行抗衡，實際上，胤禩黨人也正是依靠他們在這方面所擁有的優勢，對第二次廢黜胤礽起到了推波助瀾的作用。

胤礽兩度被廢後，在政治舞臺上，康熙昔日最器重的三個兒子僅存其一，胤禩除被恢復了爵位，還得以常常在康熙外出時隨駕，似乎二人曾經破裂的父子關係也已有所改善。

形勢看上去對胤禩非常有利，對胤禛非常不利。可是人得意的時候總是特別容易出昏招，號稱「最賢」的胤禩亦莫能外，而且他觸碰的正是戴鐸特別指出、胤禛特別注意，而康熙又特別在乎的底線。

第二章

一石激起千層浪

胤礽再次被廢的次月，康熙外出打獵，住在京北的遙亭，胤禩因生母兩周年忌辰出京祭祀，完畢後住在京北的湯泉。兩人的住所相隔不遠，如果換成胤禛，可能馬上就會跑去遙亭的行營向皇父噓寒問暖了，但胤禩卻沒有這麼做，他既不請安也不請旨，只是派一名太監和一名親隨前去康熙處，表示自己將在湯泉處等候皇父一同回京。這倒也算了，最糟糕的是他還讓太監和親隨帶了兩隻將死的鷹送給康熙。

滿人對鷹是很崇拜的，甚至在一些滿人的墓碑上也刻著鷹，胤禩不親自前來請安和請旨，又送將死之鷹，立即被康熙認為是在藐視自己，所謂「老鷹雖強，也有老死之時也」！此時距離兩廢胤礽不久，康熙的心情尚未完全平復，胤禩的舉動無疑是在他的傷口上撒鹽，氣得他渾身發抖，差點心臟病發作死過去。

後人對待斃之鷹事件往往感到困惑不已，不明白胤禩好端端地為什麼要送兩隻將死之鷹給康熙，以致觸怒對方。難道他真的像康熙所認為的那樣，已經膨脹到敢於公然挑戰皇父的權威了嗎？以胤禩的性格、處境和當時的條件來說，這是根本講不通的。有人推測胤禩是受到了陷害，但以康熙的精明睿智和大權在握，誰敢在他眼皮子底下玩這種小把戲？事後又怎麼可能查不出來？

還有人說是康熙要藉此機會大做文章，故意陷胤禩於不義。可是康熙一直處於絕對優勢地位，他要打擊胤禩，不就是張張嘴幾句話的事嗎？又何必大費周章，對親生兒子使出如此下作的手段？

問題可能還是出在胤禩自己身上。胤禩雖是個有頭腦的皇子，但他不像胤禛那樣對康熙複雜的內心世界體察入微，同時對形勢過於樂觀的誤判，也讓他在康熙面前缺乏足夠的審慎和謹卑，這一點從他不請安不請旨就可以看得出來。依此脈絡來觀察，待斃之鷹事件應該是無心之失所釀成的禍端：一方面，待斃之鷹不是已死之鷹，或許只是生病或狀態萎靡而已，胤禩錯在沒有親自對鷹進行挑選和檢查，但他絕不是要故意給皇父送去晦氣；另一方面，如果康熙當時心情大好，相信多數情況下也不會對此過分計較，但偏偏他正處於疑神疑鬼的狀態之中，於是就以此上綱，把事情無限擴大了。

讓你們知道什麼叫作以卵擊石

待斃之鷹事件發生後，康熙暫停讓胤禩外出隨駕。胤禩尚不甘心，他從胤礽初次被廢時，眾人全都要保舉他的事實出發，認為自己有被再次推舉的可能，便找機會問康熙：「我如今應該怎麼做？要不就裝病不起，免得再有保薦我的事情？」

康熙聽後，立即斥責道：「你不過是一個貝勒，怎麼敢說這樣越分的不法之言？你是想以此來試探朕嗎？」

胤禩碰了一鼻子灰，只得悻悻而退，但胤禩黨人仍在暗中進行活動，希望能夠儘快讓康熙立胤禩為皇太子。

胤禩黨人活動得越厲害，康熙越心神不安。他把胤禩與胤礽做了比較，說：「二阿哥悖逆，屢失人心，胤禩則屢結人心，此人之險百倍於二阿哥也。」

連繫到胤禩從相面案以來的一系列活動，康熙深感威脅，他為此設想了兩種嚴重後果，一種是胤禩為篡位直接謀害自己，另一種是胤禩與其他兄弟一起聯合逼宮，「朕怕就怕日後會出現豬狗一樣的阿哥，仰賴其恩，為之興兵構難（即發動叛亂），逼朕遜位而立胤禩者」。

康熙說如果這兩種情況出現，「朕惟有含笑而歿已耳」。事實上，作為一名雄才大略、早已在政治舞臺上千錘百煉的君主，康熙並不認為生前真的對付不了胤禩及其黨人，他擔心的是自己死後，「（胤禩）謂朕年已老邁，歲月無多，乃至不諱（死亡）。他曾為人所保，誰敢爭執？遂自謂可保無虞矣」。

在康熙看來，胤禩畢竟有著被群臣公舉的歷史，若自己一旦亡故，就算不立太子，或立的是其他皇子，胤禩都有被群臣擁護上臺的可能，所以他才那麼優哉游哉，也才敢於那麼藐視自己。

既然你這麼陰險，你們那一夥人的能量又這麼大，那我就要從現在起認真對付，讓你們知道什麼叫作以卵擊石！

一七一五年一月一日，康熙在巡幸塞外途中，召集隨駕諸皇子，從相面案說起，一直說到胤禩結黨謀位，他不僅當眾指責胤禩「不孝不義」，而且宣佈要與胤禩斷絕父子關係：「朕與胤禩父子之恩絕矣！」胤禩乳母的丈夫雅齊布因罪被充發邊地，但他仗著與胤禩的關係，仍繼續潛藏於京城。康熙早就知道這一情況，此時便派人回京，將雅齊布捉拿歸案並予以正法。胤礽在第一次被廢後，康熙也是先將胤礽乳母的丈夫凌普抓起來審訊，兩者其實都是在用殺雞給猴看的方式警告皇子：你們不要以為我不知道你們的底細，我知道得清清楚楚！我先前不出手，只是尚留有餘地罷了。

康熙的突襲令胤禩措手不及，方寸大亂，次日便上摺辯護，稱自己冤枉。康熙嗤之以鼻：「試問朕哪裡冤枉他啦？總之，此人黨羽甚惡，陰險已極，即朕亦畏之，將來必為雅齊布等報仇也。」

康熙對胤禩的痛恨及其斥責程度已超過了胤礽，幾與胤禔等同，但康熙已經兩廢太子，大皇子、二皇子都被圈禁中，如果再革除胤禩的爵位乃至將其圈禁，對於皇室和康熙自己的仁君形象無疑都會產生極為負面的影響，所以康熙在痛罵胤禩「大奸大邪」的同時，卻並未對其做出特別嚴厲的處罰，至一七一四年底，才以「行止卑污，凡應行走處俱懶惰不赴」的罪名，停發胤禩及其屬下護衛官員的俸銀俸米。

在兩廢太子時，康熙每次對太子黨主要成員都除惡務盡，胤禩黨比太子黨的基礎更廣，黨人數量更多，出於類似原因，康熙對胤禩黨人也只能適可而止。大臣鄂倫岱、阿靈阿已經被查到是胤禩黨核心成員，然而康熙除了在當眾指責胤禩時點了兩人的名，並沒有對他們進行嚴厲懲治，鄂倫岱照舊任領侍衛內大臣，阿靈阿照舊任理藩院尚書。

對康熙而言，這可能是一種無可奈何的寬容，但實質上卻起到了縱容的效果。阿靈阿認為胤禩年庚與前代帝王相同，有君主的福分，所以在康熙已進行棒喝的情況下，他們反而加緊了活動。

胤禩黨的活動再次引起康熙的警覺和憤怒。一七一五年十一月，他指責胤禩門客何焯，說何焯把當今的文章比作萬曆末年的文字，有侮辱聖朝之嫌。

加上其他罪名，何焯的翰林院編修、進士、舉人等功名被盡行革除。康熙還在胤禩給何焯的信上批道：「八阿哥與何焯書，好生收著，恐怕失落了。」顯見得已把這些信看作胤禩的罪證，處分何焯，也就是要讓胤禩難堪。

一七一六年十月二十六日，正在熱河秋獮的康熙得知胤禩得了傷寒病，遂降旨胤禵：「你向來與八阿哥胤禩相好，著你同太醫商酌調治。」隨後又詢問正在行宮伴駕的胤禛：「八阿哥生病，你曾派人去看望過沒有？」

胤禛照實答道：「還沒有派人去看。」康熙囑咐他：「你應該派人去看望一下。」

胤禛暗裡與胤禩為敵，但表面還要和胤禩維持關係，又見康熙詢問他時，隱隱然似乎還有責備他作為兄長，對皇弟不夠關心的意思，豈敢有所怠慢，於是連忙派人回京探視。幾天後，探視人返回行宮，報告說胤禩病情嚴重，大有離世之態。

胤禛揣摩康熙儘管前段時間打擊了胤禩及其黨人，然而畢竟父子血脈相連，到這個時候，內心一定會牽掛著胤禩，為了表示自己也顧及著兄弟情，他在向康熙報告胤禩的病情後，便請示自己是否可先行回京去看視胤禩。

康熙允許胤禛先回京，但令人始料不及的是，他隨後就露出了不悅的表情，說四阿哥置扈駕於不顧，忙忙地去看望胤禩，「觀此關切之意，亦似黨庇胤禩」，因此罰胤禛與胤禵一同料理胤禩的醫藥事務。胤禛吃驚之餘恍然大悟，知道自己領會錯了康熙的意思，惹出了麻煩，於是趕緊向康熙認錯，奏稱「臣不知輕重，實屬錯誤，罪所難免」。康熙這才解除疑慮，諒解了他。

備感心驚

康熙向來標榜「父慈子孝」，當初胤禔就是因為不念父子兄弟的骨肉之情而被剝奪了政治生命。胤礽第一次被廢囚禁時，胤禛為他說話，雖為此曾遭到關押審查，但也是後來的事，最初康熙可是肯定的，胤禛想在他面前表現得對胤禩關心，其實就是深思熟慮的結果，哪裡能想到皇父轉眼就會變臉呢？

只能說在兩廢太子和劇烈的爭嫡鬥爭中，康熙的性情也在變，他變得格外多疑和敏感，特別是對被他認為「不孝不義」的皇子已不再存有既往那樣的溫情。「喜怒不定」曾是他對幼年胤禛的評價，但如今放在他自己身上倒是恰如其分。

康熙不久啟駕回京，動身前往京城西郊的暢春園，胤禩這時就住在暢春園附近的自家花園裡，而他的花園又正好位於從熱河到暢春園的必經之路上。十一月八日，康熙回鑾停留於京城北郊的湯泉，特打發人傳旨給料理胤禩病務的胤禛、胤禵：「將胤禩移回家中之處，著諸皇子議奏。」

康熙平時曾教訓皇子：「你們都是皇子王阿哥，富貴之人，要各自注意保護身體，凡是宜忌之處，必當忌之，凡穢惡之處，勿得身臨。」他還舉例說，出行在外時，如果途中碰到「不祥不潔之物」，就應該遮掩躲避。「千金之子，坐不垂堂」，積累千金的富人坐臥都不靠近堂屋的屋簷處，以免被掉下來的屋瓦砸到，更何況做皇子的，尤其要規避危險。

皇子們馬上領會了皇父的意思，他要求把胤禩移回城裡府中，是為了保證他自己在經過胤禩的花園時，不碰到所謂不吉祥的事，至於重病之中的胤禩到底是死是活，似乎並不在他的考慮範圍之內。

雖然皇子們都知道胤禩不受皇父待見，父子感情已經決裂，但皇父竟然冷酷無情到如此程度，還是令大家備感心驚。胤禛之前在康熙面前觸過霉頭，自然康熙說什麼就是什麼，胤禵同樣不敢違拗，二人再徵詢其他皇子的意見，多數皇子也都說該移，只有胤禟不同意，他憤怒地問道：「八阿哥病得這麼重，如果移往家中，萬一發生不測，誰承擔責任？」

見胤禟情緒激動，諸皇子經過商議，便一齊上奏康熙進行請示。康熙的回應絕得很：「八阿哥的病極其沉重，不省人事，若移回家中，斷不可推諉朕躬令其回家。」那意思就是要不要將胤禩移回家中，你們可以看著辦，但倘若出了事，絕不能說是我讓他回家的。

康熙這種態度，等於把責任推給了他的兒子們。皇子們商量來商量去，只能兩害相權取其輕：胤禟說得沒錯，重病人不宜移送，路上可能出現危險，可這事既然是皇父先前曾交代過的，大家奉命而行，也未必就能讓誰承擔責任；反之，如果不移送，胤禩的病情雖還沒有沉重到馬上要死的地步，但看樣子也就僅剩一口氣了，一旦在花園裡病逝，讓皇父碰到了「不祥不潔之物」，惹得他雷霆震怒，這個責任才是誰都承擔不了，也不敢承擔的。

當下，眾人不管胤禟如何激動和阻止，決定一面奏聞，一面將胤禩移回城裡府中。

十一月十一日，康熙讓一批王公大臣前去看視胤禩，並「同四阿哥多方延醫，竭力調治」。這批王公大臣中多為胤禩黨人或疑似胤禩黨人，如鄂倫岱、阿靈阿、馬齊等。胤禛看到旨意，首先想到的就是必須徹底與胤禩及其黨人劃清界限，不讓皇父產生任何疑心，他當即返回湯泉，向康熙表示：「臣素來不諳醫藥，今既送胤禩到家，臣無可料理之事。」

次日，康熙返回暢春園，此時胤禩早已被轉走，自然也沒讓他撞著什麼晦氣。

人的心都是肉長的，但在特定的環境下，它也會一天天變硬。康熙的心變硬了，皇子們的心也變硬了，昔日關於仁義、忠恕、孝悌的道德教條如今甚至連偽飾的價值都不再具備，所有人都冷冰冰地面對彼此，然後等待著一輪又一輪的決鬥和淘汰，其間沒有父子，沒有兄弟，沒有骨肉，只有勝負歸屬和對唯一皇權的渴望。

萬字命

胤禵沒有死，不久他就痊癒了。大約康熙也覺得自己的做法太不近人情，與慈父形象極為不符，於是恢復了胤禵的俸銀俸米，並遣人傳諭說：「你的病剛好，想吃什麼，只管告訴朕。朕此處什麼吃的東西都有，但不知道合不合你的口味，所以不敢送去。」

老皇帝說「不敢」，作為兒臣的胤禵又哪敢承受，他趕緊跑到宮門內跪求康熙收回這兩個字。康熙卻當著眾皇子的面說：「胤禵往往多疑，每用心於無用之地……於無事中故生事端，眾人觀之，成何體統！」

眼看與皇父的關係已經僵硬到了話不投機半句多的地步，為免再次惹惱康熙，胤禵從此以後只能夾著尾巴，謹小慎微地過日子，即便康熙外出巡幸時允許他和其他兄弟一起隨駕侍行，也不敢越雷池半步。

出頭的椽子總是先爛，繼大阿哥、二阿哥之後，八阿哥宣告基本出局，曾經最受康熙喜愛也最有希望上位的三個皇子至此無一倖存，胤禛奪嫡的前景看上去一片光明。

就在胤禵出局的這一年，胤禛給門客戴鐸謀到了一個福建知府的職位，戴鐸在赴任途中和到任後都不間斷地給主子寫信，報告自己的見聞以及胤禛所交代事務的辦理情況。在其中的一封信中，他告訴胤禛，他在經過武夷山時，遇到了一個「行蹤甚怪」的道人，與之交談，「語言甚奇」，但如何奇法他卻沒有說，只是寫道「俟奴才另行細細啟知」。

戴鐸的講述引起了胤禛的濃厚興趣，在批語中追問道：「所遇道人所說之話，你可細細寫來。」戴鐸回稟，他讓道士給胤禛卜了一卦，卜出的是一個「萬」字，「奴才聞之，不勝欣悅，其餘一切，另容回京見主子時再為細啟知也」。

戴鐸給主子送福建的土產品，他的這封回信被裝在盛放土產品的匣子的雙層夾底內，由此可見，他沒有進一步透露詳情不是為了賣關子，而是害怕洩密，他在信中也表達了這一意思：「福建到京甚遠，代字甚覺干係。」

得知道士算定自己是萬字命，胤禛興奮異常，他在批語中讚揚了戴鐸的謹慎，並令戴鐸將道人的話「細細寫來」，還說：「你得遇如此等人，你好造化。」

除了戴鐸替胤禛問卜，另一個門客瑪律齊哈也曾對胤禛「指天文而談禍福」，估計也是恭維胤禛「天命所在」，有登上九五之尊的人主之分。

自胤禩相面案被發現後，康熙對此嚴加禁止，但胤禛的門客仍不約而同地頂風而進，而胤禛也不顧罹罪，迫不及待地追問詳情，表明在胤禩折戟的情況下，逐漸成形的胤禛黨競爭儲貳的信心大增，已經有了進一步擴張勢力和進行活動的企圖。不過企圖畢竟只是企圖，在有志於奪儲的皇子中，胤禛一直深藏不露，他和他的黨人大概也很快意識到一味急進的不妥和危險性，所以儘管主子提出了要求，但戴鐸並沒有繼續將道士的話「細細寫來」，而胤禛本人也未再進行追問。

與胤禩黨相比，胤禛黨基礎薄弱，必須耐下性子精耕細作，這一點胤禛比誰都清楚，但曾用長信給他獻策並替主子算出萬字命的戴鐸卻未必清楚。戴鐸初到福建水土不服，不久就生了病，他想告病回京，就此請示胤禛。胤禛接到信很不高興，回覆道：「你為什麼要說這樣告病沒志氣的話？將來位至督撫方可揚眉吐氣，若始終都在他人之下，豈能如意？」戴鐸說他在福建生活不習慣，胤禛更不以為然：「天下皆如此，不獨福建。」

戴鐸去福建不光是水土不服，還因為無油水可撈。新任福建巡撫兼閩浙總督陳璸是一個有名的清官，康熙稱其為「苦行老僧」，在他任上，福建官場的一切陋規被盡行清除，令戴鐸感覺苦不堪言。由於胤禛不許他回京，自己屢次告病又得不到批准，戴鐸就想透過捐獻兩千兩軍餉的辦法，尋求到軍隊服役。

戴鐸本質上是個文人，當兵打仗未必是那個材料，到了軍隊很難出頭，胤禛知道後再次加以阻止：

「至西邊效力之舉，甚覺孟浪，皇上前不是當要的。」

胤禛讓戴鐸繼續堅持下去，但他對手下的生活和健康狀況並不是不關心，在回信中特意囑咐戴鐸：「你生病了，就必須注意調理。古人云，節飲食，省嗜欲，自可卻病延年，你萬不可令庸醫給你用藥。」

戴鐸能獻「奪儲策」，就說明他不是一個一般的門客，胤禛對他是抱有期待的。為了堅定戴鐸的信心，胤禛派人到吏部活動，將戴鐸的兄長戴錦「活動」成了河南開歸道。

戴鐸對此自然很是感激，寫信說：「此乃主子特恩。奴子弟兄受恩天高地厚，將來不知作何效力，方可仰報於萬一。」

「你哥哥大不如你，不過是一員俗宦罷了。」胤禛答道，「目前有你哥哥效力，你寬心保養，身子要緊。」

短板

在關於胤禛遊歷江湖的野史傳聞中，說他有一年遊歷至嵩山少林寺時，拜了一位本領高強的武僧為師。這位少林武僧有幾十個徒弟，以胤禛的食量為最大，平時吃得最多，師兄弟們因此不僅嘲弄他，還總是差使他一個人燒水做飯。胤禛對此毫不介意，也絕口不提一句皇宮裡的事，因此沒人知道他的真實身份。

半年後，胤禛學成出師。師兄弟們不相信他在這麼短的時間內能夠出師，紛紛提出要跟他比武。胤禛不予理會，眾人以為他是膽怯不敢應戰，言語更加肆無忌憚，幾乎什麼難聽的話都說了出來。胤禛大怒，遂奮然出手，結果不出手便罷，一出手便將向他挑戰的所有僧人都打敗了。

師父看在眼裡，對胤禛說：「你的武藝有進步了！」師徒分別時，他贈送胤禛鐵杖一柄，以留作紀念。

這時眾僧看到山下聚集著大批太監和衛士，才知道胤禛的廬山真面目。

可惜現實中的胤禛卻並不是一個精通武術的人，他曾拿自己與父親做比較，「技射不及皇考（指康熙）」。其實就是在眾皇子中，胤禛的騎射功夫也不突出，可以說武藝就是他的短板，而正是這塊短板，限制和阻礙了他繼續往前邁進。

從明末起，蒙古便分裂為漠南、漠北和漠西三部。若拿當年三部的分佈位置與今天的地圖一一對應，漠南是內蒙古，漠北是蒙古國，漠西是新疆和青海。到康熙時期，漠南、漠北都已正式納入中華版圖，惟有漠西蒙古尚在版圖之外。

漠西蒙古又分四大部，論軍事實力，以駐牧於新疆的準噶爾部為最強，其次則為駐牧於青海的和碩特部。康熙屢次征伐的噶爾丹就是準噶爾部首領，在征伐戰役中，噶爾丹的侄子策妄阿拉布坦曾與康熙合作。鑒於他有立功表現，在噶爾丹敗亡後，康熙便將噶爾丹留下的餘眾及其故地全部交給他，並承認了他在準噶爾部的首領地位。不料策妄阿拉布坦上臺後得志便倡狂，重操噶爾丹舊業，不斷向周邊擴張，成了朝廷新的隱患。

一七一五年五月，策妄阿拉布坦派兵騷擾哈密，康熙在塞外行宮召胤禛、胤祉商議對策。當時很多人都以為策妄阿拉布坦來勢洶洶，且矛頭對準的是其他邊外部落，所以建議朝廷只派兵防守自家邊境，先顧自己要緊。胤禛提出不同看法，認為策妄阿拉布坦居心險詐，當初征討噶爾丹時就應該一併剿滅，如今他既然擾犯哈密，自然更要用兵征討。

康熙向來重視邊外部落在鞏固邊疆上的作用，多次指出，蒙古才是清帝國真正的長城。胤禛的主張與之不謀而合，他指出：「如果我們的軍隊不能救援諸番（指被策妄阿拉布坦侵犯的其他邊外部落），則邊外部落勢必為賊所併。此時提議守邊，你們覺得妥當嗎？」

康熙一語定乾坤，吏部尚書富寧安隨即被委任為靖逆將軍，領侍衛內大臣傅爾丹被委任為振武將軍，督兵前去征討。可是由於對敵情估計不足，康熙事先未為前線將領配置一名統帥，導致軍隊出師後一直收效不大，他為此很是著急，在看過富寧安從烏魯木齊方面發來的軍情疏報後，大發感慨：「朕年紀大了，血氣漸衰，就把這件事拖延下來了。若是朕少壯時，早已成功了。」

康熙說的是實話，他雖然不是開國之君，但卻是名副其實的功夫皇帝，能夠平定三藩和噶爾丹，就是明證，只是此時的他不僅已屆花甲之年，而且也不再擁有健康的體魄。

早在第一次廢黜太子時，康熙就被氣成一場大病，後來儘管痊癒，仍落下了病根。再廢太子時，他嘴上說絲毫不介意，在談笑間就把事情都處理完了，其實精神和身體上同樣受到不小創傷。在此之後，康熙便屢屢犯病，有時還很嚴重，一度連右手都不能寫字，只好用左手寫，確無精力再親自率兵征討了。

康熙有心起用皇子代他領兵，遂命諸皇子傳閱富寧安的奏疏。被囚禁於自己府中的廢太子胤礽雖無人身自由，也看不到富寧安的奏疏，但他畢竟擁有近四十年儲君的歷史，「百足之蟲，死而不僵」，有些人仍認為他有復位可能，願意為其提供方便和通風報信，所以他很快也獲知了此事。

胤礽想透過都統公普奇保舉自己為大將軍，以出征來恢復舊日的儲位。醫生賀孟頫常到府中為胤礽的福晉看病，胤礽便用重金買通他，讓他帶著自己用礬水寫的親筆信出宮，將信交給公普奇。

哪知胤礽做事不密，被輔國公阿布蘭探聽到了消息。阿布蘭起初對是否要予以揭發尚猶豫不決，後來在胤禩黨人、貝子蘇努的勸說下，才決定進行檢舉，即「礬書案」。案發後，賀孟頫、公普奇被懲處，胤礽本人雖未受到多少譴責，但圖謀出征的心機算是枉費了。

退臺策

康熙的健康狀況越來越差，他自己也不得不承認，自廢太子起，因「過傷心神」，身體消瘦虛弱，

「漸不及往時」。從一七一七年夏天起他就生了病，當年秋天，在率領皇子們射箭習武時，因體力不支，只得在一旁參觀射箭。冬天則出現了心神恍惚、頭暈等現象，一開始在別人的扶持下尚能行動，後來病情加重，腿腳都已經腫得穿不了鞋子，下不了地。

康熙是一個性格達觀的人，面對現實，並不忌諱談論死亡。十二月，他在乾清宮召見諸皇子及滿漢大臣進行面諭，說夏商周三代之事不可全信，然而自秦朝以來，在近兩千年的歲月裡，稱帝而有帝號者有兩百二十人，「朕有幸在位時間最長，已經滿足了」。

康熙稱這是他準備了十年的一次面諭，相當於遺詔。在透過「遺詔」總結自己的一生後，他又表示如果現在公開立儲，時機還不成熟，言下之意，短期間根本不想立太子，也不會立太子。

老皇帝不諱辭世，誰都明白他確實已經身體不支，外界自然就更想知道新的儲君是誰了，康熙的表態讓大家頗些失望。前來祝賀冬至的朝鮮使臣回國報告說：「皇帝（指康熙）詔書辭旨荒蕪無歸宿，而太子（指胤礽）無復位之理。」——清國皇帝自說自話地講一通，裡面卻沒多少實質性的東西，只知道廢太子是不可能再復位了。不過「遺詔」同時也吊足了眾人的胃口，因為上面還有「立儲大事，朕豈能遺忘？」就是說康熙雖不準備馬上立儲，但已經開始重新考慮和醞釀嗣君人選。

由於這次面諭正好發生在康熙準備派皇子領兵出征的同一時間，便給外界賦予了更多解讀的可能：皇帝似乎有意把西征作為從實踐中選擇、鍛煉和培養儲貳，並透過建功立業來樹立其個人威信的最佳途徑。一石激起千層浪，出征人選立刻成為爭儲大戲中的焦點，皇子們個個被攪得食不安寢，夜不能寐。胤禛從沒有擔任過固定的差使，缺的就是事功，又是征討策妄阿拉布坦的倡議者，自然更不會也不肯放過這一大好機會，據說他已經積極謀求出任領兵大將軍，可或許是考慮到他在武略方面的能力並不突出，康熙沒有同意。

胤禛無法領兵出征，也就意味著這個機會落到了其他皇子身上，胤禩黨又活躍起來。奪儲大戰剛開始的時候，皇子們都是各立門戶，樹黨蓄勢，之後便逐漸合併成若干小集團，這些小集團中以胤禩黨為最強，郡王胤䄉、貝子胤禟、胤禵等人都擁護胤禩，是胤禩黨的骨幹成員。

在胤禩被康熙所嫌後，胤禩黨改變策略，決定將胤禩、胤禟、胤禵推到前面，實行相機而動、非此即彼的抱團競爭，即如果胤禩繼嗣無望，便擁胤禟，如果胤禟無望，再擁胤禵。

在胤禩離儲位越來越遠，胤禵也未真正顯山露水的時候，胤禟暫時成為胤禩黨的支持對象，他告訴心腹、葡萄牙籍傳教士穆景遠：「外面人都說我和八爺、十四爺三個人裡頭有一個立皇太子。」

胤禟是一個生財有道的皇子，他的太監何玉柱到關東私刨人參販賣，他本人在天津還開有木行，儘管胤禛等其他皇子也透過做生意擴充財力，但都不及胤禟。依靠相對充裕的財力，胤禟一邊收買康熙身邊的太監魏珠、梁九功等，伺察康熙的喜怒動靜，一邊不斷擴大勢力和網羅人員。穆景遠受命給四川巡撫年羹堯送荷包，說：「胤禟相貌大有福氣，將來必定要做皇太子的，皇上看他也很重。」其意希望年羹堯參加胤禩黨，為胤禟效力。

年羹堯是胤禛旗中屬人，一年前其妹年氏經康熙指配為胤禛的側福晉，年家因此由下五旗的鑲白旗被「抬入」上三旗的鑲黃旗，胤禛和年羹堯在原有的屬人關係基礎上又成了郎舅。這層背景眾所周知，胤禟挖牆腳居然能挖到他這裡，活動規模之大可以想見。

當年社會上盛傳胤禩、胤禟、胤禵三人中將有一人被立為太子，有人推測是胤禟等人自己編造並張揚出去的。胤禛及其黨人即便明知背後有胤禩黨活動的影子，但在喪失出征機會的前提下，這種社會輿論也不免會讓他們備受打擊。

聽聞胤禛在奪儲大戰中形勢不利，遠在福建任職的戴鐸急忙給胤禛寫信，說臺灣遠處海洋之中，沃野千里，而臺灣道一職兼管兵馬錢糧，你不如將我調到這個職位上去，「替主子吞聚訓練，亦可為將來之退計」。

胤禛雖然也被外界傳言弄得心急如焚，懊喪不已，可是他明白自己最多也只是落敗了一局，遠沒有到攤手認輸的時候，更何況奪儲本就是一條有進無退的不歸路，像戴鐸這樣一有風吹草動就驚慌不已，忙著尋找退身之計，未來哪裡還會有成功的可能？

如果說戴鐸獻「奪儲策」時尚有一流謀士的影子，他後來不安於位乃至提出謀求退路的主張，可是太讓胤禛失望了。接到戴鐸的信後，胤禛怒氣衝衝地回覆道：「你如果在京時就這樣做人做事的話，我當初斷不會禮遇你，我以國士待你，你做的事卻比罵我還厲害！你若還存著這樣的心，就算不遭災禍，也必受天譴，我勸你還是好好地做你的道吧（戴鐸時已升任福建道員）！」

戴鐸的「退臺策」本身就是個餿主意。胤禛自決定奪儲以來，就竭力偽裝自己，假裝置身於漩渦之外，胤禟想把年羹堯都挖過去，你可以說是胤禩黨人利令智昏，但也正好說明胤禛偽裝巧妙——胤禩、胤禟等人至今都認不清他的真面目，以為他無奪儲野心，所以資源放著也是放著。

若胤禛真的施行「退臺策」，將戴鐸派到臺灣去組織武裝，等於是自我暴露，不但將使胤禛與嗣君徹底無緣，而且還會死得更快更慘。因為按照康熙平三藩後所建立起來的地方軍政結構，一個區區臺灣道根本就造不了反，退一步說，就算戴鐸在島上能夠聚集起一點人馬，以康熙和清帝國所擁有的軍事實力，被攻破和擊敗也是分分鐘的事！

胤禛竭力鎮定心神，他知道自己還有很多機會，這個時候最重要的是沉住氣，絕不能自亂陣腳或讓別人看出任何破綻。事實也的確如此，就在戴鐸提出「退臺策」前後，康熙便傳旨胤禛，讓他協助自己料理孝惠章皇太后的醫藥和喪葬事務。

孝惠章皇太后是康熙的嫡母，康熙對她十分孝順。皇太后生病及去世期間，康熙正好也在病中，五皇子、恆親王胤祺因為從小由皇太后撫養長大，所以主動要求代父照料，但康熙沒有同意，只讓胤禛等人進行協助，可見胤禛此時在康熙心目中仍占有較高地位。

不挖白不挖

在協助照料皇太后的皇子名單中，排第一位的並不是胤禛，而是三皇子、誠親王胤祉。

胤祉是個文人氣息較重的皇子。在康熙第一次授皇子世爵時，他就已被封為郡王，可是不久康熙的庶妃敏妃去世，按例皇子百日內不許剃頭，胤祉卻不守喪儀，因而坐降貝勒。除了文人式的自由散漫，胤祉還有文人式的膽小怯懦，因為和太子關係較好，他被當作太子黨遭到關押審查，為了洗脫自己的嫌疑，他主動對胤禔進行揭發，直接把大阿哥推入了萬劫不復的深淵。

胤禔、胤礽相繼出事後，論年齡胤祉居首，又受封親王，在皇子中具有特殊地位。自一七一三年起，康熙命胤祉在暢春園開蒙養齋館，負責主持大型圖書的編輯，其間胤祉大量吸收學者參加編輯活動，由此更受父親的喜愛和器重。

許多文人其實並不適合做官，但他們往往並不甘於只吟詩作賦和做學問，一廂情願地以為自己在官位上也能大展身手，對胤祉而言，只是把官位換成了皇位。

受到環境的影響和誘惑，胤祉也逐漸產生了奪取東宮印綬的念頭。有個叫楊道昇的文人被認為「頗通才學，兼能天文」，胤祉便把他請到府裡作為門客。楊道昇的「能天文」應該是指他善於夜觀天象，這與相師張明德替胤禩相面、武夷山道人為胤禛算命並沒有本質上的不同，胤祉也是要透過獲得所謂的天命所示來增強自己爭奪儲位的信心。

胤祉主鑲藍旗，在他得意的時候，他的鑲藍旗屬人孟光祖打著主子的旗號，到各省進行活動。按照清代制度，皇子及其屬人離開京師需要批准登記（這也是「諸多有關胤禛的江湖傳說只是傳說」的原因所在），而屬人在地方上行走的話，若無勘合（即介紹信），地方官府也不能予以接待。現實情況是，孟光祖並無勘合和任何其他證明文件，但卻在各省官府間暢通無阻，地方官員們還紛紛為他提供車船馬騾的方便，不用說，自然是王阿哥的招牌在其中起著作用。

孟光祖在活動期間，代表胤祉向四川巡撫年羹堯、江西巡撫佟國勷贈送了禮品，年羹堯回贈了馬匹銀兩，佟國勷也回送給孟光祖銀兩緞匹。同樣按照清制，王阿哥與地方外任官員互贈禮品，官員必須奏報中央備案，但無論年羹堯還是佟國勷都沒有這麼做。

孟光祖事件案發後，康熙下令將孟光祖予以處斬，將佟國勷革職，年羹堯革職留任，唯獨對孟光祖是否為胤祉所派出一事，不予追究。

不追究不代表康熙對胤祉沒有懷疑。可是在經過這麼多兒子「不孝不義」的事後，老皇帝已經經不起折騰了，尤其在他重病期間，胤祉曾和胤禛一起盡心服侍，讓他大受安慰，他不希望胤祉再受到牽連。為此，他還特意對供職於蒙養齋館的侍讀魏廷珍說：「你每日和三阿哥一起修書，若有此事，即當以身命保之。」意思是如果外界有人議論胤祉是否與孟光祖事件有涉，魏廷珍就要主動站起來，幫胤祉頂一頂，使他逃過這場風波。

在孟光祖事件中，年羹堯是孟光祖出面拉攏的一個重要目標。胤禟為了爭儲，派心腹給年羹堯送荷包，胤祉爭儲，居然也毫不例外地盯上了年羹堯，敢情他們都認為四阿哥的資源就是放著也是浪費，不搶白不搶，不挖白不挖，可見胤禛超然脫塵的假象確實是完美地蒙蔽了他的皇父和兄弟們。

年羹堯與胤禛原先既有主奴從屬關係，以後又成了郎舅，自然早就結為一體，互為依託，他曾寫了一封信給胤禛，說今日之不負皇上（指康熙），即異日之不負胤禛。問題在於，年羹堯也不能確定自己的主子以後會不會做皇帝，在胤禛的奪儲形勢看起來頗為不妙的情況下，出於對自己前途的考慮，他便選擇了不分門戶，周旋於眾皇子之間的騎牆方式——之前年羹堯對胤禟那邊雖未做出明確回應，但對於似乎更有希望做嗣君的胤祉，卻明顯有了攀附之意。

年羹堯少年得志，有時對主子不夠尊重，不但不經常向胤禛致書請安，還在信中稱臣而不稱奴才，加上與胤祉的瓜葛，令胤禛又急又氣，大罵年羹堯是「儇佻惡少」，說他居然「六七個月無一請安啟字，視本門之主已同陌路」，如此做後果將十分嚴重，因為「你現在就如此藐視本門之主，沒準以後就會做出謀反叛逆之舉」！

「你居然說今日之不負皇上，即異日之不負我，這叫什麼話？是一個封疆大臣該說的嗎？」為了徹底鎮住這個本門「十三太保」中的老大，防止他真的另投別門，胤禛把年羹堯的話也拿出來作為把柄，對他加以威脅，「你這是在以無法無天的言論，引誘我謀位！僅僅憑『異日』二字，就足可以誅你年羹堯全家」！

胤禛的厲害之處，在於他雖與年羹堯在奪儲活動中達成了心照不宣的默契，但為免受人以柄，平時從不會直接把意思表達出來，也就是說，如果他真的把信交上去，確實可以做到在將年羹堯置之死地的同時，保證自己全身而退。

除了寫信嚴厲斥責和恐嚇，胤禛又責令年羹堯將從前准許他帶赴任所的弟侄送回京師，十歲以上的兒子不許留在任所，以示懲罰。

我輩豈有把屁當香聞之理

在胤禛內部，讓他鬧心的還有戴鐸。戴鐸一直處於不安，想離開福建，在告病不准，軍前效力的請求也被駁回後，便對著主子發牢騷，給胤禛送禮品也以自己「甚是窮苦」為由，能少則少，能減則減。胤禛或許並不在乎戴鐸所送禮品的多寡與否，但戴鐸的態度讓他很是惱火，因此在信中毫不留情地批道：「天下無情無理，除令兄戴錦，只怕就算你了。一年差一兩次人來訴窮告苦，弄兩壇荔枝酒來草率搪塞，可謂不敬之至。」

先前戴鐸的「退臺策」已因輕舉妄動遭到胤禛的斥責，但他仍沒有從中吸取教訓。大學士、理學名臣李光地因病告假回閩，康熙傳旨意召他進京，傳聞是要建儲問題上徵求他的意見。戴鐸聽說後，在沒有事先請示胤禛的情況下，就偷偷地去拜訪李光地，試探他對於設立儲君的態度。李光地直言不諱：「目下諸王，八王（胤禩）最賢。」戴鐸對他說：「八王柔懦無為，不及我四王爺聰明天縱，才德兼全，且恩威並濟，大有作為。大人如肯相為，將來富貴共之。」

據戴鐸說，李光地聽後對他的話表示首肯。戴鐸如獲至寶，忙不迭地寫信向主子表功。孰料胤禛在回信中又將他大罵一通，而且罵得比上次得知「退臺策」時還要狠：「你在外如此小任，怎敢如此大膽？你之生死輕如鴻毛，我之名節關乎千古，我做你的主子，正正是前世了！」

胤禛的憤怒發自內心，並非故作姿態，當然這跟什麼「名節關乎千古」毫無關聯，而是戴鐸的愚蠢舉動很可能壞他大事。且不說李光地老謀深算，未必聽了別人的幾句話就會改變主意，最重要的是誰都知道戴鐸乃雍邸舊人，如果這件事讓外界發覺，人們一定會以為戴鐸所言是秉承了主子的意旨，他胤禛精心加以掩蓋和偽裝的奪儲之心也就被戳穿了，這是很要命的。

戴鐸在信中還報告了社會上剛剛流傳的一種說法「十四王爺虛賢下士」。十四王爺也就是十四皇子胤禵，據戴鐸打聽來的消息，胤禵接見了李光地的門人、翰林院編修程萬策，且「待以高座，呼以先生」，他認為胤禵「頗有所圖」，即也是奔著謀取皇儲去的。

對戴鐸收集到的這些資訊，胤禛還是很歡迎的，實際上這也是他要戴鐸埋下頭去做的工作之一。他一面警告戴鐸不要太過蠢動和心急，一面也寬慰對方，讓戴鐸無須把程萬策這類人放在眼裡，「程萬策之傍，我輩豈有把屁當香聞之理」？

對於胤禵能夠拉攏到程萬策，以後還可能憑藉這一管道與李光地走得更近，胤禛其實內心也感到緊張不安，只是不肯表露出來而已。胤禵和胤禛是同母兄弟，但他們自出生以後就不在一起生活，兩人關係很一般。與胤禛的相似之處是，胤禩小時候也在康熙身邊長大，而且同樣深受康熙的喜愛，這種喜愛甚至一直延續到胤禩成婚後——在康熙的允許下，他和福晉破例依舊住在紫禁城內。

胤禩後來被皇父有所忽視或冷落可能有兩個原因：一是幾個兄長逐漸顯山露水時，他年齡還小，尚無法獨立參與政事活動或承擔責任；二是他為人不夠滑頭，有時激動起來甚至當面跟皇父產生衝突，最嚴重的就是那次張明德案事發，他為胤禩辯護，惹怒了康熙，結果受到了嚴厲訓斥和責打。

等到胤禔、胤礽、胤禩相繼出局，胤祉、胤禛、胤禩等人基本替代了他們原先在皇父心目中的位置，胤禩尤其受到康熙的偏愛。胤禔被囚時，康熙將胤禔在上三旗所分佐領全部給了胤禩，又將其包衣佐領和渾托和人口（二者皆為王室世僕）均分一半給胤禩，使他無形中成了胤禔垮臺的最大受益者之一。及至皇子們第二次被授世爵，胤禩得授貝子，在當時擁有爵位的皇子中，以他的年齡為最小。

胤禩屬於胤禩黨人，但在胤禩早早被拋出局外，胤禟又難以得到康熙重視和認可的情況下，眾人自然只會轉而支持胤禩。胤禩日益變得活躍，並廣泛聯絡士人，誠如戴鐸所言，他正是奔著儲位去的，而一個重大的歷史機遇以及其本身所具備的才能，也使這一目標變得離他越來越近。

大將軍王

一七一七年十一月，策妄阿拉布坦乘西藏內部空虛之機，派屬下策零敦多布攻入拉薩，殺死了藏王拉藏汗，並將宗教領袖達賴和班禪予以拘禁。這不僅意味著西藏被策妄阿拉布坦控制，更嚴重的是西藏佛教也可能從此被準噶爾人所掌握。

大漠南北及西北地方的蒙古人都尊奉藏傳佛教，作為與蒙古人進行聯絡的一個管道，清朝開國以來也都加以積極利用。康熙稱蒙古為清帝國的長城，則藏傳佛教不啻於這一長城的精神基石，一旦被準噶爾人奪去，北部邊疆必然陷入長期的動盪不安之中。

為了解除西藏和西北危機，康熙派侍衛色楞會同駐守於青海的西安將軍額倫特入藏作戰，「驅準保藏」。一七一八年十月，入藏清軍大敗，額倫特、色楞等高級將領陣亡，所部幾乎全軍覆滅，消息傳來，對清廷造成極大震動。

康熙此前就有派皇子掛帥出征的設想，經過反覆斟酌和考察，他已認定十四皇子胤禵最具帶兵才能，並初步圈定了他，現在眼看形勢發展到了前所未有的嚴峻程度，便當機立斷，決定正式任命胤禵為撫遠大將軍，統兵西征。

胤禵受命之時，爵位仍為貝子，位於親王、郡王、貝勒之下，僅高於公，屬第四等爵。軍事統帥需要有崇秩以便號令全軍，康熙遂臨時賜以王的名爵，軍中稱「大將軍王」，按照康熙的命令，胤禵的大旗遵親王例，用正黃旗（皇帝親御的上三旗之一）。不過胤禵的「大將軍王」其實是一個沒有名號的「假王」，據推測，這可能是因為康熙擔心，胤禵在皇子中年紀不算大，剛剛出師也未建功，若由貝子一躍而升為王，怕其他尚未有王爵的哥哥不服。

在胤禵出發前，康熙於親往堂子行祭告禮，胤禵啟程的當天，他又登上太和殿向胤禵授大將軍敕印。胤禵上殿跪受接印後，騎馬出天安門，諸王及二品以上官員皆到德勝門軍營送行。此次隨胤禵西征的諸王、貝勒、公等人員就達十六員之多，全部身著戎裝，整個隊伍浩浩蕩蕩，「其莊嚴隆重若此，清初以來所未有」。

胤禵出京前，正熱心爭儲，雖然擔任大將軍為他爭儲創造了極為有利的條件，但他對於自己離京後的京城政局變化並不放心，因此特地對胤禟說：「皇父年高，好好歹歹，你須時常給我信兒。這個差使想來是我的！」他還囑咐胤禟，發現康熙「但有欠好」，就早早帶信給他。

在經歷前期刀刀見血的奪嫡大戰後，皇子們與皇父的關係早已不同於昔日，胤禵此言也未必全是關心乃父健康，更多的還是確信一旦出征之事大功告成，自己必將繼承大業，所以要胤禟給他通風報信，以便好相機行事。

胤禵出任大將軍，使得其步入東宮的可能性大增，胤禩黨內部對他自然也更加支持和擁護。胤禟尤其「喜歡之極」，他稱讚胤禵「才德雙全，我兄弟內皆不如，將來必大貴」，並激勵他：「早立大功，得立為皇太子。」

一七一九年四月，胤禵進駐西寧，對駐防於青海、甘肅、新疆的八旗和綠營進行統一指揮，總兵力號稱三十萬，實際也有十幾萬人，這還不包括當地的蒙古人軍隊。康熙對胤禵此次出征寄予厚望，在寫給他的硃諭中說：「有事之際，身為兒臣之人，理應捨身報效。如今得此效力之機，只應喜慶歡欣而已，其他話沒有用處。」

考慮到西寧與京城相隔遙遠，來回報告請示多有不便，康熙頒佈特旨，准許胤禵「軍事當相機調遣」，也就是用兵作戰時可自行決策，而不必另行請旨。他還給青海的蒙古親王羅卜藏丹津降旨，稱：「大將王是我皇子，確係良將，帶領大軍，深知有帶兵才能，故令掌生殺重任。」羅卜藏丹津等人得到指示，在相關軍務和大小事務上，「均應謹遵大將軍王指示，如能誠意奮勉，即與我（指康熙本人）當面訓示無異」。

布袋和尚呵呵笑

大權在握的胤禵不辱使命，他一面整頓內部，將辦事不力或貪贓枉法的官吏、將領予以參劾，一面研究攻守之策。

達賴是西藏、蒙古共同的宗教領袖，也是蒙藏各派勢力競相爭奪的目標，大家都不願他與清廷建立直接關係。五世達賴圓寂後，藏王拉藏汗的前任第巴立六世達賴，但第巴旋以反叛罪被清廷處死，於是拉藏汗重新立了一個達賴，並指第巴所立達賴為偽，青海的羅卜藏丹津不服，又自行在西寧迎立了一個達賴，這樣就先後有了三個六世達賴。

第巴被處死後，其餘黨逃至新疆，求助於策妄阿拉布坦，策妄阿拉布坦便以此作為口實，派兵侵入西藏。顯然，要解決西藏問題，就必須首先解決達賴問題。鑒於拉藏汗所立的第二位六世達賴不被西藏僧俗所承認，而第巴所立的第一位六世達賴已成了準噶爾部的傀儡，康熙決定尊重蒙藏兩族對達賴的信仰，承認第三位六世達賴噶桑嘉措的合法地位。

胤禵按照康熙的意圖行事，並且成功地說服噶桑嘉措，透過噶桑嘉措傳諭西藏、四川、雲南的藏民，宣稱皇帝派皇子領兵，「掃除準噶爾人，收復藏地，以興黃教」。在西征大軍尚未正式出擊的情況下，此舉收到了不戰而屈人之兵的效果，使得策零敦多布無法再利用藏傳佛教來煽動和對抗清軍。

康熙雖不直接插手西征，但一直予以高度關注，凡是胤禵派回京城的人，他都要親自會見，詳細詢問。對於胤禵在前線取得的成效，他十分高興，在寄給胤禵的硃諭上，這種喜悅欣慰之情難以掩飾：「許多年來，朕從來沒有像現今這樣顏面豐滿，寢食安適過」，「你被交付重要事宜……你只應把心放寬鬆，在交付的事上勤謹效力。」

一七二〇年二月，隨著胤禵一聲令下，平逆將軍延信由青海、定西將軍噶爾弼由川滇兩路，分別向西藏進兵。經過數月作戰，準噶爾的在藏勢力遭到徹底清除，被軍隊護送入藏的噶桑嘉措也在拉薩布達拉宮舉行了坐床儀式。隨著戰亂結束，西藏又重新恢復了和平安寧的局面，更重要的是這一地區從此被正式納入了中央政府管轄範圍。

在致力於平定西藏戰亂的同時，胤禵從沒有忘記「天命所在」。他讓甘肅臨洮人張愷給自己算命，張愷有意奉承，說胤禵「貴不可言，將來定有九五之尊，運氣到三十九歲就大貴了」。胤禵算命時是三十二歲，雖然次年才正式向西藏進兵，但那時他手中已握有勝算，這似乎也驗證了張愷的說法，即從平定藏亂起步，只須再過數年，就可以達成龍飛九五的目標了。胤禵當時聽後不由得喜上眉梢，稱張愷算得準，「說的很是」。

京城傳來的消息也沒有讓胤禵失望。得知西征取得勝利，康熙立即命宗人府建立碑亭並樹碑紀念，碑文撰寫者是輔國公阿布蘭，在阿布蘭的碑文中，重點稱頌和反映了胤禵的戰功，「並不頌揚皇考，惟稱大將軍胤禵功德」。

康熙晚年特別重視「唯我獨尊」的皇權，多次強調「國家惟有一主」，連胤禩受到百官擁戴都讓他忌恨不已，因此大家都對歌功頌德的東西慎之又慎，唯恐觸犯康熙的禁忌。阿布蘭雖與胤禩黨有所牽扯，但以他在欝書案中檢舉胤礽一事來看，絕不是一個敢自作主張的人，也不可能不瞭解其中的輕重，若說他背著康熙私自撰寫碑文，恐怕就是借他一百個膽也未必做得到。該碑文即便康熙沒有詳細過目，也一定瞭解內容，甚至可能直接來自於他的授意。這說明康熙對胤禵西征以來的表現是相當滿意的，一面表彰他的功績，一面也藉此機會樹立他在軍政兩界的威信。

胤禵所任的大將軍位尊權重，遠遠超過清初統一中原乃至康熙為了平定三藩以來所任用的所有將軍，平定藏亂更使他的聲譽達到了頂點。

「昔年用兵，有諸王掌大將軍印者，有大臣掌大將軍印者，惟胤禵妄自尊大，種種不法，我朝大將軍如此行事者，從未之聞」，這種指責適見胤禵當時所處的與眾不同的奇特地位，鑒於康熙生前從未對胤禵在西北的做法提出過任何異議，表明康熙本身就賦予了他這種權力。

京中爭奪儲君的形勢因此發生急劇變化，很多朝臣都預測康熙「將定儲位」，有意將皇位傳授給胤禵，「聖祖（康熙）末年，諸王大臣所默喻上意，知為將來神器之所歸者，乃十四阿哥胤禵」。

在京的胤禛已經處於兩個有力競爭者的夾擊當中。論文，在胤祉的主持下，蒙養齋館編輯出了《律曆淵源》、《圖書彙編》，《圖書彙編》即著名的《古今圖書集成》，為中國現存最大、搜集最博的大型類書。論武，胤禵獲得了皇子們夢寐以求而不得的大將軍職位，在西陲建功立業，向嗣皇之位邁出了極其重要的一步，他對於胤禛的威脅之大更是不言而喻。

胤禛固然老練沉著、心機深重，但處於不利境遇或者說在不順心的情況下，也難免會有牢騷要發，只是這種牢騷不能光明正大地發出來，非得借助於某些不被人注意的形式和管道。

在胤禛所輯錄的《悅心集》中有一首《布袋和尚呵呵笑》，歌詞借布袋和尚之口，說連做佛老、孔子、玉皇、天子都沒意思：「苦也麼苦，癡也麼癡，著什麼來由，乾碌碌大家喧喧嚷嚷的無休息。」胤禛本身信佛，從小接受的也是聖人教育，他能夠對這種呵斥聖人佛祖的文章有所欣賞，未嘗不是在進行發洩和自我安慰。

究竟選中了誰

事情到此為止，如果給皇子們爭儲開個賭盤，胤禛的賠率一定很高，因為大多數人都不相信他會成為最後的唯一獲勝者，但問題是能夠決定獲勝者為誰的人也只有唯一一個，而他的思維方式和觀察角度可能與大多數人都不一樣。

如同確定西征人選一樣，康熙雖不再正式立儲，但他一刻都沒有忘記此事，而是一直在思考人選和考察候選人。僅從他發佈「遺詔」至胤禵平定西藏戰亂，就已過去了兩年多，經過這麼長的時間，他的心目中肯定對人選已經有所裁定，只是在經歷以往慘痛的廢立教訓後，不到他認為可以公佈的時候，就不會把名單說出來。

老皇帝究竟選中了誰？說神秘，其實也不神秘，從他對待諸皇子不同的態度中就可以推測出來。

康熙曾經對大臣們說：「朕萬年後，必擇一堅固可托之人與爾等作主，必令爾等傾心悅服，斷不致貽累爾諸臣也。」也就是說他親自挑選的嗣君一定要具備治國之能，按照這條硬標準，所有默默無聞、能力一般的皇子都不會在他的挑選範圍之內，實際上，在康熙晚年交代皇子們操辦的政務活動中，這些皇子已經退到了末尾，居於次要地位和角色。

剩下的皇子，大皇子胤禔、二皇子胤礽、八皇子胤禩均被康熙劃入他最為痛恨的結黨謀位之列，胤禔早就成了一具政治僵屍，胤礽遭兩度廢黜，連海外都知道他沒復位的希望了，胤禩已被康熙忌恨，兩人關係惡化到了無以復加的程度，自然也不可能了。

在第一次廢太子事件中，除胤祉、胤禛，十三皇子胤祥也因涉嫌太子黨遭到圈禁。胤祥小時候就「至性過人」，特別聰明，懂事後又很會看皇父臉色，做事非常妥帖，所以深得康熙寵愛，出事前對他「恩寵優渥」，每逢出巡，必定要帶上他。胤祉開蒙養齋館那年，朝鮮君臣討論清朝政事，有人說「十三王（胤祥）、第三王（胤祉）又稱以撫軍監國」。胤祥從未能夠以撫軍監國，外界的這種訛傳，說明他原先確曾受到皇父的信賴。

胤祥其實和胤祉、胤禛一樣，都不是什麼太子黨，只是想跟未來的君主搞好關係，平時走得較近一些而已。最倒楣的是，胤祉靠揭發胤禔翻了身，胤禛洗脫了嫌疑，唯獨胤祥仍然不清不白，雖然也被放了出來，但終康熙之世，再未被重用，亦沒有受封。

排除了這些皇子，康熙能夠選擇的繼嗣範圍，就不出胤祉、胤禛、胤禵三人了。胤祉自從那次和胤禛一起服侍病中的康熙後，他似乎也嘗到了甜頭，在對皇父察言觀色和竭力討好方面跟胤禛頗有得一拼，兩人都經常請康熙到他們的花園中去遊玩，而作為一種特殊恩榮，康熙也會應邀前去遊園。據清宮檔案記錄，康熙晚年臨幸胤禛花園的次數多達十一次，是一般皇子沒有的，可是康熙臨幸胤祉花園卻達到了十八次，多出胤禛七次，比之於主持編輯出《古今圖書集成》，這恐怕是胤祉更讓胤禛感到不爽和害怕的地方了。

胤祉年齡比胤禛大，又有學識，外人看來不說壓過胤禛，起碼也能並駕齊驅，但實際上在進入三人環節後，他已經難以與另外兩人抗衡了。原因很簡單，在這個環節，三個競爭者各有各的優勢和特長，康熙也都對他們保持著一定程度的好感和信任，大家惟有比拼治國能力，而這恰恰是胤祉最為薄弱之處。以清代對於國君的要求而言，文化學識、賦詩作文、書法繪畫都是必備素養，但也僅僅是素養，不能光靠這個治國。歷朝歷代，文化素養高的國君誤國亡國者比比皆是：南唐後主李煜精書法、工繪畫、通音律，一手詞寫得更是令人歎為觀止，然而國破人亡，落得個「雕欄玉砌應猶在，只是朱顏改」的悲慘結局；宋徽宗堪稱一代書畫家，他的書法和花鳥畫都自成一派，可是卻使北宋滑向了滅亡的深淵……。

在康熙為其擦屁股的孟光祖事件中，胤祉政治遠謀和行政才幹的不足可謂暴露無遺。孟光祖在外招搖不是一天兩天，而是數年，胤祉很難說不知道，如果這件事屬他指使，說明部署無方，行事不密，乃至輕易就能被人抓住把柄和漏洞，即算孟光祖是自作主張，一個屬人都拿捏不住，那他以後如何控制朝廷政局？

胤祉的弱項正是胤禛的強項。胤禛的辦事能力極強，一次康熙派人詢問音樂教習朱四美有關琵琶曲調、名色等事項，朱四美年逾八十，跟他進行複雜對話不是件容易的事，康熙要求詢問人做成筆記，「不要問緊了，細細地多問兩日」，後又加上一句：「你們若問不上來，叫四阿哥問了寫來。」可見他很瞭解胤禛能幹的特點，胤禛的兄弟們對此也不否認，胤禟就曾稱讚：「他（指胤禛）從來就伶俐。」

胤禛不僅精明能幹，而且主張對屬下恩威並施，以威相制，他對屬人戴鐸動輒申斥，但戴鐸依舊感恩戴德，誠惶誠恐，根本不敢離開他的指揮範圍，即使偶有出格，遭到斥罵後也馬上會反省回到原位。

對照康熙「堅固可托」的要求，胤禛顯然更合格，所以儘管胤祉受寵於乃父，溫文爾雅的學者形象也不錯，在最後環節仍必然要遭到淘汰。

儲位之爭，其實也是不同政治綱領及其派別之爭。胤禛自成一派，他與其他皇子，特別是胤禩一黨在政綱上是完全不同的。

威嚴政治

野史中提到，胤禛長大後因為「嗜殺小白鼠」，所以一度不討康熙喜歡。據說是有一次暹羅國（古代泰國）進貢了三百隻小白鼠入宮，康熙把它們賞給了胤禛。胤禛將所有小白鼠分成三隊，每天教它們戰陣行伍，「有不聽號令者，殺無赦」，結果幾天之內，小白鼠就死了三分之二。剩下的三分之一唯唯聽命，竟然都能像人一樣操演武課了。故事本身不是事實，但它多少也象徵性地展現出了胤禛政綱中「威」的特點，概言之，胤禩以仁義為號召，主張維持現狀，少生事，胤禛則主張威嚴政治，即對違法者、瀆職者不徇情面，一旦發現問題，該揭發的揭發，該懲治的絕不寬容。

太監曹之璜索詐官員銀兩，趕打轎夫，致使常在（低階後妃）的棺木落地。胤禛奉康熙的指令進行處理，審判時他以大不敬律將曹之璜議斬，監候待刑。對比胤禩在凌普案中的處理方式，二者的差別顯而易見，當初戴鐸與大學士李光地對話，說胤禩「柔懦無為」，而胤禛「恩威並濟，大有作為」，雖然其中必然含有刻意貶低胤禩，抬高胤禛的用意，但還是很中肯地指出了兩人所施政綱的不同之處。

施政寬，不容易得罪官員，施政嚴，對有作為的官員當然會是一種鼓舞，但一定會為多數人所反對，胤禩在朝野廣受讚譽，胤禛卻不為輿論所關注，政綱不同很可能是一個重要原因。不過對於爭儲這件事來說，公眾評議至多只能拿來作為參考，有時甚至還會起反作用，所以並沒有那麼重要，真正重要的是康熙究竟持什麼樣的看法。

康熙一生施行崇尚寬簡的仁政，特別是到晚年，更加注重維護自己的仁君形象，有一年，全國僅僅處決了十五名死囚。胤禩有延續皇父政綱之勢，按理康熙似乎應該更贊成胤禩，然而實際情況並非如此，康熙對胤禩的那一套做法不但不欣賞，甚至還很厭惡。

歸根結底，仁君形象是屬於康熙一個人的，你可以在他駕崩後做第二個仁君，但要在他生前就搶他的風頭，乃至於讓朝野上下都稱讚你，百官都擁戴你，那就是博取虛名，居心不良，康熙先前對胤禩的指責和不滿正是出於這種心理。與此同時，以康熙所擁有的政治智慧，他不會完全認識不到過猶不及所造成的弊端，比如死囚處決得少，並不是社會治安真的那麼好了，某種程度上其實是在以犧牲法紀作為代價。胤禛後來回顧曹之璜案，就說到因那時太監納賄索詐的事委實太多，不用重法，不足以剎住這股歪風，所以才迫使他動用極刑，以警示各方。

一七〇九年春天，胤禛隨從康熙巡視京畿，在歸途中，康熙責備與他同行的表兄弟、領侍衛內大臣鄂倫岱與胤禩結黨，不料鄂倫岱聽後卻以皇親國戚自居，不把康熙的話當回事，把康熙氣得夠嗆。這時胤禛立即對康熙說：「皇父聖體剛好，不值得為這種人煩惱。自有國法處置此類亂臣賊子，若把他交給兒臣，立刻將他誅殺！」

以胤禛處理曹之璜案的方式，可知他不是隨口說說的，反過來，倘若康熙對胤禛的處置不滿，他也不會不加以批評或阻止，而胤禛在他面前亦不敢如此說話行事。

根據朝鮮使臣的觀察，康熙晚年因廢立皇太子和諸子爭儲，「皇帝心甚不快，頗有乖常之舉，大小臣僚如在針氈」，導致政局也趨向混亂。康熙看在眼裡，但已是心有餘而力不足，他只能寄望於繼承者，胤禩一類皇子看似繼承了他的政綱，可是講仁義、宣仁政者表現在政治上，往往都不求改革，維持現狀，靠他們來整治朝綱，是指望不上的，只有像胤禛這樣的，才有可能整飭積習，振作有為。

在很多人的觀念裡，康熙既許胤禵為良將，把被清廷奉為「百年之計」，意義堪比他三次親征噶爾丹的西征大任交往胤禵，而且胤禵在對藏用兵上也取得了成功，那麼康熙心目中的「堅固可托之人」舍胤禵還會是誰呢？

其實胤禵身上尚有不少讓康熙感到疑慮的地方，比如康熙最討厭皇子結黨抱團，但胤禵卻是胤禩黨人，與胤禩私交非常好，要命的是，康熙對此還非常清楚，而不像胤禛，經過精心偽裝隱蔽，康熙始終沒有發現他結黨謀位的事實。胤禩黨人不啻於康熙的一塊心病，如他先前在當眾宣佈與胤禩斷絕父子關係時所說，他很怕出現「豬狗一樣的阿哥」，興兵發動叛亂，「逼朕遜位而立胤禩」，胤禵手握兵權，可以說已經具備了和胤禩內外呼應的條件。

當然如果直接把胤禵扶上儲君之位，或許可以避免他再與胤禩結黨，但胤禵是否具備做未來國君的水準，恐怕還需要再打個問號。國君往往需要具備很高的政治技巧，康熙本人就是如此，所以他才會以善於駕馭大臣著稱，胤禵脾氣過直，為胤禩辯護時竟然可以當庭頂撞皇父，說明他連喜怒不形於色都做不到，又何談帝王心術？

近在咫尺

康熙對待胤禵的方式是有所保留的，這從胤禵在西藏立功之後，雖被勒石刻碑表彰，但並未能夠得到冊封可以很明顯地看出來。要知道胤禵此時仍只是沒有賜號的「假王」，實際還是貝子，就等級制度而言，一個貝子要驟然升為太子於理不合，而依靠胤禵剛剛在西北取得的赫赫戰功及其聲望，康熙若升他為郡王乃至親王本來是不會惹起太大爭議的。

康熙一共有二十個可作為候選的皇子，經過層層篩選，真正能夠入他法眼，也有能力競爭皇儲的，應該只有這對同母兄弟：四皇子胤禛和十四皇子胤禵。

胤禛年長，理政辦事的能力強，善解人意，不結黨（康熙的觀察和理解），但可惜不能在外統兵為帥。胤禵帶兵才能突出，征戰沙場頗有乃父之風，且取得了其他皇子無法企及的戰功，然而有結黨劣跡，是否適合全面執政也很難說。康熙還需要做進一步的觀察、對比和權衡，而且鑒於先前的教訓，他仍然不會輕易對外宣示自己的意向，甚至即便心中已有成算，也決不會馬上公佈於眾。

胤禛不是如外界想像的那樣離儲位很遠，而是已近在咫尺，但如果他出現嚴重失誤，也同樣可能與機遇失之交臂。

對胤禛而言，最大的失誤莫過於偽裝遭到揭穿，隱蔽活動被暴露於光天化日之下，在這方面，他不是沒有心驚肉跳的體驗。那還是在康熙獨出心裁地「發揚民主」，令大臣們舉薦太子期間，當時幾乎所有人都異口同聲地推舉胤禩，只有一位大臣突然怒衝衝地站出來，高聲說：「只有立雍親王，天下蒼生才有指望！」

此人名叫塞勒，屬於王公貴族，平時喜歡喝酒，經常喝得酩酊大醉，終日不醒，有時即使上朝，旁人也能從他身上聞到一股酒味，故得了個「醉公」的綽號。醉公和雍親王胤禛其實並沒有什麼特殊的交情，更未達成過任何默契，他極力支持和擁護胤禛，純粹因為他就是這種耿直的性格，覺得誰好就投誰的票。

醉公不為胤禛出頭還好，一出頭可把胤禛給嚇壞了，就怕一個不好，被康熙緊緊盯上，懷疑他是暗中結黨或有奪儲野心，所幸彼時滿朝文武都提名胤禩，這才把康熙的注意力給成功地轉移了過去。

餘悸未消的胤禛後來對醉公說：「當初你說的那些話，差點害了我！不過看在你忠誠耿直的分兒上，我就不計較了，你以後要記得少說話才是。」

醉公一介粗人，從未想到自己的舉動可能給胤禛帶來天大的麻煩，至此才明白過來，趕快脫帽致歉：「我性子直，當時沒能控制住自己的情緒，請恕罪。」

胤禛回顧藩邸歲月，說他與人同行，從不拿腳踏別人的頭影，也從不踐踏蟲蟻。後者或許是因為他信佛，前者則正好反映了他當時謹小慎微、如履薄冰的心境。

在外弛內張，著力向康熙、政敵和大臣們施放煙幕彈的同時，胤禛並沒有放棄經營自己的小集團。

就在康熙任命胤禵為大將軍王，準備派他出征西北的時候，四川巡撫年羹堯給康熙上奏摺，說四川各鎮營伍存在弊病，巡撫又無權節制各鎮，所以請求康熙給他加「總督虛銜」，令其節制各鎮，並保證「一年之後營伍必當改觀」。

年羹堯雖然口口聲聲他要的只是個「虛銜」，而且聲明事成後即「攻成身退」，把總督一職奉還，但其實都是話說得漂亮巧妙而已——要是他真把營伍整頓好了，也就等於坐穩了總督位置，因為皇帝根本不會再自找麻煩地去重新換人。

康熙何等精明，年羹堯的這點小心思自然蒙不了他，不過康熙也有康熙的考慮，四川是西北用兵的大後方，四川這裡梳理好了，對胤禵將是一個極大的支持，為此他決定任命年羹堯為四川總督兼巡撫，讓其協助胤禵。

眾所周知，年羹堯是胤禛的屬人，為了不致引起猜忌，胤禛肯定不會直接當著康熙的面替其仕途說項，但透過其他方式讓康熙瞭解並欣賞年羹堯卻是完全可以做到的，而年羹堯在仕途上的更上一層樓，亦可以視為雍邸在擴展勢力方面所取得的一個重要進展。

藩屬之外，儘管康熙有不得結交百官的規定，但對於自己看中的人才，胤禛也冒險在極小的範圍內進行招攬，而且通常不達目的不甘休。他認為禮部侍郎蔡珽「學問素優，人品端方」，對本黨有利用價值，遂命門客瑪律齊哈前去聯繫見面，但被蔡珽以身居學士不便往來王府為由辭謝。

等到年羹堯入覲時，他又向胤禛推薦蔡珽，胤禛即令他代表自己往請，可是蔡珽仍不就招。次年，蔡珽被任命為四川巡撫，到熱河行宮向康熙辭行，這時胤禛也住行宮，蔡珽在年羹堯兒子的引領下晉謁胤禛，至此以後他才真正成為胤禛的心腹。

以海寇攻海寇

進入奪儲的衝刺階段，胤禛愈加注重揚長避短，以期甩開對手，凡康熙交辦的事務，不管大小，他必定恪盡職守，辦理完善。

一七一三年，孝惠章皇太后的妹妹淑惠妃去世，康熙發現辦理喪事的官員草率從事，祭器、祭品粗劣，便命胤禛查辦。承辦喪事的是工部、光祿寺，兼理的是內務府，這些替皇室操辦婚喪嫁娶的部門平時積弊很多，內部人際關係盤根錯節，極為複雜，作為一個無實職的皇子，不僅查處不易，而且很容易得罪人。先前胤祺負責對前任內務府總管凌普進行審查時，之所以敷衍手軟，未嘗沒有這樣瞻前顧後的考慮，可是胤禛卻一絲不苟地進行了調查，然後毫不含糊地上報。根據他的調查報告，相關涉案官員全部受到革職、降級罰俸等處分。

康熙看在眼裡，他對胤禛的欣賞和倚重雖不便宣於明旨，但完全可以從所派差使中表露出來。一七二一年為康熙登基六十年大慶，康熙認為典禮中最重要的是到盛京祭祖陵，因為年邁多病不能親行，便派胤禛前往致祭。胤禛正月出發去盛京，回來時正逢萬壽節（即康熙的生日），又奉命致祭太廟後殿。

十二月二十二日，當天是冬至，按例要舉行祭天儀式。康熙歷來重視祭天，「天壇大祭，朕親行禮」，「方展誠心」，以往每次都是親自參加儀式，不輕易讓他人代替，但這次同樣令胤禛代其前往。

胤禵當然也不會閒著，他的主要優勢是軍功，既然不能馬上凱旋回京師，繼續在西北用兵，以擴大自身優勢便是最佳選擇。事實上，西藏戰役一結束，胤禵就從西寧移鎮甘州（今甘肅張掖市），著手對準噶爾本部用兵，以解除漠北蒙古後顧之憂。其間，為了繼續樹立自己招賢納士的形象以及用兵策劃所需，他決定禮聘直隸蠡縣人、著名學者李塨入幕。

李塨自負有王佐之才，是個才識並不拘於書齋之中的通才型學者。康熙初年，臺灣為鄭成功家族所據，朝廷因缺乏強大水師而對鄭軍莫可奈何，稱之為「海寇」。有人向李塨問平海寇之策，李塨說：「以中國攻海寇則難，以海寇攻海寇則易。」他建議，要用重金買通那些常年在海上交易的商人，並使之打入鄭軍內部，裡應外合，然後再用大部隊進攻，「勢如拉朽耳」。後來人們發現，在收復臺灣戰役中，指揮者姚啟聖所用戰法竟與李塨如出一轍，而李塨在提出此策時年僅二十三歲。

至胤禵派人延請李塨之際，李塨雖已六十二歲，但如果是在幕中運籌帷幄，這個年紀還不算太大，且「大將軍王」正值聲勢鼎盛，他要想大展身手，這就是命運賜予的最後一次機會，可謂過了這個村就沒了這個店。不料當「十四王使人訪先生（李塨）」時，李塨卻顯得很害怕，並且選擇了遠遠躲開。

一七二〇年七月，訪客再至李宅，言稱「十四王聘先生」，且帶來重金厚禮，但又被李塨以老病不能行為由推託掉了。次年，胤禵派人「三顧茅廬」，沒想到李塨不惜將其北方田宅與人交換，用這種辦法遠避江南。見人去屋空，來使只得悻悻而歸。

李塨和給胤禵算命的張愷不一樣，是一個真正腹有韜略，也看得清局勢的人，他之所以對胤禵的相邀不但不感到榮幸，反而覺得害怕，只有兩種解釋，即要麼覺得胤禵無輔助價值，要麼預知胤禵在西北戰事乃至奪儲中已無勝算，二者必居其一。

此後西北戰事也確實很不順利，在與準噶爾部作戰的區域內，清軍一直沒有進展，軍士因病死亡的事不斷發生。出現這種情況，有人說是年羹堯從中作梗，實際上，年羹堯雖為胤禛的屬人和胤禛黨人，但康熙末年，他們主僕的關係若即若離，並不十分親密。原因是年羹堯熱衷名利，向來喜歡騎牆和投機，其時胤禵被立為皇儲的呼聲最高，胤禛還遠在其下，按照年羹堯的性格，他會死釘住本門之主，而不靠攏未來的新皇帝嗎？

更何況，胤禵是年羹堯的頂頭上司，在前線有生死予奪之權，別說年羹堯，就是青海王公也當斬則斬，而無須事先請示康熙。以他在西北坐鎮數年，對當地和軍中情形的熟悉瞭解程度來說，如果年羹堯敢在這個時候耍手段，他能無動於衷，不報之以刀斧？

必須明確一點的是，入藏作戰和與準噶爾部作戰不同。準噶爾部侵入西藏，係以達賴問題為口實，換言之，達賴問題解決了，西藏問題也就解決了大半。準噶爾部連待在西藏的理由都不成立，自然不難驅逐，按照李塨「以海寇攻海寇之道」，這其實也是一種從內部攻破的辦法。

若是直接攻打準噶爾，在未找到新的裡應外合之策前，其困難程度和所需耗費的時間必然要成倍增加。當然不是說最終一定不能成功，問題是背後的奪儲之戰已不容許有這麼多的時間了。

從西寧移鎮甘州的那一刻起，胤禵已為他的失敗奠基。或許，李塨正是看到這一點，才被迫打消施展平生抱負的念頭，選擇遠遠避開的吧！

西北用兵的師久無功，無形中削弱了胤禵的勢頭，但其聲勢仍在。一七二一年十一月，康熙將胤禵召回京師，並命胤祉、胤禛領內大臣郊迎，足見世爵仍為貝子的胤禵之今非昔比。

爭儲形勢變得更加複雜微妙。康熙在廢黜太子時早有規定，皇子們不得私自往來，更不能親密交往，相互間有事必須請示允准後方得實行，當然其實大家都沒有真正執行這一規定。胤禵回京後的第二年春天，眾兄弟在胤禛的花園共同宴請康熙，接著又經康熙的准許相互請客，雖然這些請客活動看似只是一般性走動，絲毫不涉及政事，實質仍是在為奪儲做打算。

其他兄弟不提，單就胤禛一方，先後有過幾次舉動：第一次，請胤禵和十六皇子胤祿來園中觀花；第二次，請誠親王胤祉吃飯（胤祉因病未到）；第三次，請恆親王胤祺、十三皇子胤祥、十七皇子胤禮吃飯……

請胤禵、胤祉、胤祺尤其胤禵，是為了向主要競爭對手散佈迷魂湯，請胤祥、胤祿、胤禮，是為了進行感情聯絡，做他日之用，其中胤祿、胤禮同胤禛關係較為親密，胤祥更是早已成為胤禛黨的核心成員。

最重要一票

胤祥比胤禛小八歲，兩人雖非同母所生，但從小生活在一起，朝夕相處，非常親近。及至年齡稍大一些，胤禛奉命教胤祥算學，「日事討論」，在眾兄弟集會賦詩時，胤祥常會把自己的詩作拿出來請教胤禛，就連塞外扈從，兄弟倆也「形影相依」。後來胤祥因受太子黨事件而失寵於皇父，有時不能隨胤禛一起扈從，他便寄詩詞、書箚給兄長以抒懷，胤禛將他的詩詞共計三十二首收錄在自己的詩集裡，「以傳永久」。

胤禛結黨結盟，別人也結黨結盟，而且胤禛黨最終形成的時間較晚，加上康熙有不許結黨的規定，使之不得不處於高度隱密狀態，所以人數不多，居於高位的要員也很有限，占優的地方只是這個集團不為康熙所察而已，所以胤禛並不能指望靠這個取勝。在與胤禩勢均力敵、旗鼓相當的情況下，他能占得先機的利器仍然是戴鐸「奪儲策」的靈魂所在：投其所好。

作為一個君主，康熙一生堪稱完美，若說還有缺憾，就是晚年所遭逢的兩廢太子和諸子爭儲事件，這成了他精神上難以癒合的一道傷口，而且就和肉體上的老傷口一樣，一到陰雨天就疼得難受。要想討得老人歡心，最好的辦法就是搭起「溫室大棚」，用家庭溫情去感染和打動他。

清朝皇室來自於涼爽的東北，普遍不耐酷暑，又因為經常要開展巡幸遊獵活動，由此形成了離開大內過園居生活的傳統習慣。康熙晚年經常住在京城西郊的暢春園，為了年長皇子和心腹大臣陪駕方便，他就把京西的許多花園賞賜給他們居住。

暢春園緊北有一座圓明園，原為明代的一座私人花園，清代才成為官園，康熙將它賜給了胤禛。胤禛接手後做了一些興建，使之初具規模，他曾寫詩描繪園中美景：「疊雲層石秀，曲水繞台斜，天下無雙品，人間第一花。」

圓明園那時的美景集中於牡丹台，此處栽種了大量各種品種的牡丹花。在長期與皇父的接觸當中，胤禛瞭解到他特別喜歡牡丹，經過一番深思熟慮，便決定單獨邀請康熙到圓明園牡丹台觀賞牡丹。

按照農曆節氣，在每年穀雨到小滿的一個月裡，牡丹開得最盛。不過那段時間乾旱少雨，康熙怕影響到農民的莊稼收成，為之心焦不已，特地下旨禁止屠宰，誠敬求雨三天，這種情況下，胤禛自然不便提觀賞的事。

一七二二年五月八日，即康熙下旨七天後，突然下了一場春雨。正是「好雨知時節，當春乃發生」，眼見旱情解除，豐收有望，康熙轉憂為喜，龍顏大悅。胤禛抓住時機，向皇父發出邀請，康熙一口答應下來，欣然前往。

在胤禛的陪同下，康熙來到牡丹台，興致勃勃地進行觀賞，只見雨後的牡丹競相開放，姹紫嫣紅，盡展「人間第一花」的美豔，使得康熙更加高興。

隨後胤禛在牡丹台殿內盛排宴筵，款待皇父。趁著康熙心情大好，席間他把自己的兒子弘曆喚出，給康熙叩頭行禮。

弘曆是胤禛的第五個兒子，敘齒的第四子，因為他的頭三個哥哥早逝，所以實際排行老二。胤禛本身比較中意於弘曆，又覺他的經書已學得不錯，才特意允許和安排他與皇祖父見面。

康熙有一百五十多個皇孫，不是每個皇孫都認識，弘曆也是他第一次見到。弘曆雖然時年僅十二歲，但言談舉止頗似乃父，行禮答話均不慌不忙，沉著穩重。康熙「見即驚愛」，一下子就喜歡上了這個皇孫，當即降旨，命將弘曆收養於宮中。

弘曆也就是後來的乾隆帝。有人認為胤禛把弘曆推薦給皇父，是為了透過自己的兒子來影響康熙對繼統問題的選擇，使之對自己投出最重要的一票。更直接些的說法，是康熙原來並不垂青胤禛，就因為鍾愛孫子弘曆，才產生了先立其父的念頭，「康熙帝始無立雍正（胤禛）之意，彼由其愛寶親王（乾隆），其父雍親王乃得以繼位」。朝鮮史書中也記載，康熙臨終前曾留下遺言：「第四子雍親王胤禛最賢，吾死後必立為嗣皇，胤禛第二子有英雄氣象，必封為太子。」

其實這只是一種主觀臆測。愛孫及子的情況確有先例，主要集中在明朝，但那主要還不是因為皇孫的關係，而是皇子本身是嫡長子，換句話說，皇帝本來也應該立這個皇子為太子，皇孫得到他的喜愛僅僅只是促使其下定決心的一個附加因素，而不是根本所在。

康熙晚年重視家庭關係，對自己見過的皇孫大多十分寵愛，比如廢太子胤礽的二兒子弘皙就是其中一個，不獨乾隆。退一步說，就算他看中乾隆，想讓乾隆做第三代繼承人，他怎麼能保證乾隆一定能繼胤禛之位？須知，胤禛不是就弘曆一個兒子，他繼位後在嗣皇上也可能有新的考慮。康熙自己就是教訓，他早年立胤礽為太子時，何曾想到過胤礽會那麼不爭氣，誰又能擔保乾隆在數十年的皇子生涯中不重蹈覆轍？再者，按照過渡橋樑模式，在乾隆成為君主前，勢必要先由胤禛秉政，倘若胤禛長壽，君臨天下的時間就不會短，而作為一個具備極強歷史責任感和擔當的皇帝，要是康熙真的對胤禛不滿意，他又如何會允許這樣可能影響社稷興亡的事發生呢？

雖然康熙因愛乾隆而立胤禛之說絕不可信，但胤禛精心策劃牡丹台之會的初衷還是達到了。當天祖孫三代會聚一堂，其樂融融的景象顯然給康熙留下了極為深刻的印象，也促使他做出了一個新的決定，即下旨令胤禵復返甘州任所。

這個決定確實極大地影響了爭儲形勢和格局，從某種意義上說，倒真的是康熙在繼統問題上所投出的最重要一票。

有福之相

胤禵在京時，康熙授之以「來年進兵」大計，臨別時又諄諄囑託，讓他重新集結兵力，等待時機成熟再對準噶爾部實施進剿。不知奧妙者可能很難發現其中的特別之處，或許還以為胤禵占到了先機，但胤禛卻有一種如釋重負和大喜過望的感覺，因為這意味著若無新的意外情況發生，他在爭儲形勢上已完全超越胤禵。

胤禛對於皇父心理的揣摩可謂細緻入微，他判斷自己得以甩開胤禵的主要依據是康熙年老多病，已如風中殘燭，倘若真有意立胤禵，在胤禵已經出征三載且有戰功在身的情況下，就不可能也沒必要再讓他遠離自己，重返數千里之外的西北邊隅。

春秋時，晉獻公的兩個兒子太子申生、重耳均有賢名。獻公寵姬驪姬為了能夠立自己的兒子，便設計陷害申生、重耳，結果申生被迫自殺，重耳因出逃在外獲免，後回國即位，即位列春秋五霸的晉文公。東漢末年，劉表之子劉琦遭後母所忌，時有性命之憂，於是向諸葛亮問計，諸葛亮便引用「申生在內而危，重耳外而安」的典故，勸其出奔。劉琦聽其言，向父親請求出外擔任江夏太守，果然藉此逃脫了陷害。

有人論證康熙讓胤禵出京遠走，與諸葛亮替劉琦所謀相仿，是鑒於京城內皇子間的黨爭尚未徹底消弭，不讓他捲入其中，「揆聖祖（康熙）之意，胤禵兵權在握，何事不可有為？」這種假設難以成立的原因在於，它沒有考慮到彼此歷史背景的不同。

清代自順治起，便已將武將調任權統一收回兵部，康熙吸取「三藩之亂」的教訓，懲前毖後，又厲行三年俸滿加銜更調的制度，以使武將不得久任一地。事實上，在康熙末期，兵部已能夠毫不費力地代替皇帝掌握著全部兵權，胤禵作為大征伐期間領兵征戰的重臣，受命於皇帝，指揮的是國家軍隊，只要新皇願意，一紙朝令就可以沒收他的兵權。康熙明知這一點，他不可能用出京遠走的方式來保護胤禵，後來的事實也證明，胤禵在外並不安全，所謂的兵權起不到什麼作用。其實，當時就連胤禩黨都不認為胤禵重返前線對他有利，胤禟曾口出怨言說：「皇父明是不要十四阿哥成功，恐怕成功後難於安頓他。」

胤禛有其取勝之道，胤禵則有其致敗之因。胤禵的性格熱情有餘，冷靜不足，當初康熙要處罰胤禩，他出面保奏時激怒康熙，氣得康熙幾乎要拔刀殺了他，眾皇子跪勸，才被以鞭笞二十板逐出，其行動往好的說是講義氣，往壞的說不免失之於魯莽。

胤禵的性格缺陷與胤禛曾有的性格急躁、喜怒不定相仿，都是作為領袖者的大忌，區別在於，經過漫長歲月的磨礪，胤禛有所改正或至少已讓康熙挑不出他的毛病，而胤禵依然故我，這讓康熙如何放心呢？

胤禵與胤禩、胤禟結黨，而且結黨形跡過露，早就為康熙所忌。他如果與胤禛一樣有心計，在準備獨立奪儲時，就應該認識到胤禩黨已成其政治負擔，必須想方設法在表面上切除與它的關係，以解除皇父的疑慮，可是胤禵卻並沒有這麼做，反而仍以該集團新核心自居。

胤禵從西北返京後，想整頓花園，胤禟的屬人、湖廣總督滿丕向胤禟報效了兩萬兩銀子，胤禟便將這筆錢提供給胤禵作為整頓花園的開支。當然，胤禩黨人支持胤禵「黃袍加身」也不是無代價的，他們都會要求「嘗鼎一臠」，從中分一杯羹，胤禟就說過：「十四爺若得立為皇太子，必然聽我幾分話。」康熙在京城耳目眾多，這些活動豈能瞞過他的耳目。雖然越到後面，康熙越重視家庭關係，不肯再輕易處罰自己的兒子，但並不說明他心裡沒有芥蒂，而且也必然會影響到他對胤禵的評價。

在作為皇儲必備的才能方面，胤禵亦非無懈可擊。他固然是個難得的將才，但治國之能尚未得到皇父的認可，要知道他平生除出任大將軍，從未處理過重大政務。若以胤禵為君，能夠把未來國家治理成什麼樣子，康熙心中無數，反之，若以胤禛為君，內政首先沒問題，至於軍事，則可以透過胤禵這個同母兄弟的輔佐來加以彌補，換句話說，胤禛可以代替胤禵，但胤禵無法代替胤禛。

在超越胤禵的同時，胤禛也進一步拉開了他與胤祉的差距。一七二二年八月三十一日，胤禛邀請皇父到他的獅子園（亦為康熙所賜）赴宴，康熙帶著乾隆欣然前往。酒席宴上，康熙突然指著侍立一旁的弘曆，對胤禛的嫡福晉說：「帶其生母來見。」見到乾隆的生母，康熙連聲說：「有福之人！」

乾隆即位後視圓明園牡丹台、獅子園為其發跡之地，並在《遊獅子園》一詩中記述道「聖諭兩言萬世留」。他說他回想當年在獅子園的情景，忖度皇祖父在看到自己的母親為有福之相後，似乎就已一心寄託於他。實際上，跳過站不住腳的「過渡橋樑說」，乾隆生母這個「有福之人」首先能夠庇蔭到的應該是他的丈夫——康熙因喜愛兒子而更加喜愛孫子，因喜愛孫子和看到孫子生母有福相，又堅定了選擇兒子為繼嗣的決心。

事實也是這樣，一七二二年，包括與胤禛父子聚會在內，康熙駕臨胤禛府上達三次之多，其中北京兩次，熱河一次，而他做客胤祉府上僅有一次。

胤禛在奪儲道路上的前景已然是光明一片，但他還要再接受一次檢驗，這一次，康熙將連他自己都感到撓頭的一項政務交到了他手中。

清代實行糧食漕運制度，在京師設京倉，在直隸通州設通倉，用以儲存從南方運來的漕糧。京、通兩處倉場的各個倉都有倉監督，他們或因管理無方，或因謀私舞弊，導致倉米虧空的現象時有發生。康熙對此早有深刻認識，也不斷派員進行查處，但他考慮到若逼迫過緊過急，官員們為了彌補虧空，必然要加緊在民間進行搜刮，從而給老百姓造成新的拖累和負擔，所以態度上比較鬆動。康熙的這種出發點雖不錯，可卻在無形中為吏治寬縱提供了市場，派員查處自然也只能是雷聲大雨點小，不了了之，至康熙末年，倉儲虧空的情況已十分嚴重，伴隨而來的就是吏治腐敗，貪風日盛。

十一月，正當兩處倉場監督任滿交替之際，胤禛奉命對京、通二倉展開清查。他介入後，認真盤查漕糧存儲出納情況，發現糧食霉爛、虧損嚴重，於是向皇父建議嚴格出納制度，增建倉廒，厲行倉監督獎懲制度。

針對康熙擔心累及百姓，但又必須整頓虧空的顧慮，胤禛拿出了新的有力措施，即只要有虧空之處，就勒令倉監督以自己的家產賠補，而不得苛派民間，此次清查，對虧空負有責任的滿漢共十一名原倉監督都遭到了這一責罰。

在一首《冬日潞河視倉》的詩中，胤禛透露了自己在清查京、通二倉時的心路：「百雉重城壯，三河萬舶通，倉儲關國計，欣驗歲時豐。」康熙對他在清查過程的表現顯然也很是滿意，否則胤禛的相關建議和措施不會得到支援。

第三章

漩渦和激流

清代野史中有很多胤禛奪儲的故事，儘管它們大多虛實摻雜，而且還帶著濃郁的奇幻或武俠色彩，但也不難看出當年的奪儲有多麼激烈和殘酷。比如描寫太子派刺客潛入雍邸，欲伺機刺殺胤禛：「天亮後，大家出屋一看，但見院子裡的樹枝清潔溜溜，好似被刀削過一樣，府中所養獵犬不僅被全部殺死，而且腦袋全都不翼而飛。」

又說到胤禛展開反擊，透過在宮中作法，設計讓太子變瘋。「這時隨著法壇上錫杖不斷振動的聲音，太子突然跌倒在地，隨後便恍恍惚惚地自述了他要殺害胤禛的計畫，細節聽來甚為可怖。正說著，陰風猝起，周圍的火炬和蠟燭全都變成了慘綠色，宮中傳來了鬼魂出沒之聲。」

即便在野史中，面對皇子們不擇手段的骨肉相殘，康熙也顯得既憤懣痛心而又束手無策，他憤憤地說：「朕萬年後（即死後）聽任你們自己去抉擇吧！我的阿哥們一個個都不是好東西，誰可以真正託付呢？若天位終究不能空缺，自然會有人坐到那個位置上去，用不著朕生前再提這件事。」

野史道出的往往是另一種真相。誰可以真正託付呢？假設康熙在現實生活中，瞭解了胤禛對儲位的覬覦及其所用的偽裝及各種招數，他應該也會發出類似的浩歎吧！

沒有誰能真正託付，也沒有誰能真正被信賴，事實上，只要進入這個圈子，就無分好壞與道義，區別只在於狩獵場上，誰才能成為那個笑到最後的唯一贏家。

末命

康熙的身體從第一次廢黜太子時就開始出問題，一七一八年春，他自述稍微早起，就「手顫頭搖，觀瞻不雅」，遇到心跳過速時，「容顏頓改」。春天過後，健康狀況才有所好轉，也能照常哨鹿打獵了。至一七二一年春，義大利傳教士兼內科醫生佛奧塔奉命為康熙檢查身體，結論是「陛下的健康狀況非常好」。

一七二二年十一月二十九日，康熙至南苑狩獵，十二月十四日因身體不適，自南苑返回暢春園，第二天就生了病，「偶患風寒，本日即透汗」。當月冬至將近，本來康熙要到南郊祭天，這下自然無法成行了，十六日，他召見胤禛，讓胤禛代他祭天。

能夠連續兩年代父祭天，足以表明胤禛在康熙心目中的地位非同一般，但他仍非常乖覺地懇求繼續侍奉於皇父左右，直到康熙堅持，才奉命於十七日前往南郊。

此後康熙宣佈，自十七日至二十二日也就是冬至那一天，他在宮中靜養齋戒，「一應奏章，不必啟奏」。

晚年的康熙在感情上異常脆弱，曾強調立皇儲一定要以誠孝為先：「今欲立皇太子，必能『以朕心為心者』，方可立之。」也因此，越到這種時候，胤禛越不敢忘記表現自己的「誠孝」，十七日當天，他三次派遣護衛、太監等至暢春園請安，十八日、十九日，每天都要派人請安。在這三天裡，康熙均傳諭「朕體稍愈」，但到二十日，其病情卻突然惡化。

義大利傳教士馬國賢當時正住在暢春園附近的私宅裡，他對比了義大利冬季的常見疾病，判斷康熙可能患的是重感冒，感冒本身雖不致命，但它卻會引發其他可怕的併發症。據歷史學家推斷，康熙其實早就有較為嚴重的心臟病和高血壓症狀，一年前，佛奧塔診斷康熙已經徹底恢復了健康，那是在他表面氣色不錯的情況下，而且按馬國賢所見，中國皇帝已慣於被臣下阿諛奉承，稱頌其健康即為其中常見的一種奉承方式，為了適應環境，不給自己製造麻煩，他們這些西方傳教士很多時候也不得不「入鄉隨俗」，這就是說，佛奧塔出於取悅討好康熙的目的，很可能沒有完全說實話。

二十日凌晨一點至三點，自感無救的康熙急召尚在南郊的胤禛前往天壇齋宮。三點至五點，胤祉、胤祐、胤禩、胤禟、胤䄉、胤祹、胤祥等七位皇子及大臣隆科多被召至御榻前，康熙向他們當眾宣佈：「皇四子（胤禛）人品貴重，深肖朕躬，必能克承大統。著繼朕登基，即皇帝位。」這是康熙的臨終遺言，即所謂「末命」。

能夠進入寢宮當面聽到「末命」的皇子都是十三皇子胤祥以上的年長皇子（五皇子胤祺在東陵祭祖），十五皇子以下的年輕皇子（十四皇子胤禵在西北）胤祿、胤禮等四人只能在寢宮外等候。

宗室貴族和重臣方面，由於此時並非上朝時間，加上情況緊急，康熙要將所有人都召來顯然是不可能做到的。隆科多時任理藩院尚書兼步軍統領，警衛暢春園乃其職責所在，既便於被宣召，同時他的另一層重要身份也使傳詔任務很自然地落到了他的身上——隆科多是外戚，而且不是一般的外戚，乃是外戚中的尊貴者：他的姑母是康熙的母親，因此他與康熙是表兄弟；他的姐姐是康熙的孝懿仁皇后，因此他與皇子們又是甥舅關係。

外戚與立儲本身就有一種特殊關係，更何況自己還是皇子們的舅舅，當然選擇扶持誰不扶持誰，隆科多也有自己的看法。他原先看中和依附於胤禔，結果遭到康熙的指責：「與大阿哥相善，人皆知之。」胤禔倒臺後，他學乖了，不再在立儲問題上輕易表明立場，即便他父親即康熙的岳父公開支持胤禩，他本人亦不為之所動，這才使他得以重新取得康熙的信任。康熙能將步軍統領這一敏感職位交給他，足見他「深邀皇考知遇」（胤禛的說法）。

至康熙臨終時，滿朝文武之中，兼外戚、近臣身份於一身的，僅有隆科多一人，中國民間尚有分家找舅舅主持的習慣，隆科多也就此被康熙選中，成為了唯一的顧命大臣。

康熙因隆科多不結黨而信任他，但他不知道的是，隆科多其實已經悄悄地選定了自己所儀的皇子。就在那次胤禛負責清查京、通二倉的過程中，隆科多受命隨胤禛一道清倉。或者是受胤禛大刀闊斧、雷厲風行的風格影響，認為這個外甥前景遠大，或者是與康熙朝夕相處，發現康熙有選胤禛為皇儲的意向，隆科多成了胤禛線上的人。

在野史記載的胤禛「十三太保」裡，老二功夫不是最好的，功夫最好也最為詭異的是老大，老大是個武僧，他能練劍為丸，藏於「腦海」中，到臨敵之際，將其從口中吐出，則又矯若長虹。憑著這柄來無蹤去無影的寶劍，老大可殺人於百里之外，號稱「萬人敵」。

康熙親自授命的顧命大臣居然是胤禛黨成員，這是包括康熙本人在內，誰都想不到的，真可謂「來無蹤去無影」，若是把隆科多比喻成「十三太保」裡的老大，卻也很是形象貼切。

康熙皇帝死了

一七二二年十二月二十日，上午九點至十一點，被從南郊緊急召回天壇齋所的胤禛進入寢宮，與康熙見面後，康熙把自己病情嚴重的情況跟胤禛說了說，聽了康熙的話，胤禛自然只能「含淚勸慰」。當天他雖住在齋所內，但三次（也有記載為五次）覲見問安，關於「誠孝」需要做到的細節一絲一毫都不敢馬虎。

康熙並沒有當面將「末命」告知胤禛。這倒也不奇怪，因為「末命」既是臨終遺言，必須在他死後才能由隆科多公佈，所知者僅限於七位皇子和隆科多，即便胤禛本人亦不能事先獲悉。

當然沒有當面講，不等於胤禛就不知道。有筆記記載，康熙病危時「以所戴念珠授雍親王」，這就是說，康熙以贈念珠的方式間接做了暗示。此類傳聞在朝鮮很流行，據傳清朝告訃使譯員曾對朝鮮官員講，康熙臨終召見胤禛，把自己戴的念珠解下來交給他，說：「此乃順治皇帝臨終時贈朕之物，今我贈你，其中含有深意，你知道就可以了。」

考慮到胤禛本人從未公開講過或大肆宣揚康熙贈珠的事，傳聞未必屬實，但就算胤禛從康熙這裡得不到相關資訊，他也能透過隆科多或胤祥瞭解到「末命」。只是他必須繼續假裝不知道，而且還得表現得更加謹慎小心，因為誰也說不準康熙這次的病會不會好，如果萬一又好了，自己得意忘形的樣子被皇父察覺，那他胤禛面臨的就不是順利繼位，而是大禍臨頭了。

當天傍晚，義大利傳教士馬國賢在暢春園附近的住所裡吃過晚飯，正與一位神父聊天。突然他們聽到了一陣低沉的嘈雜聲，而且好像還有一些其他聲音從園中漸漸響起，馬國賢在中國居住多年，已經多少算是個「中國通」了，他馬上把門鎖上，對同位說，以他的經驗判斷，這種騷動很不尋常，要麼是皇帝死了，要麼就是北京爆發了叛亂。

為了弄清楚到底發生了什麼事，馬國賢爬到牆頭進行瞭望，他吃驚地看到外面出現了數不清的騎兵，這些騎兵相互間誰也不說話，只是騎著馬拼命地向四面八方奔去，顯然都是為了傳遞某個極為重要的消息。馬國賢先後瞭望和打聽了幾次，終於聽到有步行走過的人在說：「康熙皇帝死了！」

時間是晚上七點至九點，御醫們宣告皇帝不治身亡。胤禛等人聞訊趕到寢宮，胤禛一路哭泣哀慟，表現出痛不欲生的樣子，等到隆科多正式宣佈「末命」，稱康熙生前已指定其為繼承人後，他的情緒更加激動，直接哭倒在了地上，直到胤祉等人向他叩首，勸其節哀，才從地上爬起來。

有人說胤禛是在演戲。演戲的成分肯定有，實際上，置身於那種環境之下，特別是決定向儲位發起衝擊後，胤禛大部分時間都必須也只能演戲，然而到了康熙去世，想到皇父終於在臨終時把大命交到了他手中，自己多年來挖空心思的努力沒有白費，像他這樣感性的人未嘗就沒有真情流露的一面。於是當胤禛接下來走到御榻前時，忍不住抱著亡父的腳再次放聲大哭，接著又親自為康熙穿上了長壽袍。

胤禛入承大統，被後世學者列為清初三大疑案之一（其他分別為「太后下嫁」和「順治出家」），民間和野史中對此有很多傳說，其中流傳最廣的便是胤禛弒父篡位。

故事的背景也是在暢春園，說當康熙覺得身體不適，預料大漸之日不遠時，正準備召喚臣工囑咐後事，卻發現所有兒子都不在身旁，一下子便急得昏了過去。原來這是胤禛的一手安排，他把暢春園四面的門戶全給封鎖了，並由其「十三太保」負責站班，所有其他皇子及皇親國戚、大臣均不得其門而入。

康熙清醒過來後，發現身邊只有胤禛一人隨侍在側，忙宣詔大臣，可是久久不見人影，經詢問，方知自己被困，不由得又驚又怒，抓起枕頭便朝胤禛扔了過去，結果沒能扔準，胤禛「跪而謝罪」，康熙又扯下胸前的一串玉念珠當頭砸下，但被胤禛接了個正著。不久，宮中就傳出了康熙駕崩，胤禛繼位的消息。

封鎖暢春園相當於發動政變。在現實中，這種可能性微乎其微，康熙從做小皇帝起就與實力權臣角鬥，幾乎可以說是戰鬥的一生，他的安全意識和警惕性都非常高，晚年在廢黜太子後，更是極力注意保護自己。

在被康熙稱為「遺囑」的那次面諭中，曾提到兩個著名的歷史事件，一是南朝梁武帝被叛軍包圍，餓死於台城；一是隋文帝被其子楊廣所害。康熙說，《尚書．洪范》論述了人生的「五福」，其中第五福為「考終命」，即盡享天年，長壽而亡，從梁武帝、隋文帝的遭遇來看，要想「考終命」真是很不容易啊！

他說這番話時顯然意有所指，是在警告心懷叵測的大臣和皇子們，不要對他動歪念頭。你想他怎麼可能不做有效的防範呢？

養心殿風波

排除那些子虛烏有的江湖兄弟，胤禛所能依賴的不過是年羹堯、隆科多。年羹堯尚在外地，而且在胤禛即位前，他與胤禛也是若即若離，不敢也不可能助其篡位。隆科多的情況跟年羹堯差不多，胤禛即位之初便告知年羹堯：「舅舅隆科多，此人朕與爾先前不但不深知他，（而且）真正大錯了。」由此可知，隆科多雖早已站在胤禛這一邊，但兩人並未達到默契相知的程度，當然更不可能聯合發動政變。

退一步說，隆科多要想協助胤禛政變，他可能死得比任何人都快。因為隆科多儘管掌握著步兵統領的實權，可以調動暢春園的警衛，但是京城部隊並不歸其掌握——康熙從南苑一回暢春園，即任命十二皇子胤祹為鑲黃旗滿洲都統（鑲黃旗為上三旗之一，專屬皇帝管理），令其控制京城部隊。隆科多只要敢輕舉妄動，胤祹等人立即可以就近調兵鎮壓。

清代經過順治、康熙的輪番經營，君主集權已達到前所未有的程度，是前朝包括南北朝、隋朝在內都無法相比的，在這種體制下，再加上康熙本人的威望和能力，任何人企圖搞武裝政變或對抗，都將落得飛蛾撲火、自取滅亡的下場。胤禛是一個頭腦清醒的政治家，不管處於何種境遇下，都懂得應該做什麼，不應該做什麼，他更加不會做出這樣的蠢事。

是不是還有其他謀害的可能和手段呢？民間盛傳，「聖祖皇帝（康熙）在暢春園病重，皇上（指新皇帝胤禛）進一碗人參湯，不知如何，聖祖皇帝就崩了駕，皇上就登了位」。

先拋開康熙的警惕性有多高，對食品安全的檢查有多嚴，單是康熙喝參湯這件事就不太靠譜。雖然清代確有讓病人喝參湯的習慣，但康熙本人卻敬而遠之。他曾在一份奏摺中批道：「漢人喜歡人參，其害人而人不知。」江寧織造曹寅（曹雪芹的爺爺）病重，康熙認為是吃人參害了他：「曹寅原肯吃人參，今得此病，亦是人參中來的。」後來康熙自己身體病弱，有人建議他吃些補血氣的藥，康熙直接排除了人參，說：「南人最好服藥、服參，北人於參不合。」

康熙既如此拒絕人參，要透過在參湯中下毒來暗算他，顯然是件想都不用想的事。

關於胤禛篡位的另一類傳聞，則集中在改詔上。傳聞康熙彌留時，胤禛和其他皇子一樣，都沒有隨侍在康熙身旁，只能站在宮門外請安，惟隆科多作為顧命大臣侍立於御榻前。康熙死前在隆科多的掌心親筆寫了「皇十四子」四個字，隆科多一出門，胤禛迎上前來，隆科多便順手抹去了墨蹟未乾的「皇十」

二字，於是「四子」胤禛就順理成章地取代十四皇子胤禵做了皇帝。此事發生時，據說千里之外的無錫惠山寄暢園（康熙生前曾遊歷此處）還出現異象，一株千年老樟樹當時就枯死了。

把遺命寫在大臣手上，再讓大臣順手抹去字跡，這種猶如兒戲一樣的故事，實在不值一駁。大部分關於改詔的版本還是比它要靠譜一些，都是說康熙在遺詔上親書「傳位十四子」，但被胤禛找到並改成了「傳位於四子」。此類版本的傳播範圍和市場相當之大，連末代皇帝溥儀都受其影響，這就是所謂的「養心殿風波」。

在康熙去世近兩百年後，尚年幼的溥儀和他的弟弟溥傑有一天玩追逐遊戲，無意中闖入了養心殿西暖閣。西暖閣是昔日皇帝批閱奏摺和處理重要文件的地方，裡面有不少套間，還陳列著許多佛像、佛塔。兩人追著逃著，偶然碰到牆上的一塊匾額，後面露出一卷紙，他們好奇地打開一看，原來竟是康熙遺詔，上面是康熙親筆寫的「授位十四子」。

兩兄弟過去早就聽說過改「十」為「于」（「於」的簡體字）的傳聞，如今發現傳聞為真，可把他們給嚇呆了。好在溥儀聰明機智，連忙把紙卷重新放回原處，並警告溥傑千萬不可外傳，溥傑也當場發誓絕不洩露，兄弟倆緊張不安的心情這才平定下來。

「養心殿風波」於中華人民共和國成立後被披露，曾令清史學界為之震動。有學者特地訪問溥傑進行證實，溥傑經過回憶，更正稱康熙親筆遺詔乃誤傳，實際是雍正（胤禛）密詔。

除了改「十」為「于」，還有改「十」為「第」，即遺詔內容為「朕十四皇子即纘承大統」，後被胤禛改成了「朕第四皇子即纘承大統」。其至有人考證出胤禵原名胤禎，康熙在遺詔上寫的是「胤禎即位」，胤禛改詔，將「禎」改成「禛」，又把十四皇子的名字改作胤禵，不許他再叫「胤禎」。

僅從技術角度和正常邏輯來看，這些假設就很難成立。康熙時代正式場合用的都是繁體字，不可能將「十」改為「于」，要是改為「第」，改動痕跡也很明顯。至於胤禵的名字，根據史料記載，他原名胤禵，中間奉皇父之命改稱胤禎，胤禛即位後只是讓他恢復舊名，與所謂的康熙遺詔並無任何連繫。

就胤禛本人而言，他是個自尊心和意志都極強的人，在爭儲過程中說昧心話、瞎話，宣稱不結黨、不謀位，那是出於一個政治家參與權鬥的實際需要，但若說他要靠玩這些偷天換日的小把戲或者透過盜用別人的名字來登基，一方面是把複雜的宮廷鬥爭簡單化了，另一方面，胤禛的自尊心恐怕也不會允許他這麼做。

棘手現實

康熙到底有沒有臨終遺詔？有！不過它既不是康熙親筆所書，也非他臨終前所起草，而是在康熙死後，以他多年前的那次「遺囑」面諭內容為基礎，由胤禛及其臣僚共同擬定頒佈的詔書。

明清兩代的遺詔，十之八九都由後人所擬，清代更是如此，凡是講到遺詔，都是生前的，這種做法已成慣例，當時人並不以之為怪。在所有清代遺詔中，康熙遺詔由於納入了「遺囑」面諭的內容，不但文章最長，達到了一千多字，而且比較真實地反映了先帝生前意願，與其他敷衍了事的遺詔迥然不同，但實際上仍是一種形式化的官樣文章。這樣的遺詔與傳位詔顯然不是一回事，胤禛合法繼位的最重要依據也不是康熙遺詔，而是康熙臨終前口頭發佈的「末命」以及七位皇子、隆科多等見證人。

康熙去世當晚，義大利傳教士馬國賢得知，新皇帝即刻繼位，「人人都服從他」。和大多數局外人一樣，馬國賢所能瞭解到的必然只是表面現象，他們無法知道平靜的政局下也正暗藏著洶湧的漩渦和激流。

胤禛在奪儲過程中以清靜淡泊的形象示人，裝出對皇位毫無興趣的樣子，其逼真的演技不僅欺騙了康熙，也麻痺了政敵，以致多數皇子和官員都料不到他會最後坐上皇帝寶座。有資格進入寢宮聽宣的七位皇子中，胤祉、胤禩、胤禟等都參與過奪儲，即便到了衝刺階段，胤禩、胤禟已自知無望，但他們仍認為同黨的胤禵是奪儲的最大熱門，萬萬沒料想到身邊會突然殺出一匹黑馬，那感覺就像到了嘴邊的蛋糕被人搶去一樣，心理落差之大可想而知。

對於「幸運兒」胤禛，這些落敗者既憤懣又不服氣，尤以胤禩、胤禟為最。一則清代筆記中說胤禩在聽到「末命」後不勝憤怒，當場就佯裝悲痛，徑直走出了寢宮。當胤禛奉命趕回暢春園探望康熙時，見胤禩在院中沉思，對委辦事務不予理睬，而胤禟則突然走到他面前，一副傲慢無禮的樣子，顯然他們在知道胤禛即將繼位的情況下，一方面難以控制自己失望和憤怒的情緒，另一方面則仍保持著既往對胤禛「軟柿子」的印象，也不對這種情緒加以掩飾。後者在胤禟身上表現得特別明顯，即便後來隆科多當眾宣佈「末命」，他依然當著胤禛的面「箕踞對坐」，看上去壓根兒就沒把新君放在眼裡。

當七位皇子進寢宮聽康熙宣佈「末命」時，十七皇子胤禮等人都在寢宮外等候，胤禮一方面與胤禛私人關係較好，另一方面在立儲問題上又傾向於胤禩，所以他雖無從得知「末命」的內容，但仍一廂情願地認為康熙將會指定胤禩為繼承人。那天晚上，胤禮在大內值班，聽到皇父去世的消息後便急急趕往暢春園，當他走到西直門大街時，碰到了護送康熙靈車還宮的隆科多。隆科多把胤禛繼位的事告訴了他，胤禮當場被驚得目瞪口呆，不知道怎麼辦才好，舉止失措下竟然不跟著護靈，而是一個人慌慌張張地跑回自己的府邸去了。

「帝登基時，兄弟之中，除胤祥外，其餘無不心懷反對者。」多年的儲位之爭使參與其中的皇子結成了不同的朋黨，各黨中不但有皇親、貴族、朝臣，甚至還有某些西洋傳教士、散落在民間的士人豪客，力量遍佈朝野。它們相互之間鉤心鬥角，互不相讓，康熙生前依靠其權力和聲望足以彈壓，等到他一死，大家對繼承人難以心服，就極可能發生新的政爭或戰爭。

朝鮮人對此頗為敏感，也一直在進行觀察，早在康熙第一次廢太子時，便有朝鮮大臣預言：「康熙死後，兵亂可翹足而待。」康熙駕崩，訃聞未至，大臣們已紛紛向其國王進言：「彼國（指清國）不預先立太子，五公子爭立之患，勢所必至。」

所謂「五公子爭立」，就是齊桓公一死，五個兒子為爭奪王位，連老子的屍體都棄之不顧的史事。首廢太子後，康熙在訓誡中曾公開講過這一典故，朝鮮大臣們自然印象深刻，他們預測清朝也可能發生諸皇子停屍相爭，進而導致國中大亂的情況，「康熙既歿之後，禍亂之作，十之八九」。

朝鮮人的觀點和想法不是沒有道理。胤禛非預設皇儲，是康熙臨終前才倉促設立的新君，從這個意義上說乃非正常繼位，因此他作為勝利者一方固然擁有極大優勢，但相比於正常繼位的君主，仍有很多可以被對手利用和加以攻擊的弱點，同時作為新君，其帝位的鞏固、權威的增強也絕非一朝一夕之功。設若康熙的喪事不能辦好，或者胤禛在哪一個環節上處理不當，失利的對手們尤其是胤禩黨就會在他繼位是否合法的問題上大做文章，進而將他轟下臺。

這是胤禛接班之初就必須面對的棘手現實，他該怎麼辦？

權鬥場

康熙去世的那天夜裡，馬國賢打聽到，新皇帝關心的第一件事，就是裝殮好他父親的遺體，然後「由他自己騎著馬，還有他的兄弟、孩子和皇親國戚們隨從著，更還有無數手持利劍的士兵與他們一起，護送靈柩回到北京的宮裡」。在皇家制度中，這叫「奉大行皇帝還宮」，大行皇帝是對已死但諡號尚未確立的皇帝的稱呼，還宮是指將其靈柩送往大內。

實際上，胤禛其間還採取了一些非常措施。在他的命令下，已穿上長壽衣的康熙遺體並沒有直接入殮，而是被用鑾輿載運，像皇帝日常出行一樣，由暢春園移至紫禁城乾清宮。他自己則在隆科多的保護下先行回到皇宮，以迎接康熙遺體，同時傳令「諸王非傳旨不得進（大內）」。

次日，隆科多以步兵統領的身份指揮在京兵馬，並奉命將京城九門關閉六天，對京城內外進行嚴密監控。當天凌晨，馬國賢和其他教士一起收拾行李，本想來京城向康熙逝世表示哀悼，但他們卻沒能夠獲准隨隊前往，可見京城安保措施之嚴。

晚上七點至九點，乾清門舉行大殮，在胤禛及眾皇子、大臣的注視下，康熙遺體被裝入棺槨，隨後眾人到殿外丹陛上行禮，這樣繼大行皇帝還宮後又完成了一個重要程式。

這一天，大行皇帝命胤禛嗣位的遺言終於從宮中傳出，胤禛也開始實際行使作為新君的權力，但他並未正式登基。康熙生前曾擔心自己死後，皇子們會像齊桓公的那五個不孝之子那樣，為了皇位「束甲相爭」，而將他的靈柩扔在乾清宮內不管不問。對於胤禛而言，「束甲相爭」也是他最害怕的，所以繼大殮之後，他首先要做的不是登基，而是阻止這一幕的發生。

按照清朝禮制，老皇帝去世後，新皇帝必須戴孝輟朝二十七日，其間不能處理公務，須由總理事務大臣代辦。於是胤禛當天便將允禩、允祥（胤禛即位後，康熙諸皇子為避其御諱，均將姓名的「胤」改書為「允」，本書下同）和大學士馬齊、尚書隆科多任命為總理事務大臣，並特地說明，自己居喪期間心緒不寧，為了把各項事務都有條不紊地辦好，臣下「有所啟奏諸事」，除藩邸事務，「俱交送四大臣，凡有諭旨，必經由四大臣傳出」。

在四大臣中，允祥、隆科多皆為原胤禛黨骨幹分子，他們作為胤禛的親信成為新朝核心團隊的一分子，完全順理成章。允禩是胤禛的主要政敵，馬齊又是允禩的追隨者，當年舉薦允禩為太子事件，他是主謀之一，為此還曾被康熙革職，胤禛重用這兩人，殊出外界意料。

胤禛同時封允禩、允祥為親王。二人都是先朝的失意者，允禩原為貝勒，允祥原為貝子，都曾被康熙奪爵圈禁，後來雖被解除禁錮，允禩還被恢復了爵位，但境遇卻無太大改善，終康熙之世，一個始終都只是不被信任的貝勒，另一個再未得到封爵。與成為總理事務大臣一樣，允祥被封親王並不令人驚訝，允禩也享此待遇則顯得很不尋常。

胤禛對允禩及其追隨者的破格重用和優寵，其實暗藏玄機。當初是康熙將兒子們帶入了塞外狩獵場，又不自覺地引領他們進入了更複雜、更殘酷的權鬥場。在這群皇子當中，胤禛狩獵的本事或許不是最高最突出的，但其權術在得乃父真傳的基礎上，卻早已經能夠做到青出於藍而勝於藍，在奪儲中完美地騙過康熙、政敵和滿朝文武，便是明證。

先說狩獵，馬國賢曾多次隨康熙圍獵，據他觀察，狩獵時士兵係以康熙為中心，組成一個半圓形獵陣，然後緩緩向前推進，逐步對獵物進行包圍。在所有待狩的野獸中，最兇猛也最難獵殺的是老虎，老虎通常都住在最險峻的深山老林裡，但為了尋找鹿和其他獵物，有時也會闖入以草原、丘陵為主的狩獵場。因為發生過一組士兵被多隻老虎攻擊，有人遭殃的經驗教訓，所以只要狩獵場上發現一隻以上的老虎出現，狩獵活動就必須馬上停止，隨之解散包圍圈，士兵們也會護送著康熙小心地退回營地，之後隊伍將轉向另一個地區，甚至本年度都不能再在原區域狩獵。

不同時對抗多隻老虎，是皇室狩獵的一個重要特點和技巧。站在一個權謀者的角度，權鬥和狩獵在技巧方面有頗多相通相似之處。允禩是允禩黨的靈魂人物，即便在康熙後期受到嚴懲，但依舊在幕後出謀劃策，以致沒有他居中指揮，則允禩黨不能有所作為，康熙死後他自然而然重又成為允禩黨的首領。允禵原為允禩黨成員，由於領兵西征而被視為皇儲熱門，到後期也實際形成了以他為核心的集團。

康熙臨終前，允禩、允禵在朝野的聲望均超過胤禛，康熙去世後，兩集團也仍然是一股不小的政治力量，胤禛當然能感覺得到。在他眼中，允禩、允禵無異於兩隻虎，允禩又是其中最大的「虎」，要一起對付的話困難太大，而且還很危險，所以他只能先以寵信來籠絡控制住允禩及其黨羽，以免發生變亂。

你們祝賀我什麼

胤禛繼位之初，權威尚未完全建立起來，允禩集團對他既不服氣，也不甘於失敗。允禩、允禟等人都後悔在爭儲期間沒有重視胤禛，以致讓他以黑馬姿態超越眾人，允禟甚至對左右說：「不料事情竟至如此（指胤禛入承大統），我輩生不如死。」他還寄信給同黨的允䄉稱：「機會已失，悔之無及。」

允禩也是如此，他奉命擔任總理事務大臣，眾人前往祝賀，他卻說：「皇上今日加恩，怎麼知道不是明日要加以誅戮之意？我腦袋都快要保不住了，你們祝賀我什麼呢？」又說：「目下施恩，皆不可信。」當允禩福晉烏雅氏的親戚前來祝賀其丈夫晉升親王時，烏雅氏也說：「有什麼可喜的？不知道哪一天掉腦袋哩！」

允禩夫婦對胤禛始終保持戒備和敵意，這一點不難理解，但他們完全可以在室內或是集團內部商量，當著朝臣、親友的面說胤禛要動刀子，公開散佈對新君的不信任言論，毫無疑問是表示對立而不是合作。

胤禛都看在眼裡，卻假裝視而不見，因為他知道允禩雖然「其心斷不可用」，但「其人有不得不用之委曲」——作為本集團的首領，允禩影響最大，智謀和心機也最深，給他加官晉爵，本來也沒指望他會心服或效力，只不過是為了穩定允禩黨，使其不至於立刻起來造反而已。

一七二二年十二月二十一日，在封允禩為親王並任命其為總理事務大臣的當天，胤禛為防止允禵「挾兵為變」，特召其回京。他在上諭中說：「西路軍務，大將軍職任重大，十四阿哥允禵勢難暫離，但遇到皇考這樣的大事，若他不能親臨，恐怕內心一定不安，所以為他著想，希望他急速來京。」作為配套措施，他命輔國公信馳赴甘州軍營，管理大將軍印務，川陝總督年羹堯協理軍務。

自康熙平定「三藩之亂」後，全國兵權為兵部也即皇帝所親掌，就算前線仍在用兵當中，只要皇帝有事相召，經略參贊都是一朝聞命，即束身受代，無敢據兵以抗朝命者。允禵也是如此，這是體制所決定的，非個人力量所能左右，更何況，允禵所有親信部下的家屬均安居於京師，邊疆一有風吹草動，他們就無異於人質，這些親信部下又豈肯跟著允禵違抗朝命？

胤禛不怕允禵不交印或不歸京，他需要擔心的是允禵離開前線後，軍務上會不會發生問題。延信是康熙的侄子，受命隨允禵西征，是軍中除允禵外最得力、最關鍵的人物，但他不是胤禛的心腹，胤禛對他到底還是不太放心，派年羹堯協理，實際是對延信進行監督和牽制，以及等待時機成熟，讓年羹堯從延信手中接過西北前線的指揮權。

年羹堯軍政全能，在四川任職多年，熟悉西北情形資訊，在諭旨中，胤禛授權他與延信共同管理「西路軍務糧餉及地方諸事」。應該說，僅此一項就能夠讓年羹堯掌握住前線軍隊，不致使發生異變，也因此，胤禛才能夠將允禵從前方順利抽調出來。

十二月二十三日，康熙遺詔也就是胤禛命人擬制的詔書得以頒佈。次日，允禵到京。允禵多年被人擁戴，自己也認為江山即將到手，現在不但屈為臣子，而且眼瞅著軍權也已旁落，地位驟降，所以情緒比允禩、允禟等人還要惡劣。未到之前，他就行文奏事處，請示是先拜謁大行皇帝的梓宮（即康熙的靈柩），還是先慶賀新君的登基，同時又行文禮部，詢問見皇帝的禮儀。其實這些都是有定制的，根本用不著多此一舉，允禵如此做法，擺明就是要讓新君難堪。

胤禛忍著性子沒有計較，命他先謁梓宮。允禵於是徑赴靈堂乃父靈柩前哭拜，沒想到就在那裡掉進了一坑，更要命的是，這座坑還不是別人挖的，是他自己給自己挖的！

康熙大喪期間，馬國賢等傳教士終於也獲准由乾清門進宮祭拜。馬國賢在透過乾清門時就見到門口聚集著大量官員，接著在寬闊的靈堂裡，又看到很多官員跪著，全都身著喪服，哭泣著。在典禮官的示意下，這些官員時不時地提高嗓門號啕大哭，然後再施行三跪九叩之禮。

胤禛雖為君主，但所有這些程式他都要一樣不少地照做，甚至為了顯示自己與先皇的情感，還要哭得更為動情，聲音更為嘶啞一些才好。允禵一貫性格耿直、不善掩飾，不像皇兄這樣善於表演，同時他內心或許還有對父親未將大位交於自己的不滿，所以去了之後只是乾號，而且哭得也沒有別人那麼激烈，這在後來也成了他的一項罪狀——「叩謁梓宮並不哀痛」。

胤禛就在靈堂裡，允禵明明看到了他，卻只是遠遠地叩頭，毫無向皇兄表示祝賀和親近的意思。胤禛為顯示自己的大度，只得一邊哭著，一邊主動走近他，誰知允禵仍然視若不見，一步也不動彈。眼見場面極其尷尬，皇帝已經下不來台，乾清門一等侍衛拉錫連忙拉允禵向前，這才得以打破僵局。可是等到離開胤禛，允禵便開始責罵拉錫，還到胤禛面前咆哮，說：「我本恭敬盡禮，拉錫將我拉拽。我是皇上親弟，拉錫乃擄獲下賤（拉錫為蒙古人），若我有不是處，求皇上將我處分，若我無不是處，求皇上即將拉錫正法，以正國體。」

胤禛雖然內心極為氣惱，但仍強自忍耐，「降旨開諭」，勸他息事寧人，好自為之。不料允禵仍不肯甘休，退出靈堂後又將拉錫一頓痛罵，言辭中甚至還「辱及父母」，「問候」了拉錫的家人……。

相煎何太急

「如果只發現一隻老虎的話，士兵們就下馬」，按照馬國賢對皇家狩獵的描述，士兵在獵虎時每五人一組，手握長槍，占據有利地形，然後放出一群獵犬，用它們的聲音來恫嚇老虎，把老虎從虎窩裡趕出來。

正常情況下，老虎會很快現身，在緊盯住一組士兵中的一個後，迅速衝向攻擊目標。當到達一定距離時，老虎開始跳躍、飛撲，此時五人便握緊長槍，待老虎靠近，一齊持槍相迎，並將槍尖猛力地刺進老虎的胸膛，直至將老虎摔倒、殺死。西方狩獵的方式與之不同，馬國賢在歐洲從來沒有見到過這樣的場面，他被告知，只要是單獨的一隻老虎，從來沒能逃脫過獵殺，狩獵的士兵也從沒有人受過傷。

在允禵被胤禛套在自己駕馭的馬車之上，一時難以脫韁的前提下，允禵本已處於極為不利的位置，他自保的最有效方式就是像老虎一樣縮在窩裡，表現在實際行動中，是如他的皇兄那樣，正正經經地演一場戲，比如：先抱著康熙的靈柩哭他個死去活來，胤禛本身是戲精，一看這場面勢必要配合，主動走上來也掉幾滴眼淚之類，這時允禵應該趕快向前，順勢對胤禛「抱膝痛哭」。

看，父子情深，兄弟也情深，胤禛想要的面子裡子全都有了，在這種情況下，允禵或許還能由政敵瞬間變成胤禛信任和加以重用的手下，畢竟他們是同母兄弟，不看僧面看佛面，況且允禵擅長軍事，對剛剛上臺的胤禛而言，也具有很大的利用價值。然而允禵就是允禵，他不僅沒有這麼做，反而還坐實了自己仍將是皇兄死敵的現實，胤禛日後提及此事，仍按捺不住一股怒氣：「（允禵）及到京見朕，其舉動乖張，詞氣傲慢，狂悖之狀不可殫述。」

權鬥場常常比狩獵場更激烈更殘酷，從來容不得心慈手軟一說，允禵自己暴露出了一個這麼大的破綻和把柄，胤禛豈有放過之理？他立即下令削去允禵的王爵（即康熙加封的非正式王爵），僅保留了最初的貝子爵位。

本是同根生，相煎何太急，對於胤禛、允禵兄弟倆相爭，最感傷心和無奈的莫過於他們的生母德妃。德妃共有三個兒子，但皇六子胤祚六歲就死了，只有胤禛、允禵得以成人。胤禛對外宣揚德妃只喜愛他，而不喜愛允禵，並且用德妃自己的言行來加以證明，指出德妃公開說過：「我只知皇帝是我的親子，允禵不過與眾阿哥一般耳，未有與我分外更親近也。」甚至允禵回京，想單獨拜見母親，德妃也不答應，直到請求其召見兄弟們，德妃才同意，允禵也才與眾兄弟一起拜見母親。其間德妃沒有單獨同允禵說一句話，似乎真的如她所言，完全把允禵當成了其他妃嬪所生的兒子一樣看待。

其實，世上有幾個母親會不愛自己的親生兒子？兒子遠行萬里，母子分離了那麼長時間，又有誰不盼著能夠早日團聚，不想多親熱一會兒？德妃做出如此違背常理的舉動，恰恰說明她的處境有多麼艱難，內心又有多麼痛苦和糾結。

天下父母總有偏愛小兒子之心，同時相對胤禛而言，允禵為弱者，站在母親的角度，德妃只會更加照顧和偏袒允禵。問題是若她明著這麼做，胤禛豈能答應？不但不會答應，還可能對允禵更加不利。德妃權衡再三，只能在表面上裝出對允禵冷漠的態度，為的只是讓大兒子覺得舒服，以便可以暗中對小兒子起到保護作用，雖然她明知自己的這些言行會被別人評論為不公正和屈服權勢，有失為母之道。

以胤禛的心機之深和觀察力之強，他也不會不知道母親真實的內心。允禵未到京「即露種種狂悖」，到京後「輕躁妄行，狀類棍徒」，按照胤禛那種眼睛裡容不下沙子的性格，能夠一忍再忍，乃至在靈堂上還曾想予以將就，固然有其策略考慮，但也不能不說在一定程度上是礙於德妃的面子。

總之，只要條件許可，胤禛未嘗不想留下與母親和諧相處的餘地，可惜在劍拔弩張的權鬥場上，給對方留餘地也成了一件無比奢侈的事。靈堂事件發生後，據胤禛稱，針對允禵對新君的種種無禮之舉，德妃曾特命他對允禵加以責斥。揣摩其用意，一方面是暗示允禵趕快向皇兄服軟認錯，另一方面指望胤禛對弟弟手下留情，當然最後的結果證明，兄弟倆誰都不買對方的帳，允禵脾氣倔強，絕不妥協，而胤禛也以削爵為信號，殺氣騰騰地對允禵展開了整治。

夾在兩個視同仇敵的親子之間，德妃左右為難，生不如死。據記載，在康熙大喪期間，她哀痛萬分，一度要以絕食方式殉死先皇，「決意從殉，不飲不食」，只因胤禛再三諫阻，苦苦哀求，並以母死兒亦從死的話來解勸才作罷。德妃本是康熙的一名侍女，自幼隨侍康熙，在近五十年的皇宮生涯中，為康熙生下了三個皇子、三個公主，是康熙兩個生育子女最多的妃子之一。這說明她受到過康熙的專寵，與丈夫是有感情的。不過宮中比德妃更受寵的妃子還有的是，康熙去世，她的悲痛心情可以理解，但似乎也還不至於到以死殉夫的地步，這其中很難說不摻雜著其他複雜情緒。

揖讓

一七二二年十二月二十六日，京城九門開禁，胤禛準備登基，遣官告祭天地、太廟、社稷壇。第二天，胤禛登上太和殿，受百官朝賀，同時頒佈即位詔書，改年號為雍正，胤禛至此便成了雍正皇帝。

據記載，雍正即位的前幾天，天氣陰霾慘澹，到他正式舉行登基典禮時，「天忽晴明，赤日中天，臣民歡呼，占為聖主之端」。待到雍正登基後的第三天，空中又出現了卿雲，後者實際是由陽光折射所形成的一種彩色雲，古人認為它代表著太平氣象。

如此祥瑞，看在雍正的母親德妃眼裡卻是另一番滋味。照理，兒子正式做了皇帝，生母自然晉為皇太后，她應該比別人更為歡喜才對，但她顯然並不那麼高興，對雍正能夠當上皇帝，她只說了一句：「不但不敢想，夢中亦思不到。」

其實，單從德妃願意為康熙殉死這一點上，她性格中倔強和不慕榮華、不貪戀福壽的一面已經顯露無遺。面對富貴和親情，如果只能選擇一樣，且可以任其選擇的話，她多半會毫不猶豫地選擇親情，她寧願膝下的兒子一個都做不成皇帝，只要彼此能夠和睦相處，互不傷害。

雍正舉行登基大典，按定例應先詣德妃處行禮，然而德妃再三託辭不受，說皇帝登基，理應受賀，不過行不行禮就沒必要了。在允禵被削爵，繼往保護手段已經逐漸失效的情況下，這位年過六旬的老太太終於用行動說出了「不合作」三個字，同時也是在拿自己的殘生向大兒子進行抗議。

雍正當然明白其中的含義，他可以眉頭不皺地將他的任何一個兄弟和政敵逼至絕境，也可以敲打震懾宜妃等其他母妃，但生母是他下不了手，也不能下手的。沒別的辦法，雍正只能把滿朝文武都動員起來，和自己一起進行苦勸，經過屢次堅請，最後總算讓德妃勉強接受行禮，過了這一關。

從康熙去世到雍正登基，其間達到七天，為時不可謂不長。正在北京的朝鮮使節當時從官方所聽到的一種解釋，是新皇帝屢次讓位，以致拖延了時日。八年後，福建汀州府上杭縣童生範世傑給學政上呈文，說三皇子允祉遵照父命讓弟弟雍正當皇帝，而雍正三揖三讓，最後實在推託不了才坐上龍椅。學政收到呈文後大吃一驚，連忙會同地方長吏對範世傑進行審問，得知這種說法並非其原創，而是汀州府城裡的人都如此傳言。

普通中國老百姓可能不知宮中實情，朝鮮人對康熙後期諸子奪儲的情形看得真真切切，他們根本不相信揖讓一說——當初這群皇子為爭皇位個個都鬥得猶如烏眼雞一樣，哪有讓位的可能？別說沒有真讓的，就是虛情假意地推讓一下，還怕弄假成真呢，又有誰敢輕易嘗試？

在給朝鮮國王的報告中，使節們如實彙報說雍正遲遲才頒佈登基詔書，以引得人們議論紛紛，「或稱秘不發喪，或稱矯詔襲位，內間事秘，莫測端倪」。使節們自己也猜測，「至於矯詔，則似是實狀」，雍正真的有可能是透過篡改老皇帝的遺命才得以繼位的。

不管外界如何評說，雍正仍按照他的既定步驟行事。一七二三年一月四日，諸王文武大臣擬上大行皇帝的謚號、廟號，廟號為「聖祖」。雍正表示滿意，說諸臣如此舉動，使他的哀思得到了很大安慰，然後便刺破自己的中指，用血在奏摺上圈出了「聖祖」二字。

雍正一方面要展示對先皇的孝順，以彰顯繼承的合法性，另一方面要繼續正告皇親國戚：我不再是那個你好我好大家好的「老好人」雍親王，而是具有與父親一樣無上威權的一國之君。

在為康熙辦理喪事期間，允禟的生母宜妃正在病中，聞訊急忙坐著軟榻奔向靈堂。宜妃是康熙生前的寵妃，大約先前被康熙嬌寵慣了，平時做事不過腦子，竟然在德妃前面跑進了靈堂，此舉既是對宮廷禮儀的破壞，同時也是對雍正的一種輕視。雍正見了很惱火，但靈堂之上不便加以指責，而宜妃還沒意識到，又像允禵先前一樣，蹬鼻子上臉，竟然在雍正面前擺起了母妃的架子。

在雍正的兄弟當中，宜妃之子允禟的軍政才能較為一般，照雍正的說法，「文才武略，一無可取」，為先父的「無足數計之子」，但允禟會經商，乃允禩、允禵集團的財神爺，兩集團在爭儲中的活動經費主要都由允禟負責籌措。雍正過去也搞過經費，當然遠不如允禟，所以他很清楚允禟對兩集團的重要性。宜妃藉康熙生前之寵，在後宮擁有較為尊貴的地位，也有一定勢力，加上這個在朋黨活動中甚為活躍而且還很有錢的兒子，母子聯手，策動政亂並非難事，他們也因此成為雍正繼允禵之後的重點打擊對象。

一月九日，康熙靈樞被移送景山壽皇殿停放。宮中舉行了奠獻儀式，具體程式是禮部尚書給雍正送上一杯酒，由雍正把酒倒進一隻大金碗裡。接著，禮部尚書給出信號，在場的文武百官便施行三跪九叩之禮。馬國賢等傳教士也參加了這一儀式，儀式進行過程中，在緊靠宮門的一個地方燒了大量紙錢，弄得周圍空氣裡「好像是騰起了一層煙雲」，而馬國賢聽說，在靈柩被移走前宮中一直都沒有燒過紙錢。

打蛇打七寸

宮中煙雲繚繞，猶如在策劃和實施一場新的陰謀。當天，雍正下旨，以違禁做買賣為由，將宜妃的太監張起用發往邊疆種地，將允禟的太監李盡忠發往雲南當苦差，太監何玉柱發往黑龍江給披甲人為奴。這三名太監的家產被全部籍沒，如果他們本人實在不願意去邊地也可以，但必須自盡，而且死後骨頭仍要被送往發遣處！

打蛇打七寸，允禟經商，必須透過手下人去辦，處理何玉柱等人，也就等於斷掉了允禟母子的左膀右臂及其財源。

德妃出身低微，性格謙和仁厚，御下寬大，康熙生前將她封為德妃，就是盛讚其為人之意。宜妃失禮固然不對，可是雍正醉翁之意不在酒，不但株連至允禟，懲罰措施還如此嚴厲苛刻，這未必是她所贊成的。畢竟允禟雖不是她親生，名義上卻也是她的兒子，再聯想到允禵的遭遇和未來命運，德妃內心的不快和不滿可以想見。

一月十日，禮部會同王大臣及大學士、翰林院、詹事府各有關官員，給德妃擬了「仁壽皇太后」的徽號，除了徽號，他們還準備了表文、冊文、金冊、金寶，要為德妃晉皇太后舉行隆重的典禮儀式。德妃卻推說正值康熙的喪事期間，她哀慟莫名，沒有心情接受徽號，同時也拒絕從妃嬪所居的寧和宮移居皇太后應住的寧壽宮。自雍正登基，堅不受禮後，這是德妃第二次對他表示不合作態度，母子關係開始變得越來越緊張。而後在雍正君臣的再三堅請下，德妃才對徽號答以「知道了」，但仍不肯搬入新居，而且以康熙靈柩尚未移送景陵，典禮須移靈事畢方可舉行為由，把典禮給推掉了。

一月十五日，康熙辭世已過二十七天，雍正除去孝服，從乾清宮移居養心殿。原由總理事務大臣代理的事務可由雍正親自負責了，他於是對四大臣的職責進行調整，隆科多由理藩院尚書改任吏部尚書，仍兼管步兵統領事務，原有負責的理藩院尚書事務交由允禩管理，允祥則總理戶部三庫事務。雍正還同時賜允禩爵號和碩廉親王，允祥為和碩怡親王。

在新的人事任命中，允禩依然受寵如故。除了允禩，他的親屬和一些支持者也相繼得到任用和提拔。允禩的兒子弘旺被賜貝勒，當時能夠得到這一爵號的皇侄屈指可數。與允禩關係密切的蘇努由貝子晉爵貝勒，佛格被任命為刑部尚書，佟吉圖被擢為山東按察使，旋升布政使，他們在康熙時或被指斥，或不被重用，或退職閒居，如今到了新朝，竟好像比先朝還要吃香些。

如果單單只看表面，似乎雍正處理允禟府中太監僅僅只是個案，但這其實是一個有意製造的假像。拉打結合，是雍正對付允禩黨的基本策略，他對允禩及其部分追隨者繼續封官晉爵，就是為了使允禩黨中的多數成員失去警惕性和攻擊新君的欲望，從而騰出手來，集中力量打擊允禟。

就在允禩黨中的一部分人彈冠相慶的時候，雍正下令逮捕了禮部給事中秦道然，罪名是仗勢作惡、勒索錢財。其實秦道然倒楣的真正原因是代替允禟料理家務，他被勒令追賠十萬兩白銀，以送往甘肅充作軍餉，經過清查，秦道然的全部家產也不值一萬兩銀子，但依舊被繼續監禁追究，就像剝筍一樣，當筍殼被逐一剝離，就要輪到筍尖了。一月三十日，雍正命允禟前往西寧，理由是允禵從前線回京後，返回日期尚不能定，西寧軍中不可無人駐紮。

對允禟而言，前往西寧無異於發配，他對此很是不滿，說：「我究竟犯了什麼罪，要把我排斥到萬里之外？而且居喪未過百日，等我送了陵寢回來再去也不遲。」雍正不管他高不高興，一再迫令速行，允禟無奈之下，只得奉命前往青海。

在青海，年羹堯早就奉命將允禟所居地的居民全部遷出，並加派兵丁對允禟進行監視，就這樣雍正還指示他留意士兵動態，防止被允禟收買。允禟抵達青海後發現自己形同被軟禁，連忙奏請回京，雍正在奏摺上批「知道了」三字，對其進行搪塞，暗中卻指示年羹堯找出種種藉口不放他回京。

剝筍原理

允禟之後是允禩。允禩和允禟相似，也是雍正眼中的庸儒無能之輩，雍正說他「文學武藝，蒙皇考（康熙）訓諭數十年，終於一無所成」，但允禩受康熙之命管理著上三旗之一的正黃旗，在允禩黨中有著特殊的地位和重要性，尤其允禵自成集團後，允禩黨的三駕馬車便變成了允禩、允禟、允䄉，雍正稱為「三憾」或者說是三個仇家。

雍正用來解決允禩黨的基本策略，實際就是遵循「剝筍原理」，即在以崇爵捆綁住允禩及其追隨者手腳的同時，一步步拆散允禩黨，使該集團骨幹成員「不令聚於一處」。一七二三年二月，拜謁康熙靈堂的蒙古活佛胡土克圖病死於北京，雍正命允䄉印冊賜奠，將活佛靈龕（即骨灰盒）送回漠北蒙古。

有允禟的前車之鑒，允䄉知道自己極可能一去就回不來了，所以死活不願離京，他先是說自己無力準備馬匹行李，及至被迫出發，在行至張家口外時，即稱病不肯再走，還說有聖旨叫他進口，並以此為由居停於張家口。

居停張家口期間，允䄉私自進行了禳禱。所謂禳禱，通俗地說就是透過念疏文來實現消災祈福目的的一種迷信活動，疏文則相當於和神仙溝通、祈求保佑的一種文函。允䄉在疏文中連書「雍正新君」字樣，明擺著是對雍正表示憤恨和蔑視。

允䄉從出京起就受到嚴密監視，他的一言一行皆在雍正的掌控之中，雍正獲悉後立即斥之為不敬。兵部聞風而動，上奏彈劾允䄉，雍正轉給允祺，讓他進行議處。

允祺身為總理事務大臣，對於皇帝交下來的差事推託不了，他內心當然不願允䄉遠離京城，更不想予以責罰，但雍正就在上面看著，若存心偏私，肯定過不了關，斟酌再三，便建議行文允䄉，讓其繼續前進，至於責罰，則責長史額爾金未能及時諫阻之過。

允䄉的爵位是敦郡王，按照清代皇室制度，郡王府設有長史，負責管理王府事務，如郡王有過失確實可以追究長史。問題在於雍正本意並不是要讓允祺處理，他是要透過故意刁難允祺來震懾對方——對於允祺這樣的朋黨首腦，光拉不夠，還得嚇！

針對允祺丟卒保車式的處理意見，雍正說允䄉既不肯行，何必非要他去？額爾金的話他哪裡肯聽，處分有什麼必要？仍命允祺再議。允祺沒辦法，只得請求革去允䄉的王爵，並將其監禁於宗人府。

允祺是除胤禛，眾兄弟中「最有心計之人」，他的這一方案看似極其嚴厲，實質有更深一層的考慮。自雍正即位後，在對兄弟的處罰上，雖有對允禵的削爵，但還沒有嚴厲到圈禁的地步，現在既然丟卒保車行不通，倒不如破罐子破摔，用以退為進之法來倒逼雍正讓步，這樣雍正礙於情面，重者只會革去允䄉的世爵，輕者甚至會在訓斥兩句後，網開一面，饒過允䄉。

在康熙去世後，皇子黨成員一方面是對雍正不服，另一方面對其出手輕重亦無充分估計，大約以為再重都不會超出康熙，可是他們都想錯了。事實上，對自己即位後皇族內部的形勢，雍正做過一番分析估計，他認為乃父康熙乃「聖神」，一個超厲害的人，然而「猶防允禩等之奸惡，不能一日寧處」，被搞得日夜不寧。他還說，諸兄弟與皇父是父子關係，同我只是兄弟關係，兄弟視父子相去甚遠，「以昔年父子至情，兄弟們還恣意妄行，今處兄弟關係，他們活動不止，更當引起深慮」。

一狠到底

雍正的做法是所有兄弟只要仍與己為敵和進行活動，就毫不手軟，視情形盯住一個即徹底打倒一個。允䄉雖為「三憾」，但在允禩黨中並不是最核心人物，也因此，若在此時就予以嚴厲處置，不僅不至於引起事端，還能起到殺雞儆猴的作用，使其他非核心成員有所畏懼而不敢再死心踏地地追隨允禩。

當然，以允禩的頭腦，他既能想到情面二字，就絕不是可有可無。事實上，雍正先後發配允禟、允䄉之舉，早已在皇室內部引起了反對之聲。

宮中傳言：「皇上命塞思黑去見活佛，太后說何苦如此用心，皇上不理，跑出來，太后怒甚，就撞死了。」塞思黑是指允禟，這裡顯然把允禟、允䄉的發配歸到了一處，太后（德妃）撞死也不是事實，不過它卻透露出一個消息，即太后很可能曾向雍正提過反對意見。

雍正對其他兄弟逼迫過甚，這些兄弟的母妃都不敢說話，作為後宮之母，只能由太后代她們提意見。太后不光是為允禟、允䄉叫屈，她也一定能夠想到，雍正的「良苦用心」同樣可以複製在允禵身上，這是她最不願意看到的，所以即便冒著觸怒雍正的危險，也不能視而不見。

從傳言中的描述來看，母子倆因此產生了激烈衝突，雍正並不肯聽太后的話，雙方關係已由緊張達到了惡化的程度。

對於來自皇室內部的反對和壓力，雍正用的是借力打力的辦法，他就允禩第二次的處理辦法降諭，說數十年，諸兄弟的行跡都昭然若揭，「不僅朕的兄弟們知道，舉國上下也沒有不知道的」，所以允禩這次所舉允䄉的罪狀看來似乎不假，但是最後還是要交給諸王大臣秉公處置。

怎麼處置允䄉，雍正說既不要迎合他，也不要只按允禩的意見辦，因為「廉親王（允禩）所奏，或出至誠，或蓄他念，朕猶自遲疑未信」。諸王大臣並不傻，豈能聽不出降諭中的弦外之音，於是趕快上奏指責允䄉「捏造聖旨，私自進口，不法已極」，表示對允䄉的嚴厲處分完全合理合法。

有了王公大臣們的所謂「公議」，雍正變得理直氣壯。他說，允䄉這些人就等著我治他們的罪，好讓我蒙受不善待弟兄的惡名聲，可是他們哪裡知道，將他們這種「無禮無義乖戾犯法」的弟弟治罪，正好可以體現出我大公無私的治國方針，試問，我有什麼好怕的？王子犯法，與民同罪，「雖係兄弟，亦難姑息」！

一七二三年五月，允䄉被革去世爵，調回京師，永遠拘禁。當月，雍正親自將康熙靈柩送至遵化景陵，並按禮儀舉行了奉安大典，按照他在硃諭中所言，此行「一路平安，內外無事」，事情出乎意料地順利。在雍正看來，這大可以被視為對允禩黨一役初戰告捷的成果，即透過拉打結合，胡蘿蔔加大棒輪著上，已經讓允禩黨噤若寒蟬，在一段時間內失去了策動事變或進行搗亂的能力。

到現在為止，還有一個人他不能放過，這就是允禵。允禵作為允禩黨的首領，在康熙末年的嗣位呼聲就遠高於允禩，即便到了雍正即位，他在社會上的影響力、號召力仍比允禩還大，加上又是雍正的同母之弟，有太后護持，政治潛力驚人，連朝臣們都對他非常恭敬。如果雍正對允禵也用拉的政策，像允禩那樣予以優遇，就會使周圍的人們錯判形勢，爭相向其靠攏，一旦他乘機發展出難以控制的勢力，整個局面將很難收拾。

換句話說，即便沒有靈堂事件，只要允禵堅持以皇兄為敵，雍正也一樣會對他予以毫不留情的打擊，允禵主動為自己挖坑，不過是使這一打擊過程來得更快更猛一些而已。

藉著送靈柩的機會，雍正派拉錫等人拿著他的旨意對允禵進行訓誡。允禵依舊和其生母一樣倔強，既不裝作恭恭敬敬的樣子聽旨，也不下跪，倒是允禩在經過允禟、允䄉兩案後，嘗到了雍正的厲害，怕事情鬧大，無法收場，從而招致雍正的追究，因此勸告允禵不要使著性子「抗奏」，允禵這才勉強跪下來接受諭旨。

奉安大典完畢，雍正返京，傳諭留下允禵看守景陵，同時諭令護衛景陵的馬蘭峪副將李如柏對允禵進行監視，限制其行動自由，把他軟禁了起來。

雍正對允禩及其集團是拉，對允禵及其集團是打，首腦是什麼待遇，屬下也是什麼待遇。他傳旨查問允禵家人：「昔日允禵在軍中，聽說專好吃酒行兇？」家人說沒有這樣的事，護衛們也矢口否認。雍正就是找碴來了，一看允禵的屬下還敢幫著主人說話，立刻變了臉，下令將這些家人和護衛永遠枷示，他們十六歲以上的兒子也行枷號。

不單家人護衛，連受雇者都跟著倒楣。天津監生徐蘭在允禵府中教書，結果被指斥行為不端，逐回原籍，交地方官收管。雍正這麼做，和他先前處置允禟、允䄉其實是一個目的，就是要讓允禵黨的支持者望而生畏，集團因懼怕而離散。

流言四起

據雍正自己說，他命允禵守陵一事預先奏聞了母后，母后「欣喜嘉許」，他才做了安排。實際情況當然不會是這樣，眼睜睜地看著幼子被囚禁於景陵，家人也紛紛受到株連，已接近家破人亡的地步，做母親的恐怕心都碎了，如何可能欣喜得起來？

隨著雍正對允禵打擊程度的不斷加深，他和母后即便表面上尚能維持關係，雙方的感情也極可能已徹底破裂。按照先前太后的表示，康熙靈柩被送至景陵後，就可以舉行晉皇太后的典禮，但無論是太后自己還是雍正，都再未提起何時舉行典禮，彷彿從未有過這件事一樣。

一七二三年六月二十四日下午，太后突然患病，次日凌晨即在永和宮去世，自發病到去世，前後不過十個小時。她一死，社會上即流言四起，說皇太后不是病死的，而是不滿雍正所為自殺身亡，「太后要見允禵，皇上大怒，太后於鐵柱上撞死」。

有研究者認為康熙去世不久，為了不給康熙丟臉，太后應該不會做撞柱自殺這樣的事，最大的可能是她原來就患有氣管炎、哮喘病，因心情抑鬱又無法排遣，導致病情加重而死亡。

太后臨終之際，應該是有與允禵見面的願望，雍正不能違逆，遂派御前特使召允禵速回京師。派去的御前特使未帶聖旨，也沒有印使為憑，如果允禵真的是守陵，當然不需要這些，但他實際是被軟禁，負責看守的李如柏遂將特使扣下請旨，在聖旨到達前拒放允禵回京。待到允禵再奉旨隨特使回京時，太后已去世兩天了。

太后剛去世時，雍正顯得哀痛欲絕，喪禮也搞得極其隆重。當天正值酷暑，雍正患有嚴重的畏暑症，他曾告訴年羹堯，自己「受過暑，一點熱也受不得」，但又不能歇下來，因此「只得以身荷之重，著實惜養」，又說「實力不能撐，也顧不得丟醜了」。饒是如此，他仍不顧臣僚的極力勸諫，堅持為母后守靈，據他公開講，其間曾幾度中暑暈倒。除此之外，他還為母素服齋居三十三個月，表現得孝道絕倫。

雍正也知道母后猝死與自己處罰允禵緊密相關，作為對其亡靈的補償和告慰，他不僅允許允禵在京奔喪，而且在母后靈柩前詔封允禵為恂郡王，只是不賜封號，注名黃冊時仍稱貝子。他在相關上諭中繼續加以訓斥道：「貝子允禵，原屬無知狂悖，氣傲心高。朕屢次加以訓諭，望其改悔，以便加恩，但恐怕他還是改不過來，所以朕一定要他自悔才行，否則的話終身不得加恩。」

雍正的顧慮不是沒有依據。就在為太后辦喪事期間，外面傳言雍正欲任用允禵為總理事務大臣，但允禵提出必須先罷免隆科多、年羹堯，還要再從國庫裡撥數百萬金錢賞給士兵，因為雍正吝嗇，捨不得花錢，又不肯罷黜隆、年，所以允禵才拒絕上任。雖然這一謠言被雍正斥為「荒誕無稽，駭人聽聞」，可它也同時表明允禵本人仍有威望，存在著東山再起的可能和條件。

太后的喪事一料理完畢，雍正依舊將允禵囚繫於景陵附近的馬蘭峪。允禵也果然還是不買皇兄的帳，他的福晉患病去世，雍正為其指定墓地，允禵嫌風水不好，不高興使用，經允祺勸說，才勉強予以接受。

允禵、允禩集團曾是皇子黨中對雍正威脅最大的政治勢力，至此，一個在首腦被囚後基本瓦解，另一個也因骨幹或被發配或被囚禁而力量大為削弱。在此過程中，雍正所採取的分化瓦解、有打有拉、各個擊破的策略可謂是無往不勝，其政治手腕之高、權術運用之妙令人歎為觀止：有時舉重若輕，有時舉輕若重，有時曲徑通幽，有時殊途同歸，有時欲擒故縱，有時欲罷不能……。

除允禵、允禩集團，對於允祉等其他參與爭儲的兄弟，雍正也毫不留情地予以打擊。允祉曾是雍正在爭儲中的主要競爭對手，在社會上也有一定聲望。如同對付允禟先斷其財源一樣，由於允祉的影響力主要集中於文人圈子，所以雍正也是先從依附或協助他的文人入手，進行打擊。

允祉主持蒙養齋館期間，由陳夢雷編輯的《古今圖書集成》最負盛名。陳夢雷早年曾被迫加入耿精忠幕府，雍正便將這一「污點」翻出來，指責陳夢雷是三藩餘孽，康熙從寬處理，命他在蒙養齋修書處行走，但陳夢雷「不思改過，招搖無忌，不法甚多」。雍正下令將陳夢雷及其兒子充軍塞外，門生中有生事者也要嚴行懲治。刑部堂官在執行其諭旨時不堅決，把陳夢雷的兩個兒子放了，經隆科多參劾，雍正對他們均予以了降職處分。

相比允禵、允禩，允祉的政治能量有限，就是在爭儲大戰時，他的活動相對而言也不劇烈。這決定了雍正對他的基本態度是打，但不是大打是小打，重點在透過適當懲處將其集團拆散，尚未波及允祉本人。

七　傷拳

在雍正身上，經常出現一些自相矛盾的言行，母后剛去世時，他的表現活脫脫就是一個古今罕有的大孝子，可是此後卻又開始大相徑庭。

按照禮制，國喪期間皇帝有輟朝十五天和二十七天兩個選項。大家都以為雍正這次會像康熙大喪一樣，輟朝二十七天，以示自己對母后的一片孝心。不料當大臣們奏請雍正裁決時，他的決定卻是十五天內不理庶務，而實際上，就是在這十五天內，他也並沒有按禮法停辦國務。

更令人困惑的是，在母后去世三周年紀念日將近的時候，雍正忽然表示要到母后陵前祭掃，然而真正到了那一天，卻又以天熱為由取消了原定計劃，這與他曾幾次中暑昏倒，也要堅持為母后守靈形成了鮮明對比。

有人說雍正守靈時是飾孝做偽，不過是特意做給活人看的，但以雍正這樣意志堅定，為了奪儲可以數年如一日地扮「天下第一閒人」的毅力，又何必為了偷懶幾天而損害前面已經精心塑造的形象？

或許可以這樣理解，一直以來，都有另外一個雍正，這個雍正是傳統道德觀中父慈子孝、兄友弟恭的代表，他非常孝順父母，父母也獨寵他一人。雖然他淡泊名利，根本無意於繼位，但父親還是把皇位傳給了他，而母親也在父親去世後與他相依為命，共度時艱。

這是雍正理想中的自己，在他繼位之後，如果說還要做偽，很大程度上不過是在向這個自己靠攏而已，然而與兄弟們的一輪又一輪拼鬥，卻都在一次次提醒他，他是如何靠欺騙別人乃至皇父才登上大寶，而母后與他因此所發生的爭執乃至決裂，更是足以把這面理想中的鏡子打到四分五裂。

每當雍正想到這些的時候，他會重新恢復自己在現實中應有的狀態，繼續公務或為防止中暑而取消祭陵計畫，可是他的內心一定很難過痛苦。

現代小說家金庸在《倚天屠龍記》中虛構了一種拳法，名為七傷拳，七傷拳非常厲害，但練功者的功力每深一層，內臟便會多受一層損害。毫無疑問，這是一個關於人性的絕佳譬喻，雍正就猶如用七傷拳禦敵的拳師，他在打倒對手的同時，自身在心靈或精神層面上也不斷地遭受反噬。

「若畏浮言之譏訕而不能果斷者，此庸主之所為也。」作為一個極思有所作為的君王，雍正若不動用果斷的霹靂手段，便難以解決問題，但與父親晚年時一樣，在親情方面，他也備受創痛，也同樣需要用各種辦法來為自己療傷。

允禔、允礽曾是爭儲大戰的主角，在廢太子事件中，康熙就二人的未來處置立下過遺言：「朕若不諱，二人斷不可留。」即讓新君在他身後處決他們，以免擾亂新君執政和新朝秩序。在確認允禔、允礽已是「死老虎」的情況下，雍正並沒有這麼做，相反因為在當皇子時與允礽關係不錯，還給予了他一定待遇：康熙大喪期間，放允礽前去哭靈；將康熙年間建築的京郊鄭家莊營房加蓋房屋，駐紮士兵，供允礽移住；封允礽次子弘晳為郡王，將原東宮中所有的服御金銀及奴僕、官屬賞賜給弘晳，以示對舊日東宮的施恩。

當然人情歸人情，等允礽哭靈已畢，雍正馬上又將其禁錮如初，和他沒什麼交情的允禔更是被嚴行禁錮。這是因為雍正深知，允礽、允禔雖然早已失去了政治資源，但兩人說到底都不是省油的燈，一旦獲釋，極可能聚合成新的勢力。出於相似的理由，那些曾經擁護允礽、允禔，看起來對新朝的利用價值也不大的官員便很難得到雍正的提拔和重用。

在有資格聽康熙當面宣佈「末命」的七個年長皇子中，除去允祉、允禩、允禟、允䄉這四個勢不兩立的政敵，依次還有允祐、允祹、允祥。允祥就不用說了，他與雍正的關係最為親密，也最得雍正重用，兩人在皇子時是一對難兄難弟，到了新朝又自然而然地成了密邇無間的君臣。

允祐、允祹均未參加爭儲，尤其允祐「安分守己，敬順小心」，連康熙都說他心好，舉止藹然可親，是兄弟中公認的老實頭，雍正繼位後，即晉封其為和碩淳親王，並讓他承擔一些臨時性差遣任務。

康熙晚年，將直屬皇帝的上三旗事務交給皇子辦理，其中允䄉負責正黃旗，允祹不但負責正白旗，至康熙臨終前還兼任鑲黃旗滿洲都統。康熙與允䄉、允祹是父子關係，讓兒子幫自己打理旗務自然沒事，雍正就不同了，他們之間是兄弟輩分，如果長期把上三旗交給弟弟管理，勢必對皇權形成威脅，所以雍正執政不久，便解除了允䄉、允祹管理旗務之責。不過由於政治態度不同，兩人的境遇完全不同，允䄉先被變相發遣，繼而遭到監禁，允祹則從貝子晉封郡王，賜號多羅履郡王。

究竟立儲好不好

對於七皇子外的其餘皇子，雍正都盡可能拉攏，即便與政敵有過瓜葛的，只要被證明已經改過，亦加以寬宥，並按能力予以收納任用。

皇子時期，允祿、允禮都與雍正保持著較好的私人關係，但允禮明顯地把賭注押在了允禵一方，在得知是雍正而不是允禵繼位後，舉止失措，方寸大亂，連護靈都顧不上了。隆科多事後向雍正報告了這一情況，雍正遂將允禮劃入允禵黨，罰他到景陵辦理陵工事務，弄得不好，很有可能落到與允禵一樣守陵兼被囚的下場。

幸好允禮船頭掉得快，更得允祥在雍正面前保薦，奏稱其「居心端方，乃忠君親上深明大義之人」。雍正見允禮尚識得時務，雍正也就改變了態度，奉安大典後，即給禮部下諭，說景陵修得不錯，允禮等人盡心盡力，下令將允禮封為郡王，數日後又賜爵號多羅果郡王。雍正後來說：「朕之任用果親王者，實賴（怡親）王之陳奏也。」

比之於允禮，允祿與雍正的關係更為密切，他甚至還曾指導年幼的乾隆學習算學。有此淵源，雍正在皇父去世的第三天，便任命允祿署理內務府總管。按照康熙王朝沿續下來的慣例，凡宮中出了大事，皇帝才會指定親信管理內務府事務，由此可見雍正對允祿的信任和器重。

雍正執政不久，莊親王博果鐸病逝，膝下無子，雍正命允祿承襲爵位。繼襲親王爵位，意味著可以繼承一大筆遺產，對此，嫉妒眼紅的人不少，都傳言雍正偏心。雍正解釋說他並不是非要拿一筆遺產來便宜允祿不可，其實就是覺得允祿可以被封親王，他還親自寫詩給允祿，激勵其徹底清除天潢貴胄的紈絝習氣，成為他身邊的「股肱兼耳目」。

當不再面對政敵的時候，雍正才有條件向他心目中那個理想的自己接近。他認為允禧「感恩向上之念果誠，將來可望成立」，封允禧為貝勒，認為最小的弟弟允祕「秉心忠厚，賦性和平」，學識也有增長，遂封允祕為諴親王。

雖然做了皇帝，雍正卻並不希望自己是被所有兄弟都憎恨的孤家寡人，甚至於他還很可能想到，如果不是當年父親公開預立皇儲，就不會有後來的奪儲大戰以及隨之帶來的親情異化，他和允祉、允禩、允禵、允禟、允䄉等人即便不能和睦相處，也不至於鬧到你死我活的地步。

雍正自己有一天也會老死，也要有人繼位，所以曾困擾他父親多年的那個疑惑他仍然迴避不了：究竟立儲好不好？

康熙以前的三代都沒有固定的立儲法，第一代清太祖努爾哈赤生前未指定繼嗣，他死後清太宗皇太極自立。至於皇太極是怎麼上去的，誰也說不清楚，因為根據滿洲習俗，嫡子七人都有權嗣位，而在這七人中，皇太極論排行第八，論貝勒位次第四，論戰功也未必超過他的兄弟代善、阿敏。直至後來多爾袞終於洩露了天機：「太宗文皇帝之即位，原係奪立。」原來龍椅也是從兄弟們手中奪過來的！

皇太極即位後，幾個有競爭皇位潛力的兄弟都遭到了整肅，其中阿敏被幽禁致死，莽古爾泰被革去大貝勒，不久暴死。代善差點遭遇同樣的下場，幸虧他和如今的允禮一樣，轉舵轉得快，對皇太極表現得謙抑恭順，處處小心，這才得以善終。

第二代的皇太極又沒有預先立儲，在他「無疾端坐」而死後，皇弟多爾袞、皇長子豪格等人爭位，大有劍拔弩張，內部火拼之勢。看到苗頭不對，孝莊文皇后與貴族、朝臣們決定扶立皇太極第九子順治。順治當時年僅六歲，不能親政，須由多爾袞臨時攝政，這樣做既確保了皇位能繼續由皇太極的兒子繼承，也消弭了各方的矛盾和一觸即發的內戰。代價則是實權落到了多爾袞手上，若不是多爾袞死得早，順治幾乎就要當一輩子的傀儡皇帝了。

順治也不長壽，二十四歲就病故了，臨終前他在母后孝莊文皇后的參與下，才匆匆忙忙地確定以第三子康熙為嗣君，理由居然是康熙出過天花，不致再得天花以致短命。

由於「儲制不立」，三代繼位嗣統可以說全都混亂不堪，其間的偶然性極大，一不小心就有天下大亂、皇權旁落的危險。康熙聰明絕頂，深謀遠慮，他之所以在自己二十多歲的時候就將襁褓中的允礽立為皇太子，正是因為明白了祖先們所沒有搞懂的道理，即要想穩定王朝，就不能不建立儲君。

問題到底出在哪裡？不是應不應該立皇儲，而是皇儲該怎麼立。

密建皇儲

康熙兩廢太子，已經用事實證明嫡長子繼承制不能拿來就用。實際上，若拋開服從禮制、穩定壓倒一切等因素，這種制度本身就有著設計上的邏輯缺陷，比如作為嗣位皇帝，理論上總須德才兼備，但如果嫡長子無才無德，或者荒淫放蕩、殘酷嗜殺，或者弱者白癡，該怎麼辦？允礽就是個例子，按照康熙的理解，要是他放任不管，一旦百年之後，由允礽依法定地位繼承皇位，給國家和社會帶來的損失將難以估量，與其這樣，倒還不如當初不立皇儲了。

退一步假設，即便允礽沒有那麼多的把柄被人抓住，能不能順利繼位也很難講。這就牽涉到另一個只可意會不能言傳的皇室禁忌，那就是老皇帝在世時，儲權不能挑戰皇權，換句話說，儲君不能表現得比現任皇帝更能幹、更得人心。矛盾之處在於，為了讓太子擁有今後坐穩皇位、控制局勢的能力，你又不能不先主動分出一部分權力給他，以便讓他監國和進行從政訓練。康熙先前正是這麼做的，他三次親征噶爾丹，六次南巡，都曾令允礽監國或代己理政，結果除了讓康熙感受到「國有二君」式的威脅，已經當了近四十年太子卻始終等不來皇位的允礽也快被急瘋了。

就是因為嫡長子繼承制不是一個完美的制度，所以兩千多年來，中原王朝同樣被皇位繼承所困擾，從周朝開始，圍繞持皇冠的歸屬，不知道發生過多少可怕的人為危機和動盪。顯然，照搬照套嫡長子繼承制，讓皇子按順序繼位，是件很不靠譜的事，未來的皇帝還是得由現代皇帝親自進行挑選。只是繼位者的名單絕不能過早宣佈，康熙對此有切身體會，在他兩廢太子後，皇子們為覬覦皇位而各自結黨謀私，他其實都看在眼裡（除雍正外），他很清楚，若過早宣佈新的皇太子，將使其成為眾矢之的和被外界全力傾陷的對象，雖曰愛之，實則害之。

既不能像祖先那樣沒有完善的建儲制度，也不能簡單地沿用中原王朝的制度，既要不限嫡長，按傳子傳賢之意，挑選中意的皇子作為儲君，又要避免儲君與皇帝、與諸兄弟的矛盾。康熙在接受教訓的基礎上，經過一番深思熟慮，開始身體力行地對建儲制進行改造，其中極其重要的一點就是，臨終前才宣佈雍正為皇太子。

順治當然也是在臨死前定的皇儲，但順治是被動的，康熙卻是主動的，在此之前，他對繼位人選已經挑選和考慮了很長時間，且早已認定雍正是唯一合適的繼位者，他只是把秘密堅守到生命最後一刻，然後「倉猝之間一言而定大計」。

憑藉臨御六十多年所積累的威望和政治經驗，康熙不僅成功地使選定之人安全即位，而且也為清室傳位這一課題開闢了全新思路，只不過他的做法仍然像是懸在半空中走鋼絲——萬一他還沒來得及宣佈皇太子就突然猝死，怎麼辦？即便不猝死，臨終時頭腦已經糊塗，或者失去表達能力，也同樣只能把心中的秘密帶到棺材裡去。

一七二三年九月十六日，雍正在乾清宮西暖閣召集總理事務王大臣、滿漢文武大臣、九卿談話，講到倉促確定嗣君是件極具風險的事，可能成功，也很容易失敗，皇父康熙能夠成功，是因為他「神聖睿哲，自能主持」，別人就不一定做得到。雍正還說，為了宗社久安，他決定早定儲貳，但考慮到自己的孩子年紀尚幼，不便公開立儲，所以要實施「密建皇儲」法。

據《舊唐書》記載，早在唐朝的時候，波斯國國王剛剛即位，就會秘密挑選出最符合條件的繼任者，並寫下他的名字，用信函封藏起來。等國王死後，大臣與皇子們便共同打開信函查看，裡面寫著誰的名字誰就將成為新的國王。不知道是不是由此受到了啟發，雍正獨出心裁的方法幾乎與古波斯國如出一轍，概括起來就是遵循「三密」，即密封、密藏、密旨。

密封是他將皇儲的名字親筆寫成一道密詔，用錦匣固封。密藏是將這只錦匣藏在乾清宮「正大光明」匾額後頭，至他賓天之日方允許取下拆看。乾清宮是皇帝臨朝辦公的地方，「正大光明」又是乾清宮最高處，自然可免於遭到意外。密旨是說他將就皇儲為誰，再寫下密旨一道，藏於內府，同樣是在他去世或彌留之際，由大臣們找出，以便與密詔相互驗證，「兩相對照勘驗，才能算數」。

按照新的立儲法，繼位者完全由雍正一人決定，即便他所選定的儲君本人也將被蒙在鼓裡，當然大臣們就更加無從知曉了。雍正在宣佈「密建皇儲」法後，問諸臣有何意見，隆科多帶頭奏稱：「聖見周詳，豈有異議，惟當謹遵聖旨。」其他諸王大臣九卿也都免冠叩首，表示沒有反對意見。於是雍正便令眾臣退下，只留下總理事務王大臣，讓他們負責將錦匣藏於「正大光明」匾額之後。

「密建皇儲」是雍正的首創，但更確切地說，是對康熙思路的鞏固和延伸。這一制度設計的高明之處在於，它既保證了現任皇帝能在不分嫡、庶、長、幼的情況下，挑選出他所認為的最符合條件的繼任者，又在最大限度上規避了兄弟殘殺和父子反目，起碼皇帝在世時，類似情況不會發生，因為這樣做毫無意義。

在此後的一百多年裡，每一個皇帝的誕生都來自於那個神秘的匣子，「密建皇儲」成為清代傳位的不易家法，正如《清宮詞本事》中所云：「書名正大光明殿，誰是他年兆璧人？」

第四章

出了大問題

一七二三年十月，雍正再赴景陵，主持將康熙靈柩送至地宮的儀式。至此，康熙的葬禮才宣告全部完成，其間雍正盡了嗣子的義務，不但康熙生前最害怕最恐懼的「五公子爭立」，棄其屍首不顧的情況被完全杜絕，而且葬禮辦得風風光光，讓人挑不出瑕疵，與此同時，他也成功地行使了嗣皇帝的權力，天下正在進入由他來一手掌控和治理的軌道。

第一次送康熙靈柩去景陵時，雍正曾給一位大臣寫去硃諭，說：「一路平安，內外無事」，「內外……一切如意。」

知道的是皇帝給大臣寫諭旨，不知道的還以為家人之間彼此道平安呢，這位令人羨慕的大臣不是別人，就是時任川陝總督的年羹堯。

唯一捷徑

對於年羹堯為何能得雍正如此垂青，外界有很多猜測。有的說年羹堯乃雍邸舊人，雍正上臺，舊人們便也都跟著雞犬升天了；有的說年羹堯是雍正的大舅子，一家人自然沒有胳膊肘往外拐的道理；還有的說年羹堯在康熙末年統領數十萬大軍，地位舉足輕重，且鉗制允禵，使其無所作為。

事實是，雍正登上大寶後，所重用的人多非藩邸老人，他在分藩開府時期的那套人馬，能夠見諸新朝史籍的不過一、二十人，任督撫者惟年羹堯一人。究其原因，不是雍正不想用，而是其中優秀理想者實在少得可憐，按照雍正的標準，不是百無一用的酒囊飯袋，就是上不了檯面的貪贓枉法之徒。

雍正選人，向來主張不徇私情，他與年羹堯有姻親關係不假，但這絕不會成為他任用年羹堯的必備要素。反過來，年羹堯一生貪圖功利虛榮，從奪儲時期開始，他從來沒有因為雍正是其妹夫兼門主，而把自己的前程和仕途綁死在這一棵樹上。

與其他雍邸舊人不同，年羹堯進士出身，文武全才，在康熙年間就憑藉自己的能力嶄露頭角，成了一方大員，可以說，即便他脫離雍正，也完全可以憑一己之能耐立功晉爵。這種想法和情緒發展到一定階段，就變成了對雍正疏於問候，乃至與允祉等其他皇子有所牽扯。雍正不能容忍，對之大加斥責和威脅，同時因為涉及孟光祖案，年羹堯還被康熙懲罰，受到了革職留任的處分。

遭遇一系列打擊後，年羹堯收斂了許多，和雍正的關係也得到了改善，但江山易改，本性難移，他依舊習慣於根據政治風向來決定自己的取捨。

康熙末年，任四川總督的年羹堯所部不過數千人，允禵倒能指揮「數十萬大軍」，他如何制約允禵？而且他能夠當上四川總督，儘管不能排除雍正在暗中施加的影響，但主要還是他自己厚著臉皮從康熙手中要過來的。康熙肯賜予這頂烏紗帽，為的是讓年羹堯在後方協助允禵，若年羹堯對允禵進行掣肘，影響到西陲軍事，康熙和允禵豈能饒過他？況且，雍正能否順利繼位尚存在著很大變數，萬一允禵或其他人繼位，等待年羹堯的就極可能是滅頂之災！

以年羹堯的秉性來說，他不但不會考慮怎樣跟允禵搗亂，而且還得想方設法實現自己對康熙的承諾，使允禵無後顧之憂，因為只有這樣做，才能確保自己的人身安全和榮華富貴。事實也是如此，在年羹堯擔任四川總督後，就是說他對允禵這位頂頭上司附麗順從乃至曲意逢迎，也不算過分。兩人的合作是和睦和富有成效的，允禵能夠平定西藏戰亂，就必須在運糧和守隘等方面給年羹堯記上一功。

專家考證，在此期間，雍正和年羹堯的主僕關係「若即若離，並不十分親密」。這是完全可以想見的，譬如在對待允禵的問題上，即便雍正示意他監視或鉗制允禵，年羹堯從自身利益著想，也未必肯聽從門主指使，更不說雍正本身對此亦難以啟齒。年羹堯真正決定死心踏地地跟著雍正幹，應該說是從康熙駕崩，政局突變開始的，這時候他的面前已沒有多重選擇，效忠新君成了確保其仕途通達的唯一捷徑，更何況他和雍正之間還有主僕、郎舅等多重關係。

雍正的選擇其實也很少。在從貝勒到親王的二十餘年時間裡，雍正的實力都遠不如允禩、允禵等人，滿朝勳貴、文武大臣從前基本都是擁護允禩，後來揣測允禵當立，又有許多人投向允禵。雍正的原則是凡在奪儲大戰中參與黨爭的官員，都不能放手信任和使用（雍正黨人和個別取得諒解者除外），其他人「多未識面」，連熟悉都談不上，識拔起用自然更需要一個過程。這樣一來，在剩下的可用能用官員中，能夠頂替允禵，替雍正維持住邊疆軍事的人，實已寥寥無幾。

兩江地區雖然繁盛，但所理事務不過是「錢糧積欠，風俗囂漓」，具備中等才能的官員即能勝任，直隸地區靠近京城，官吏好當，中等才能以下的就可應付裕如。只有在雲貴、川陝等邊地，那裡的大吏必須兼理情況極為複雜的少數民族事務，所以非得是具撫討之能的上等人才方可。這既是雍正一直秉持的個人看法，也是當時的現實。年羹堯多年在四川出任督撫，本身就證明他非同一般，是一個既會用兵，又懂治理，集軍事、政治才能於一身的幹吏，在撤換允禵的關鍵時刻，雍正不用他還能用誰？

兩人可謂是一拍即合，雍正熱切希望年羹堯竭盡所能，為國家為自己賣力，而年羹堯也不負所托，誠心實意地為雍正出力。在允禵被召回京後，年羹堯受命與管理撫遠大將軍印務的延信共同執掌軍務，確保了西北的穩定，也相應鞏固了雍正的帝位，使得雍正能夠在繼位之初就騰出手來剪除異己，對允禩等人進行打擊。雍正自己承認，他能夠坐穩江山，年羹堯「一人更功居其大半」。

獲寵

一七二三年二月，雍正命年羹堯以叩謁康熙梓宮的名義來京，與之商酌地方情形，這是年羹堯獲寵的最早徵兆。從此以後，年某的仕途就像插上了翅膀，飛一般的向前突進。當年一共得到七次恩賞，先被授二等阿達哈哈番（滿文，即輕車都尉）世職，繼而加太子太保，未幾再封三等公。除了將標誌相應身份地位的雙眼孔雀翎等物賞賜給年羹堯，雍正還為他題寫了「青天白日」、「社稷之臣」等御筆匾額，並有對聯題詞「太平真富貴，春色大文章」。年羹堯的家人也沾他的光，其妻被封為縣君，又加恩多給了她娘家一個公爵，其父年遐齡加尚書銜，其兄年希堯授廣東巡撫。

以賜贈來聯絡和加強君臣之間的情感，康熙朝已經常有，年羹堯在康熙末年就屢獲賞賚，比如鼻煙、火鐮盒、鹿尾、鹿肉、野雞等，不一而足。雍正比他父親更喜歡採用這種方式，從年羹堯的謝恩折來看，雍正御賜物品之多已達到了令人目不暇接的程度，往往每月都有數起，物品的範圍也大為擴展，除了宮中較為珍稀的自鳴鐘、西洋規矩、琺瑯杯，還有當時北方極難獲得的鮮荔枝。

有一次，為了確保送給年羹堯的荔枝足夠鮮美，雍正下令從京師到西安的驛站接力傳送，用六天驛程，在最短時間內將荔枝送到了年羹堯處——「一騎紅塵妃子笑，無人知是荔枝來」，只不過這次皇帝的討好對象變成了他的寵臣，而不再是愛妃。

總之，只要雍正能夠想到和得到的，都會盡可能地拿出來送給年羹堯，包括這年春天，蘇州織造李煦因虧空一案遭到查抄，雍正也將其在京房屋全部賞給年羹堯，家奴則任其挑選。

雍正不單是賜予官爵、物品，他在生活上對年羹堯及其親屬同樣關懷備至。年羹堯的手腕、臂膀有恙，妻子得病，雍正均加以垂詢。對年遐齡在京情形、年貴妃（年羹堯的妹妹年氏，雍正元年即一七二三年受封為貴妃）和她所生皇子福惠的身體狀況，也在硃諭中時時告知。

年羹堯的無比幸運與其他雍邸舊人的境遇形成了鮮明對比，特別是戴鐸，他自認是雍正奪儲的功臣，卻並未得到想像中的「犒賞」或「分封」，而是被「解往四川任布政使」，後又「發放於年羹堯軍前效力」。

戴鐸的失意，有很大一部分原因得歸咎於他自己。在整個奪儲時期，他的才華似乎永遠停留在了貢獻「奪儲策」的那一刻，此後既不能如雍正所囑的那樣耐著心多加歷練，又缺乏觀察周圍形勢應有的冷靜和睿智，所獻的「退臺策」之類全都大失水準，令雍正大失所望。

雍正把戴鐸弄到四川去，倒並不一定是什麼卸磨殺驢，按照他向來重視邊地歷練的想法，很可能也是要對戴鐸做進一步的考察和打磨，以便在適當時候能派上用處。

問題是戴鐸不這麼想，他牢騷滿腹，甚至將雍正在藩邸時為他所批的摺子拿出來給年羹堯看，以一種類似於怨婦的心態，向外界顯示和誇耀著自己在奪儲時期的「功勞」，以證明自己受到了不公平對待。年羹堯當即以防止戴鐸在外招搖生事為由，將摺子全部沒收，然後向雍正進行報告。

雍正在藩邸時期十分謹慎，無論是給戴鐸還是年羹堯批摺子，都注意不讓人抓住把柄，有時戴鐸向他獻計奪儲，他還經常一臉正氣地予以駁斥，所以即便這些摺子的內容流傳出去，也無損其形象。倒是戴鐸徹底失去了雍正的信任和期待，再無東山再起的可能了。

年羹堯繼續一騎絕塵般的得到雍正的寵遇。西北軍務原由年羹堯和延信共同主持，一七二三年六月，雍正命將西北軍事完全交給年羹堯掌管，並說如果發生事變，從川陝到雲南，凡是需要調遣部隊和動用糧餉的地方，必須全部按照年羹堯的部署辦理。

年羹堯時任川陝總督，當時的川陝總督轄區包括陝西、甘肅、寧夏和青海，雍正的上諭意味著他除了負責自己的這些轄區，還可以在軍務上節制雲貴總督所管轄的雲南。雲貴總督與川陝總督同級，雍正為此專門告知雲貴總督高其倬，說年羹堯在邊地軍旅事務上「甚為熟諳」，而且其才情「實屬出人頭地」，高其倬從皇帝那裡得到的囑咐是，凡兵馬糧餉的一應籌備事宜，都要降尊與年羹堯會商而行，哪怕是聽命於年羹堯。

此時雍正已授延信為西安將軍，仍攝撫遠大將軍，但隨著西北軍事的實際指揮權落入年羹堯之手，他已成為擺設，其作用不過是為了避免別人說閒話而已。

別無選擇

允禵西征時，經常要和青海的蒙古親王羅卜藏丹津打交道。羅卜藏丹津屬漠西蒙古中的和碩特部，他的爺爺叫固始汗，在固始汗的時代，西藏和青海「皆和碩特部屬」，也就是兩地都在和碩特部的統轄範圍之內。到康熙後期，兩地才被一分為二，其中，固始汗的曾孫拉藏繼承汗位，此即藏王拉藏汗，由他掌管藏區行政，羅卜藏丹津則承襲了父親的親王爵位，在青海當地擁有一定的影響力。

後來準噶爾部侵藏，攻入拉薩並殺死了拉藏汗，康熙聞訊，派允禵率大軍驅逐準噶爾人出藏。在此期間，羅卜藏丹津除協助允禵，還曾在清軍進藏時，與其他青海蒙古貴族一道隨軍入藏。

羅卜藏丹津既是和碩特部唯一的親王，又是固始汗的嫡孫，因此自許極高，向來都以恢復「先人霸業」，總掌對青海和碩特部和西藏的統轄為己任。在他看來，西藏戰亂平定之後，理所當然應由他來接替拉藏汗，像祖先一樣兼管西藏，可是事實卻讓他頗為失落：朝廷除了以入藏效力有功為名，給予「俸銀二百兩，緞兩匹」的賞賜外，其餘什麼也沒有！

康熙有康熙的考慮，無論原先的藏王拉藏汗，還是入侵西藏的準噶爾部，抑或青海的和碩特部，都是蒙古人，西藏戰亂說到底就是他們為控制西藏而引發的結果。他透過驅準保藏，已經趕跑了準噶爾蒙古，但如果又把西藏的控制權交給和碩特蒙古，誰能擔保不發生新的矛盾？

為了穩定藏區，康熙下決心不再恢復歷史上和碩特部對藏區的主宰，而代之以藏人治藏。對於羅卜藏丹津志在稱雄，有可能形成尾大不掉之勢的情形，康熙也看得一清二楚，他專門藉著論功行賞的名義，對羅卜藏丹津以外的青海蒙古貴族進行了破格晉封，原為郡王的察罕丹津（亦為固始汗曾孫）被封為親王，原為貝勒的額爾德尼被封為郡王，其餘人等也都被封為貝勒、公等不同爵位。

這樣一來，羅卜藏丹津不僅沒有在西藏撈到任何權勢，而且即便在青海地區，其勢力也因察罕丹津等人的晉升受到抑制和削弱，他對此十分不滿，加上準噶爾部的挑動，便生出了反叛之心。

一七二三年九月，羅卜藏丹津乘雍正新立，脅迫青海各台吉（即有爵位的蒙古貴族）在察罕托羅海會盟。從這次會盟開始，他便命令眾人放棄清廷所封的王、貝勒、公等封號，恢復舊日稱號，以便由他統御各部，稱霸青藏和反叛中央政府的企圖昭然若揭。

當初康熙之所以要給親王察罕丹津、郡王額爾德尼等人賜予相應爵位，為的就是牽制羅卜藏丹津，二人也果然都拒絕附從和參加叛亂。羅卜藏丹津圖窮匕現，先後對他們發動襲擊，後者不敵，只得雙雙逃離並向清廷求援。

羅卜藏丹津事發時，雍正剛剛即位不久，朝中需要處理的事務很多，而且自驅準保藏後，朝廷已把用兵重心轉向準噶爾部，大軍也隨之移駐河西走廊，所以雍正並不希望這個時候在邊疆用兵。權衡再三，他做了兩手部署，即一面準備打仗，一面派正在西寧的兵部侍郎常壽去羅卜藏丹津駐地沙拉圖，傳達朝廷旨意，令羅卜藏丹津罷兵停戰。

羅卜藏丹津正得意著呢，根本置若罔聞，他不但拘禁了常壽，還與西寧附近的塔爾寺喇嘛聯合進行反叛。

情況越來越嚴重，十月，叛軍首先在西寧府周圍發動進攻，他們到處攻城放火，搶劫財物，西寧城的四周遍地烽火，僅靠近城池的十餘里範圍內尚未受到蹂躪。與此同時，在羅卜藏丹津煽動蠱惑下，西寧附近喇嘛寺院的僧人也紛紛披甲執械，站到叛亂勢力一邊，僅以塔爾寺為中心，就有二十餘萬人參加騷亂反叛。

雍正別無選擇，只能全力平叛。當月，他即授川陝總督年羹堯為撫遠大將軍，專掌平叛軍務。

年羹堯奉命從甘州軍營移駐西寧後，立即進行部署：分兵防守，防止叛軍進入甘肅內地；駐兵川西，截斷叛軍入藏通路；請求雍正下達敕令，派重兵駐屯於新疆吐魯番等地，用來隔絕叛軍與準噶爾部的聯繫。

那不是風

高手一出手，便知有沒有，年羹堯幾個棋子輕輕一擺，就把羅卜藏丹津納入了他的戰略包圍之中。羅卜藏丹津自然也不甘示弱，見清廷平叛主力尚未到達，便先下手為強，指揮叛軍對西寧展開了圍攻。

西寧被圍期間，雍正與年羹堯的書信來往從未中斷。雍正在硃諭中寫道：「入秋以來，朕躬甚安，都中內外一切平靜。」實際上，京城形勢並沒有他描述得這麼好，有一次他出宮祭祀，負責警衛的隆科多報稱有刺客，搜查祭案後雖沒有發現什麼，但足以令人心驚肉跳。

雍正意識到這可能是允禩黨所為。多年儲位之爭早就讓人們鬥紅了眼，為了達到目的，彼此都不惜爭取一切手段，他既然已先後對允禟、允䄉、允禵等人動了手，狠狠打擊了各皇子黨，允禩及其黨人豈肯束手待斃？他們必然會伺機進行反擊，而趁著雍正威望還不太高，地位尚不穩固，又處於塞外動盪的多事之秋進行暗殺，則不失為奪取政權的一個捷徑。

自古以來，皇帝被刺殺並非沒有先例，雍正固然擁有生殺予奪的無上權力，但他在明處，想要暗殺他的大臣在暗處，有時候也會防不勝防，尤其是在這種特殊時期更易出事。為了確保萬無一失，他只能固守京城，能不外出就儘量足不出戶。

康熙生前愛好出行，除了每年舉行的木蘭秋獮，東巡、西巡、南巡也從未斷過，有時隆冬之際猶出塞打獵。雍正下詔罷鷹犬之貢，宮中所蓄養的珍禽異獸全部下令放出，一個不留，以此表示他不事遊獵，不但東巡、西巡、南巡不搞，連秋獮也不進行。

待到局勢真正穩定之後，他才解釋說，自己之所以不能像父親那樣秋獮，絕不是認為這只是簡單的遊獵而不應該做，實在是因為允禩、允禟「密結匪黨，潛蓄邪謀，遇事生波，中懷叵測」所致，「朕實有防範之心，不便遠臨邊塞」。

年羹堯被雍正視為股肱之臣，雖遠在邊陲，但一直奉命參與朝中事務，所有雍正擔心的這些事也都在君臣可講可談之列，儘管他並不能指望年羹堯立刻給他想出什麼妙策，可是起碼能用來分擔心理壓力。他之所以在硃諭中對周圍真實的安全狀況及自身的焦慮隻字不提，無外乎是不想讓年羹堯分心，畢竟青海用兵太重要了，直接關係到他的皇位穩定與否，此役只能成功，不能失敗。

雍正在硃諭中說京城形勢一片大好，年羹堯也在奏摺中說成功指日可待。事實當然不是這樣，京城內不管如何隱伏殺機，皇帝總還是據於主動地位，西寧方面年羹堯的處境則要困難百倍不止，由於守軍力量薄弱，城池隨時有被攻破的可能而一旦城破，便是屍山血海，年羹堯本人亦難逃一死。

在最危急的時候，年羹堯依舊鎮定自若，不向皇帝叫一聲苦，他一面用「空城計」和「疑兵計」來拖延時間，以等待主力部隊的到來，一邊抽調精兵，準備化被動為主動，對敵營實施夜襲。

年羹堯長於用兵，據說有一年他率部與敵人作戰，部隊駐紮於野外，到了晚上三更時分，眾人忽然聽到有疾風從西邊吹來，但是不一會兒就沉寂無聲了。一般人對此並不會特別關注，但是年羹堯不同，他據此判定敵人就埋伏在西南密林中，於是迅速叫來一位參將，命他帶領三百騎兵前去搜殺敵人。

騎兵們不虛此行，在密林中發現敵人並將其全部殲滅。事後有人好奇地問年羹堯怎麼能夠根據一陣風，就知道林中藏著敵人，年羹堯一語驚人：「那不是風！」

疾風不會在一瞬間就消失掉，所以迅速消失的疾風絕不會是自然界的風，而只能是群鳥扇動翅膀的聲音。半夜三更，群鳥騰空飛起，必定是出現了驚動它們的人。年羹堯已經提前偵察到，與軍營相距十里的西南邊有一處密林，林裡棲息的鳥肯定很多，他推測必然是敵人來此潛伏，所以鳥群才會受到驚擾突然飛起。

此次征討青海，年羹堯一如既往地表現出了軍事上的高水準。發起奇襲的前一天，他傳下命令，要求參加行動的官兵每人攜帶一片木板和一束草，大家都不知其故，但軍令如山，仍照做不誤。第二天部隊行軍時被沼澤地所阻，年羹堯即令官兵們將草扔進沼澤地，然後再在上面鋪上木板，以保證部隊順利通過，眾人這才恍然大悟。

叛軍倚仗沼澤之險，在防守上較為鬆懈，根本沒有料到會神兵天降。奇襲大獲成功，官軍擊破了叛軍的營壘，使之再無圍攻西寧的實力和條件，也由此為青海一役奠定了勝利之基。

收到軍情報告，雍正欣喜不已，乃至幾乎與怡親王允祥相擁而泣，他對年羹堯說：「真正累了你了，不但朕，怡親王都心疼你落眼淚。阿彌陀佛，好一大險！」

到了這個時候，雍正才弄清年羹堯曾處於怎樣艱危的境地，也才知道年羹堯所上奏摺背後的種種隱情——原來，就在西寧危急之時，年羹堯每寫一折一字都用心良苦，就怕「朕心煩驚駭」！

每個皇帝都有他所認為的君臣之道，雍正的特別之處在於他一方面擁有令人莫測高深的帝王心術，並且也用這種心術駕馭大臣，但另一方面又有著非常深情的一面。

當雍正認識到年羹堯如此為他著想時，簡直感動到有些語無倫次。他把年羹堯真心待他的這些事告訴給最信任也最親近的允祥、隆科多，說一次就流一次眼淚。在他寫給年羹堯的硃中，也到處都是「你此番心行，朕實不知如何疼你」，或者「你待朕之意，朕全曉得就是矣」，或者「爾此等用心愛我處，朕皆體到」（寫到忘情處，雍正甚至連皇帝習慣自稱的「朕」都忘了，在最後一句裡直接用了「我」）。

對雍正反感的人可能看著肉麻，但對於彼時的雍正而言，卻並沒有半點矯揉造作或故意要使用羈縻手段的成分，因為那確實都是他的真情流露。

絮絮叨叨

一七二三年十二月，四川提督岳鍾琪率主力部隊趕到西北前線。平叛大軍的實力陡然增強，對西寧附近地區的叛軍展開了猛烈攻擊，叛軍節節敗退，羅卜藏丹津見勢不妙，連忙送還了常壽，並附疏上奏，為自己開脫。

雍正是政治角鬥中殺出來的人，眼睛毒得很：你現在要做的是認罪，而不是找理由為自己開脫，以為我還會給你留下施緩兵之計的機會？做夢！

他對羅卜藏丹津的辯解置之不理，同時催促年羹堯、岳鍾琪等人繼續加強攻擊。

岳鍾琪參加過西藏平叛戰爭，是康熙年間就已嶄露頭角的名將，其勇略不下於年羹堯。接到旨意後，他率兵連續收復失地，直至進逼郭隆寺。郭隆寺有萬餘反叛的喇嘛僧眾守衛，而岳鍾琪手下只有三千人，戰鬥異常激烈，這也是青海平叛中最為驚心動魄的一場戰役，參戰的川陝官兵腰刀砍缺者就有三、四百口，連年羹堯也感歎：「自三藩平定以來未有如此大戰者。」

郭隆寺一戰，叛軍大敗，至此，經過整整一個冬天的征戰，叛軍已有十萬餘人投降，羅卜藏丹津被迫率殘部逃往柴達木。

冬去春來，雍正在硃諭中繼續給年羹堯報平安。按照清代皇室制度，每年春天皇帝為表示重視農業，都要到先農壇行「耕耤禮」，同時為表示重視儒學，還要到太學行「臨雍儀」。雍正說在他行「耕耤禮」和「臨雍儀」的那兩天，「天氣和暢，人情順悅，諸凡如意，都中內外平靜」。他在另一件硃諭中又說：「都中內外，爾闔家老幼無不平安如意。」

政局處於相對穩定之中雖然沒錯，但雍正如此絮絮叨叨，不難看出還是心中有事，也仍有懼怕政敵發動事變的擔心。

當年光武帝劉秀急於攻占巴蜀，但又不能離開京城親征，便給大將岑彭寫去詔書，讓他再接再厲。在那份詔書中，劉秀說人總是苦於不知滿足，我也一樣，已經平定了隴地，還希望得到蜀地，同時因為急於獲勝，我每次派你們出去打仗，頭髮鬍子都要變白一些。

岑彭看完詔書後，非常理解皇帝的苦衷，他果然拼盡全力，一鼓作氣地攻下了巴蜀，直至最後以身殉職，這就是成語「得隴望蜀」的由來。年羹堯猶如劉秀手下的岑彭，他完全能從硃諭中讀出皇帝的關切和期盼，也知道如果自己不能在最短的時間內徹底解決青海蒙古人的問題，雍正便依舊無法從「絮絮叨叨」中走出。

在形勢大好的情況下，年羹堯一絲一毫不敢鬆懈，他與岳鍾琪等諸將商討，意欲調兵兩萬，分四路繼續進軍柴達木。討論中，岳鍾琪認為，叛軍在老巢的部隊尚有十萬，也就是說近五倍於征討官軍，且青海地區遼闊，便於叛軍分散隱蔽，一旦各路官軍被誘深入，就會陷入顧此失彼、四面受敵的困境。他建議與其均勻分兵，不如集重兵於一路，直搗叛軍老巢。

年羹堯向雍正請示後，對岳鍾琪說：「皇上知道你勇敢過人，將命你率一萬七千兵馬，直搗叛軍的青海老巢，想約在四月啟行，你以為如何？」

四月說的是陰曆，正是塞外草青，便於餵馬之時，但岳鍾琪的回答卻令年羹堯都感到意外：「願請精兵五千，馬倍之，二月即發！」

既然要以寡敵眾，必然不能循常規套路，在岳鍾琪看來，二月春草未生，但也正是叛軍準備不足的時候，這時候發起遠端奇襲最容易見效，至於所需使用的兵力，並不是越多越好，五千精兵已經足矣。

由於官軍在塞外沒有固定的畜牧場所和久屯之地，二月出戰的現實困難不能迴避，岳鍾琪的解決之道是效法游牧民族。北方游牧民族但凡出來作戰，通常每個人都要帶上兩匹馬，騎一匹休息一匹，騎的一匹被打傷或跑乏了，可以立即換上備用馬，甚至如果遇到類似於斷糧之類的危急情況，還可以殺掉幾匹馬，以馬肉充饑，這就是為什麼要「馬倍之」，準備一萬匹馬的原因。

年羹堯將岳鍾琪「乘春草未生，搗其不備」的方案呈報雍正，雍正看後拍案叫好，下詔授岳鍾琪為奮威將軍，讓其依計而行。

恩人

一七二四年三月二日，年羹堯分兵中、北、南三路向柴達木進剿，其中南路即岳鍾琪部。進軍途中，岳鍾琪部官兵突然看到一群野獸在塞外奔跑，在野外作戰方面，岳鍾琪具有與年羹堯一樣靈敏的嗅覺和經驗，他意識到附近可能有叛軍的偵察騎兵，群獸狂奔正是被其所驚動，於是立即麾兵疾進。不出所料，前方果然有數百敵騎兵，岳鍾琪率部全殲了這批敵騎兵以及留守部隊，然後神不知鬼不覺地進入了叛軍老巢柴達木河上游地區。

三月十四日，岳鍾琪偵察到了羅卜藏丹津大營所在地，遂連夜出發，直搗其大營，當他們抵達叛軍營帳之外時，羅卜藏丹津及其部屬還沒起床，尚處於衣不及帶、馬未銜勒的狀態。此時中、北兩路官軍也應約殺到，對叛軍發起突襲，叛軍猝不及防，倉皇逃散，潰不成軍。

羅卜藏丹津發現大勢已去，連忙男扮女裝，攜妻妾隨從倉皇逃離，以後又乾脆逃到新疆，投奔了準噶爾部。柴達木戰役自出師到結束，歷時僅僅十五天，成功之速，為草原戰史上所少見。雍正得報後興奮不已，他也把此次戰役的勝利視為十年以來從未有過的奇功一件。

青海至此得以大定。應該說，在青海平叛的後半程，尤其是柴達木一役，岳鍾琪的表現亮眼，甚至超過了作為總指揮的年羹堯，但打仗就跟下棋一樣，往往一開始的謀勢最為關鍵，年羹堯布了一個事半功倍的局，岳鍾琪所做的，只是推動和加快勝利進程而已。

戰爭結束後，年羹堯又擬制了青海善後事宜十三條，它的獲准施行標誌著中央政府在青海取得了完全勝利。

青海大捷的奏報傳到京城前，雍正曾因清明節親往遵化康熙景陵祭奠，就在他祭陵時，隆科多奏稱諸王變心，要他多加提防。這使雍正更加認定要想一勞永逸，就必須與允禩展開面對面的決鬥，但此時距他繼位一年半還不到，威信還沒有能夠完全樹立起來，特別是青海平叛尚未取得完全勝利，在這種情況下，任何貿然舉動都可能激起事端並引發政局動盪，為此，他只能牢記當年皇父訓誡他的話，繼續「戒急用忍」。與此同時，除了祭陵，雍正不敢輕離京城一步，就怕允禩黨突然發動政變，到時自己不在京城，無法迅速予以彈壓。也就從這一年起，他開始派皇子出口行圍，代替他訓練講武，以示他本人雖然不能參加秋獮，但並不是這件事不重要或他不重視。

祭陵之後的第三天，青海大捷的奏報終於送至御前。猶如拿到定海神針一般，雍正的所有困惑和焦慮瞬間煙消雲散，隨後他便遣官祭告天地、社稷、父親康熙的景陵，乃至爺爺順治和祖奶奶孝莊文皇后的陵園。

文武百官都異口同聲地稱頌皇上，但雍正始終強調功在先帝，當他在朝中受百官朝賀，追念康熙所遺留的業績時，忍不住「悲哀不止」。

康熙生前就重用年羹堯、岳鍾琪，又千方百計地分化青海地方勢力，這些都為青海平叛打下了基礎，但最重要的還是力排眾議地選擇雍正作為繼承人。因為在此之前，只有允禵曾在西北建立功業，並為世人所稱頌，直至朝野上下都紛紛傳說康熙要將帝位傳授給允禵，康熙選擇雍正，也就等於相信他不僅可以治理好內政，也同樣有能力穩固邊疆。

康熙的選擇對不對，要用事實來證明。青海平叛的結果讓雍正如釋重負，此次平叛成功，不僅解決了青海蒙古人的問題，間接穩定了西藏，而且對新疆的準噶爾部也形成了可攻可守的有利勢態。它足以證明，康熙選對了繼承人，他雍正恪盡子職，完成遺志，沒有辜負先皇當初的期望和託付。

歸功先皇，主要是為了彰顯自己繼承大統的合法性和正當性，雍正並沒有忘記參加青海戰役的有功將士，他封年羹堯為一等公，岳鍾琪為三等公。在年羹堯的奏摺上，他的硃批更是令人吃驚，竟然說青海功成，年羹堯就是他的恩人！

所謂硃批，就是用毛筆蘸硃砂寫字，這是皇帝的一項特權，其他人一概都只能用墨筆。硃批中的雍正往往表現得特別真性情，實際上，青海戰役勝利後，不但年羹堯，就是其他在此役中出生入死的兵將，也均在硃批中被雍正奉為恩人：「自你（年羹堯）以下以至兵將，凡實心用力效命者，皆朕之恩人也！」

憑什麼啊

權鬥場上，時機把握非常關鍵，輕舉妄動和猶豫不決都是致命傷。之前雍正對他的最大政敵允禩一直隱忍不發，就算數落允禩的不是，或藉故敲打，也只是就事論事。比如有一次他講到喪葬不可過奢時，便曾批評允禩在母喪期間「偽孝矯情」，不過那也不是說允禩一個人，只是拿他舉例罷了。

青海捷報到來之後則情形大變。此次勝利不僅穩定了新政權，而且提高了雍正的威望，他自己也認為，經此一役，「誰不誦朕之福，畏朕之威」。在這種情況下，他決定改變既往對允禩黨拉打結合的策略，大刀闊斧地展開正面攻勢。

一七二四年四月二十九日，雍正召見諸王及滿漢文武大臣，對允禩進行嚴厲指責，說他在康熙生前對皇父不忠不孝，新帝即位後，仍不自量，因為有允禵、允禟、允䄉等人為他盡力，便不以「事君事兄」之道來對待新皇，「由此觀之，至今還存有大志」。

雍正一上來就直指允禩有圖謀大位之志，給對方加上了叛逆的罪名，並按照這一定性，令諸王大臣對允禩據實揭發，不許隱諱。

其間雍正一邊說，一邊在進行暗中觀察，讓他感到意外和失望的是，不管他怎樣聲色俱厲、氣勢洶洶，大多數人仍然表現出了不以為然的神色，只有隆科多、年羹堯等少數幾個心腹大臣在御前陳奏，向允禩發難。

對允禩的大揭發形不成聲勢，便難以繼續進行下去。透過這一回合的較量，允禩在朝野的人緣、聲望之好，實力之強，再次超越了雍正的想像，同時他也悲哀地看到，即便好不容易取得了青海平叛這樣的功績，自己的權威竟然還是不夠高。

憑什麼啊？雍正又羞又憤，氣得要死，有一次他突然對諸王滿漢大臣們說：「爾諸大臣內，只要有一個人，或明奏，或密奏，說允禩賢於朕躬，為人足重，能有益於社稷國家，朕即讓以此位，不少遲疑。」當然誰都不會犯傻到真的這麼做，事情明擺著，以雍正的脾性，只要你敢上奏，他一定會毫不猶豫地把你打成允禩黨人，讓你萬劫不復。

發過一頓火之後，雍正也很快回到現實之中。為什麼自己作為新君，遲遲無法建立應有的權威呢？其實不難理解，一句話，還是康熙末年的爭儲大戰太過激烈複雜了，以至於在他登基之後，大臣們仍然按照老眼光看問題，還是把他看成那個與世無爭的雍親王，而不是英明神武的雍正皇帝。換個角度，倘若現在坐在皇位上的人不是雍正，換成允禩或其他皇子，其權威一樣會面臨挑戰，也一樣會遇到昔日政敵們的抵制。

長城不是一天建成的，在青海成功之後，仍須兢兢業業，勤理政事，透過取得更多的業績來建立和鞏固自己的權威。不過在此之前，雍正還有一個法寶，那就是在政權已趨於穩定的前提下，充分使用君主的法定權力來打擊政敵，同時繼續以君臣大義的一套來要求和制馭臣下。

五月四日，雍正當著諸王議政大臣的面發表談話，主動披露了允䄉逗留張家口一案的處置真相。他告訴眾人，他其實早就知道允䄉是允禩的人，其不法行為就是受允禩指示，該案也不難處理，他之所以讓允禩插手，為的不過是測試允禩的心理，給對方出一出難題。

講到這裡的時候，雍正正言厲色地表示，他本人關乎社稷，不利於他本人就是不利於社稷，所以為了維護社稷，他要對所有不利於他本人的人事予以堅決打擊，「雖係兄弟，亦難顧惜」。

「剝筍」曾對拆散允禩黨起到過重要作用，這次雍正重施故技，再次從周邊對允禩實施逼圍，他的此次談話實際就是在為嚴懲允禩黨人吹響號角。

大花面

首當其衝者便是允禟。允禟被發遣至青海，交年羹堯監管。年羹堯曾向雍正報告，說允禟「頗知收斂」，手下的人也知道畏懼了，然而雍正卻認為年羹堯太天真了，在他看來，允禟和允禩都不可能改變其政治態度，對允禟這樣「奸詭叵測之人」，應繼續提防。

揣摩到雍正的意圖，宗人府奏參允禟「抗違軍法，肆行邊地」，議請革去貝子，撤出其屬下佐領。實際上允禟只是派人到河州買草，踏看牧地，宗人府小題大做，完全是欲加之罪，何患無辭。雍正心裡雖覺得很爽，但他也知道僅憑此一點就將允禟治罪，難以服眾，所以便假惺惺地表示開恩，予以寬免。

虛晃一招之後，雍正便動起了真格的。康熙生前，輔國公阿布蘭曾受允禩推薦，後來允禵西征成功，又奉旨擬寫了定藏紀功碑。雍正指責他獻媚允禵，抹殺康熙的功勞，命將其交宗人府議處。明眼人都能看出，雍正懲治阿布蘭的重點不在被懲治者身上，而是集中指向了其後臺允禩、允禵。

阿布蘭只是與允禩黨有涉，與蘇努、勒什亨父子相比，根本算不了什麼。後者係允禩黨重要成員，雍正將二人比喻成戲劇舞臺上用鉛粉塗白整張臉的「大花面」，不折不扣的奸臣，他告訴年羹堯：「蘇努實國家宗室中之逆賊，真大花面也，其父子之罪，斷不赦他也。」

一七二四年七月四日，雍正以蘇努、勒什亨父子黨袒允禟、允禩，「擾亂國家之心毫無悛改」，下令革去蘇努的貝勒爵位，撤回部分佐領，並罰他與兒子們一起遷往邊塞居住。

按照雍正對蘇努的看法，如果可以，他一定會判其死刑，為什麼不這麼做，是因為他有所顧忌，怕殺了之後影響自己的名聲和動搖執政基礎。七月十日，雍正在上諭中將允禩的罪狀由叛逆向結黨延伸，說允禩至今仍與自己結怨，就是倚仗著朋黨支持，而且似乎也不怕遭到處罰，甚至於悍不畏死，「廉親王（允禩）之意，不過欲觸朕之怒，多行殺戮，使眾心離散，希圖擾亂國家耳」。

多陰險啊，可我偏偏就不上你的當，我能不殺就不殺，能寬待就寬待，看看我們倆到底誰更能爭得民心民意！

伴隨著一句「斷不使伊志得遂」落地，雍正宣佈七十、瑪律齊哈、常明等人均為允禩黨成員，說他們黨同伐異，阻撓人君懲辦惡人。作為懲罰措施，雍正也將他所謂的「寬大政策」進行到底，只將其中的七十先行革職和遷往邊塞居住。

九月三日，雍正發佈他親書的《御制朋黨論》，站在理論高度上進一步向允禩黨開戰。在這篇論文中，他以康熙時宗室、大臣結黨的嚴重情況為例，說那時人們分為兩三個黨（此處主要指允禩黨和廢太子黨），使人不入此黨，即入彼黨，朋黨之間任用私人，互相攻擊，嚴重破壞了朝政統一，損害了君主權威，所以朋黨之惡，罪不容誅。

雍正說話往往好走極端，因為對朋黨痛恨已極，恨屋及烏，他連大文豪歐陽脩也沒放過，對之大加批判。原因是歐陽脩曾經說過「君子有黨、小人無朋」，雍正認為，清代朋黨之風的盛行就與此老首倡有關，如果歐陽脩是本朝人，還活著的話，「朕必誅之以正其惑世之罪」，看那架勢，就差把歐陽脩開棺戮屍了。

雍正仗著他是皇帝，在上面信口胡說，下面的臣子聽了都覺得臉紅，替他害臊，可是又不敢正面反駁。後來史官在把雍正的講話彙編成冊時，實在覺得不妥，就把歐陽脩造成流毒的話全部刪掉，「誅之」也拿掉了，改為「朕必飭之以正其惑」。

透過《御制朋黨論》，雍正發出警告：已經捲進朋黨的，要「洗心滌慮」，痛改前非；還沒有捲進朋黨的，要看清大局，切勿說三道四，誹謗朝廷。

《御制朋黨論》是雍正射向允禩黨的一枚重磅炮彈。其後他便召見諸王宗室，把即將進一步予以整治的允禩、允禟，與前朝被拘禁的允禔、本朝被拘禁的允禵放到一塊，譴責他們「俱不知本量，結為朋黨，欲成大事」。

引人注目的是，幾乎可稱為朋黨首犯的廢太子允礽卻不在其中。此時的允礽被監禁於煤山，已經病危，雍正不但不追究其朋黨之罪，還命御醫前往探視。御醫診斷後回來報告已難望痊癒，雍正聽了很傷心，他想親自探望允礽，可是又考慮一去的話，允礽就要對他行君臣之禮。讓兄長以垂危之身跪在自己面前，顯然是件不合適的事，於是他便打消了這個念頭，只是派人向允礽專程致意。不久，允礽在禁錮地病逝，雍正親往祭奠，賜以理密親王之爵，令按親王禮埋葬。

對於雍正而言，某些方面的網開一面與對政敵的窮追猛打完全可以並行不悖，但自一七二四年下半年起，打擊允禩黨人的速度和力度都突然減弱。後來人們才知道，這時有一個突發事件橫插了進來，他必須騰出時間和精力進行處理。

不知如何疼你

突發事件的主人公之一就是年羹堯。在雍正當政的最初兩年內，雍正給予了年羹堯特殊甚至是一般人臣所絕無的榮寵。有一次，年羹堯無意中在某處看到琺瑯，為其精美的製作和秀麗的顏色所驚歎，「不勝愛羨」，遂在奏文中向雍正索要：「如有新制琺瑯物件，賞賜一二，以滿臣之貪念。」

琺瑯又稱景泰藍，是為皇家宮室所壟斷的官窯瓷器，專供皇帝、妃嬪玩賞或祭祀之用。當時正好新造的琺瑯尚未送來宮中，雍正就把現有的幾件賞賜給了年羹堯，同時還沒有忘記以年羹堯的「貪念」跟他開玩笑，在批文中說：「你若不用此一『貪』字，一件也不給，你得此數物，皆此一字之力也。」

那兩年，他們之間的關係完全可以用親密無間來形容。用雍正自己的話來說，自古以來君臣有深厚私交者不是沒有，但絕對做不到像他和年羹堯這般投契，「總之，我二人做個千古君臣知遇榜樣，令天下後世欽慕流涎就是矣」。

直至青海功成，雍正更是激動異常，將年羹堯視同「恩人」。「朕實不知如何疼你，方有顏對天地神明也」，一時之間，他竟找不到能準確表達自己心意的適當方式了，想來想去，只有嚴格要求自己，爭取做一個出色的皇帝，才能對得起如此出色的臣子。

雍正還唯恐自己對年羹堯的評價不能為更多的人所接受，特諭諸王大臣，說對年羹堯這樣為國出力的人，「不但朕心依眷嘉獎，朕世世子孫及天下臣民當共傾心感悅，若稍有負心，便非朕之子孫也，稍有異心，便非我朝臣民也」。

雍正心目中理想的臣子形象，是以君心為心，套用現代語言來形容，就是要將自己的一顆真心捧出交給君主。在雍正看來，年羹堯便是如此，「天下督撫，待朕之真，依朕之切者」，年羹堯排第二，就沒有人敢居第一。這也是他透過青海一役得到的最大發現：「西海一事，豈人力之所能者？皆因年羹堯能此二字，天下大臣，皆當法其心。」他的意思是，即使有人在才智天分方面能達到年羹堯的水準，但要像他那樣「以君心為心」仍殊為不易，而年羹堯正是靠後者才在青海取得了成功。

雍正對年羹堯的欣賞和喜歡幾乎到了無以復加的程度，他常常歎息像年羹堯這樣的人才太少，「朕福薄不能得爾之十來人也」，認為如果封疆大吏中能夠有十幾個年羹堯，國家完全不愁治理不好。他不僅將川陝境內的用人權完全交給年羹堯，還讓其越境兼管雲南方面的事務。此外，對於各類朝政民生的得失、朝內外大小官員的好壞，雍正也都要與年羹堯頻頻相商，不少官員的使用與否都直接以年羹堯的意見為尺度。

年羹堯畢竟還沒有正式的朝中職務，雍正在讓他參與朝政的同時，並不想讓外人知道此事。明清時進士中的優異者會被選入翰林官當庶吉士，稱為考庶常，有一次在考庶常時，翰林院已按慣例分三等作了衡量，定了名次，可是雍正不放心，便又將試卷秘密送給年羹堯閱視，要他「盡力速速看來」，並按照自己的意見，確定誰的試卷應該列入哪一等，只是千萬不能被其他人知道。

一七二四年十一月，年羹堯繼首次進京陛見後，再赴京城朝見雍正。自青海功成以來，他們君臣還沒見過一面，雍正非常高興，在年羹堯的起程摺上批道：「一路平安到來，君臣慶會，快何如之！」

對於如何接待年羹堯，雍正也極為上心。他本來打算讓各省督撫同時進京述職，因遭到四川巡撫蔡珽的質疑而未果，但他還是特命禮部擬定迎接年羹堯的儀式。禮部侍郎三泰負責草擬的條例可能是規格不夠高，不足以體現皇帝對年羹堯的寵異，雍正居然還發了火，給予三泰以降一級處分。

這下子，從中央到地方，誰還敢不把年羹堯當成一座佛一樣供著？在年羹堯進京途中，地方官全都跪道迎送，連向被奉為「疆吏之首」的直隸督撫都得這樣行禮。路經河南時，懷慶府同知曾穿著官服向年羹堯的巡捕官跪著回話，及至到達京城，諸王大臣郊迎，王公以下官員均跪接於廣寧門外，其排場竟然比當年的「大將軍王」允禵還大。

年羹堯入宮覲見雍正後，即與總理事務大臣馬齊、隆科多等人共同參議朝政，宣達諭旨。此時年羹堯的身份仍只是一個疆吏，又是臨時進京，為什麼能擁有與總理事務大臣同等的資格呢？雍正給出的解釋是：「年羹堯為藩邸舊人，記性甚好，能宣朕言，下筆通暢，能達朕意，且秉性鯁直，不徇情面。」

回京的第一個月，雍正認為年羹堯「公忠體國，不矜不伐」，是內外臣工的榜樣，皇帝「嘉重之至」的典型，要求九卿議敘加恩，於是年羹堯被賜予雙眼孔雀翎及金幣等物，加一等男世職，並以其次子承襲。

很少有人設想過皇帝的態度會發生變化，直到十二月二十八日，雍正突然提及岳周案。

豈有此理

岳周係工部郎中，他拿出兩萬兩現銀，求年羹堯推薦其為西安布政使，年羹堯予以拒絕，並向雍正進行了揭發。雍正談到岳周案，表面聽起來是表彰年羹堯，譴責岳周，細細咀嚼卻是話中有話，分明暗含著對年羹堯的某種不滿：岳周一出手就是兩萬兩現銀，這可不是一個小數目，你年羹堯隨時隨地就能接受如此巨賄，權力好大啊！

雍正這番表態已足以令知情者感到吃驚，但官場上還有不少人沒有看出政治風向和雍正態度的變化，十二月三十日，湖廣總督楊宗仁按照往日雍正的口味，上奏說年羹堯是純臣，雍正在奏摺上批道：「年羹堯到底是什麼人？就你所知道的，再從實奏來。『純』字真的能用在他身上嗎？朕以為不可！」末尾雍正強調保密，已明白無誤地表達出了對年羹堯的不良看法。

當天，雍正在乾清宮西暖閣召見諸王大臣，以「為君難」為主題，做了一次長篇談話。所謂「為君難」，說的是皇帝用人行事的難處。雍正舉例說我明知道允禩的為人，知道他和我不是一條心，為什麼還要封他做廉親王、總理事務大臣兼管工部事務呢？你們是不是覺得我前後矛盾，甚至乖張？其實我是萬得不已，不得不那樣做啊！

這是雍正第一次將皇家內部權鬥的隱秘公之於眾。之後，他話鋒一轉，由「為君難」引申到了「為臣難」：「年羹堯建立大功，其建功之艱難辛苦之處，人誰知之？」作為例證，雍正講到，年羹堯推薦一個叫劉廷琛的人為廣西布政使，結果劉廷琛遭到了罷斥，雍正說年羹堯雖然是出於公心薦舉人才，但也難免有識人不明的過失。

一些官場老混混兒已經聽出來了，皇帝哪裡是在說「為臣難」，分明是像談論岳周案一樣，用含沙射影兼旁敲側擊的方式點年羹堯的名。

如果這還不明顯，雍正所講的下面兩件事就比較露骨了。一件事是關於賞軍，也就是犒賞部隊。當天前線官兵都領到了賞銀，這是皇帝和朝廷的恩典，可是外面的傳言卻是：「此大將軍年羹堯所請也！」針對這件事，雍正氣呼呼地分辯說我又不是年幼皇帝，親王都做了好多年，還等年羹堯給我指點嗎？他不竭力爭取，我就不賞大家了？豈有此理！

另一件事是雍正親發諭旨，對允禩黨人阿靈阿等人進行追究，然而也有人說整件事從頭到尾都是由年羹堯所策劃，皇帝不過是聽了他的話而已。雍正對此更是氣憤不已，說我比年羹堯歲數都大，數十年藩邸生涯，更使我「胸中光明洞達」，所以現在不管多難多複雜的政務，我都能洞燭幽微，而年羹堯之才，做大將軍總督則有餘，要跟天子比聰明才智和真知灼見，差遠了！

事後來看，這兩件事中的流言都對雍正產生了強烈刺激，因為倘若人們信其所言，就會把當今皇帝當成一個傀儡，一個被年羹堯玩弄於股掌之間的庸主，這是雍正無論如何不能接受的。

雖然雍正再三強調，應該受到懲罰的是散佈流言者，這些人在設計隱害年羹堯，「深可痛恨」，但大部分人都聽出了弦外之音，那就是年羹堯本人亦難辭其咎。

事實上，年羹堯此次入覲，頗受王公大臣非議。百官郊迎時，他視若無物，安坐於馬上，連看都不看對方一眼就傲然前行，及至王公下馬致敬，他也只是點點頭。更嚴重的是，年羹堯在覲見雍正時，居然兩腿張開坐著，「天子御前箕坐，無人臣禮」——上一次這樣做的人是允禵，在剛剛宣佈由雍正即位時，他與雍正「箕踞對坐」，不把皇帝當皇帝。

當時的雍正顯然對此尚未引起足夠的警覺。在年羹堯進京前，就有相當一部分朝臣反對重用年羹堯，埋怨雍正縱容「年羹堯擅權」，但雍正不為所動。年羹堯進京後，一開始他也理所當然地認為是有人出於忌妒年羹堯，在描述上進行了添油加醋。即便年羹堯當著他的面舉止放肆，雍正似乎也沒有怎麼太放在心上，因為它可以被理解為是君臣關係親密，皇帝愛才重才，而臣子不受拘束。

只是雍正對年羹堯的絕對信任也必須有一個前提，那就是年羹堯能夠以「以君心為心」。從岳周案起所發生的一系列事件，正是打破了這一前提，才讓雍正破天荒地對年羹堯產生了懷疑，並使年羹堯的一些言行獲得了重新解釋：對王公大臣乃至對皇帝無禮，以及種種社會流言，說明年羹堯平時驕橫跋扈、妄自尊大慣了，可謂毫無臣道；如果年羹堯一向修身慎行、清廉自守，岳周應該不會想到斥鉅資向其行賄，說明年羹堯本身有接受賄賂，開奔競之門的可能；劉廷琛不是一個好官，年羹堯卻一力推薦，他有沒有結黨營私，一味任用私人和黨羽的嫌疑？

情報網

一七二五年一月三日前後，年羹堯離京返回其位於西安的督署。在他滯京的三十餘日間，曾有人向雍正建議不讓年羹堯離京，不過暗中建議者是誰，雍正一直沒有言明，有學者估計是禪師文覺。文覺從雍邸時期起就是雍正的「比丘軍師」，雍正登基後，他仍侍奉雍正於宮中，雖未公開參政，但卻暗中參與討論國家最機密要務。

文覺主張拘留年羹堯，是怕放虎歸山，留在京城更便於控制。對於這種留年羹堯於京師以防其生變的勸諫，雍正沒有採納，他認為時機尚不成熟，過早行動反而會打草驚蛇，同時他絲毫不擔心年羹堯會跳出自己的手掌心——正如他在「為臣難」的長篇談話中所說，年羹堯要跟他比試政治博弈的能力，根本就不是對手，用不著予以特別提防，「朕之不防年羹堯，非不為也，實有所不必也」。

在討論是否要放年羹堯出京的那一刻，雍正或許不會忘記一年多前年羹堯進京覲見時的情景，那時的年羹堯為了表示對新君的效忠，別提有多誠惶誠恐、畢恭畢敬了，一年多後，如果不是親眼所見，他無論如何不會想到年羹堯會變成現在這種樣子。很顯然，年羹堯不可能一夜之間發生蛻變，中間應該發生了很多事情，可是他作為皇帝卻全不知曉，始終被蒙在鼓裡。

雍正即位後，一方面，必須及時準確地掌握政敵方面的動態，以便在權鬥中爭取主動，另一方面，由於害怕遭到暗殺，他幾乎很少走出京城，也有透過其他管道來瞭解內外情形的必要，為此，他在情報收集方面可謂煞費苦心。

雍正想到的辦法之一，是派遣特務。說起皇宮中的特務，人們最容易想到的就是明代的東廠和錦衣衛，雍正比明朝皇帝更精明也更有遠見之處，在於他認識到，不管是使特務組織制度化，還是讓特務分子在形式上取得特殊地位，都會造成尾大不掉的危險。基於這一考慮，雍正沒有建立專門的特務機構，他所派的特務都是宮中侍衛，但其主要任務卻是潛伏於民間，隨時隨地對官民行動進行偵察。

稗官野史中有關雍正朝侍衛的逸聞很多，有的雖不免過於獵奇，但並非全屬子虛烏有。周人驥是一個有真名實姓的人物，筆記中記載，他在雍正時考中進士，隨後被授六品禮部主事，奉命視學四川。視學俗稱學台，任務是督考鄉試，因它關係到地方上書生的前程，使之無形中成了一個油水頗豐的差使，學台清濁之間，收入相差極大，而周人驥擔任學台三年，始終清廉自守，毫無苟且。

三年後任滿，周人驥準備回京覆命，一個當初由禮部本堂薦用的僕人突然前來向他辭職，說：「我也得回京覆命去了。」

「這話怎麼說？」周人驥大吃一驚，不明所以。

「周學台，不瞞您說，我是皇上的侍衛，看您主持考試甚好，您就等著聽封吧。」

除了派遣侍衛，密摺具奏法即密摺制度也是雍正的一大法寶。古代地方官上呈皇帝的奏摺一般均交由通政司進呈，在皇帝之前，有關官員已先過目，因而是公開的。密摺是非公開的，由臣下直達於皇帝的秘密奏摺，這種奏摺係用折疊的白紙書寫，外加特製皮匣封存，內容除書寫者本人和皇帝，其他人不得而知。

據推測，密摺可能肇始於順治朝，只是沒有實物佐證。現今最早的密摺見之於康熙朝，然而康熙對密奏並不是很重視，更未形成嚴格的制度。直到康熙晚年，鑒於中央和地方官吏結成朋黨的情況嚴重，江南各地有民眾反抗，而地方官很少肯據實奏聞的現狀，康熙才擴大了密奏人員，但數量仍然十分有限。把密摺制度推向鼎盛的是雍正，終康熙之世，密奏者僅百餘人而已，雍正朝比康熙朝短得多，密奏者卻多達一千一百餘人，其身份從中央到地方，從京官到外官，從文吏到武官，不遺漏任何一個階層。雍正指示密奏者秘密從事偵伺調查，並隨時將所見所聞透過密摺進行報告，內容上自軍國要務，下至身邊瑣事，無所不包。

透過密摺制度，雍正得以建立起一個龐大嚴密的情報網，這使他本人即便足不出戶，對宮外發生的事件也照樣可以做到瞭若指掌。有個叫王雲錦的官員，康熙朝中過狀元，大年初一這天，他和親戚朋友打紙牌遊戲，打著打著少了一張，只好停下來喝酒。第二天上朝時，雍正問他昨天做些什麼了，王雲錦就將「打牌喝酒」的情形講了一遍，雍正聽了很高興，說：「不欺暗室，真狀元也！」說完，從袖口裡掏出一張紙牌給王雲錦，王雲錦定睛一看，竟然就是昨晚丟失的紙牌，頓時被驚得目瞪口呆。

年羹堯身居如此要職，理所當然不能脫離皇帝的視線。雍正曾遣親信侍衛至年羹堯處，名為效力軍前，實則就有監視之意，加上密摺與之相輔相成，讓雍正有充分的理由認為已經萬無一失，然而在年羹堯出事前，關於年羹堯的行動，侍衛們卻未有隻言片語報告，同時也沒有人在密摺中對年羹堯進行告發。

雍正痛苦而又氣憤地意識到，他一手創建的情報網出了大問題，對於年羹堯的部分甚至已經失去作用，整個癱瘓掉了。

打招呼

問題到底出在哪裡？首先出在被監視者的身份特殊。年羹堯身兼川陝總督、撫遠大將軍，是沒有封王的西北王，侍衛派去後懾服於其權威，只聽年羹堯指揮，居然成了他的儀仗隊，為之擺對、墜鐙，形同廝役，加上年羹堯又施以賞賜等小恩小惠，這些人便都不記得離京前皇帝的囑託和要求了。至於那些本應進行密奏的官員，在年羹堯的威逼利誘下，則個個明哲保身，做起了悶嘴葫蘆。

面對癱瘓了的情報組織，雍正立即重新進行佈局，他一邊調動各方面的資源，對年羹堯展開秘密調查，一邊利用硃批奏摺給部分臣工打招呼。

還在年羹堯離京前，已經陸續有各種小報告上達，其中有人舉報直隸總督李維鈞「餽送年羹堯禮物過厚，又覓二女子相贈」。李維鈞先前曾透過巴結年羹堯，由年羹堯向雍正特別舉薦而得以擢升直隸巡撫，不過此人也確實很有能力，而後從巡撫升總督，完全是因為個人能力得到了雍正的認可。

李維鈞成為雍正打招呼的第一個對象，他在李維鈞的奏摺上批道：「近日年羹堯陳奏數事，朕很懷疑他居心不良，大有舞智弄巧、潛蓄攬權之意。」在明確自己的意向和看法後，他先安慰李維鈞，說你和年羹堯的密切關係是奉旨形成的，是歷史原因，不必恐懼，但要和年羹堯逐步疏遠。

接下來是四川巡撫王景灝。雍正在硃批上說，年羹堯來京陛見，舉止乖張，讓他很不滿意，他也不知道年羹堯究竟是精神頹廢，還是功高志滿所致。雍正向王巡撫發出警告，說你雖是年羹堯薦舉的，但不要再依附於他，須知「朕非年羹堯能如何如何之主也」，今後對川省屬員的選拔考核也要自理，而不能全部聽從年羹堯的指揮。

李維鈞、王景灝等人都是年羹堯的親信，在年羹堯滯京後期，雍正就要求他們與年羹堯劃清界限，並對年羹堯進行揭發，以爭取自身的保全。不過總的來說，那時的雍正對年羹堯還是留有餘地的，公開場合仍儘量用政治暗示的方式，告誡年羹堯不可盈滿驕恣，要懂得收斂和防微杜漸。

年羹堯對此不可能毫無覺察，但或許是平時驕橫慣了，面子上下不來，又或者故意要裝作若無其事的樣子，結果離京回任時仍和來京時一樣，耀武揚威，不可一世。雍正見年羹堯不為所動，也就不客氣了，年羹堯返抵督署後，他直接用硃批寫了一段關於功臣要保存名節的話，警告年羹堯慎重自為，不可恃功招禍：「凡人臣圖功易，成功難；成功易，守功難；守功易，終功難。……若倚功造過，必致返恩為仇！」

自雍正登基後，年羹堯所接到的皇帝硃批，幾乎都是清一色的嘉獎、恩賞、親暱、戲謔的言辭，這是第一次把話說到如此之重，標誌著君臣關係已悄然發生質變。

無奈年羹堯早已是積重難返，即便如此，也沒能引起他的足夠重視和自警，於是雍正只能繼續展開圍剿行動。有些官員平時不為年羹堯所喜，雙方素有矛盾，他們成為雍正打招呼的第二類臣工。比如，年羹堯曾在前年數次上奏，認為河道總督齊蘇勒不學無術，必不能料理河務，雍正便在齊蘇勒的奏摺上把年羹堯的這些話照寫了上去，然後在密諭中言明年羹堯已暴露出作威作福，把攬權勢的嘴臉，讓齊蘇勒疏遠年羹堯。

從狹義上說，雍正這是在以挑動私仇的辦法，用一部分人去整治另一部分人，而從廣義上來說，則是他針對以往情報網漏洞所做出的修正。在之後的密摺硃批中，雍正都會明白地告訴某甲，說某乙如何說你，同時又對某乙說，你說某甲的話我也告訴他了，如此一來，大臣之間就不敢有私，更不敢像年羹堯案那樣知情不報了。

雍正過去曾讓雲貴總督高其倬服從於年羹堯，高其倬與年羹堯同級，嘴上不說，內心不服。雍正也向高其倬承認自己看錯了年羹堯，先前給高其倬的指示是不對的：「朕命爾事事問年羹堯之前諭，大錯矣！」除了向齊蘇勒、高其倬等年羹堯的反對派傳遞消息，讓他們更堅定地擁護自己，雍正第三類打招呼的對象是與年羹堯有一般關係的官員，主要是提醒他們及早引起警覺，在皇帝已與年羹堯對立的情況下不要站錯隊。

雍正的權術和駕馭術之精湛，當世少有人能夠匹敵，在很短的時間內，他不僅最大限度地瓦解和孤立了年羹堯，而且透過情報網的重構，也將年羹堯真正置於自己的全方位監控之下。

皇帝說了算

周圍風雨欲來，年羹堯卻依然在擺他的西北王架子，回到西安後，即命甘肅巡撫胡期恆彈劾陝西驛道金南瑛。這個胡期恆不是別人，他原任西安布政使，乃年羹堯的心腹，岳周案中的岳周賄賂年羹堯，就是想獲得他留下的空缺。要放在以前，雍正肯定會支持年羹堯、胡期恆，但現在不一樣了，他二話不說，立刻將這一彈劾案歸結為是搞朋黨的做法。

胡期恆任布政使、巡撫均出自年羹堯的推薦，在已對年羹堯產生懷疑的前提下，雍正對於他所推薦的胡期恆也不放心了，為此他特地召見胡期恆，當面考查，結果一見就大發雷霆，並對年羹堯予以嚴厲抨擊：「你實在昏聵了！胡期恆這樣東西，豈是年羹堯在朕前保舉巡撫的人，豈有此理！」

年羹堯、胡期恆不受待見，直接受益人是岳周。經過進一步調查，岳周原來還是允禩的親信，他自己根本沒錢，工部郎中任內曾虧空了數千兩公款，係由允禩幫補找完，他準備向年羹堯行賄的兩萬兩贓銀也全由允禩解囊相助。在岳周案的初審中，岳周已被判斬監候，按照雍正對允禩黨一貫嚴處的態度，有了這些新罪行，砍頭就應該被立即執行了，孰料雍正頒下聖諭：「岳周之罪，本應即行正法，因係年羹堯所參，故改為監候。」

他這樣做的邏輯是，「朝廷威福之柄」，非「臣下得而操之」，也就是說砍不砍誰的頭，得皇帝說了算，而不能由任何一個臣子決定，你年羹堯參岳周之罪，要置他於死地，我偏偏不讓他死！

同月，蔡珽案又出現了戲劇性轉折，而其轉折原因也與岳周案異曲同工。早在爭儲時期，雍正就為本集團招攬官員，但人數很少，時任四川巡撫的蔡珽是其中之一，引薦人就是他的上司年羹堯。可是在雍正登基後，年羹堯與蔡珽的關係卻並不好，蔡珽有時不買上司的帳，年羹堯進京前，雍正本準備讓督撫進京，就是因為他的勸諫而流產了。此外，兩人還多有紛爭，年羹堯奏請在四川鑄錢，但蔡珽以四川不產白鉛，開採不便為由，將年羹堯的提議否決掉了。

年羹堯豈肯吃虧，未幾，重慶知府蔣興仁貪贓，遭到蔡珽的侮辱而自殺，蔡珽為了掩飾，謊稱他是病死的，年羹堯即對蔡珽予以揭發和彈劾。那時雍正與年羹堯尚未公開翻臉，刑部便將蔡珽革職拿問並議處斬刑。蔡珽被押解至京城後，雍正將對他的定罪與年羹堯的參劾連繫起來，說蔡珽的罪應當依法懲辦，但他是年羹堯參奏的，如果論死，人們就會說我是因為年羹堯的緣故才將他處分，是年羹堯在操縱著官員們的禍福，那怎麼能行呢？

雍正不但將蔡珽免罪，還特加召見。蔡珽抓住時機，將年羹堯貪暴不仁以及對自己打擊報復的行徑訴說了一遍，說得雍正連連點頭，當場任命他為都察院左都御。

胡期恆案、岳周案、蔡珽案的處理結果，都是在公開責難年羹堯，給他臉色看，年羹堯就算是塊木頭也不可能始終無動於衷，他趕緊認輸，在奏摺中頻頻向雍正作檢討。雍正的態度也開始表現得溫和起來，在年羹堯的一份「檢討書」上，他批道：「看了你的這份奏摺，朕的心情好了很多。過而能改，則無過矣，但朕怕就怕你不能真正心悅誠服，所以你還要多努力！」

確實，要是年羹堯真的能夠洗心革面，雍正未必不想給他留一條後路，畢竟年羹堯有功勞在身，君臣關係還曾那麼融洽，這些都被世人看在眼裡，現在如果將年羹堯處罰得過重，說得難聽點，就等於在打他皇帝的臉。雍正的這種心理狀態，在他給雲貴總督高其倬的硃批上顯露無遺：「朕愛其（指年羹堯）才，尚用其力，自有保全他之道，他近日亦深知愧悔矣。」在雍正寫下這道硃批的當天，理藩院侍郎鄂賴便奉命向年羹堯口傳諭旨，用雍正所謂的「改過自全之道」來訓誡年羹堯。

雍正雖有心保下年羹堯，但隨著秘密調查的不斷深入，有關年羹堯的劣跡報告越來越多，多到了出乎意料的程度，而且其中的不少內容都觸目驚心，遠遠超出了雍正最初以為的只是擅權作威。

蒼蠅不叮無縫的蛋

有一年下大雪，年羹堯坐轎出門，隨行兩旁護衛的軍校按照平時的規矩，都用手扶著轎轅，時間長了，手背上都積了寸許厚的雪。年羹堯可憐他們，就在轎中下令道：「去手。」他的意思是告訴軍校們不用再扶著轎轅，誰知眾軍校誤會了，還以為是要讓他們自斷其腕，於是便集體抽出腰刀，不假思索地砍掉了自己的手！年羹堯發現不對時已經來不及制止，眼見得雪地都被鮮血浸染，場面慘不忍睹。倘若是其他人的部下，就算真的聽到荒誕的命令，恐怕也一定會質疑、抗命，或至少是猶豫，但這些軍校竟然已形成了一種無條件服從的本能，可想而知年羹堯平時對待部下有多麼嚴酷，其積威之勢又有多麼可怕。那些被雍正派去年羹堯身邊進行監視的侍衛，之所以發展到最後只惟年羹堯一人是從，甚至充當他的下人廝役，也就不難理解了。

就年羹堯應有的地位和權勢而言，無法與清初統兵的諸王相比，更不能望允之項背，只能和康熙前期同樣任大將軍的圖海對照。圖海與督撫的往來文書在格式上都用咨文，以示平等相待，可是年羹堯用的卻是令諭。

年羹堯把同僚當下屬，又把皇帝當成了他的同僚。聖旨到來，一般情況下，大臣必須設香案跪聽宣讀，但年羹堯有時並不遵守。有人在內閣庫房中看到年羹堯給內閣的公文，封筒上書「右仰內閣」，字有三寸大小，且加硃，不知道的還以為是皇帝給內閣發來的指示。根據這些相關線索，雍正自己也回憶起，年羹堯曾選編一本唐人文稿，進呈後，雍正原想寫一篇序言，尚未擬就，年羹堯竟然搶在他前面把序言草擬出來，不但硬要皇帝認可，還逕自進呈了一百部。那時君臣尚處於蜜月期，雍正沒有介意，如今想來，年羹堯的這種做法也完全越出了君臣關係的正常限度。

實際上，在年羹堯自己的西北轄區內，他真的是時時在尋找做皇帝的感覺，而根本不顧什麼忌諱。他給人東西喚作「賜」，吃飯稱為「用膳」，請客名曰「排宴」，平日裡要麼不出行，出行必要黃土填道，官員見之須一律跪拜，可以說，他進京時的那些跋扈的舉止完全都是平時做派的自然表露。

比之於不守臣道，年羹堯對密摺制度及用人制度的破壞，顯然更令雍正感到憤怒和不安。密摺制度是雍正登基後頗為得意的一個大手筆，他藉之建立了情報網，不料卻被年羹堯弄得幾近癱瘓，不得不進行重建。朝廷用人，雍正的確很注意傾聽年羹堯的意見，但這並不等於他允許對方從其手中搶奪用人權。

從各方面的舉報來看，年羹堯一貫以軍功保舉為幌子，濫用私人，並向吏部、兵部施壓，迫使兩部給予其特殊待遇，凡年羹堯的報功請封名單一律准行，他的親信李維鈞、王景灝、胡期恆等人都因此得以飛黃騰達。清制限定奴僕不能做官，可是年羹堯置若罔聞，照舊以軍功保舉家奴和僕人，結果一個先後升任西安知府、直隸道員，一個出任了署理副將。

雍正當初對岳周案的預感證明是對的。所謂蒼蠅不叮無縫的蛋，年羹堯手中既握有了部分用人權，便拿這個做起了無本生意，「鮮廉寡恥行賄鑽營之徒相奔走於其門」，岳周只是聞著味道跑來鑽營的小丑之一，而年羹堯揭發岳周，只不過是欲蓋彌彰，用來掩蓋其受賄實質的伎倆而已。

年羹堯受賄還有個小竅門，就是先找理由參奏某官員，逼得人家向他打點，甚而成為他的人馬。江蘇按察使葛繼孔被年羹堯參奏，眼看官位難保，便兩次向年羹堯送去銅器、瓷器、玉器、字畫等物，年羹堯笑納後答應「留心照看」。直隸巡撫趙之桓在康熙朝時與年羹堯有隙，雍正即位後，年羹堯多次密奏雍正：「趙之桓斷不可令為巡撫。」雍正就罷了趙之桓的官。無奈之下，趙之桓只好向年羹堯贈送了價值十萬兩銀子的珠寶，年羹堯於是在他第二次進京時，又將趙之桓帶到北京予以力保，只是此時雍正已經對年羹堯起了疑心，才以「年羹堯前後語言顛倒，殊不可解」，未答應他的要求。

年羹堯受賄金額不小，有人估計其「贓私巨萬」，僅此一項就讓雍正無法對之姑息。另一邊，年羹堯雖然不斷遞交「檢討書」，但實際並無悔過之念，在受賄等案情逐漸暴露後，他先用言辭搪塞，繼而則儘量隱藏財物，除駐紮地西安，為了寄匿於各省，數月間他調用了騾馱兩千餘載，騾轎兩百餘乘，大車數百輛。殊不知，這些舉動全都在雍正的監控範圍之內，沒有一絲一毫能逃脫其視線和掌握。

借題發揮

在年羹堯權傾一時、炙手可熱的那幾年裡，除了皇帝，任何一個權臣都不在他的話下，即便是怡親王允祥亦不例外。

允祥何許人也？他是雍正的至厚弟兄，與雍正關係最為密切，同時還是總理事務王大臣中的核心骨幹。他擁有幾個其他任何諸王大臣都無法得到的特權：王公大臣之中，惟他能夠經常「口含天憲」，代皇帝傳旨和發令；可以代表皇帝聯絡封疆大吏，一些沒有資格直接上奏摺的地方官，可經雍正允許，透過允祥轉奏；雍正不許官僚結黨和投靠諸王，卻特許眾臣靠攏允祥，大臣們與別人聯絡，或許有結黨之嫌，惟與允祥交往，完全不用以此擔心，因為這是雍正特許的。

允祥為人謙恭謹慎，他曾主動向年羹堯示好，未料年羹堯卻不屑一顧。雍正知道後，特意在上諭中提醒他：「怡親王甚怪你自春不寄一音……有便當時常問候，亦當看閒寄手札才是。」

實際上，年羹堯是忌妒允祥，他對親信李維鈞說：「怡親王宅第外觀宏廣，內裡卻草率不堪，矯情偽意，其志可見！」

允祥可不像他說的那樣「矯情偽意」，人家踏踏實實、勤勤懇懇，任何時候都是雍正一方的中流砥柱，在這次對年羹堯的圍剿戰中，他也同樣成了皇兄最重要的依靠力量。

為進一步拆散李維鈞與年羹堯的關係，雍正讓李維鈞與允祥聯繫，並交代說，如果有什麼不方便直接和他本人講的話，可以跟允祥講，「怡親王必能照顧你，而且方方面面都會為你考慮周全」。

河道總督齊蘇勒也得到了近乎相同的指令。雍正在硃批中對他說：「知道你同怡親王沒有往來，現在朕命令你同他結交，因這是朕的主意，不用害怕，朕保證對你有益無損。」

在向官員一個個打招呼、要求他們同允祥接近的過程中，雍正做好了向年羹堯公開進攻的思想輿論準備，現在他只等一個契機，或者說一個最合適的理由和藉口了。

一七二五年三月十五日，農曆是二月初二，民諺有云「二月二，龍抬頭，大倉滿，小倉流」，預示著春季到來，萬物復蘇。此前欽天監已經測算出，當天將發生日月合璧和五星聯珠的自然現象。

日月合璧是說早晨太陽升起的時候，會與正在落下的明月重疊會合，五星聯珠則是金木水火土五顆星同時出現於夜空中的某一方，這兩種現象數百年才會出現一次，歷來被古人視為祥瑞。雍正素重祥瑞，尤其愛把自然現象與朝中政治連繫起來，用以說明他的政治清明，聞報自然驚喜不已，當即命令史官加以記錄，並宣告臣民知曉，屆時舉朝慶賀。

三月十五日當天，日月合璧、五星聯珠果然齊齊出現。有關官員急報呈報，並把它歸之於雍正敬天法祖的結果。雍正毫不推讓地接受下來，他發表談話說日月五星運行於天，原本就有規則，是可以測算出來的，但是在什麼時候遇到，卻是幸運的，這個時候必定是「海宇升平，民安稱阜」。

前有奇罕祥瑞，後有皇帝表態，內外臣工誰也不敢怠慢，都爭著上表致賀，年羹堯也上了賀表，頌揚雍正「朝乾夕惕」。「朝乾夕惕」一詞典出於《易經》，字面意思是白天勤奮努力，晚上埋頭苦幹，雍正從政後日日勤慎，勵精圖治，平時也常以此詞自勉或者說自詡，年羹堯拍這個馬屁沒錯，但他錯就錯在把「朝乾夕惕」顛倒語序，錯寫成了「夕惕朝乾」。

按說顛倒語序在當時也是常有的事，有人為了平仄押韻的需要，還會有意將詞序做些調整，問題是這時候雍正對年羹堯的看法已經完全變了，年羹堯的任何異常言行都可能引起他的疑惑，他一看到年羹堯的賀表就光了火。

正好雍正也要找年羹堯的碴，於是便借題發揮，大做文章，發上諭說年羹堯平時「非粗心辦事之人」，現在顯見得是把「朝乾夕惕」四字藏起來，不想許給我，既然如此，那麼「年羹堯青海之功，朕亦在許與不許之間而未定也」。知道年羹堯一定會竭力解釋此乃無心之過，雍正提前定論，說由這種誤寫可知「年羹堯自恃己功，顯露其不敬之意，其謬誤之處斷非無心」，責令其回奏。回奏，怎麼回奏？到了這個時候，年羹堯怎麼為自己申辯都沒用了，連認錯也已無濟於事。

「『朝乾夕惕』，《易經傳》注，皆以為人君之事」，只有君主才配得上「朝乾夕惕」，而我更是當之無愧，你年羹堯居然在這裡寫錯，是典型的不誠敬表現！

討伐年羹堯的戰幕由此被正式拉開。川陝官員遭到大幅調整，甘肅巡撫胡期恆被撤職，遺缺由岳鍾琪兼任，其他由年羹堯一手提拔起來的一些親信，除打招呼者，也都調職的調職，撤換的撤換。雍正這樣做，為的就是剪掉年羹堯的羽翼，免其在任內作亂，他對此態度堅決，說：「稂莠不除，嘉禾不長，年羹堯之逆黨私人，即一員亦不可姑容。」

接下來是讓各地被懷疑與年羹堯有瓜葛的官員表態，說說年羹堯到底是一個什麼樣的人。河南省河北鎮總兵紀成斌奏稱年羹堯「背國負恩」，雍正尚不滿意，硃批責備他對年羹堯留有餘地。紀成斌慌了，趕緊又把過去受年羹堯壓制的情形彙報了一遍，這才獲得雍正的諒解，但轉而又命令他報告另一名總兵與年羹堯的關係。

見圍堵之勢已成，雍正遂做出組織處理，命令年羹堯交出撫遠大將軍印信，調任杭州將軍。

第五章 中國的尼祿

年羹堯在川陝經營十餘載，威重不可一世。此前雍正近臣中就有人因皇帝屢次降旨嚴責年羹堯，害怕年羹堯狗急跳牆，稱兵抗拒，勸雍正不可過嚴，雍正未予採納，他說他在深入觀察和分析遠近形勢之後，已「深悉年羹堯之伎倆，而知其無能為也」。

年羹堯會叛嗎？就像當年的「三藩之首」吳三桂一樣，值此絕境，能叛他一定會叛的。雍正讓年羹堯把大將軍印信移交給岳鍾琪，年羹堯拖了三天才把印信交出，足見其內心之不甘和猶豫彷徨的精神狀態。據說其有幕客勸他起而反叛，年羹堯聽後默然良久，仍然拿不定主意，直到晚上夜觀天象，才浩然長歎道：「事不諧矣！」這就是說他已根據天象預測出，若是反叛的話絕不可能成功，還不如皇帝讓做什麼，就乖乖地去照做什麼。

其實就算不參照所謂天象，年羹堯也知道反叛只會加速自己的覆亡，一方面是時勢所致，體制局限，當年允禵以皇子兼「大將軍王」的身份都無可能割據西北，叫板中央，允禵做不到的事，他年羹堯也一樣做不到；另一方面雍正步步為營，佈置得當，已令他無絲毫還手之力，只能成為別人的案上肉、釜中魚，任其烹調了。雍正對此看得特別清楚透徹：「年羹堯之不叛，非不為也，實有所不能也。」

帝出三江口

以年羹堯此時被披露出的罪行，至少達到了被直接削職的地步，但雍正只將他調去杭州，既不是怕他造反，也不是要保留其官職，而是有著更為審慎的考慮。

在雍正看來，年羹堯平日張狂，就算他真的效仿吳三桂起兵造反，也沒有多少人會隨從，他本人也一定看得到這一點，所以絕不敢輕舉妄動。不過年羹堯畢竟在西北樹大根深，若是繼續把他放在原勢力範圍內，就怕生出其他枝節，暫時調離，以便繼續觀察和採取下一步行動，是最好不過的一個選擇。

當年清軍入關時，江南官民予以強烈抵抗，這一帶也因而遭到了清軍的血腥屠殺，「揚州十日」、「嘉定三屠」令人髮指，之後便傳出民諺云「帝出三江口，嘉湖作戰場」。三江口指浙江的曹娥江、錢清江、錢塘江的匯合口，嘉湖指的是杭嘉湖平原，它的意思是說若是有人要反清復明，就會在三江口這個地方稱帝，杭嘉湖平原將會首先成為戰場。

到了雍正年間，諺語已流傳三十餘年，給清宮皇室製造了極大的心理陰影。康熙在世時，屢下江南，為的就是安撫和籠絡江南士大夫，雍正繼位後雖將其斥為「誕幻荒唐」，實際也非常注意江南方面的動靜，其間年羹堯還曾跟著皇帝的思路，就浙江天象觀察的情況發表過議論。

把年羹堯調到杭州，雍正告訴他是為了檢驗一下這句諺語：「你年羹堯若真的想當皇帝造反，這就是天數，朕也挽回不了。若你自己不想造反，是別人要造反，你手上有朕的數千兵，想來不會容許，同時也有這個能力予以鎮壓。」

既然雍正早就認定年羹堯無法造反，此舉似乎更多是類似於「避邪鎮宅」的作用，即以年羹堯來破掉「帝出三江口」的說法，同時也表明這時的雍正還不想置其於死地。

年羹堯雖然交出了大將軍之權，但尚滯留於西安。年羹堯越是這樣，雍正越不滿意，「實實心寒之極」，並且氣憤地對年羹堯說：「看此光景，你並不知感悔。上蒼在上，朕若負你，天誅地滅，你若負朕，不知上蒼如何發落你也。」

事到如今，已不是年羹堯想不走就能不走了。在他調任杭州的詔書發佈後，內外官員都進一步看清了形勢，紛紛上奏揭發其劣跡，而且第一批揭發者恰恰是雍正打過招呼的那些他曾經的親信及屬下，如直隸總督李維鈞等人，接下來才是內外臣工的交章彈劾。

隨著揭發奏摺越來越多，年羹堯的罪跡已是「逾溪壑之深」，數都數不過來了。雍正痛心不已，畢竟年羹堯淪落至此，他也難免有過於放縱之責，譬如令其隨意花費錢糧，命代擬上諭，硃批又過於親暱，等等。此後雍正在多個場合都承認識人不準，用人不當，甚至流著眼淚說：「朕實愧而下泣。」

鑒於年羹堯遲遲不行，雍正除將他的罪行公佈於眾，鼓勵眾人更廣泛地進行揭發，還將相關揭發奏摺都一一發示年羹堯，告訴他：你已經眾叛親離，不要再心存幻想，必須「速作交代，速赴杭州任所」。一七二五年八月初，雍正再出重拳。年羹堯之子年富、年興、年逾被削籍奪官，交其祖父年遐齡嚴加管束；一批年羹堯的親信及道府官員被以年黨、夤緣年羹堯的罪名，或革職，或削籍，或籍沒家產，或罰修河；胡期恆等部分官員及年羹堯的家人等遭到逮捕。

年羹堯實在無法拖延，只得從西安出發，然而當途中行至江蘇儀征時，仍逗留不前，冀望雍正能夠改變主意，直到希望落空才快快重新啟程赴浙。

年羹堯一方面沮喪萬分，惶惶若喪家之犬，可是另一方面依舊顢頇缺乏頭腦。如果他略知韜晦之道，奉降職上諭後，就該一刻都不耽擱，輕車簡從赴杭州將軍之任，且從此謹慎自持，這樣或能保全殘生。偏偏他只是對失去皇帝的寵幸和大權感到失落，進出還是和過去一樣大模大樣，據負責監視的署浙江巡撫、按察使甘國奎報告，年羹堯到任後「仍似大將軍氣象」，其所坐之船先到者已有三十餘艘，聽說求到者還有四十餘艘，年之家人到杭者已不下千人，衙門裡住滿了，後來者尚未知其數，要另建房屋百餘間才能容納。清代筆記中也記載，年羹堯在杭期間，常坐在杭州城的湧金門旁發呆，挑柴賣菜的進城農民懾於其威勢，都不敢從湧金門經過，說：「年大將軍在也。」連筆記作者都驚歎道：「（年羹堯）其餘威尚如此，實近日勳臣所未有。」

這些報告和傳聞或許有些誇大其辭，但基本事實應該不會有太大出入，至此，雍正再不可能包容年羹堯，他在給臣下的硃批中說：「大凡才不可恃，年羹堯乃一榜樣，終罹殺身之禍。」

虎入年宅

在年羹堯被貶杭州後，官員們彈劾和揭發的摺子有增無減，原任直隸巡撫控告年羹堯侵吞四十萬兩銀子，雍正命年羹堯明白回奏。事實俱在，年羹堯想賴都賴不掉，只能在回奏中求饒：「臣今日一萬分知道自己的罪了……求主子饒了臣，臣年紀不老，留下這一個犬馬，慢慢地給主子效力。」

年羹堯自己也很清楚，「若是主子必欲執法，臣的罪過不論哪一件皆可問死罪而有餘」。隨後在內閣等部門聯合對他發起的彈劾中，果然是要求明正典刑，以正國法，但這時雍正仍覺得時機不成熟，因為年羹堯是他一手樹立起來的功臣，他擔心處決會引來外界「鳥盡弓藏」的議論和批評。

既然廷議所造成的輿論尚嫌分量不足，雍正便降旨給各省將軍、督撫、提鎮，就如何處置年羹堯諮詢意見和尋求支持。在此期間，他以俯從群臣所請為名，對年羹堯採取了一連串列動，先是將其爵位由一等公連降兩等為三等公，繼而再降閒散章京，直至革去所有職銜，下令逮捕後押解至京。

在清及以前的朝代，經常有老虎在北京周圍出沒的記載。一七二五年十一月七日，下午三點至五點，有一隻老虎突然從北京城朝陽門外的土城牆處跳入了城內，官民鼓噪捉拿，老虎一路狂奔，當行至宣武門下西米巷時，便一頭鑽進了一戶人家。大家一看，竟是年羹堯的父親年遐齡家，於是尾隨進去，在年家後花園裡捉住了這只發了瘋一樣的老虎。

京城出現老虎是大事，很快就有人上報給雍正。雍正聽後，對身邊大臣說，年羹堯出生的時候，民間就傳言有一隻白虎到過他家，京城人煙稠密，環衛森嚴，大白天竟有老虎闖入，而且沒人知道它是從哪裡來的，後又鑽入年家，絕非偶然，看來是上天也要我誅殺年羹堯了。隨之降諭：「朕將年羹堯解京，本將仍加寬宥，今伊家忽然出虎，真乃天意當誅。」

瞧雍正的樣子，似乎依其本意，不但不想殺年羹堯，還要放了他，只是天意如此，不能逆天而為，但這其實不過是掩天下耳目的欺人之談，為的還是怕承擔誅殺功臣的惡名，想讓所謂「天意」給他背鍋。

一七二六年一月十三日，地方各軍政大員的回奏陸續到齊，都稱年羹堯「欺罔貪殘，大逆不道」，請求立正典刑。據此，議政王大臣、刑部等部門經會審題簽，列出了年羹堯的九十二款大罪，其中的第一大罪就是「與靜一道人、鄒魯等謀為不軌」。

鄒魯是個星相家，他的供詞前後矛盾，一會兒說年羹堯要封王，一會兒說他能做皇帝。刑部在審訊時對此進行質問，鄒魯解釋稱，他給年羹堯占過卜，結果是年羹堯將位至王爵，至於做皇帝，是年羹堯自己說的，「（年羹堯）把讖語與靜一道人的說話講過，即問小的：『我數如何？』小的對他說：『果然要做皇帝。』」……

據鄒魯供稱，年羹堯不相信他只能做到王爵，自信其五六年後又是一番光景，例證之一是住宅上的白氣就是王氣。

可是雍正對這些供詞卻看得很一般，說：「鄒魯乃無知小人，他與年羹堯相與謀逆雖是事實，但事蹟尚不明顯。」顯然，雍正依舊不認為年羹堯有能力或膽量謀叛，不軌之罪對他而言，和虎入年宅一樣，只是用於處決年羹堯的一個藉口。

除了「不軌」以及其他勉強充數的罪名，九十二款中也有貪贓不法等相當一部分查有實據的罪狀，雍正說其中夠得上判處極刑及立斬的就有三十幾款，如果在這種情況下他還枉法寬宥，勢必無法彰顯國家憲典的地位，亦無法令天下人心服。

總之，死刑是不可避免了，但死刑還分種種，雍正給年羹堯選了他看起來最好的一種，即自裁。自裁令下，年羹堯遲遲不肯執行，仍在幻想雍正再頒一道諭旨赦免他，監刑官是年羹堯的冤家對頭、現任兵部尚書兼都察院左都御史蔡珽，於公於私，蔡珽自然都不肯讓他好過，在旁邊一個勁兒地嚴加催促。

年羹堯遲遲等不到赦免諭旨，終於在絕望中自殺了。其實在他死前，雍正倒是頒佈了一道給他的諭旨，只不過不是赦免，而是教他要死而無怨：「爾自盡後，稍有含冤之意，則佛書所謂永墮地獄者，雖萬劫亦不能消汝罪孽也。」

敗家之尤

當初年羹堯被授撫遠大將軍，雍正賜第於宣武門內右隅，宅第上掛匾額「邦家之光」，及至年羹堯因功而驕，氣焰熏天之際，有識之士在經過年宅時，曾嘲笑道：「可改書『敗家之尤』。」一個「邦家之光」，一個「敗家之尤」，字形相似，而意思差之千里，如今年羹堯獲罪，真的連累整個家族，應了「敗家之尤」的譏刺。在對年案的處理中，年羹堯的妻子因係宗室之女，被發還母家，其子年富被判斬立決，其餘十五歲以上之子發遣廣西、雲南、貴州等邊遠煙瘴之地充軍，嫡親子孫將來長至十五歲者，也必須按次第照例發遣，永不赦回，亦不許為官。

年羹堯的父兄、族中現任或候補文武官員，全部革職。年羹堯的父親年遐齡、兄長年希堯亦在其中，年遐齡時年已經八十多歲，本來按律還要受牽連受到更重處罰，九卿都已畫諾，唯獨文華殿大學士兼吏部尚書朱軾沒有在判決書署名。雍正責問他為什麼不簽字通過，朱軾回奏說：「以子刑父，與法律精神不符。臣查抄年氏家書，遐齡訓羹堯還是比較嚴厲的，羹堯正是因為不肯聽從他父親的話才犯了罪，所以此案罪在子而不在父。」

雍正聽後覺得朱軾說得很對，便赦免了年遐齡。年遐齡實際也是雍正的岳丈，他的女兒即年羹堯的妹妹年氏早在雍邸時就被封側妃，一直很受雍正喜愛，且連生三子，有專房之寵。就在年羹堯被賜死的前一個月，年氏病亡，病危時雍正加封她為皇貴妃，對其大加褒獎，說明年氏基本未受年案波及，甚至年遐齡被赦免也可能是沾了她的光，當然由於年案過於重大和矚目，她對自己娘家所能起到的這點保護作用也是極為有限的。

年羹堯案是雍正年間的超級大案，除了主案，它還有兩個附案，這就是汪景祺案和錢名世案。

清代武官一般粗鄙少文，地位稍高的將帥通常都要禮聘一些文人作為幕客，年羹堯出身進士，文武全才，但也有延請文人入幕，或為其出謀劃策，或代寫文案，或裝點門面的需要，至其坐鎮西安的極盛時期，更是廣求天下才士，厚養於幕中。

幕客蔣衡頗有才能，很受年羹堯喜愛，曾對他說：「下科狀元當屬君也。」年羹堯說這話倒也不完全是吹牛，在他得意時，皇帝對他言聽計從，考官們也都不敢予以得罪，如果蔣衡應試的話，真的有可能在考場上占到一些便宜。可是蔣衡聽了心裡卻很不是滋味，他預感到年羹堯的狂妄自大和驕奢已極會引來重大危險，便對一個同僚說：「年公（指年羹堯）的福報不足以讓其盡享榮華，大禍將至，我們不可久居於此。」

同僚不以為然，認為蔣衡是在危言聳聽：別人擠都擠不進年公門檻，我們為什麼要自動離開，不是傻了嗎？

蔣衡無奈，只好獨自稱病向年羹堯辭行。年羹堯見挽留不住，便以千兩白銀相贈，蔣衡堅辭不受，待年羹堯將贈銀減至一半，才接受下來。蔣衡回家不久，年羹堯果然落馬，他則得以平安無事。

本來蔣衡還可能因接受年羹堯贈銀而被追究甚至株連，但因為年羹堯生活奢侈，送人錢財不超過五百兩銀子以上的，一律都不予登記，所以官府查抄時未找到相應書面記錄，自然不會涉及蔣衡。事實上，蔣衡當初就想到了這一點，他之所以肯接受年羹堯的五百兩銀子，正是知道將來不會因此受到牽連。

除了蔣衡，年府在任幕客無一不遭殃，都受到了或輕或重的處罰，其中最慘的便是汪景祺案的主角汪景祺。汪景祺入幕前的身份和蔣衡相似，都是舉人，他自云「少年豪邁不羈」，不過後來仕途蹭蹬，一直都不怎麼發達，這才開始知道「降心從人，折節下士」。

汪景祺在五十多歲的時候由京城往陝西投奔胡期恆，因而得以與年羹堯接近。為了求得年羹堯的賞識，他主動寫信給年羹堯，信中極盡吹捧之能事，稱年羹堯是「宇宙之第一偉人」，說歷代名將即便郭子儀之輩，在年羹堯面前也不過是螢火蟲之於日月，一瓢水之於江海。年羹堯看後覺得很受用，於是便延請汪景祺做了幕客。

汪景祺隨年羹堯西征青海，之後寫了本書，名為「西征隨筆」，裡面除收錄西征期間真真假假的見聞，主要發表了他自己的一些見解。作為一個失意文人，汪景祺對世事和皇帝很不滿，他寫文譏諷康熙「皇帝揮毫不值錢」，又非議了康熙的謚號。相應地，他對幕主年羹堯自然是感恩戴德，書裡有一篇文章，名為「功臣不可為」，乃在年羹堯青海功成之際寫成，主要內容是譴責殺功臣的君主，為功臣鳴不平。

年羹堯獲罪後，辦案人員在他的西安任所內抄出了《西征隨筆》，就是這本書引起了雍正的注意。雍正處置年羹堯，別的不怕，就怕有人說他殺戮功臣，看了汪景祺的文章自然很是惱火。更為嚴重的是，汪景祺還寫了一篇《歷代年號論》，說前代帝王年號，凡帶「正」字的，不是亡國之君，就是暴虐無道的君主，所以用「正」字做年號，「皆非吉兆」，「『正』字有一止之象」。

雍正的年號中就帶「正」字，雍正認為汪景祺這是在暗中攻擊他，是說他也逃不脫「一止之象」的噩運，因而是「大逆不道之語」，遂將汪景祺投入監獄，在年羹堯死後即以誹謗康熙為由，依大不敬律予以處斬並懸首示眾。

在朝廷給年羹堯羅織的九十二款大罪中，大逆罪第三條便是對汪景祺的書知情不報。其實汪景祺作文時正值年羹堯當紅之際，周圍尚無任何危險跡象，汪景祺顯然是有意提醒年羹堯要居安思危，只可惜後者渾然不覺，換言之，他對汪景祺的文章並不重視，又怎麼可能向雍正報告呢？

以言定罪

汪景祺案只是揭開了雍正朝文字獄的一角。官府在對年羹堯抄沒時，除了發現《西征隨筆》，還找到兩首別人送給年羹堯的贈詩，一首詩有「分陝旌旗周召伯，從天鼓角漢將軍」之句，裡面提到的周召伯乃西周的召公，漢將軍是指漢代的衛青、霍去病，意思是把年羹堯比作這些過往的人傑，讚揚年羹堯在西北的重要地位及軍事上的神勇。另一首詩則寫道「鐘鼎名勒山河誓，番藏宜刊第二碑」，當年允禵調兵進藏，立下大功，康熙為其立下石碑紀念，詩句認為年羹堯平定青海，其功不下於允禵，也應該給他立一碑石。

這兩首贈詩的作者都是錢名世。錢名世係康熙朝的探花，其時任侍講學士，他和年羹堯是鄉試同年，年羹堯二次進京陛見雍正時，他以同年關係賦詩相贈，當時一共寫了八首詩，犯忌的兩首詩即出自其中。除了同年，也就是同一年考中舉人這一點，錢名世與年羹堯沒有其他任何特殊關係，所以這些詩句都不過是迎來送往中常見的應酬文字而已，就是吹得有點過，也是情理之中的事，再說誰又能預料到年羹堯要倒楣呢？雍正雖然讀後極為震怒，但他也知道光憑幾句應酬詩就判人重刑，實在說不過去，於是便想了個新招，叫作「以文詞為國法」。

所謂「以文詞為國法」，說得直白一點，也就是拿文詞作為刑法，以言定罪。雍正指責錢名世給年羹堯贈詩是無恥文人的鑽營行徑，違背聖賢遺教，不配做儒門中人，下令將錢名世革去銜職，逐回江蘇武進原籍，並交地方官嚴加管束。他親筆書寫「名教罪人」四字，讓地方官製作成匾額，懸掛於錢名世家的門前。每月農曆的初一和十五，錢名世家鄉的父母官常州知府、武進知縣，都要親往察看，如果發現匾額被取下來，便要向督撫報告，到時將會對錢名世予以治罪。

這還不算，雍正又令科甲出身的京官每人都作一首詩諷刺錢名世。皇帝有旨，誰敢不遵，總共有三百八十五位文臣寫詩文參與這次思想批判，雍正將這些詩文收上來，自己看了再發給錢名世看，然後再刊刻出來分發至直省各個學校。據見過刊刻本的人說，本子雕刻得十分精緻，用宣紙封面，上題「御製錢名世」，翻開來，裡面所謂「第一名詩」，實際也就是最被雍正叫好的一首，是詹事府詹事陳萬策寫的，詩云：「名世已同名世罪，亮工不異亮工奸。」

「名世」係指戴名世，乃康熙朝最大文字獄「南山案」的受害者，「亮工」指周亮工，順治朝時被福建總督所參，曾被關進刑部大獄。錢名世字亮工，名與戴名世同，字與周亮工同，詩的意思是這個錢名世與戴名世一樣都犯了叛逆罪，與周亮工一樣都是奸偽之人。

凡是文臣，都以文字為生，豈能不知錢名世的贈詩純係應酬之作，你硬讓他們說錢名世有什麼罪，他們也說不出個子丑寅卯，陳萬策同樣如此，於是只好在文字遊戲裡打轉轉，拿錢名世的名字來做文章，以求能夠過關。

有過得了關的，就有過不了關的，侍讀吳孝登寫的詩令雍正很不滿意，說他「用意措詞俱屬悖謬，情甚可惡」，一發火，竟然下令將其發遣寧古塔給披甲人為奴，比給予錢名世本人的處罰還重。此外還有被革職發回原籍，交地方官約束的，有下令重作，以觀後效的，不一而足。

在錢名世案中，雍正行為之乖張幾令人瞠目結舌，「真喜怒以為兒戲也」，但其實他讓百官寫詩文批判並加以賞罰，倒並不一定是由著性子、喜怒無常的表現，也不完全是在宣洩情緒。說到底，文字獄是政治鬥爭劇烈的一種反映和附屬品，他是要透過詩文中的意向來劃定政治標準，其中積極配合者顯見得跟皇帝站一個陣營，反之，譏諷不力者，敷衍應付者，便是與皇帝的意見有所差異，甚至有可能還同情錢名世乃至年羹堯，那他自然要殺雞給猴看，讓世人知道一點厲害。

佟選

雍正登基之初，隆科多的地位和所起的作用僅次於年羹堯，尤其如果沒有隆科多作為「顧命大臣」加以輔弼，雍正入主大統就不可能那麼順利。

對隆科多，雍正曾倍加寵遇，在諭令中口口聲聲稱隆科多為「舅舅」。隆科多的姐姐是康熙的孝懿仁皇后，就親屬關係而言，他與雍正固然份屬甥舅，但皇家與普通百姓不同，承不承認這種關係，還得皇上自己說了算，況且隆科多也只是雍正的嫡母舅，並非親舅舅，兩人之間沒有直接的血緣關係。雍正認可了隆科多舅舅的名分，也就等於把這一頭銜封給了隆科多，使他在爵銜、職銜之外，額外多了一個他人所不能有的榮譽名銜：官方文書中提到隆科多，必在他的名字前面冠上「公、舅舅」字樣；雍正本人講到隆科多，常說的是「舅舅隆科多」，以致在他給年羹堯的硃諭中也常用「舅」來指代隆科多。

除正式的職銜，隆科多還擁有兩項特許權力。一是傳諭，也就是宣佈雍正的口諭，具有這種資格的大臣寥寥無幾，包括隆科多在內，僅允祥、張廷玉等數人，年羹堯也只有在朝見時才充當此任。二是轉傳奏摺，有些中下級官員雖無直接上奏的權力，但雍正特許他們可以上奏，鑒於他們的摺子不能直接送交內廷，便由皇帝指定的親重大臣轉呈。此類親重大臣連張廷玉、年羹堯都不包括在內，其實一共就兩人，一個是允祥，另一個就是隆科多。

隆科多與年羹堯當年雖同為雍正黨人，但雍正黨與其他皇子黨不一樣，雍正以下，幾乎所有成員都互不相知，套用現代情報機構的術語，他們與雍正之間是「單線聯繫」，雍正對他們也都是「單線領導」。換句話說，在雍正還未登基之前，年、隆二人都不知道對方是「自己人」，有意思的是，那時的他們儘管也存在著一些摩擦，但還不算嚴重，反而在雍正即位後，出於爭權、爭寵、互不服氣等複雜因素，兩人的矛盾卻變得越來越深。

雍正要年羹堯談談對隆科多的看法，年羹堯直接就把隆科多推到溝底，說對方是「極平常人」。雍正當然知道隆科多的能力，他馬上就明白了年、隆之間存在怎樣的矛盾和隔閡。

有了矛盾就需要設法化解。就在年羹堯第一次進京陛見前，年羹堯上摺請示，雍正在上面批道：「有些事，舅舅隆科多說必得你來商量。」接著又對隆科多做出了極高評價：「此人真聖祖皇帝忠臣，朕之功臣，國家良臣，真正當代第一超群拔類之稀有大臣也！」

你說隆科多庸碌平常，錯，在我心目中，他是忠臣、功臣、良臣、第一超群拔類大臣，而且更重要的是，人家對你也非常尊重，所以你應該和他好好共事才是。

沒有誰的話比皇帝的話更管用，年羹堯這邊消停了，可隆科多那邊仍存有心結。就在年羹堯赴青海平叛時，隆科多存心不想讓年羹堯成功，就暗中使絆子，勸雍正干涉年羹堯的軍事部署，幸虧允祥及時干預，向雍正提出建議：「軍旅之事，既已委任年羹堯，應確保其在外可以專權處置，這樣才能迅速奏功。」雍正正是聽從了允祥的進諫，才決定不對年羹堯的指揮進行任何掣肘，讓他放手在前線用兵佈陣，否則的話，青海即便能夠平叛，也勢必多出不少波折。

發現隆科多方面也需要疏通，雍正便自作主張，牽線搭橋，將年羹堯生了重病的長子年熙過繼給隆科多做兒子，以撮合兩人的關係。隆科多感恩不盡，向雍正表態今後一定和年羹堯團結共事：「我二人若少做兩個人看，就是負皇上矣。」

隆科多和年羹堯的關係倒是處好了，但他們也差不多走到一個軌道上去了。清初平西王吳三桂將所轄的雲貴兩省當成獨立王國，文武官員的選用皆由他一手定奪，時稱「西選」。年羹堯在西北擅用私人，川陝兩省官員的任免只是報吏部備個案，而根本不向皇帝奏請，稱為「年選」。隆科多身兼吏部尚書，在吏部專斷攬權，吏部司官對他都不敢仰視，官員任免意見皆由其一手裁決，而因為隆科多姓佟，所以凡經他銓選的官員，皆自稱為「佟選」。佟選與年選、西選並稱清代「三選」，佟選、年選更成為雍正朝一時奇觀。

吏部為六部之首，專司官員的考評和升黜任免，但其許可權只是提出建議，最終還是要由皇帝定奪，在通常情況下，吏部所任用的官員與吏部尚書之間也不可能構成「某選」的態勢。佟選的出現表明隆科多已越出邊界，與年羹堯一樣開始從皇帝手中搶奪用人權了，這豈是雍正能夠容忍和接受的。

白帝城

雍正懷疑隆科多尚早於年羹堯，在發表「為君難」談話時，他便不時地對隆科多點名，將其與年羹堯相提並論，但與最初對付允禩、允禩相似，他選擇了分而治之，逐一打擊的策略，即先全力整治年羹堯，事後再收拾隆科多。

隆科多比年羹堯的政治敏銳性要強得多，發現雍正態度開始發生變化，便以退為進，主動提出要辭去步軍統領的兼職，此舉立即得到雍正的允准，雍正把步軍統領一職移交給了與隆科多關係一般的其他官員。

步軍統領雖然級別不是特別高，但對於隆科多而言卻非常重要，失去此職，意味著他在雍正班底中的地位和分量急劇下降。隆科多對此既害怕又有所不甘，於是便在私下發牢騷說：「白帝城受命之日，即是死期已到之時。」

三國時劉備進入東吳遭遇慘敗，在白帝城病危，臨終前將兒子劉禪託付給諸葛亮。這裡隆科多以諸葛亮自比，說我是康熙「末命」的傳詔人，是相父級的託孤重臣，為了實踐先皇遺願竭盡所能，終於把新君扶上了位，可誰能想到受託之日，就是鳥盡弓藏、兔死狗烹的開始呢！

雍正的情報網遍佈各處，尤其在這樣的敏感時刻，隆科多的一言一行更不可能逃過他的耳目，隆科多對此心知肚明，他之所以有意觸犯龍鬚，不過意在挾制，以逼迫雍正讓步。

雍正會讓步嗎？絕對不會。作為一個極為自負、自尊心極強的君主，在被隆科多有意無意地比喻為「阿斗」劉禪的情況下，反而只會進一步加劇他攻擊的欲望。不久，因為隆科多有替被坐罪的年羹堯說好話的嫌疑，雍正抓住不放，給他扣了一頂「循私」的帽子，削去太保及一等輕車都尉之職，將其從自己的核心班子中正式踢了出去。

年羹堯案尚未了結，在這種情況下，雍正既定的策略和步驟不變，但出於防止隆科多影響政事和干擾對年案審查的考慮，他暫時將隆科多發遣至邊地，同時指示發遣地的地方官員，說隆科多和年羹堯一樣，都是貪詐負恩、植黨攬權的奸臣，所以你們不要再把隆科多當作尊貴的公爵或上司，「相見時不須絲毫致敬盡禮」。

從一七二六年起，隆科多奉命率代表團與俄國使臣進行疆界談判。應該說，他在談判中維護國家利益的態度非常堅決，足以表明對朝廷和皇帝的一片忠心，然而這些並沒有能夠使他重新獲得雍正的諒解和信任，最終也未能挽救自己的命運。

年羹堯案已經審結，該輪到他了。在調查隆科多的過程中，對他最為不利的一件事，是「私藏玉牒案」。玉牒也就是皇家宗譜，按照規定，除宗人府衙門，外人不得私自閱覽，即便有公事需要借閱，也必須具奏前往，「敬捧閱看」。可是隆科多不知出於什麼目的，私自從做過宗人府宗正的輔國公阿布蘭手裡索取了玉牒底本，而且一直收藏在家。

此事一出，雍正認為可以定案了，諸大臣則以邊界談判尚在進行中，紛紛奏請等談判結束再對隆科多進行審判處理，但雍正迫不及待，說邊界談判的事務簡單，不必非要隆科多參加，仍下令將隆科多逮捕回京。

外交談判和打仗一樣，關鍵時刻易將乃是大忌，隆科多被抓回京城後，代表團內人心浮動，其他代表都不能像隆科多在時那樣在國家利益上據理力爭，以至於在談判中對俄國做了許多讓步。談判結束後，俄方也認為自己占了很大便宜，原因之一就是「隆科多的被召回」。

從皇子時代起，軍事和外交就不是雍正的強項，有此失誤也不難理解，它同時說明雍正早年容易急躁和喜怒不定的性格特徵儘管得到了很大的克服，但在皇權獨攬、缺乏約束的大環境下，這些毛病仍然會時時暴露出來，乃至影響到正確的判斷和決策。

隆科多被押回京城後，諸王大臣議他四十一款大罪，其中大不敬罪的第一條就是私藏玉牒，其餘罪狀中自然也少不了以當代諸葛亮的語氣發過的那些牢騷。後者是隆科多在處於絕境情況下最後的反擊和挾制，雖然它並未能使雍正在整治中真正回心轉意，不過多少還是起到了一點作用——諸王大臣建議將隆科多斬立決，包括妻子在內的家人還要受到株連，但雍正沒有將隆科多處死，而是處以永遠禁錮，也基本未株連其家人。

雍正對隆科多留有餘地，給出的理由是隆科多乃康熙「末命」的傳佈人，顧及康熙的聲名，不忍對之施刑。實際上，這和他處理年羹堯案時的顧忌一樣，繞那麼大一個圈子，費那麼多手腳，不過還是要避免別人說他用人時朝前，不用人時朝後，一坐穩皇帝寶座就誅殺功臣。

恐怖故事

因為年隆兩案突然插入，雍正一度放慢了打擊允禩黨人的步伐，雖然也做過一些處分，比如允禟就被他以「不知收斂，猶以九王爺自居」為由革去了貝子，但總的說來，還是動嘴皮子的時候多，動手的時候少。

受到指責和恫嚇最多的是允禩。按照雍正的說法，允禩自受命任總理事務大臣以來，「所辦之事，皆要結人心，欲以惡名加之朕躬」。例證之一是雍正讓他兼管工部，凡錢糧出現虧空，本應嚴行追究，允禩卻來個寬免，在雍正看來，這分明是在收買人心。還有，雍正降諭讓工部為前線打造軍械，驗收時卻發現，刀刃無鋼，盔有裂縫，甲的原料是從市場上買來的粗鐵。見武器不合格，雍正質問允禩，允禩承認是他的責任，也情願賠補，但雍正認為這不是光認錯和賠補的事，已經關乎到了態度問題，「廉親王允禩若肯實心任事，部務皆所優為，論其才具操守，諸大臣無出其右者」。

你允禩如果真心要把事情辦好，別說工部，六部沒有哪個部的部務能難得倒你，朝中這麼多大臣，論才能規範也沒人及得上你。可現在為什麼一個工部都被你管得亂七八糟？無他，就是居心不良，根本沒想把事情做好！

雍正說允禩不但在才能方面蓋過諸大臣，其心術之險詐，也在諸大臣之上，關於這一點，父親康熙和他早就瞭解，但他念在大家兄弟一場，仍希望允禩能夠悔改，無奈允禩全不知感恩悔過，專事沽名釣譽和企圖敗壞政事，「實為國法所不宥」。為此他發出上諭：「自親王以下閒散人以上，若有歸附允禩結為朋黨者，即為叛國之人，必加以重罪，決不姑貸，亦斷不姑容也！」

雍正的指責當然並非沒有來由，然而允禩的抵制或者說消極抵抗也有著非常正當的理由：你天天痛罵我，打擊我，給我穿小鞋，還要我俯首貼耳，讓做什麼就什麼，可能嗎？

雙方情勢，早已如水火，如敵國，根本無法調和，非得決出勝負生死不可了。進入一七二六年，年羹堯已死，隆科多也被調出了京城，年隆兩大勢力基本遭到清除，雍正得以騰出手來，開始大力整飭和清算允禩黨人，並重點對允禩、允禟進行清算。

野史中記載，有人深夜造訪允禟，口稱「老爺子問爺晚安」（「老爺子」是皇宮裡的人私下對皇帝的稱呼），逼著允禟服下一包藥粉，第二天，侍奉允禟的太監發現大門朝裡鎖著，推窗一看，室中空無一人，只有地上遺留著一攤殷紅色的血水。

類似的恐怖故事發生在一個老書生身上。據說這位老書生被人帶進宮遊玩，竟在偶然中偷看到了雍正親自處決允禩的經過。當時允禩已面無人色，但仍痛斥雍正說：「你也不顧念我們兄弟一場的情分？想當年曹丕害曹植也沒有置之死地啊！你是怕對你謀奪大位的事，咱們兄弟不服氣，你要全殺了滅口嗎？哼，也不想想眾人之口，史官之筆卻也誣枉不了天理的。」

雍正聞言大怒，立即掏出一個色白如雪的小瓶子，逼允禩當場吞服瓶子裡的東西。接著允禩被扔進一隻大甕，直至變成一攤紫黑色的水……

在野史記載中，允禩、允禟就這樣無聲無息地永遠消失了，雖然這些故事大部分並非事實，但其中無疑又都有著現實的影子。比如雍正在兩則故事中都用了藥粉，有人猜測可能是一種叫「血滴子」的毒藥。據正史所錄，雍正即位後曾下密諭給時任廣西巡撫的李紱，讓他在廣西秘密尋找一種毒樹汁，從諭旨中的描述來看，雍正對此種毒藥的性能和用途已有相當認識，這至少說明他平時對此就非常留意。

雍正真的是用「血滴子」除掉允禩、允禟的嗎？或者說，他是不是有「殺弟」的命令和計畫？專家遍查皇宮檔案，找不到任何一點蛛絲馬跡。與此相關聯，末代皇帝溥儀的弟弟溥傑講述過一件往事，他和哥哥溥儀少年時於養心殿玩耍，無意中在東廂房佛龕裡發現了一個紙包，紙包上有乾隆御筆「如後世有開看者，便不是我的子孫」，打開一看，竟是雍正殺害其弟的密詔。

為什麼乾隆要把這份密詔保留下來還要加以密封？溥傑的理解是他「大概是出於想為其父『贖罪』和懺悔之意罷」。可是這一說法卻遭到了專家的質疑，因為乾隆上臺後就立即恢復了允禩、允禟的宗籍和原名，已足夠為父贖愆補過，況且如果雍正真有密詔的話，出於維護父親形象起見，做兒子的就算不銷毀，也沒必要放在隨時都可能被人發現的養心殿，還供在佛龕裡，難道生怕外人不知道？

透過對溥傑本人的訪問瞭解，再比對皇宮檔案，專家判斷，「殺弟」密詔不可能存在，溥傑的逸聞只是他將童年追憶和一些民間傳說進行混合的結果，等到年紀大了，可能他自己也認為是親身經歷的往事了。

權鬥場上無親情，允禩、允禟自爭儲時期起，一直是雍正的死敵，雍正對他們也都是必欲置之死地而後快，但他卻不能為求一時痛快，直接降旨處決或下令暗殺。那麼雍正怕什麼？悠悠之口！

「殺弟」和年隆案中雍正竭力想避開的誅殺功臣一樣，都是不受人待見的，「殺弟」因為違反人倫尤其見不得光。專家與溥傑面談，在把話題轉到雍正身上時，想聽聽這些後世皇族的意見。溥傑雙手捧拳舉到額頭，說：「對於列祖列宗，做子孫的只能說好話。」雖不便明言，其實意味已在其中。溥傑所處的年代，與雍正相隔兩個多世紀，且社會型態與人的價值觀都已發生翻天覆地的變化，後代內心的想法仍然如此，足見雍正「殺弟」有多麼不得人心。

你怎麼看

如果說在雍正即位初期，他對允禩等人不便動刑，還有皇位不穩等因素外，年隆案之後，其地位已經日漸鞏固，他主要顧慮的就是輿論，也就是野史中允禩所說「眾人之口，史官之筆卻也誣枉不了天理」。實際情況是，自雍正登基以來，他已經在皇宮內外招致了很多議論，說他「凌逼弟輩」，對允禩等人的懲治是「報復私怨」。一些臣下也因此勸他手下留情，有一次，雍正在說到允禩等人跟他對著幹時，表現得非常生氣，前朝老臣、署理大學士徐元夢就勸諫道：「諸王所犯的罪固然不少，但願皇上能念手足之情，饒其不死。」雍正聽後默然不語，不久就找其他事由批了徐元夢一通，以作為對大臣們的警告，然而也僅此而已，未再追加處罰。

徐元夢只是口頭進言，翰林院檢討孫嘉淦則選擇了公開上書，他在給皇帝的奏疏中請求雍正能做好三件事，即「親骨肉」、「停捐納」、「罷西兵」，「親骨肉」排在第一。雍正大怒，責問翰林院掌院學士為何容此狂生，隨後又問文華殿大學士朱軾：「對這件事，你怎麼看？」

在宮廷鬥爭正趨激烈的情況下，孫嘉淦竟然還敢做出請雍正「親骨肉」這樣的逆鱗違諱之舉，雍正自然會勃然大怒，但他要是真想處罰徐元夢，下個旨或者口諭就可以，完全用不著裝模作樣地去責問別人和質詢意見。說到底，他也知道人們心中的想法不是光用皇權就能壓制得住的，況且徐元夢、孫嘉淦與允禩黨並無任何瓜葛，反而是站在皇帝立場替他擔憂的，如若他不分青紅皂白就予以處罰，那麼以後誰還敢議及朝政？雍正一心將治理好國家作為己任，對政敵固然要窮追猛打，但自斷臂膀的事他是不會做的。

朱軾亦為前朝重臣，同時還是皇子弘曆等人的師傅，長侍皇帝身邊的經歷，使他非常熟悉瞭解皇帝的心理。見雍正動問，他立即答道：「（孫嘉淦）此人誠然狂妄，但所言戇直，老臣佩服他的膽量。」

雍正需要的就是朱軾給他搭梯子，以便有臺階可下，於是在沉思一會兒後就轉怒為喜，大笑道：「是啊，連朕也不能不佩服他的膽量了。」隨即傳旨讓孫嘉淦晉謁，除當場提拔他為國子監司業，還傳諭九卿說：「朕即位以來，孫嘉淦每次都直言極諫，朕不惟不發怒，還很高興，很贊許，你們要以他為榜樣。」

孫嘉淦冒死直諫，不但未獲處分，還被提拔表彰，但這只不過是雍正的帝王心術，為了收買人心，不得不如此罷了，實際上他並沒有真正接受孫嘉淦「親骨肉」的意見，對允禩、允禟等人的整治絲毫不受影響。當然在大臣直諫後，他也知道社會輿論的壓力有多大，在這種情況下，降旨殺人肯定是不行的，賜令對方自殺，亦只能被排除在選項之外。

一七二六年二月六日，雍正召見諸王大臣，發佈上諭，歷數允禩、允禟等人的所謂罪狀，下令收繳允禩、允禟的黃帶子（親王以下宗室顯示身份的金黃帶），削除宗籍，逐出宗室。

不知是否出於雍正的授意，正藍旗都統音德後來上奏，表示允禩、允禟既被削去宗籍，編入本旗，則須更改舊名，雍正遂命允禩、允禟自行改名。允禩改作「阿其那」，據考證，阿其那在滿語中意為「夾冰魚」，即夾在冰層中凍死的魚。這是允禩對自己處境的真實寫照，他早已成為權鬥場中的俎上之魚，再無任何反敗為勝的機會了。

允禟自取的名字沒有得到雍正的認可，被認為「所擬字樣，存心奸巧，殊屬不法」，雍正授權誠親王允祉、恆親王允祺等人另議，改為「塞思黑」。允祉、允祺等人在給允禟取名時當然都得揣摩皇帝的意圖，按照雍正對允禟素來不滿，厭煩透頂的態度，再結合滿語，「塞思黑」可譯為「討厭的人」。

一些允禩黨人，如貝勒蘇努等人也同樣受到了收繳黃帶子、撤出宗籍的處分，甚至允禩的福晉烏雅氏也在劫難逃，因為她參與政事，在丈夫晉升親王時，曾說過「不知道哪一天掉腦袋」之類的話，被雍正認定是在唆使允禩作惡，令革去福晉，休回母家，嚴行看守，不得與允禩往來。

被強迫休妻之後，允禩的貼身婢女懇求主人去雍正那裡「謝罪奏退」。允禩待人處事溫和，但他和烏雅氏一樣，其實性格中都有非常倔強剛強的一面。聽了婢女的話後，他氣憤地說：「我是個大丈夫，怎麼能因為妻室之故而求人呢？」婢女知道主人家的噩運已難扭轉，當晚就上吊自殺了，允禩亦悲痛欲絕，忍不住流淚歎息不止。

允禩自有他的反擊和抗議方式，當雍正派人向其宣佈他和允禟等人的罪名時，允禩突然口含小刀，指天發誓說：「我若與塞思黑（指允禟）再來往，一家俱死。」

一般人乍聽此話，似乎沒有什麼毛病，但實際上機鋒盡藏其中，因為所謂「一家」完全可以指整個愛新覺羅家族，當然也包括雍正在內，死全家，就是變相地在詛咒雍正。

雍正精通禪學，這種話裡有話的玄機一聽就懂，當下又氣又恨。他傳旨將允禩再降為民王，交所屬的正藍旗進行內部稽查，身邊所屬佐領人員予以全部解除，隨即又革除了他的王爵，交宗人府圈禁，圈禁處築起高牆，使其不能與外界接觸。作為連帶的懲罰措施，烏雅氏被賜令自殺，雍正猶不解恨，復令焚屍揚灰，連她的屍體都不肯留給允禩及其家人。

讓很多人感到驚異和不解的是，在遭遇家破人亡，自己也失去人身自由的境況下，允禩反而變得更加釋然。他對負責看守的太監說：「我向來每頓飯只吃一碗，從現在起，給我加到兩碗。」

不知內情的人可能難以理解，但雍正明白，因為允禩後面還有一句話：「我絕不留全屍，一定要等被殺了才停止呼吸。」這分明是在告訴他雍正：儘管我這一生已經沒有任何希望，也終將不免於被害，但我決不自殺，我要讓你來殺我，我頭可斷，但你這個做哥哥的也必將背上屠戮昆弟的惡名！

便宜行事

憑藉權術和皇權這兩大尖端武器，一路走來無往而不勝的雍正也有些無計可施了，因為他面臨著一道看來似乎無解的難題，即他要麼就此放過允禩等人，要麼就得「負屠殺兄弟之名，蒙天下後世之不韙」。

對於雍正這樣的職業政治家而言，如果政治上需要，放允禩一馬也不是不可能，但此時的政治形勢卻讓他感到自己並無後退的空間和餘地。

在允禩被圈禁前後，社會上時有同情允禩，反對雍正的聲音出現。有人廣布傳單，上書「八佛被囚，軍民怨新主」，八佛指的是允禩，允禩既能夠被「目之為佛者」，可見其當時在民間的影響力之大，而「八佛被囚」更是對雍正圈禁允禩的直接責難。傳單中還說，雍正即位以來，旱澇災荒不斷，眼看著災禍就要降臨，不信者將被瘟疫感染，吐血斃命。

就連雍正身邊的人都有幫著允禩反對他的，而且此人不是別人，就是雍正的三皇子弘時！

雍正首創「密建皇儲」法時，長子、次子已死，三子弘時二十歲，在活著的諸子中，他是長子，若按嫡長子繼承，妥妥地要被列為皇太子，但「密建皇儲」法一出，頓使這一希望完全落空。

皇儲的名字雖被雍正藏入了密匣，可是「老爺子」究竟中意於誰，仍可以從他的日常言行中進行猜度。

到了康熙周年忌辰的那一天，雍正派弘時的弟弟弘曆前往景陵代其拜祭，第二年同樣的日子，這份差使又交給了弘曆，這讓弘時一下子明白了父親心中的秘密。

弘時原先就與允禩較為接近，也很同情八叔的遭遇，對父親的做法有所不滿。在一種極度沮喪失落的情緒中，他終於做出了一個令人震驚的選擇：站到允禩一邊，跟父親對著幹！

身為一個已娶妻生子的成年皇子，弘時有著獨立的判斷和分析能力，他的八叔自身已處於怎樣的境地，他不是不知道，他這麼做，與其說是尋找出路，不如說就是意氣之爭，即在精神上備受父親打擊的情況下，也要讓父親在情感上付出同等代價。

雍正萬萬想不到，自己的親生兒子會在這種時候背叛自己，同時相比於允禩黨人等政敵的攻擊，這種來自親情和政治的雙重背叛，也更讓他感到震驚、難堪和被動。他大受刺激，立馬便以「年少放縱，行事不謹」為名，下旨將弘時逐出紫禁城，並勒令弘時去做允禩的兒子，父子之情自此宣告恩斷義絕。

兩年後，年僅二十四歲的弘時鬱鬱而終，其實在此之前，他在雍正心目中早已經死了。此事本與允禩無關，然而雍正要算帳的話，又只會一道算在允禩帳上。

他還能放過允禩等人嗎？於公於私，都不可能。一七二六年七月二日，諸王大臣秉承雍正旨意，共同議奏允禩、允禟、允禵等人的罪狀，其中列允禩罪狀四十款，允禟二十八款，允禵十四款，請求對他們即正典刑。雍正閱後裝模作樣地表示，允禩等人奸惡如此，實在罪不容誅，但由於有手足之情，所以還需再仔細考慮後才能做出決定。

雍正既公佈罪狀，又不敢驟行處死，自然仍不是顧念什麼手足之情，說穿了，還是害怕背負「殺弟」惡名。他的這點小心思，都被奴才們看在眼裡，為了拍主子的馬屁，替主子「分憂解難」，奴才們開始自覺自願地盡「代勞」之責。

雍正下令由都統楚宗押解，將允禟由西安移送至直隸總督署所在地保定，同時派侍衛那蘇圖向直隸總督李紱口傳將其「圈住」的上諭。李紱讓那蘇圖放心，他會「便宜行事」，雍正事後得知，馬上意識到「便宜行事」一語若傳到外界，必然會讓別人理解為是他假手於大臣，要秘密處死允禟，遂急忙在密摺中批道：「萬萬使不得！豈有如此大事，讓你僅透過猜想去做的呢？」李紱先是矢口否認，見雍正追問得很急，才承認自己一時衝動，確實說過「便宜行事」的話。

有沒有便宜行事這句話，李紱都已經心領神會地照此辦理，他在自己的總督署衙門前騰出了三個小房間，四周加砌牆垣。允禟一到保定，就立即將他關進去，前門加封，並派官兵在外面嚴加看守，只在吃飯時用轉桶將食物送入，完全把他當重犯對待。

看了李紱的密摺，雍正覺得把允禟當成牢獄囚犯這一點也容易被人抓住把柄，他認為李紱可能是聽了楚宗的話才這麼做的，當即寫出硃批：「此必是楚宗的瘋主意！李紱你乃大儒、封疆重臣，你怎麼可以聽他亂說，不自立自主？此事大錯了！」

雍正與臣下的所有密摺當初都屬絕對機密，並無公開意圖，所以他在硃批中說的未必都是假話。可是他與允禩、允禟水火不容，惟願其速死，卻也是真的，一旦臣下揣摩出這一意圖，即便表面上一再受到警告，也仍然會法外用刑，因為這些人知道代皇帝做他內心想做的事，最後總是沒有虧吃的。

背鍋俠

允禟被關押的時候正值盛夏酷暑，屋窄牆高，同時身上還戴著鐵鎖、手梏，直弄得他手足痙攣，曾經幾次中暑暈死過去，家人靠潑冷水才將其救醒。李紱以一種邀功的口氣向雍正報告，說允禟死而復蘇多次，看這種情況「大約難以久存」，已經活不長了。

雍正雖然交代對允禟不要太過分，只要給予粗茶淡飯，不厚待就行，沒必要整得過狠，但又說李紱被允禟的家人愚弄了，因為他從來沒聽聞過世上還有能夠死而復蘇的人。

允禟是康熙生前所有皇子中最會做生意的一個，以前生活條件好，也算養尊處優，驟遭如此虐待，如何經受得住，不久就出現了腹瀉虛脫的情況，吃得越來越少，整個人也日漸消瘦。有一天早上，一隻貓頭鷹在屋簷上咕咕地哀叫，叫了半天才飛走，自此以後，允禟就不進內室了，整天坐臥在小房門外，看守送飯，轉桶也不見來取。看守再與允禟搭話，發現他精神恍惚，說話都不知道自己在說什麼了。

兩天後，允禟的聲音和氣息聽起來愈加微弱，叫他亦不回應。李紱聞報親自前來察看，打開門鎖，見允禟躺在小房門外，已經昏迷不醒，把手放到他鼻子前試了試，尚有氣息，然而人已經無法動彈，惟喉間有痰響而已。李紱據此估計，允禟這回確實已經病危，雍正得知後按捺不住內心的興奮，說：「朕不料他這麼快就不行了，應該是他罪惡多端，難逃冥誅的緣故。」

所謂「冥誅」，就是得到報應，被陰間判官拿去正法了。未幾，雍正得到奏報，允禟病死於保定，他如釋重負地在密摺上寫道：「好好殯殮，移於體統些的房舍。」

冥誅這麼一個背鍋俠的出現，似乎讓雍正找到了既能不背「殺弟」惡名，又可以讓其政敵儘早消失的不二法門。允禟死後僅一個月，允禩也死於禁所，雍正同樣稱他是服了冥誅。

隨著允禩、允禟的死，允禩黨這個經營達二十多年，影響遍佈朝野內外的政治集團就此徹底覆滅，它曾是令雍正為之寢食難安的一塊最大心病，但是現在，說垮也就垮了。

允禵、允䄉被拘禁如故。在雍正眼中，允䄉與允禩不同，非集團核心，同時也不像允禟那樣讓他討厭，所以被留了一命。允禵對雍正皇位的威脅，一度甚至超過允禩，然而出於同母親弟等種種因素的考慮，雍正仍決定對其只限於囚禁，並在公開講話中表示要將允禵與允禩等人區別對待：「允禵與阿其那、塞思黑雖均屬罪人，但允禵為人僅止於秉性糊塗、行事狂妄，至於奸詐陰險之處，則與阿其那、塞思黑相去甚遠，因阿其那、塞思黑多方籠絡，允禵墮其術中，受其指使。」

隨著雍正的嚴厲整治，自康熙末年起出現的皇子黨先後被雍正掃地以盡。人心是最經不起摧殘打壓的，隨著大氣候的改變，即便能夠僥倖存活下來的人，在心境上也都有了不同程度的變化，就算是允禵，一個向來都給人不甘失敗、耿直倔強印象的人，亦在「日月合璧五星貫珠」的賀詩中稱頌雍正的「聖德」，流露出了企望獲得皇兄諒解，從而將其釋放乃至加以重用的意思。

讓允禵這樣的硬漢低頭是件很不容易的事，只可惜時過境遷，即便他肯自願低頭也已經太晚了。在漫長的囚徒生活中打熬歲月，成了允禵唯一的結局，這讓他備感絕望，奏稱：「我今已到盡頭之處，一身是病，在世不久。」

雍正對皇子黨附庸勢力的打擊同樣不遺餘力。皇子黨中的重要成員多數與外國傳教士友善，允禟視葡萄牙籍傳教士穆景遠為心腹，蘇努家庭成員中甚至有已受洗禮入了教的，雍正下令處死穆景遠，同時頒佈禁教令，除在欽天監或宮廷供職的傳教士可以繼續留京，其餘教士一律予以驅逐。

禁教令下，教士們紛紛避往澳門、廣州，全國已有的三百餘所教堂被拆毀盡淨，教堂原有的房屋院落或改為倉庫，或改為書院，聖像、聖龕則全部遭到焚毀。

羅馬教廷哀歎：「從中國開教以來，第一次大難也。」他們稱雍正為「中國的尼祿」，尼祿是歷史上第一個迫害基督教徒的羅馬皇帝，將尼祿拿來比擬雍正，足見其對基督教在華傳播活動的打擊之大。

抄家皇帝

政治鬥爭只是雍正朝社會生活的一部分，雍正還必須把更多的精力放在內政治理上，後者是他的強項，也是他最為自信的領域。

雍正曾將自己和康熙做了一個比較，他說他事事不及乃父，「惟有洞悉下情之處」，比乃父高明。

為什麼呢？康熙八歲即位，深居宮中，很難瞭解民間的真實情況，而他卻擁有四十餘年的藩邸閱歷，尚未即位就知道外面的世界究竟是什麼樣子了。

中國歷史上以藩王入承大統，而且成為明君的當然不止一個。比如漢文帝劉恆，他八歲被封為代王，二十三歲繼承皇位，其間十五年的藩王生涯，毫無疑問為他開創「文景之治」打下了基礎。即便與劉恆比，雍正也認為自己是佼佼者，「朕之見聞，更遠過之」。他不便說破的一點是，劉恆在登基之前沒有像他那樣經歷過激烈複雜的儲位之爭，而他自覺優於劉恆的知識，就是從中所得。

「歷年戶部庫銀虧空數百萬兩」，正是雍正在藩邸時就注意到的一個情況。持續的虧空現象直接造成國庫空虛，據文獻記載，在康熙朝的全盛期，戶部庫存白銀曾達三千萬兩，但在康熙去世時，庫銀只剩下八百萬兩，減少了近四分之三。在雍正看來，這種情況是很嚴重的，試問，一旦地方有事，急需開支，拿什麼去應付？

戶部之所以變成大漏勺，是因為過去各部院若需動用錢糧，都是自行向戶部奏銷，而戶部在這方面已儼然形成「潛規則」，只要上交所謂的「部費」，就是糜費百萬，也准予奏銷，可如果不交「部費」，就是正當的開支，帳面計算得很清楚，戶部也不准奏銷。康熙不是不知道裡面的內情，只是沒有深究而已，雍正深知其弊，一七二三年二月十八日，他發出上諭，決定在中央設立會考府，由怡親王允祥領銜主持，他當著允祥的面鄭重聲明：「爾若不能清查，朕必另遣大臣，若大臣再不能親查，朕必親自查出。」

允祥領命後不敢鬆懈，共查出虧空二百五十萬兩，雍正立即責令戶部歷任官員，從尚書開始直至主事，再加上部吏，平均分攤賠償其中的一百五十萬兩，剩下的一百萬兩由戶部逐年彌補。

一百五十萬兩白銀不是個小數字，就算是均攤到每個人頭上，也絕對讓人哭爹叫娘，很多人甚至不得不典賣家產。負責追索虧空的允祥因此遭到外界指責，認為他過於苛刻搜求，雍正聽到後說這不關允祥的事，嚴查是我的旨意，是為了清除弊竇。

眼見皇帝主動攬下責任，眾人再心懷不滿、牢騷滿腹，都只能選擇忍氣吞聲。當然也有例外，履郡王允裪在康熙朝時曾署理內務府總管，同樣被要求均攤賠償，允裪咽不下這口氣，就乾脆把家用器皿擺到大街上進行販賣，說是要湊錢補空，實際是藉此醜化皇帝政策，發洩心中的不滿情緒。雍正聞訊大怒，斥以「不感激效力」，革去了允裪的王爵，將其由郡王降至固山貝子。

允裪沒想到鬧鬧情緒居然就會把自己的王爵給「鬧」掉，一時想不通，仍然硬著頭皮繼續抗拒。雍正在這種事上根本就不講任何情面，他下令將允裪的貝子爵也一併革掉，降為鎮國公：你不是想不通嗎？不要緊，等到你的爵位降無可降時，你的思想自然而然就通了！

對於雍正而言，削你的爵位都還是小意思，最狠的是抄家。敦郡王允䄉因為參加允禩黨而被拘禁，他同時也有應賠銀兩，家裡已經給他賠了數萬兩，但仍不夠數，雍正便下令抄家，總計抄得金銀六十多萬兩，這才甘休。

皇親國戚尚且如此，一般官僚自然更不用說，內務府官員李英貴夥同他人冒支錢糧一百餘萬兩，雍正二話不說，立馬將李英貴家給抄了。久而久之，雍正「好抄人之家產」的說法便在社會上流傳開了，「抄家皇帝」的名號亦不脛而走，甚至人們打牌時也把成牌稱作「抄家和」。

與康熙極為在乎「仁君」的聲譽不同，雍正就算被別人說成是冷面和不近人情也無所謂，他認為，這些要麼是允禩黨人為詆毀自己而在民間製造的輿論，要麼是部分官民還不理解抄家的必要性：「若聽任（貪官們）留下貪婪橫取之貲財，肥身家以長子孫，則國法何在，而人心又何以示儆？」

一追到底

會考府的職責不光是清查過往的虧空，還要杜絕今後的虧空。雍正在設立會考府時就規定，今後無論哪一部門的錢糧奏銷事務，都必須由會考府來進行把關審核。

主持會考府的允祥為官清廉，即便應得應分的合法收入也常常固辭不受，比如在他被封為親王後，雍正本來要按自己被封親王時得銀二十三萬兩的例子賜給，但允祥謙謝力辭，最後只接受了十三萬兩，雍正說他「清潔之操，一塵不染」，完全配得上一個「廉」字的評價。有允祥在會考府坐鎮，各部院的官員們都很難再方便地從奏銷上做手腳了。會考府設立不到三年，辦理部院錢糧奏銷事件五百五十起，其中駁回改正的達到九十六起，占到所辦事件的六分之一以上，足見會考府的審核有多麼嚴格。

康熙末年，相對於中央糟糕的財政狀況，地方上其實更加不容樂觀，雍正初登大寶就得知，「近日道府州縣虧空錢糧者正復不少」，「藩庫錢糧虧空，近來或多至數十萬」。康熙在世時，因為要施行所謂「仁政」，所以對於這些地方上的虧空，一直是睜一隻眼閉一隻眼，就算是採取了一些勒令追補虧空的措施，也只是虛應故事。

現在雍正當家，結合藩邸時的觀察和分析，他認為各地之所以紛紛出現錢糧虧空的現象，皆因吏治腐敗，地方官員不是受到了上司的勒索，就是自身貪污侵奪。在他看來，不管是上司勒索，還是自身貪污，犯下的都是「負國營私」的大惡，都必須徹底革除，總而言之，今後再不能行婦人之仁，搞什麼「以寬仁為懷」了。

在雍正舉行正式登基儀式前，內閣官員替他草擬登基恩詔，擬稿中按照以往慣例，開列了一條豁免官員虧空的赦令，以顯示新皇帝的恩典。雍正審閱時很不滿意，說你們這樣做是在助長貪官們的僥倖心理，若新君靠這個收攬人心，以後官吏侵吞錢糧的事還怎麼杜絕？

他當即下令撤銷了赦令，即位後僅一個月，又向戶部下達上諭，要求各省對錢糧虧空進行全面清查，如出現虧空現象，必須在三年內補足，且不得苛派民間，以後如再發現有虧空者，「決不寬貸」。

康熙朝時地方上若出現虧空，一般允許留任以彌補清空，但精明的雍正發現一個問題，那就是留任清補者必然要以新的貪污來補充舊項，挖新坑填舊坑。

「不取於民，將從何出？」這個道理大家都能想得明白。雍正給吏部專門發出上諭，規定虧空者不可復留原任，只有那些沒有貪污嫌疑，經考查尚可為官者，在清還完畢後，才能由大吏奏請繼續官復原職，至於貪官，不管有沒有清還完畢，對不起，都不會再有重戴烏紗帽的機會了。

兩湖地區是虧空的重災區，湖北布政使張聖弼任期尚不滿兩年，就被參革職，前湖廣總督滿丕涉嫌包庇，因已死才免去追究。雍正在參劾奏摺上批道：「該！該！該！該！只是便宜了滿丕等，都走開了。不要饒他們，都連引在內方暢快。」

「暢快」的意思就是一追到底，在清查中被揭發的貪官，首先是要被免職，其次就是抄家籍沒。抄家是官衙和原籍兩地同時抄檢，為的是防止貪官隱藏財產。抄完家之後，一切家產都將被予以估價變賣，從而盡可能地完納應償虧空數額。

小說《紅樓夢》的作者曹雪芹家族三代主持江寧織造，他的祖父曹寅做過康熙的伴讀和御前侍衛，康熙六下江南，曹寅接駕四次。如此天下望族，正是毀於雍正朝的虧空案中，在曹雪芹十三歲時，他任江寧織造員外郎的叔父曹頫（也有考證是其父親）因織造虧空等罪被革職入獄，次年曹家即被抄，從此一蹶不振，直至徹底沒落。

抄家顯然是童年曹雪芹的一個揮之不去的噩夢，《紅樓夢》裡在講述到相關場景時，相信一般讀者即使隔著紙頁和年代，亦能感受到那種天崩地裂般的震驚和痛苦——「只聽見邢夫人那邊的人一直聲的嚷進來說：『老太太，太太，不……不好了！多多少少的穿靴戴帽的強……強盜來了，翻箱倒籠的來拿東西。』……（賈璉）一進屋門，只見箱開櫃破，物件搶得半空，此時急得兩眼直豎，淌淚發呆」。

反套路

雍正經常告誡臣下，他是在藩邸四十餘年的雍親王，意思是你們沒有什麼事能欺瞞我，你們曾經玩過的那些把戲，我也都一清二楚。

在追賠過程中，地方官員們「上有政策，下有對策」，一如既往地把他們在前朝證明成功的那些套路拿出來，比如說將侵欺報作挪移。侵欺是指貪污肥私，挪移主要指因公挪用，雖然都是虧空，但二者性質有所不同。按照常規，朝廷在進行處分時，總是對挪移的諒解多一些，要懲治一般也是先懲治侵欺，而後再懲治挪移。

雍正獨具隻眼，看出了以往的漏洞所在，他指出貪官們往往藉機取巧，故意用挪移之名來掩蓋侵欺之實，等到實在無法掩飾時，便將虧空多的部分當作挪移，虧空少的部分當作侵欺，以達到避重就輕，得以免罪或不被判以重罪的目的。

想鑽我的空子？沒門！雍正來了個反套路，他指示當遇到侵欺、挪移案時，不管哪個案子先發生，一律先處理挪移案，再處理侵欺案。此舉雖然違反常理（等到情況正常，這一處理順序又被重新恢復過來），但就當時的實際情況來說，卻切中了命脈，對懲治貪官極為有效。

雍正是個不拘虛名和俗套的人，只要想得出就一定做得出。過去追贓，有的地方會讓官民代為清償，雍正堅決不允許，說縱使那個地方的官民生活富裕，但「只可為地方興利，不可令為他人補漏」。

一般官民不能幫助貪官「補漏」，不過貪官的親戚可以，而且還要勒令幫助，就是你想幫得幫，不想幫也得幫。雍正對此有他的一套邏輯，他認為自古「一人得道，雞犬升天」，貪官們貪得盆滿缽滿，親戚們多少總能分得一點油水，另外還有一種平時以清官形象示人的偽清官，在沽名釣譽、假裝清廉的同時，卻放縱宗族親友接收賄賂。在雍正看來，勒令貪官的親戚幫助賠償，並沒有任何道義上的問題，反正你們以前從貪官那裡得到的好處都不乾淨，現在不過是如數吐出來而已。

雍正甚至一度還下令對貪官親屬也進行抄家，當然這又顯得太過分了，由於株連的人過多，幾年後終於被迫停了下來。不過他這種大張天羅地網，橫豎就是不給貪官一點活路的做法，也已經給世人留下了極其深刻的印象。

面對嚴厲的追查和巨大的壓力，一些貪官在被參奏或被撤職後就選擇了自殺。中國古代講究「死者為大」，還有一句俗話叫「殺人不過頭點地」，人一死，不但查案的線索可能因此中斷，死者生前的虧空和過失似乎也應該得到原諒，難道還要繼續揪著不放不成？

如果是別的皇帝，不管之前製造的聲勢有多大，到了這個時候，也就不得不偃旗息鼓，放對方一馬了，有的沒準還要假惺惺地安慰一下死者家屬，以示寬宏大量，既往不咎。可是雍正偏不如此，他最討厭、最反對的就是虛情假意邀買人心，按照他的分析，這些貪官之所以自殺，是「料定在東窗事發後，家財官職都不能保，與其這樣，不如以一死抵賴，把贓物留給子孫」。

如意算盤打得真好啊，可我會讓你們得逞嗎？做夢！雍正下令對自殺者的嫡親子弟連同家人嚴加審訊，父債子還，天經地義，「所有贓款著落追補」，總之，決不容許任何一個貪官的子孫安享贓私。

在整個清查過程中，有的督撫相對積極，基本上能達到雍正的要求，然而還有些督撫並沒有能夠很好地執行嚴追政策。這些大員在糾舉屬員時可能會很嚴厲，但審結時為了讓屬員對自己感恩戴德，常常從寬開脫，為此雍正又親自選派得力大員前往地方就職，以推動該處的清查及其吏治，田文鏡因此脫穎而出。

田文鏡是漢軍正藍旗人，捐納監生出身。古代做官有兩種途徑，一種是透過科舉考試做官，一種是透過捐銀、捐米得到官職，後者即為捐納。捐納作為制度，始於明朝，到清代盛行起來。捐納本身也是要有資格和條件的，不是誰出了錢都行，監生是國子監的學生，例在條件之內，不過與科舉入仕者相比，其官運往往相差很遠。田文鏡二十二歲出任縣丞，九年後升任知縣，又熬了十三年，才得以升任知州，次年由外官調京城任職，十六年間，歷任吏部員外郎、刑部郎中、監察御史，直至五十五歲當上內閣侍讀學士。

田文鏡生性剛直，嚴於執法，退一步說，即便他不是監生而是科舉出身，在「寬仁」為政的康熙朝也不可能得到重用。

至康熙駕崩時，田文鏡已經六十一歲，卻依舊還是個沒有什麼實權的侍讀學士，是雍正即位，為他帶來了改變命運的契機。一七二三年春天，雍正得知山西受災，準備及早賑恤，但山西巡撫德音卻奏稱本省並無災荒，收成很好，無須賑濟。正好此前田文鏡奉命去華山告祭，曾路過山西，雍正就向他打聽詳情，田文鏡如實彙報：「以臣親眼所見，山西確實正處於嚴重的災荒之中，百姓饑饉流亡，其狀甚慘。」

康熙臨政時，一味要求臣下「臨下以簡，御眾以寬」，長此以往，官場反而形成了一種瞞上不瞞下，互相進行包庇的風氣，即便少數以清廉著稱者也不理政事，不問民間疾苦，總之是事不關己，高高掛起。田文鏡能夠勇敢地打破這種官場惡俗，讓雍正很是高興，稱讚他「直言無隱，深屬可嘉，若不是一個忠國愛民的人，是不可能做到這一點的」。

雍正隨即罷免了德音的職務，並派田文鏡前往山西賑濟災民。田文鏡抵晉後，經過統籌策劃，多方核查，很快就順利地完成了賑災事務，災民因此獲救者達七八十萬之多。

發現田文鏡不僅忠君不欺，而且果斷幹練，雍正遂任命他為山西布政使，使其跨入了地方大員的行列，第二年又調任其為河南布政使，將他派到河南去清查虧空。

罷考事件

本以為仕途已經觸及了天花板，就數著日子等退休了，不料還能得到超越常規的提拔和重用，輝煌前景也才剛剛開始，就連田文鏡本人對此都有些難以置信。這裡需要澄清一點的是，有記載說田文鏡是雍正的藩邸舊人，但資料顯示，雍正是滿洲正黃旗人，被封雍親王時管的是鑲白旗，而田文鏡屬正藍旗，兩人此前並無任何隸屬或交接關係，雍正自己也表示即位前甚至不知道田文鏡為何方神聖：「朕在藩邸，不但不識其面，並不知其姓名。」

皇帝的賞識令田文鏡感激涕零，說雍正對他的知遇之恩「天高地厚」、「至深至渥」，而他只是「一介庸才，至微極陋」，那麼，如何才能報皇帝的大恩呢？——鞠躬盡瘁都不夠了，只有懷著一片赤誠之心，任何時刻都不怠惰，任何事情都不苟且才行！

田文鏡是這麼說，也是這麼做的。他老成練達，在入京前就積累了二十多年的基層實幹經驗，精於刑名、錢谷、治河、防盜，而且雍正「威嚴政治」的政綱又正好與其辦事作風相合，只要放手讓他到地方上去進行施展，即有如魚得水之感。這個已經六十多歲的老頭子一到河南，便像個上足發條的小夥子一樣，天天生龍活虎地處理著政務，但讓他沒有想到的是，還沒等他將虧空清查深入下去，當地就發生了「罷考」事件。

華北各省氣候對其農業收成影響極大，一般情況下，若是雨量歉微的話，很難指望農作物獲得豐收，可是一旦出現滂沱大雨，導致黃河決堤則更不得了，那就不是豐收不豐收的問題，而是要顆粒無收了。河南尤其如此，該省地處黃河中下游，泥沙淤積，河床被不斷抬高，黃河極容易氾濫成災。在田文鏡赴任之前，河南之所以連年災歉，百姓流離失所，究其原因，就與黃河堤防失修有關。

河南的黃河堤壩都是由附近平民自行修建，自康熙朝起才開始由政府出資招募民工修築。這本來應該是一項利國利民的仁政，但在實施緊急工程時，要想招募到足夠數量的民工卻並不容易，而平民認為責在公家，也不予理會，從而造成了堤防失修，水災頻繁。

還在田文鏡到任河南前，因黃河堤防工程急需民工，開封府所屬封丘縣知縣唐綏祖率先打破陳例，決定按照田地數量來出工，即每一百畝田出一個民工，紳衿也不例外。

一七二四年七月七日，田文鏡抵任河南，上任伊時便對唐綏祖的做法予以肯定，認為首開了「士民一體當差」的先例。他要求在全省予以推廣，提出以後民工的工銀一律由政府支給，但民工必須由各州縣普遍分派，具體辦法是每五十畝或每兩百畝田出一名民工，且「紳衿里民，一律當差」。

所謂紳衿，係指地方上有權有勢者或在學的生員，紳衿以外的平民即為里民。清代律法明文規定，緊急時期平民均有應差義務，所以田文鏡的規定其實有著合法依據，並不是頭腦發熱的結果，問題是當地紳衿已習慣了康熙時的政策，他們自認為屬於體面的特權階層，平時肩不能挑，手不能提，怎麼能跟普通民夫一樣去修築黃河堤壩呢？里民之中，若家中已有五十畝或兩百畝土地資產的，那就是地主了，這些人也覺得自己享有特權，誰侵犯其特權，就對你一百個不滿，認為你是在行「苛政」。

別的地方未始沒有類似河南的情況，但地方官考慮所遇阻力之大，往往在醞釀期就選擇了放棄，只有田文鏡沒有絲毫猶豫，說幹就幹，在條令頒佈後，就立即給雍正寫去密摺，說明了這一情況。田文鏡是尚嚴之臣，雍正是尚嚴之主，君臣可謂一拍即合，不過對於田文鏡不顧利害，一上任就推出如此急進的新政，連雍正都感到有些過度，趕緊用硃批提醒他一定要做好宣傳解釋，講清利害關係，避免怨聲四起。

硃批尚未送到田文鏡手中，新政就已在河南遭到強烈抵制，尤以封丘縣為最，當地紳衿、地主聲稱「徵收錢糧應分別儒戶、宦戶」，強烈要求知縣唐綏祖維護他們的所謂特權。此後，封丘生員王遜、武生范瑚等人攔截唐綏祖，強迫他取消新政，唐綏祖斷然予以拒絕，使得眾人群情激憤，於是決定以罷考的方式進行抗議。

第六章

直來直去的皇帝

一七二四年七月十二日，河南省舉行縣試，河南學政張廷璐奉旨到開封監考。封丘生員進行罷考，文武生童一共只有二十三人應試，不僅如此，他們還在考場鬧事，范瑚將少數應試生童的試卷搶去並當眾撕毀，這就是轟動朝野的「罷考事件」。

罷考事件表面上屬於教育問題，其實是河南特權階層對田文鏡進行改革的一種抵制，事件發生後，田文鏡立刻被推至輿論的風口浪尖，處境非常被動。與此同時，多數同僚都冷眼旁觀，不肯施以援手。

張廷璐自案發起，始終未對肇事者嚴加整治，而只是敷衍式地將紳衿們遞上來的匿名投訴狀批覆給開歸道（開封府下屬官階），讓開歸道代他對生員們進行勸慰。按照田文鏡的想法，開歸道陳時夏既直接受命處理此案，就應「坐堂訊問，將諸生傳至內衙書堂」，可是陳時夏居然真的像張廷璐所交代他的那樣，與諸生員座談，「稱為年兄，央其赴考」，低聲下氣地哀求對方重返考場，結果人家還不買他的帳。

田文鏡再找負責刑律治安的按察使相助，然而按察使張保對罷考事件也同樣置若罔聞，推諉說：「我只管人命盜案，其他事不在我的管轄範圍之內。」

這些人似乎都巴不得田文鏡早點倒楣，但他們卻低估了田文鏡的手腕和心理承受能力。在無人相助的情況下，這位新來的攪局者獨自出擊，向雍正密奏此事並力主嚴厲鎮壓。

以天心為心

雍正已經料到罷考事件可能受阻，但沒想到還有人會藉機鬧事，並且鬧得這麼大，不由得大為震怒，他立即接受了田文鏡的建議，特諭田文鏡和河南巡撫石文焯，指示逮捕首犯並押往省城候審。鑒於罷考事件的影響太大，他另外委任吏部右侍郎沈近思為欽差大臣，與刑部尚書阿爾松阿一起奔赴河南，共同審理此案，一俟查明案情屬實，則按律對首犯予以正法。

在雍正做出批示後，帶頭鬧事的王遜、范瑚等人很快便被抓獲，沈近思、阿爾松阿也緊急抵達河南審案。按照田文鏡的說法，沈近思起初尚有「沽名袒護」之意，阿爾松阿倒是按刑律來辦的，見王遜等人已經招供，知道不能直接袒護，但隱約間也對案犯有些寬縱。

田文鏡是一個什麼樣的人？他馬上如實向雍正做了報告，這下子沈、阿哪裡還敢懈怠，案件在最短的時間內便得以審結，王遜、范瑚被判斬立決，其他參與之人也都受到了懲處。

由於措置得力，罷考事件猶如颱風一樣，來得快去得也快：紳衿、地主全都消停下來，沒人再敢鬧事了；各項考試照常進行，所有上次沒參加考試的生員全部補考；各處黃河堤壩的修建工程開工順利，「伏汛平穩，秋汛可保無虞」。

田文鏡也沒放過他所認為的那些瀆職者。學政張廷璐平時遇到劣紳抗糧生事，每每沽名釣譽、徇私包庇，在此案中又不作為，令田文鏡極為不滿。儘管張廷璐的哥哥、內閣大學士張廷玉乃朝廷重臣，聲勢顯赫，但田文鏡仍毫不忌憚地向雍正進行了密奏，致使張廷璐被革職。除此之外，開歸道陳時夏被革職留任，按察張保雖未受到處分，卻也被嚇得不輕。

一七二四年九月，田文鏡署河南巡撫，他在罷考事件的表現初步得到了皇帝的認可，但這還只是一個開始。

不久，江南因水災荒歉，江寧巡撫何天培請求從山東、河南調運糧食救急。究竟調運哪種糧食呢？田文鏡上奏說南方人不吃小米，以調運小麥為妥，孰料大學士張廷玉、朱軾卻說，用小米煮粥其實挺好喝，南方人不會不愛吃。雍正覺得似乎也挺有道理，便沒有聽田文鏡的，而是讓山東調運小米至江南。

不出田文鏡所料，小米南運後出現了無人問津的情況，賑濟效果很不好，雍正為此懊惱不已。這時他突然想到，自己長在宮中，對於民間的飲食習慣和生活常識自然不夠瞭解，張廷玉、朱軾怎麼可能不知道呢？

事實是，田文鏡彈劾了張廷璐，而張廷璐是張廷玉的弟弟，張廷玉鑒於皇帝在罷考事件中的立場以及對田文鏡的重用，心裡雖然不痛快但嘴上又不敢說，只好找機會「合法」地給田文鏡找碴，田文鏡建議輸小麥至江南，他就說小米比小麥好——你還別以為事情小，有那麼幾件之後，就足以改變皇帝的看法，影響對田文鏡的印象了。

至於朱軾持相同論調也並不奇怪，他與張廷玉同殿稱臣，自然只會隨波逐流，幫著同僚說話。

雍正對官場的各種陋習瞭若指掌，他立刻領悟過來，說：「田文鏡辦理盡心，朱軾、張廷玉不過因張廷璐之事歸怨田文鏡，欲使所奏不行耳。」於是下令嘉獎田文鏡。

田文鏡急忙回奏謝恩，說我愚昧無知，其實並不知道這樣做法可以避免失誤，此事在我不過是「一得之愚」，沒料到皇上明察秋毫，真是讓我受寵若驚。

那時雍正雖然還沒有正式問罪年羹堯、隆科多，但年、隆恃功驕縱，橫行不法的種種劣跡都已浮出水面，這讓一度視兩人為心腹股肱的皇帝又氣又愧，一再在硃批中痛責自己：「朕惟愧乏識人之明而已。」

雍正熟讀儒家經典，《尚書》中說，人君以天之主為心，君下則以君主之心為心。他曾經服膺於這種說法，認為最好的臣子是「以君心為心」，而年、隆就是「以君心為心」的絕佳範例，可臨到頭來他卻發現，年、隆原來只是陽奉陰違而已，他們和自己其實根本就不是一條心。

「年羹堯可謂第一負恩人也！」慘痛的教訓讓雍正改變了他固有的一些思想認識，他覺得《尚書》裡的相關論述有問題，應該糾正為「君臣都要以天心為心」。

臣子以君心為心，是說他只要以君主的意願為意願，僅僅照著君主的話去做就可以了，現在要以天心為心，對天負責，實際也就意味著對臣子的要求更高了，他不光是表面忠君，還要時時事事處處為君主的切身利益著想，從骨子裡真正地忠君！

田文鏡的回奏恰逢其時，讓雍正生出無限感觸，當下便寫了一則著名的批語：「朕就是這樣漢子，就是這樣秉性，就是這樣皇帝。爾等大臣若不負朕，朕再不負爾等也。勉之！」

我不瞞你們說，我就是這樣一個直來直去的漢子，直來直去的性情，直來直去的皇帝，你們這些大臣只要不辜負我，我就決不會辜負你們，好好幹吧！

不謀而合

雍正派田文鏡到河南，首要職責是清查虧空，田文鏡自然不會忘記這一使命，一直不遺餘力地進行嚴查，務求「徹底澄清，不容纖毫短少」。

一七二四年十二月，已經查出虧欠的官員被全部會集至省城，在對他們本人嚴加審訊的基礎上，田文鏡下令查抄這些官員的任所與原籍，將查抄出來的財產進行變賣，用以彌補虧空。

在河南境內，就算是已經離任人員，如有虧空，也照樣要追查到底。除此之外，田文鏡還敦促那些負虧空之責但尚未被查出的官員早補虧空，以免遭到懲罰。他這種嚴查審追的做法頗見成效，河南布政司庫的虧空當年就被全部補清。

田文鏡在整頓虧空中取得的成績以及雷厲風行的作風，深得皇帝的讚賞，當年年底，他即得以真除也即實授河南巡撫。不過雍正對他也並非深信不疑，在硃批中經常對田文鏡提出告誡或警示，有時說你的政績雖然不錯，但輿論對你的評價一般，這說明還有做得不好的地方，必須自省，有時說你不要只知道一味揣摩、迎合、遷就我，這樣就會脫離你做官的本意和初衷，反而會造成惡果。

田文鏡毫無疑問是按照雍正所囑在「好好幹」，而且所幹的事又完全符合雍正的心意，那他為什麼還這麼不放心呢？說到底，無非還是怕田文鏡重蹈年羹堯、隆科多覆轍，恃寵而驕，所以只能繼續進行考察和敲打。這種情況一直持續到雍正四年也即一七二六年，從這一年起，雍正對田文鏡懷疑和責備的話突然一下子全都消失了。

外界盛傳，田文鏡有一個行事頗為奇特的紹興籍幕僚，姓鄔。古語道「天下師爺出紹興」，明清兩代，浙江紹興籍的師爺遍佈全國各地，名聲很大，而且還形成了專門的稱謂，即「紹興師爺」。這位鄔先生就是非常典型的紹興師爺，他不僅能夠幫助田文鏡處理刑名、錢谷、文牘等事務，而且通曉法家學說，可謂城府深沉，機心巧變，有一天，他問田文鏡：「田公是想當名督撫，還是尋常督撫？」田文鏡回答：「自然是名督撫囉。」

「那麼好，田公就讓我施展一回，不要掣肘。」

田文鏡聽了頗為好奇，問他想怎麼辦。鄔先生說：「我為田公您起草了一封上疏，但是疏中一個字都不能讓您看見，您也千萬不要想看內容，直接上奏就成了。我擔保此疏一上，田公大事必成。」

田文鏡雖然還有些半信半疑，但他知道鄔先生並非冒失魯莽之人，這麼說一定有他的道理，於是就點頭答應了。鄔先生隨即將起草好的上疏送來，田文鏡依約隻字未看，僅在上面簽了個自己的名字，就派人送走了。

後來當田文鏡得知疏中內容時，差點沒把他給嚇得尿褲子，不過這件事的結果卻如鄔先生所說，讓他笑出了眼淚。原來鄔先生觀察時局，發現隆科多的劣跡已經暴露，可是因為隆科多是皇帝的舅舅，又向來得到皇帝的寵幸，所以內外大臣沒有一個敢上奏參劾隆科多。在這種情況下，鄔先生便覷準時機，替田文鏡寫了一封密奏，彈劾隆科多「挾勢貪贓」，此彈章與雍正不謀而合，使他有了整治隆科多的依據，田文鏡也從此寵遇日隆，行情暴漲。

按照傳聞，似乎是田文鏡在把隆科多搞慘的同時，乘機上位，才得到了雍正的完全信任。其實這只是穿鑿附會的說法，與史實不符，因為隆科多的罪跡主要發生在京師，外省即便有所耳聞，也不能越俎代庖地去進行參劾，況且田文鏡所用密摺極為機密，必須由密奏者親筆書寫，雍正對密摺也從來是親閱親批，絕不可能由他人一手包辦。

當然這則故事裡也有接近事實的部分，比如田文鏡與年羹堯、隆科多的不對盤。田文鏡得雍正識拔前後，雍正之所以發佈《御制朋黨論》，不但是為了打擊允禩黨，也是要告誡群臣不得結黨營私。田文鏡不折不扣地遵照了雍正所囑，明知年羹堯、隆科多炙手可熱，又是最得皇帝寵幸的重臣，依然與之保持距離，不肯阿附。年、隆自然對田文鏡沒有好感，兩人都曾上奏雍正，說田文鏡「居官平常」，所幸雍正當時並不相信，認為年、隆關於田文鏡的看法只是「輕信浮言，未得其實」。

年、隆下臺時，那些曾依附於他們並得以雞犬升天的官吏大受株連，而昔日與之不合的人則多獲平反，田文鏡便是其中一個，在年羹堯失寵後，他還曾奉命調查和詳細彙報年羹堯所寄匿財物的行蹤，令雍正很是滿意。

政治風格相似，全力貫徹雍正的施政方針，以及反對年、隆，毫無疑問都讓田文鏡越來越得到雍正的歡心和信任，但真正使這對君臣達到契合無間程度的，卻還得數「田李互爭案」，後者也正好發生在對二人關係具有轉折性意義的一七二六年。

科甲人

從一七二三年至一七二五年，經過為時三年的清查，各省都清償了一部分虧空，直隸、河南等省做得尤為出色，直隸省原虧空白銀四十一萬兩，截至一七二四年七月，已追補償完二十萬兩，剩下的二十一萬兩也有望在第二年全部償清。

三年清查期滿後，雍正宣佈，所有未補完虧空的省份，可再寬限三年，三年期限一到，務須達到預期目標。當然，要是實在覺得有困難，認為皇帝是在強人所難，則現在就可以「奏聞請旨」，把理由說充分講清楚，但如果既不能自圓其說，屆時又不能完成目標，「定將該督撫從重治罪」！

河南省州縣尚有部分虧空，同時省銀庫的虧空雖然已被全部補清，但並非能夠從此一勞永逸，其間仍會出現反彈。按照雍正所定目標，田文鏡一面繼續嚴催急補，一面對涉嫌貪污或瀆職者進行查辦。從一七二五年年底至一七二六年二月，他連續參劾信陽州知州黃振國、汝寧府知府張玢、夏縣知縣邵言綸、固始縣知縣汪誠貪贓枉法，至此，在僅僅兩年時間裡，經其參劾被罷官的屬員已達二十二人之多。河南官場為之震動，不少官員在心驚膽戰的同時也對田文鏡非常不滿。

田文鏡本人是捐納監生出身，與科舉出身的人（時稱科甲人或科目人）天然有著一種心理隔閡，科甲人看不起田文鏡，而田文鏡對科甲人也不予禮遇，正好他所參劾罷免的官員又大部分都是科甲人，「黃、張、邵、汪」皆為進士出身，河南當地輿論因此紛傳田文鏡容不下士子，僅犯小錯就會進行打擊迫害。

廣西巡撫李紱恰好奉調為直隸總督，入京面見雍正。李紱為理學名臣，以好士得名，途經開封時，田文鏡前去見面，剛剛拱手行禮，他就聲色俱厲地問道：「明公（指田文鏡）身為封疆大吏，卻為什麼要成心蹂躪讀書人？」田文鏡當場被窘得張口結舌，無言以對。

李紱接著在進京召對也就是與皇帝對話時，再次數落田文鏡，把他形容為一個性格陰暗、苛刻不仁的酷吏。

與田文鏡在康熙朝籍籍無名不同，李紱那時就享有盛譽，藩邸時的雍正不知田文鏡，但對李紱之名如雷貫耳：「才品操守，為滿漢中所少。」雍正登基之初便有意重用李紱，比如下密旨讓他在廣西尋找毒樹汁，這就不是哪個巡撫都能得到的秘密任務。

李紱與田文鏡一樣，先前都與年羹堯合不來，年羹堯倒楣後，他不遺餘力地對年羹堯進行揭發，更獲雍正信任，召其為直隸總督，就有進一步加以重用之意。對於李紱的意見，雍正非常重視，自始至終認真傾聽，兩人談至午夜方結束。

隨後，李紱正式上密摺彈劾田文鏡，指責他不辨忠奸，包庇上蔡令張球。按照李紱的說法，張球本是沒有什麼大功名的市井無賴，因幕客鄔某推薦，得為田文鏡之心腹，張球向邵言綸、汪誠勒索未成，於是便向田文鏡誣告邵、汪，導致田文鏡誤參了他們，並為了殺人滅口，將黃振國害死獄中。

雍正的情報網非常嚴密，他已從別的途徑瞭解到有關張球的一些劣跡，但他對田文鏡也沒有完全失去信任。由於擔心田文鏡上了張球的當，權衡再三，他決定將李紱的摺子裁去頭尾（也就是隱去密奏者的名字，對其進行保護）後發給田文鏡，同時在硃批中提醒對方不要護短和偏聽偏信。

雍正發來的密摺讓田文鏡陷入極為不利的處境。在「黃、張、邵、汪」四人中，如果說黃、張的罪行都查有實據的話，他對邵、汪的指摘和參劾，確實是因為聽了張球的一面之辭。

事到如今，田文鏡只好先回摺為自己申辯，說張球並非由幕客鄔思道（即鄔某）所推薦，其人不僅沒有招搖生事，而且還是一個才具操守均有可取之處的賢能之員，據他瞭解，雖然張球曾有過向邵言綸借銀的事，但早已還清。

田文鏡本身是個非常老練的吏員，他知道僅僅如此分辯，未必能夠取信於皇帝，也無法徹底駁倒密奏者。

怎麼辦？扣帽子！

心病

李紱在路過開封時剛剛給過田文鏡難堪，說他故意蹂躪士人，虐待進士出身的州縣官。對於李紱扣的這頂帽子，田文鏡自然很不情願接受，因為他平時對自己就很嚴苛，加上報效心切，只要屬員稍有過失就會予以參劾，而並不是存心要打擊所有科甲出身的官員。

雖然雍正在發密摺時已特意隱去了李紱的名字，但田文鏡可以猜到參劾密摺十有八九是出自李紱之手。面對李紱之輩幾乎足以致命的攻擊，窮極之下他能夠想到的對策就是以其人之道還治其人之身，反過來也給對方扣帽子，帽子的名稱私人訂製，就叫「科舉黨援」。

作為雍正的近臣，自雍正發佈《御制朋黨論》起，田文鏡就知道皇帝最討厭朋黨之風，而他查到「黃、張、邵、汪」皆為康熙朝乙丑進士，偏巧李紱也是乙丑進士，這些人是同年，裡面大有文章可做。於是田文鏡佯裝仍不知密奏者為誰，在回摺中化身為中國的福爾摩斯，轉彎抹角地做了一番推理：密奏者既能夠指斥一個政府官員為市井無賴，可想而知其自視甚高，必然為進士出身，邵、汪俱為乙丑進士，或與此人同年；邵、汪案很早就發生了，但密奏者卻並未上摺，一直等到黃振國即將解京受審時才具奏，黃振亦係乙丑進士，可見此人表面為邵、汪辯冤，暗裡則欲擾亂黃案，為的是證明我田文鏡所參各員都不足憑。

如此巧辯，田文鏡是希望雍正腦海中能夠立刻浮現出這樣一個畫面，即雖然皇上屢頒特旨，要求解散朋黨，但一些臣下仍然違背聖意，一味抱團，以李紱為首的乙丑進士就是典型，他們互相包庇，徇私袒護，反過來還對拒絕與之同流合污的官員倒打一耙，加以攻擊陷害。

清代雖以捐納制度作為科舉取士的補充，但只有在國家有重大事宜需要巨額支出，如籌餉、賑災或興辦工程時，才會開捐納。田文鏡危言聳聽地說，眼下捐納已停，科甲只會越來越多，倘若他們都照這個樣子做，一旦有人被參就群起妄議，以後科甲之員有了貪污苟且的事，督撫諸臣還敢題參彈劾嗎？

田文鏡給李紱戴帽子，把話題引向師生同年和科甲朋黨，毫無疑問是為了擺脫自己所面臨的困局，其效果也立竿見影，一下子就觸及了雍正的心病和隱憂。

在中國古代政治中，朋黨之風可謂由來已久，到宋代，朋黨已成為其政治生態中最為突出的現象和內容，明代的東林黨更是世人皆知。清人入關後，對中原政治文化進行了深入研究，他們發現朋黨總的來說弊大於利，黨人們援引私人、排除異己，往往置國家利益於不顧，即便自稱為「君子朋黨」的東林黨亦概莫能外。順治甚至認為宋明之所以亡國，就是亡在朋黨手裡：「朕觀宋、明亡國，悉由朋黨。」他再三倡禁朋黨，並命吏部揭榜，「不許投拜門生」，以「永絕朋黨之根」。

儘管清初的皇室就對朋黨的弊端有著充足認識，但並未能夠剎住此風，到康熙朝時更呈難以遏制之勢，大臣們不管薦人還是參劾大多黨同伐異，康熙對此相當無奈，說：「朕聽政四十餘年，觀爾諸臣保奏，皆各為其黨。」

不光是大臣結黨，宗室、八旗也都會結黨，當時出於爭儲的需要，雍正也偷偷地從事了朋黨活動，並以朋黨作為謀奪儲位的工具。惟因如此，對於康熙朝朋黨的異常猖獗，雍正才能看得清清楚楚、真真切切，登基後他告訴自己的親信大臣：「朝中黨援亦皆由此分門定居而生恩怨也，看透此者亦惟當年雍親王一人耳。」

雍正與他的父親、爺爺認識一致，認為只要是朋黨，就會損害君權，非君主所能容忍，同時儲位之爭又強化了他的這種認識，於是忍不住還將為朋黨說過好話的歐陽脩給痛罵了一頓。

粉碎朋黨、整頓吏治是雍正執政以來從來沒有放鬆過的一根弦，首先自然是剷除自康熙朝以來遺留的諸皇子黨，其次是弱化八旗勢力，至「田李互爭案」發生時，二者皆已取得成效：允禩、允禟黨先後土崩瓦解，八旗成了政府中的八個衙門，無復各自為政之權。

對宗室、八旗的抑制一結束，馬上就輪到了官僚。雍正認為官僚結黨的來源之一便是科甲同門，他將在官場上拉幫結派、因循和慕虛名的科甲出身者斥之為「科甲習氣」，憤憤地說：「此風不息，將來斯文掃地矣。」

在雍正看來，權傾一時的科甲大員周圍最容易聚攏「科甲習氣」，他們以此大員為中心，依靠同年故舊、老師門生的關係互相牽扯，爭相偏袒姑息。李紱恰恰就是科甲大員，而田文鏡提供的說法也讓雍正意識到，以李紱為中心，以乙丑進士為紐帶的一個朋黨可能已經形成或正在形成，這還了得？

雍正並不是一個容易被臣下隨意欺瞞的人。一七二六年七月，他特派刑部侍郎海壽、工部侍郎史貽直為欽差大臣，赴河南進行審查。經過海壽等人的調查，一個令人驚詫的事實迅速浮出水面：黃振國竟然還活著！

開了頭炮

原來黃振國案發後，本人被解至祥符縣暫時羈押，其間出現了「血流不止，飲食不進」的情況，祥符縣知縣在呈報上司的公文中據實進行了彙報，外界由此哄傳田文鏡已將黃振國殺死滅口。李紱未做調查即信以為真並參劾田文鏡，實際構成了誣告和做偽證的嫌疑。

調查對田文鏡一方也有不利之處。經查，田文鏡為之打包票的上蔡令張球果然有問題，他對邵言綸、汪誠勒索不遂，便在田文鏡面前進行誣告，從而導致田文鏡誤參了邵、汪。不僅如此，張球還有故意隱瞞境內出現的搶劫殺人案，未對上司據實報告等劣跡。

從田文鏡一貫的行事風格來看，他未必是故意袒護張球，極可能也是受其蒙敝，而且在雍正派出欽差大臣之前，他從李紱的密參中已經隱隱約約感到張球與自己原先的想像不太一樣，為此在密摺中主張先行對張球免職。雍正很欣賞他的這種態度，同時告訴他不用擔心張球的事，真相很快就會水露石出。

等到欽差大臣來豫，張球的種種不法行為被查出，田文鏡大驚失色，他知道僅包庇下屬這一條罪狀，就足以讓他受到處分，於是忙「羞愧無地，悚惕難安」地向雍正謝罪，一面自認愚昧和無識人之明，一面請求對自己立予罷黜，嚴加治罪。

雍正開始就斷定張球是個劣吏，調查結果證明了這一點，他為此沾沾自喜，對田文鏡說：「朕早就知道他不是一個正直的官吏，如今種種劣跡都已敗露，你應該服朕的眼力了吧？」

雍正認為田文鏡一者在前面的密摺中已表態要處理張球，二者係受下屬欺誑，袒護張球並非出自本心，乃無心之過，所以不但沒有怪罪，反而寬慰他：「何罪之有？……這樣的人、這樣的事，你都經歷一番，對你而言未嘗沒有好處，可以增加見識，更好地看透人情世故。」

不追究也就算了，讓人們感到莫名其妙的是，雍正居然特賜田文鏡風羊、荔枝——莫非他還立了大功不成？

是的，別人都蒙在鼓裡，只有雍正心裡清楚，田文鏡的確是立了大功，這個功就是幫助他向科甲朋黨開了頭炮！

田文鏡激動得老淚縱橫，除了表示今後當深自懲戒，痛加悛改，還掏心掏肺地對雍正表忠心，說：「臣眼中只知有皇上，臣心中也只知有皇上，君臣大義如父子天性，間不容髮。」雍正用硃筆將這句話從密摺中圈出，批道：「難為你此數句議論。」

在李紱與田文鏡的此番較量中，兩人可以說是打了個平手，互有得分失分。李紱這時尚受雍正的信任和重用，奉命以直隸總督的身份拘押允禟，而且雍正既替田文鏡開脫了罪責，自然也不好對李紱太過深究，為此雍正便將田文鏡的密摺轉發給李紱，令其覆奏，給他找臺階下的意味已經很明顯了。

如果李紱能夠識相一點，就該像田文鏡一樣認錯討饒，偏偏他還在強嘴，繼續為自己辯護：「為什麼說我袒護同年？乙丑同年三百多人呢，當時都不是每個人都認識，何況十八年不通音信？黃振國、邵言綸這些人我以前根本沒見過！而且我以前參劾過的好幾個官員也都是乙丑進士，我不照樣參他們啦？」

就連黃振國案這個實錘，李紱都不承認自己有錯，還拿來攻訐田文鏡：「黃振國無病報病，背後必然有人想弄死他，就算不是田文鏡親自主持，也是祥符縣知縣在迎合田文鏡！」

可想而知，雍正看了這樣的回覆會是怎樣一種心情，他當即加以嚴厲申斥，說李紱嘮嘮叨叨個沒完沒了，完全是看不起我這個皇上。

儘管李紱在拘押允禟的過程中「便宜行事」，表現得非常賣力，也算為雍正立了功，但因為讀書人特有的剛愎好辯的毛病，他還是被調離直隸總督，改任工部侍郎，不久又因受到其他案件的牽連，被降為奉天府尹。

事情只是開了個頭。一七二六年十二月，浙江道御謝濟世突然上疏題參田文鏡，說田文鏡犯有「營私負國、貪虐不法」等十項大罪。雍正看後十分不悅，說：「田文鏡秉公持正，實心辦事，乃天下督撫中所罕見者，貪贓壞法之事，朕可以保其必無。」隨手將謝濟世的奏章擲還，不讓他參劾。

讓人想不到的是，皇帝都已經做了擔保人，這個謝濟世卻仍然強頭強腦，非參田文鏡不可。雍正很是鬱悶，接過謝濟世的奏章再一細看，發現其措詞居然與李紱的密摺所述完全吻合！

密摺是皇帝與大臣之間一對一的交流，外人無從得知，除非李紱事先已與謝濟世通了氣，否則無法得到合理解釋。雍正以此及彼，迅速認定謝濟世堅持參劾田文鏡，乃是出於朋黨傾軋，背後一定有人指使，於是立即命令九卿與刑部聯合對謝濟世進行審訊，逼他供出指使者。

審訊開始後，謝濟世矢口否認有指使者，還說：「文鏡之惡，中外皆知，濟世讀孔孟書，粗識大義，不忍心坐視奸臣欺君罔上，所以才冒死參劾。你們一定要挖出指使者，那指使我的就是孔子、孟子。」

這樣的口供當然沒法讓負責審訊的人交差，刑部尚書勵杜訥嚇唬謝濟世說如果你再不如實招供的話，就只有大刑伺候了。就在此時，當天值班的御陳學海突然出班走到大殿中央，高聲說道：「在這件事上與謝某交結的人，就是我！」

也愛玩這一套

陳學海是謝濟世的好友，當欽差大臣海壽、史貽直赴河南審查時，他也以員外郎身份隨同前往，從而得以瞭解到了整個案情。回京後，見雍正並未處罰田文鏡，陳學海認為是欽差大臣沒有向皇帝揭露全部事實真相，於是便把這件事告訴給了謝濟世，這才造成謝濟世熱血上湧，出頭參劾了田文鏡。

陳學海的敘述讓參與審訊的人都鬆了口氣，他們隨後將情況原原本本地向雍正做了彙報。雍正聽後則有自己的看法，他覺得陳學海的本願是為了讓皇帝掌握全部實情，就此而言，沒有過錯，但謝濟世卻未必，因為很難排除他另外受人指使的嫌疑，或許他利用陳學海的直言為自己做掩護也說不定。

再問負責審訊的大臣，有沒有審出別的指使者，這些大臣只好說謝濟世「是狂生，妄想做個忠臣，口口聲聲稱孔孟不止，始終不肯說出誰是指使者」。

在找不出皇帝所要的幕後「指使者」的情況下，刑部等衙門揣摩雍正的意圖，草擬了一個處理結果呈報給雍正：「謝濟世參劾田文鏡各款，雖然自認是得自於毫無根據的傳聞，但顯然還是受人指使……應處斬立決。」

謝濟世是言官，中國古代有不輕斬言官的不成文規定，因為言官的職責就是提各種意見，如果皇帝殺了言官，基本等同於說他聽不進不同意見，將直接影響其聲譽。雍正當然不會這麼蠢，他表示沒必要判謝濟世死刑：「這個人不是說想做忠臣嗎，好，朕成全他，讓他從軍去吧。」謝濟世遂被革職，充軍阿爾泰山。

雍正在發落謝濟世後，一邊宣佈不再對謝濟世案予以深究，一邊卻對大學士、九卿發表談話說：「此前李紱糾參文鏡（田文鏡），胡說黃振國已在獄中被文鏡滅口，不知道受何人指使？現在濟世（謝濟世）參劾文鏡，說到黃、邵、汪諸人時，與李紱所言一一吻合，顯見得是有人在李紱的密奏上進行鑽營，然後又指使濟世陳奏。」

雍正和田文鏡果然是一對天生相契的君臣，田文鏡善於推理，雍正也愛玩這一套。他認為謝濟世背後的「指使者」其實是蔡珽，也就是在年羹堯案中逼年羹堯趕快自殺的那位。蔡珽為什麼會遭到懷疑呢？因為黃振國曾是他在四川巡撫任內的屬員，其間獲罪並被削去了官職，由於蔡珽的保舉和推薦，才得以出任信陽州知州。

蔡珽與李紱的關係向來較為密切，黃振國、蔡珽、李紱、謝濟世等人又都是科甲人，所以雍正的推導邏輯是，黃振國被田文鏡所參，蔡珽以此與田文鏡結怨，先讓李紱誣告田文鏡，見沒有成功，繼而再唆使謝濟世彈劾田文鏡……

「田李互爭案」原本只能算是官僚之間互相瞧不起的意氣之爭，但在雍正君臣的操作下，完全蛻變成了一個科甲朋黨大案。雍正宣佈蔡珽、李紱等人「結為大黨，擾亂國政，顛倒是非」，並分別作出判決：黃振國、汪誠論死；邵言綸戍邊；蔡珽、李紱下獄；張球絞監候。

在這裡面，如果說黃振國、張球是罪有應得，汪誠、邵言綸就很冤枉了，蔡珽、李紱即便有錯，也處罰過重。李紱雖未被判死刑，但在牢中活罪卻也受了不少，據說兩次處決死刑犯，雍正都下令將李紱陪綁，劊子手的刀就架在他脖子上，問他：「這時你知道田文鏡好了嗎？」李紱很硬氣，梗著脖子說：「我是愚笨之人，雖死也不知道田文鏡的好處！」

至此，以李紱為首的科甲人在互爭案中一敗塗地，田文鏡大獲全勝之餘，真正被雍正視為可以給予完全信任的心腹之臣。在當月給田文鏡的硃批中，雍正寫道：「如你我君臣皆上天逼成，學好做好，此恩此德生生世世當感佩的。」

對雍正而言，關於互爭案的處理只是一個幌子，他需要的是以此來達到懲治科甲朋黨的目的。互爭案後，他又繼續擴大範圍，有意識地搜尋科甲官員的過失並進行懲治。吏部尚書、雲貴總督楊名時是當時很有名氣的儒臣，連朱軾、張廷玉等現任大學士都對他畢恭畢敬，就因為對雍正的這種做法不滿，雍正便隨便找了個莫須有的藉口，將其撤職，罰修洱海河道。

雍正登基後，為肅正吏治和防止政出多門，所刮起的風暴一輪接著一輪，其決心之大，手段之烈，足以令人歎為觀止。在他摧枯拉朽般的打擊下，包括皇子黨、年隆功臣集團在內的新舊朋黨逐個灰飛煙滅，至於科甲人的朋黨，在雍正出手時，甚至都還沒有真正成形，一俟遭到如此重擊，更是連發展的環境和土壤都沒有了。

獨特之處

雍邸時期世人眼中的那個默默無聞、與世無爭的皇子不過是個假像，真正的雍親王擁有著遠大的政治理想和抱負。他立志進行革新，誓言「將唐宋元明沾染之習，盡行洗滌」，期待「振數百年之頹風」，也因此，他眼下不需要任何虛名，只需要看得見摸得著的實績，不需要你好我好大家好的所謂儒學名臣，只需要能夠和他同心同德，一起「以天心為心」的田文鏡式能吏，如果你不是，他就會毫不猶豫地將你換掉！

江西各府州縣虧空了許多倉谷，前任巡撫裴幰度明知問題嚴重，卻不報不糾，現任巡撫又為人軟弱，且好沽名釣譽，導致江西在第一個三年清查期內遲遲都未能改變虧空的局面。雍正對此極為不滿，從一七二六年起，他在江西一手推動了大規模的錢糧清查行動，同時推出一系列舉措：已調任的裴幰度被留於江西任所；對虧空負直接責任的歷任江西布政使被發往江西審訊；從全國的其他州縣挑選幾十個能幹的吏員，統一派往江西，準備隨時頂替被撤換下來的貪官；特派吏部侍郎邁柱主持通查江西全省錢糧的虧空積弊。

邁柱在康熙末年當過監察御史，是個難得的好官，他在江西任上遭到了一些當地勢力的反對和抵制。雍正聞訊立即站出來為邁柱撐腰打氣，在皇帝的支持下，邁柱不避嫌怨，積極查訪，認真處置，最終裴𢢼度及歷任布政使都不得不吞下自醞的苦果，用自己的財產來補償虧缺的倉穀。

虧空案的特點是瞞上不瞞下的辦法，互相進行包庇，福建也出現了這樣的情況，巡撫毛文銓報告說沒有虧空，但有人卻揭發本省的倉穀虧空問題非常嚴重。雍正初步判斷是毛文銓在故意隱瞞，遂派廣東巡撫楊文乾前往清查。

楊文乾的出身與田文鏡最為接近，他是漢軍正白旗人，由捐納監生入仕。撫粵前，楊文乾任河南布政使，和另一個叫王士俊的人同為田文鏡的下屬。相傳有一年王士俊調任河南祥符縣知縣，在禮謁其上司也就是田文鏡的時候，田文鏡問他出身，王士俊皺著眉頭，說話吞吞吐吐，好久才裝作不好意思的樣子回答道：「士俊不才，讀書出身，某科散館翰林也。」田文鏡對自己捐納監生的出身最為敏感，一聽便知道王士俊是在有意譏諷他，不由得大怒，當場就將其予以斥退。

王士俊知道惹怒了田文鏡，回到官署即請求免去祥符的賦稅銀兩萬餘兩，他知道田文鏡不僅不會輕易答應這樣的要求，而且還會因此罷他的官，在他想來，官雖然丟了，但總好過以後經常被上司責罵和穿小鞋。

果不其然，田文鏡看到王士俊遞上來的條陳後，馬上準備寫疏對其參劾。楊文乾聞訊前來拜見田文鏡，對他說：「王某請求免稅，乃是沽名釣譽，田公罷他的官是成全了這小子，我勸您還是先不要這樣做。」

田文鏡一聽覺得有理，就同意按楊文乾說的辦。未幾，楊文乾升任廣東巡撫，臨走前他特地奏准朝廷帶王士俊隨其赴粵，並讓王士俊在廣東地方擔任了要職。

從傳聞中可以看出，田文鏡性格嚴苛，而楊文乾則更懂得說話和為人處世的藝術，但這只是一個方面，另一方面，同樣作為雍正新政的排頭兵，要改變歷久相沿的積弊，就必然要與眾多的官僚、紳衿進行交涉，有時甚至還要採取嚴厲措施，否則不足以破除阻力，所以不徇私情和不怕得罪人，其實是楊文乾、田文鏡身上共有的特徵。

楊文乾到廣東後，積極執行雍正的各項政策，儘管他比田文鏡更會處理周邊關係，但也很快遭到了本省四名同僚的彈劾。

雍正的獨特之處，在於他並不喜歡那些為上司、同僚所交口稱讚的臣子，他認為一個人要做實事不可能不得罪人，能夠獲得周圍人人稱讚，恰恰說明這個人沽名釣譽，未必可靠。相反，如果你常常處於孤立之勢，受眾人圍攻，反倒容易得到他的欣賞和保護，雍正曾經很直接地說：「朕當年即是孤臣，既無靠山也無外援。」

在楊文乾遭到同僚的聯合攻擊和傾陷時，雍正極力為楊文乾承擔責任，並痛斥攻擊者，還把田文鏡的例子拿出來為自己的愛臣們打氣：「楊文乾不過同省四人合力排陷，如田文鏡內外合力排陷豈止四人……但田文鏡實能爭氣，成全了朕的公明二字……」

與江西查案一樣，雍正在派楊文乾趕赴閩省的同時，還挑揀了候補的多名府州縣官員隨行，「現任府州縣內之錢糧稍有不清者，即令更換」。

雍正考慮問題非常周密，在楊文乾一行到達福建之前，他估計可能會有貪官預先做手腳，聞風向官民借糧穀暫充庫存，用以蒙混過關，為此特向福建官民發出上諭，聲明如若有人膽敢出借，一經發現，所借糧穀即沒收充公。

楊文乾到達福建後，分路派人核查虧空。按照清理結果，除前巡撫毛文銓被撤職，其餘錢糧不清的官員也遭到彈劾，福建府州縣原有官員八十人，前後因彈劾而被罷職者竟達五十餘人，這些免職官員全部都被責令補償虧空。由於被撤職的人太多，楊文乾帶去的候補官員都不夠用，「守倉庫有餘，處理繁重事務不足」，經楊文乾請旨，雍正又敕令各省督撫迅速挑選適用吏員送往福建。

經過雍正君臣的上下聯動，雍正的清查虧空措施最終在福建也取得了明顯成效。

沒有一點問題

錢糧虧空是個不容易填上的窟窿，除了查抄貪官財產及其讓他們的親屬幫著賠償，還有另外一條有效途徑，那就是用火耗來彌補。

火耗亦稱耗羨，本質上是一種正稅以外的附加稅。它最早起源於明朝，當時官府向農民徵收錢糧，說民間繳納上來的銀子都是零碎銀子，需鑄成銀錠方能保存，但在鑄錠的過程必然會有損耗，糧食也一樣，放在倉庫裡會被鼠雀吃掉不少。官府認為，所有這些損耗都須由稅民予以補償，辦法是在應交的稅額之外再加收若干銀子，此即火耗的來源。

從明朝起，火耗就由州縣官自定額度，自行徵收，自行使用，通俗點說是地方官府的「小金庫」，尤其到康熙末年，所徵收的火耗除用作必要的辦公經費，其餘不是用於向上司送禮，就是落入個人腰包。在康熙朝，一個巡撫每年因火耗從下屬那裡得到的好處達十幾萬兩銀子，州縣官作為直接經手人，自然拿得還要多，動輒就是幾十萬至上百萬，其間吏治敗壞的程度可想而知。

為了確保私人及送禮的用度，州縣官平時徵收火耗比為國家徵糧納稅更起勁，也更嚴格，火耗占正稅的比重最多的竟然達到八成左右，一般的也在三四成之間，令農民不堪重負。相比之下，州縣官對正常要徵收的錢糧卻不當一回事，收來後也往往挪作他用，而不上交國庫。在康熙去世的前一年，川陝方面奏報，陝西西安等四府一州已虧空庫銀九十餘兩。

火耗關乎吏治乃至國家機器的運作，這個道理康熙不是不懂，但當有官員奏議控制火耗占正稅的比重時，他卻說徵收火耗原是地方官的私事，如果確定了比例，就等於承認了火耗的合法化，人無忌憚，必將更加多收，這將使他落個實行加派的壞名聲。後來陝西巡撫噶什圖建言火耗除留州縣用度，多餘的歸省裡，用作公共事務，康熙仍以同樣的理由加以拒絕。

雍正即位後，楊文乾的父親、湖廣總督楊宗仁做了與噶什圖類似的建議，並將歸省裡的火耗銀比例具體到原數額的兩成。雍正見到楊宗仁的奏摺後，立即加以支持，並稱讚他：「所言完全正確，沒有一點問題，就按照這個思路好好幹！」

與皇父素重虛名和好面子不同，雍正是個非常務實的人，在治國理政上更是如此。既然火耗的現象已經通行，每個省、每個州縣都有，為什麼還要裝作視而不見呢？至於輿論的指責，更不在考慮範圍之內，他為了進行政治革新，「抄家皇帝」的名聲尚且不懼，還怕你們說他加派嗎？與此同時，雍正既強調要以火耗來清償虧空，但又不允許增加火耗，甚至於他還要削減火耗，以減輕貧困農民的負擔。

楊宗仁的建議只能算是火耗部分歸公。在他之後，山西巡撫諾岷主張將山西各州縣全年所得的火耗銀統統上交省布政司庫，其中的一部分用作辦公費，一部分抵償無著落的虧空，剩下部分給官員做「養廉銀」。這是第一次有人提出火耗全面歸公，雍正大筆一揮，批准在山西率先實行。

與諾岷持相同見解的是河南巡撫石文焯。石文焯乃田文鏡的前任，雍正原先對他一直比較失望，曾在硃批說：「朕對你們這些大臣推心置腹，要求你們不要有累民之舉，可你們還是置若罔聞，政令失當得不成樣子。看來朕拿你們真是沒有辦法了，惟有仰天落淚而已，你還指望朕在上諭中給你什麼教導呢？」

不知道是不是被皇帝的激將法給刺激到了，石文焯在河南的做法也極為大膽，他將全省火耗銀共四十萬兩全部提解出來，除去養廉銀和各項雜用公費，還剩餘十五六萬兩銀子可解存布政司庫，用以彌補虧空。石文焯給雍正的奏摺上說，由於提解了火耗銀，省裡的各項公用開支全都有了著落，也不用再在老百姓身上打主意了。

雍正喜出望外，說作為封疆大吏就該這樣學會精打細算，「說得通，行得去，人心既服，事亦不誤」。自此，他對石文焯的印象大變，甚至在硃批用一種特別親切的語氣對他說：「喜也憑你，笑也任你，氣也隨你，愧也由你，感也在你，惱也從你，朕從來不會心口不一。」

羊毛出在羊身上

在山西、河南相繼實行火耗改革的基礎上，山西布政使高成齡上奏請求仿照山西，在各省普遍推行火耗歸公（也稱耗羡歸公）。雍正正有此意，於是命九卿開會進行商議。

和雍正的願望大相徑庭，會上多數官員都提出了反對意見。會後內閣據此做出了火耗歸公暫不適宜推廣，應先在山西試行一段時間，看效果怎樣後再推廣至各地的條奏。雍正知道這實際上是對火耗歸公的消極抵制，遂令將內閣奏議發出，以便於「歸公派」迅速展開反擊。

高成齡是在全國實行火耗歸公的首倡者，自然一馬當先。他表示不能同意內閣奏議，並透過所繕寫的奏摺一一進行了辯駁。

內閣奏議認為火耗是州縣官的應得之物，用以補充他們俸祿上的不足，上司不應提解控制。高成齡反駁說州縣官吃飽了，那上司怎麼辦，總不能空著肚皮辦事吧，必然還是要接受下面州縣官的送禮。禮從何來？還是來自於火耗！既然羊毛出在羊身上，都離不開火耗，孰不如由全省徵收火耗，再給官員們發養廉銀。

先收再發，看起來似乎在環節上麻煩了些，但把「州縣存火耗以養上司」變成了「上司提火耗以養州縣」，性質不同，結果大不相同：上司沒必要繼續勒索屬員，也不會再對屬員的橫徵暴斂睜一隻眼閉一隻眼；州縣官無法以孝敬上司為藉口苛征鄉里，也不能再對火耗多扣多留。

康熙生前的擔憂之一，是一旦提解火耗，定出每兩稅銀加多少的限額，就會把不是正稅的火耗當作正稅徵收，讓本屬於私征性質的火耗合法化，同時也容易讓人產生增加賦稅的感覺。內閣奏議延續了這一認識，高成齡則指出火耗歸公不是要增加賦稅，而是要少征，況且實行歸公後，州縣官員所得到的養廉銀都有定額，他們知道即使加耗再多，養廉銀也不會多留給他們，也就不會濫征了。

內閣奏議中提醒皇帝，火耗合法化將可能使屬員變得貪婪，不是大臣教育屬員的應有之道。高成齡說難道像現在這樣，讓大臣暗中收禮，甚至接受賄賂，就是教育屬員的應有之道？你們這是沽名釣譽，嘴上說得好聽，實際是聽任州縣官狂收濫派，置百姓的死活於不顧。真正的應有之道是說敞亮話，辦明白事，既承認火耗的存在，也承認官員們得居家過日子，而且得過好日子，透過公開地給他們分配養廉銀，讓他們共受皇上的恩賜。

高成齡的觀點句句敲在雍正的心坎上，他把高成齡的奏摺交給朝中大臣討論，討論後再重新上報。與上次九卿開會不同，這次雍正明確了支持高成齡，實際也就是支持火耗歸公的態度，他一面要求眾人在討論時務必平心靜氣，秉公執正，一面發出警告，說如果討論過程中有人或挾有私心，或意氣用事，或淆亂是非，那麼他就要不客氣地從中間抓出一兩個人來教訓教訓了，「於此一事，必有一二獲罪之人也」。

眼看著皇帝已把打人的大棒握在手上，「禁提派」的聲勢立即遭到削弱，但火耗歸公這件事實在太大，不僅關係到每個官員的切身利益，也涉及他們平時所持的政治理念，所以反對的聲音依然不少，吏部右侍郎沈近思甚至當眾與雍正爭吵起來。

沈近思並不是第一回和皇帝抬杠。明清以儒家學說為社會的主流價值觀，雍正信佛和引用僧人進入帷幕很自然地與之相抵觸，為了避嫌，雍正在基本剪除皇子黨、年隆集團後，就發佈上諭，宣佈不用僧人贊襄政務，但他對佛學仍不能忘情。沈近思年輕時當過和尚，雍正有一次饒有興味地問他：「你必定精通佛教宗旨，不妨陳說一些。」

沈近思屬於那種主張獨尊儒術，排斥佛教的正統漢族官僚，他當即沒好氣地回奏道：「臣少年潦倒時逃於佛門，待到進入學堂，專心於經世之學，以報效國家，哪有閒情顧及佛學。」

沈近思反過來勸雍正也少關注點佛學，多在意點政事：「臣知道皇上聖明天縱，早悟大乘之學，但是萬機庶務，係於聖躬一身，是以臣願皇上為堯舜，不願皇上為釋迦。」沈近思講的都是正經儒家大道理，即便雍正貴為皇帝，當著眾人的面也無法反駁，只得強作笑容，改口說你講得對，太對了。

沈近思的思想既然這麼正統，在火耗歸公問題上當然不可能不與康熙的那一套接近，他認為實施歸公後將使得火耗與正規稅收沒有區別，不是善法，此例一開，後果嚴重，「今日則正項之外又添正項，他日必會耗羨之外又添耗羨」。他還說，別人可能對此瞭解得不夠清楚，他做過縣令，所以知道火耗歸公必不可行。

雍正聽了很不高興，立即問他：「你做過知縣，是否也收過火耗？」

「收過，不過那是為了養活妻兒老小，沒有辦法。」沈近思無法迴避，只得照實答道。

雍正哼了一聲：「你誇誇其談了半天，結果還不是為了一己之私。」

沈近思是個老實人，被雍正將了一軍，急到臉紅脖子粗：「臣不敢為妻兒老小徇私，但臣不能不養他們，否則就絕了人倫！」

看到沈近思幾乎要嚷了起來，大家都為他捏把汗，不過雍正其實並不是一個沒有肚量的人，他也知道沈近思反對火耗歸公，不是純然出於私心，而是擔心火耗變成正稅後又會出現新的附加稅，說到底，還是為他的朝政著想，所以並不生氣，反而笑著自己給自己找了個臺階下：「朕今天算是被沈近思給難住了。」

兩害相權取其輕

朝議期間，山西太原知府金鉷正好入京引見。作為首個試點省的進京代表，金的態度自然受到各方矚目，雍正本以為他會為「歸公派」助上一臂之手，孰料對方並不同意上司諾岷、高成齡的主張。雍正氣急敗壞地問金鉷是不是出於地方官的私心，才反對火耗提解上交，金鉷回奏說：「臣倒不是為地方官遊說，但從來財在上不如在下，州縣是親民之官，多留點銀子給他們，好讓他們知道廉恥。」

除了金鉷，山西籍御史劉燦也上疏對火耗歸公表示反對。劉燦的意見甚至已經越出朝堂，干擾了山西正在進行的火耗改革，雍正為此感到十分惱火，本想予以重罰，考慮到劉燦和「田李互爭案」中的謝濟世一樣，屬於言官，才從寬將其改調為刑部郎中，同時又革去了他兩個弟弟劉煜、劉熥的舉人功名，交諾岷懲戒，以示警告。

見大臣們的討論遲遲無法取得統一意見，還影響了試點省的改革，雍正決定中止討論。一七二四年八月二十四日，他發出上諭，說我讓你們這次平心靜氣地進行討論，結果平心靜氣這一點是做到了，但你們見識過於淺薄，結果還是不合我的心意。

雍正認為大臣們是明知火耗不可避免，卻還掩耳盜鈴，各種裝看不見——難道我雍正不希望「天下州縣絲毫不取於民」嗎？我也想啊，但現實中根本做不到，要解決現實問題，就只能像高成齡所論證的那樣，兩害相權取其輕，「與其州縣存火耗以養上司，何如上司提火耗以養州縣」。

雍正的意圖就是立即把火耗歸公推向全國，而不是試行。在他看來，只要覺得火耗歸公可行就應該馬上行動，有什麼好試的？在這件事上，任何拖泥帶水，顛三倒四，猶豫不決，都是瞎耽誤工夫！

儘管雍正批了大臣們一頓，然而討論也讓他充分感受到了實施火耗歸公政策的複雜性，鑒於連他都不能保證這一政策將來一定沒有弊端，所以他最後並沒有對火耗歸公的推廣做硬性規定，而是說「各省能夠推行的就推行，不能推行的不用勉強」。至此，督撫們都看清了皇帝推行火耗歸公的本意和決心，即便雍正的決定是各省聽其自行，但除山西、河南以外的其他省份還是先後都行動起來。

討論中解決不了的問題，通常都可以放到實踐中繼續進行檢驗，比如有人質疑，推行火耗歸公後可能會加強農民負擔，這就可以用實踐來說話。雍正對此也不無擔心，他從一開始就明確火耗只許減少，不許增加，並告誡說如果有地方官員明知故犯，在應取數額之外加重火耗，「朕必查訪得知，重治其罪」！

事實是，自火耗銀提解上交後，多數地區的火耗率（即火耗占正稅的比率）都有所下降，尤以山西、山東、河南為最。山西的火耗率由原來的百分之三十至四十降至百分之十三，山東的火耗率曾高達百分之八十，最後降到了百分之十六。

河南原先的火耗率比肩山東，也是高到離譜的百分之八十，農民負擔相當沉重。河南巡撫石文焯在任時一邊推行火耗歸公，一邊竭力降低火耗率，不久田文鏡到豫任布政使，對他予以積極協助，並在繼任巡撫後繼續推行這些做法。由於河南各州縣的火耗率歷來多寡不一，他們便沒有在全省做統一規定，但都要求必須按比例把火耗率降下來。截至一七二四年，按平均測算，河南的火耗率已降至百分之十三。

資料顯示，只有個別省份的火耗率略有上升，比如江蘇，但江蘇有其特殊情況，該省是富省，錢糧多，造成原先的火耗率就比較低。江蘇官員可能是看到周圍其他地區的火耗率都比本省高，才悄悄升了上去，這樣也只有百分之十左右（當然由於基數高，火耗銀的絕對數量並不少）。

從全國總的狀況來看，火耗比州縣私征時減少了很多，康熙後期地方官狂征濫派的混亂局面得到根本性扭轉，按照大臣鄂爾泰的評價，火耗歸公「跡近加賦，實則減征」。這對民間來說自然是大有好處的，乾隆朝內閣學士錢陳群就評價火耗歸公實行後，「吏治肅清，民亦安業」。

火耗歸公還彌補了錢糧虧空，並在不增加百姓負擔的前提下，實現了國庫的增盈。康熙末年，國庫空虛，入不敷出，康熙去世時，國庫存銀僅剩八百萬兩，至雍正中期已激增至六千萬兩，增長了七倍有餘。

人生哲學

雍正每天的大部分時間都要用於工作。他通常淩晨四點就會起床，除了閱讀歷史典籍，便是研究治國理政的學問。七點吃早飯，吃完早飯御門聽政，接見大小官員和披覽奏章、處理朝政，一直忙到吃晚飯，晚飯後還要披閱來自各地的硃批密摺，到深夜方能休息。

自雍正執政起，這樣的生活和工作節奏從未有過改變，年年如是，寒暑無間。他最初足不出京城，主要是為了提防皇子黨，怕離開了發生意外。允禩、允禟死後，大敵已除，不需要再提防了，他自己也曾表示適當時要舉行木蘭秋獮，可是卻始終沒有搞，說明他仍然忙得不可開交，以致無暇出行。

如果單看雍正的作息時間表及其大事記，他給人的印象似乎就是一個天生的政治動物，康熙大漠狩獵、射雕逐鹿的雄姿，以及乾隆七下江南、吟山詠水的浪漫，在他身上都全無蹤影。其實業餘生活中的雍正還是個很有情趣的人，在流傳下來的《雍正行樂圖冊》裡，他時而化身陶淵明，在東籬下悠然采菊；時而又扮成東方朔，玩著偷桃的小把戲；時而是深入虎穴、手持鋼叉的獵戶；時而又是仙風道骨、智鬥惡龍的道士……。

在所有這些「真人秀」中，雍正不斷地變換著服裝、道具和角色，反正文的武的，老的少的，飄逸的勇武的，中國的外國的，能演的都演了。最有意思的是他還扮起了西裝革履的洋人，畫中的他頸繫領結，頭戴假髮，唇上貼著八字鬍，臉龐撲粉，活脫脫是一個同時期的西方貴族紳士。據考證，這幅肖像畫確實是畫家以真人為模特兒畫的，雍正當時戴的假髮，是他透過在宮廷服務的法國傳教士，從巴黎私人訂製的超豪華假髮。

清宮內有一處叫作造辦處的機構，隸屬於內務府，專門負責製造或修繕御用物品。造辦處的工務記案檔案名為「活計檔」，透過「活計檔」可以清楚地看出雍正的愛好和品位——他既喜歡中國傳統工藝品，例如香袋、盆景等，同時對一些舶來的西洋器物，像眼鏡、望遠鏡等也表現出濃厚的興趣，因此曾命令造辦處予以大量仿造。

中年以後的雍正視力不太好，為了提高辦公效率，有時既戴近視眼鏡也戴老花鏡，但他所擁有的眼鏡數量和品種之多，已遠遠超出實際需要，換言之，眼鏡在雍正那裡成了一種玩賞物，他也儼然就是個對眼鏡特別入迷的收藏家。

雍正對眼鏡的設計頗有心得，他常常給造辦處下旨，對訂製眼鏡的材質、款式提出具體要求，比如「將水晶、茶晶、墨晶、玻璃眼鏡，每樣多做幾副，俱要上好的」。他對眼鏡框、眼鏡套也有講究，做眼鏡框，有時會指定「其鋼構上節做骨頭的，下節做銅的」，或者在框梁上雕一「壽」字，做眼鏡套，有時會傳旨要求出品刻有壽桃的「壽字錦盒」，或者傳做「繡喜相逢眼鏡套」。

雍正很講究眼鏡的搭配使用。古時按十二時辰計算時間，每個時辰的光線都不同，他讓造辦處的工匠按照不同的時辰，磨出不同度數，顏色深淺也不一的鏡片，以此製成兩套共二十四副近視眼鏡，方便自己隨時更換。

雍正登基後極少離開過京城，連熱河行宮都沒去過，能夠供他日常休閒的地方主要就是圓明園。在圓明園內，很多地方都安放著「千里眼」，也就是現代所稱的望遠鏡，以供雍正觀賞園內的湖山勝景。與眼鏡一樣，雍正收集「千里眼」也同時有著玩賞目的，一些「千里眼」僅從名目上，就能看出其式樣和用料之考究，比如「象牙嘴」、「銅嘴」、「烏目瓶式」等。

除了眼鏡、望遠鏡，雍正的個人收藏品還包括鐘錶、顯微鏡、鼻煙壺、風琴等，興之所至，他甚至親自參與設計，有一次傳諭造辦處負責人：「製作自鳴鐘內輪子的時候，按照朕的指示，做幾件轉盤遮燈，先畫樣呈覽，等朕批准了再開工。」

民間的雍正反對者說他日日酗酒，隆科多受寵時，更曾頻頻與隆科多飲至深夜，將隆科多灌得爛醉，最後令人抬出云云。實際上雍正既無法遠行，也不可能整天躺在醉鄉之中，繁重的政務及其責任心根本就不允許他那麼做，他至多只能像這樣忙中偷閒、見縫插針地關著門在家裡面自娛自樂，擺弄一些小玩意兒而已。

雍正生活中的另一個特點是強調節儉。雍正每次退朝後與臣下們見面閒談，都會提到粒粒皆辛苦，所以大家務必珍惜五穀，絕不能浪費糧食、暴殄天物這些道理。大學士張廷玉當年在內廷值班，常能得到陪伴皇帝吃飯的待遇，他親眼見到雍正吃飯時確實連一顆米粒、餅屑都不捨得丟掉。

勤政刻苦但並非不解風情，追求精緻但絕不鋪張浪費，堪稱雍正的一大人生哲學，而他對養廉銀制度的包容也正是建立在這一心理基礎之上。

養廉銀

清代的俸祿制度延沿自明朝，朝廷在官員的俸薪上非常吝嗇，即便位列封疆大吏的總督，一年的俸銀也才一百八十兩。品級較低的知縣更加可憐，僅四十五兩，按照當時的物價標準，如果他本身沒有家族予以補貼，單靠這麼一點俸薪維持的話，每年恐怕連一家老小都養活不起，更不用說過上稍微體面一點的生活了。

凡出仕的官員，要麼來自科舉，要麼來自捐納，不管原來多麼志存高遠，但透過做官來獲取好的前程和爭取過上比原來更為優裕的生活，應該還是他們中大多數人的願望，結果一做了官，卻發現日子過得如此窘迫，誰能夠堅持得下去？況且，官員不光是要居家過日子，為了把公事辦好，還得花禮金聘請幕僚，打點上司、迎來送往有時也要從俸薪裡開銷，而俸薪又不夠用，難道讓人家貼錢做官？

在這種情況下，大家都只能向被作為「小金庫」的火耗伸手。康熙曾經說過：「所謂廉吏，不是一文不取，如果他們平時一點都不拿的話，那麼日常用度和家人胥吏的費用從何處而來？如州縣官只取一分火耗，此外不取，便可以稱得上是個好官。」可見連康熙都知道，即便是一些所謂的清官，也並非一塵不染，而只是少徵火耗而已，這與沈近思在和雍正進行辯論時，親口承認自己做知縣時為貼補家用，也不得不收取火耗完全吻合。

清初的俸祿制度到康熙朝時已經比較固定，各項政府收入都有需要開支的地方，不是康熙說想掏腰包就掏腰包，想給官員加薪就加薪的，所以雖然他明知火耗已成為愈演愈烈的貪污現象和送禮風的根源之一，但卻只能予以放任，睜一隻眼閉一隻眼。有人提出要嚴厲整肅，他頗為無奈地表示：「倘若對屬吏一概予以督察揭發，被參劾的人就要多得參不盡了！」

火耗歸公後，收入不歸州縣官，而要全部提解上交至省政府，這樣州縣官就失去了一大筆收入，相當於「一夜回到解放前」，若不給他們另闢財源，他們勢必還要再立名目用以搜刮斂財。早在山西巡撫諾岷提出火耗歸公時，布政使高成齡就想到了這一點，他建議將收上來的一部分火耗銀分派各州縣，作為養廉銀，這就是養廉銀的最早起源，而高成齡也成了養廉銀制度的首倡者。

雍正收到諾岷一併發來的密摺後，當即表示贊成，他不僅同意將養廉銀作為州縣官的生活、辦公補助費，而且決定將養廉銀也同時發給州縣官的上司，也就是包括總督巡撫在內的那些省道級長官。

在官員待遇問題上，雍正比乃父更實際，雖然他平時極力勉勵官員特別是寵臣們像自己一樣，加油幹，拼命幹，但不僅不需要他們裝模作樣地做苦行僧，而且還認為他們應當擁有合乎其身份和地位的經濟力量。比如說一個清廉的總督巡撫，如果非得弄到經濟拮据窘迫，連堂堂封疆大吏的體面都沒有，那其實是雍正非常不願意看到的。他告訴所有總督巡撫，說你們應該獲取你們應該得到的報酬，而不傷及廉潔，花費你們可以花費的錢財，而不鋪張浪費，除此之外，過於矯情反而有沽名釣譽和虛偽做作的嫌疑。

養廉銀的數額主要依據官職高低來確定，但無論哪一級，都要比原有的薪俸優厚得多。以河南為例，田文鏡依據本省屬員官職大小，確定了不等量的養廉銀，其中小縣知縣每年可得一千兩，大縣達一千四百兩，是薪俸的數十倍，田文鏡身為一省督撫，可得兩萬八千九百兩，是其俸銀的一百六十倍。

因為各省情況不同，所以田文鏡的養廉銀也僅處於中上水準，在另一個火耗歸公的首發試點省山西，巡撫諾岷的養廉銀高達三萬一千七百兩，是其原俸的兩百多倍。

按照清代的俸祿制度，京官就算是一品京官，每年的俸銀也只有一百八十兩，漢人小京官更是清苦，每年支領的俸米甚至不夠家屬口糧。在養廉銀制度實施一段時間後，雍正傳旨提高京官待遇，漢京官在歲俸銀外，還可領取雙份祿米，這樣他們就不用花大價錢去市場購買大米了，也能滿足家屬口糧的需要。此外，吏、戶、兵、刑、工五部（乾隆即位後又補齊了禮部）尚書和侍郎，以及兼管部務的大學士可以領取雙份俸銀和俸米，多出來的部分即為「恩俸」。

雖然與外官的養廉銀制度相比，無論雙俸銀還是雙俸米，都只是小巫見大巫，但京官是皇帝身邊的人，身份和地位都要超過外官，京官要相對清貧一些，一向被視為常態，如今皇帝能夠想到這樣做，對他們來說已經是一個很大的福音了。

不負人

陋規是明清兩代的一個專有名詞，泛指官員或辦事人員在俸祿外的非正當額外收入，州縣官向上司饋送禮金，以及地方大吏對中央各部進行打點，即屬此類。隨著養廉銀和恩俸制度的推行，雖然官員的正常收入大增，已足以維持其日常開支，但有的官員過去習慣於收取陋規，欲壑難填，雖經三令五申，仍積習難改。巡察御史博濟到江南辦差，向驛站勒索規禮（即陋規），地方大員發現後即行上本參奏，雍正下令將博濟予以革職，並交當地大員嚴加審問。

在禁止京官接受地方的饋贈，也要求督撫不得以此向州縣進行攤派的同時，雍正通令全國，嚴禁接受陋規，說：「倘若誰再私下接受陋規，一定治以重典，而負責管理該員的督撫，也要從重治罪！」取締陋規是件非常得罪人的事，若要根絕，可以說比推行火耗歸公還要難許多倍，即便雍正如此嚴令，各省也不能保證都執行到位，這其中，做得較好的省份是田文鏡所在的河南。

田文鏡的前任石文焯初期不受雍正重視，在實施火耗歸公後，雍正看到他在做事時其實很有膽略和魄力，才予以認同。石文焯不負重望，考慮到如果規禮不除，上司仍向屬員索要禮金的話，州縣必然會在火耗之外再行加派，他在醞釀火耗歸公時，便決定將巡撫衙門的一切節壽規禮予以革除。

田文鏡繼任河南巡撫後蕭規曹隨，繼承了石文焯的一套制度，下令「（一切陋規）自本部院衙門起先行裁革」，在此基礎上，又親作表率，堅決不收規禮，家人僕役在他的嚴格約束下也都不敢越雷池一步，門包小費一概謝絕。

河南人傑地靈，有一些土特產很有名，以往上司都強令屬員交納，稱為「土例」，這些上司的家人在經手時還會像收正稅一樣，從承交人手裡索取門包。田文鏡對此洞若觀火，從出任巡撫起，就以身作則，將屬員送來的土特產拒於門外，同時把禁止官員送禮與取消「土例」連繫起來，發出文告，嚴禁其他官員索取和饋送土特產。

由於在取締陋規方面異常嚴格，田文鏡被許多人視為為人刻薄，不近人情的「酷吏」，屢屢遭到各種攻擊和議論。對他不滿的聲音不只限於河南轄區，包括中央的、鄰省的官民對他也有指摘，甚至有的欽差都在皇帝面前說他的壞話，原因是欽差到豫後田文鏡不向他們送禮，讓欽差感覺自己受到了輕視和怠慢。

田文鏡深知其處境，在給雍正的奏摺中自稱在河南行政舉步維艱，貪墨官吏、枉法士民因難以遂其心願，讓他始終陷於輿論的漩渦之中，「謗騰毀積，物議風生」。田文鏡這種孤立無援的處境及其不避嫌怨、不徇瞻顧的精神，卻恰恰正是雍正最欣賞之處，在硃批中，雍正讓田文鏡不要怕，他們君臣一體，共擔榮辱，「卿之是即朕之是，卿之非即朕之非，其間有何區別」？

你田文鏡做對了，就是我做對了，你田文鏡做錯了，就是我做錯了，也等於說，那些人攻擊你就是在攻擊我，我根本就不會理會！

在處理君臣關係上，雍正並非一帆風順，尤其年羹堯、隆科多兩案讓他留下了足以刻骨銘心的教訓。「朕一生得力處，惟在『不負人』三個字」，他曾經這樣告訴他的大臣們，在他看來，年隆案是年、隆首先背義忘恩，辜負了他，否則的話，他依舊會加以寵幸和愛護。有了前車之鑒後，他始終小心翼翼，就算發現田文鏡值得重用，也不忘時時提醒對方切勿重蹈覆轍：「朕生平從不負人，人或負朕，上天默助，必獲報復。」

讓雍正感到欣慰的是，田文鏡不是年、隆，不管如何得到寵幸，他始終知道自己有幾斤幾兩，清楚臣子之道和分寸所在。田文鏡原籍漢軍正藍旗，正藍旗在下五旗，他很想將自己的旗籍「抬入」上三旗，但即便雍正那樣待他，還讓怡親王允祥對他進行保護，他也沒有冒昧地向雍正提要求，而只是私底下對時任河南布政使的下屬楊文乾透露了自己的這一心情（楊文乾所在的正白旗為上三旗）。

楊文乾後來調到廣東做巡撫，有一年陛見雍正時說到此事，雍正聽後即將田文鏡撥入上三旗，「以示朕厚待賢良大臣的最誠挈心意」，並按其意願，將田文鏡轉為正黃旗。在硃批中，他還責備田文鏡為什麼不早點把這一心思直接告訴君上，說：「君臣之間應有恩有義，什麼心裡話都要照直跟對方說，不要藏著掖著，在這件事上，朕就對你很有意見，為什麼不跟朕說實話呢？……以後再碰到什麼為難和不得已的地方，千萬不能再這樣含而不吐了！」

古代多有君主賞識和寵幸臣下的例子，但像雍正這樣對待田文鏡，平心而論是極為少見和難得的，他對田文鏡說，他這樣做，「不過叫你知道你主子（雍正本身出自正黃旗，所以才自稱主子）為人居心，真正明鏡鐵漢，越發勉力小心就是了」。

一七二七年，雍正讓田文鏡在河南之外兼管山東，為此特設河南總督（又稱河東總督）一職。田文鏡一方面感謝雍正對他的眷遇之恩，一方面也預料到了困難，向雍正坦承：「臣到山東仍照河南一樣行政，山東也會怨聲蜂起。」

雍正給他打氣，讓他兼管山東後只管堅定不移地革除陋習，澄清吏治，其餘不用顧及：「你若信得過自己，放心又放心，就是金剛也不能撼動朕絲毫，妖怪也不能蠱惑朕一點。你自己若不是了，就是佛爺也救不下你來，一定要好好地幹，要細細地想好，怎樣才能不辜負朕，要緊！要緊！」

田文鏡的辦事作風與雍正基本一致，就算雍正不說，他也要那樣做，更不用說還有雍正當他的堅強後盾了，他在奏摺中表示：「臣一如既往，不恤人言，堅決把河南的政策移到山東，以不負皇帝之寵眷。」

與河南相比，山東的規禮名目更加繁多龐雜，州縣官晉謁上司一次，大到巡撫衙門，小到驛道、巡道，都得塞錢送門包，提解地丁稅銀，也要交「部費」等各種費用，每提解一千兩地丁銳銀，就必須花去三十兩雜銀費。田文鏡根據在河南的經驗，知道欲禁州縣的加耗加派，「必先禁上司，欲禁上司，必先革陋規」，於是一口氣剔除官衙陋規達數十項之多，連戶部等中央衙門接受山東糧驛道衙門的規禮，他也直言不諱地向雍正進行了奏報。

雍正對田文鏡出任河南總督後的表現非常滿意，褒獎他「實為巡撫中第一人」，並將田文鏡樹為「模範疆吏」，希望各省督撫都向他效法。

第七章

有一件算我輸

清代筆記中記載了一則故事，河南學政俞鴻圖督學閩中，主持科舉考試，他個人的職業操守稱得上嚴謹，對於抄襲作弊現象防範得很嚴，每次開考都告誡僕人在試院外值班，不得擅自出入於試院，以防止其為考生傳遞消息。不料僕人利慾薰心，暗地裡收取了賄賂，依舊幫助考生作弊，他利用隨同俞鴻圖進出試院的機會，偷偷竊取與考試有關的資料，然後貼在俞鴻圖官服外面的外褂上，藉以帶出試院。等到俞鴻圖脫下外褂，穿著官服出門時，他又輕輕地把資料揭下來傳給相關考生，而俞鴻圖竟然一點都沒察覺。

時間一長，透過作弊得以考取的人越來越多，秘密終於藏不住了，人們知道真相後譁然，俞鴻圖立即遭到其他官員的彈劾。明清時期的主考官如果洩密，乃是大罪，何況還是這種大範圍洩密，朝廷將俞鴻圖處以腰斬，侍講學士鄒升恆受命前去接替俞鴻圖的職務，同時擔任監斬官。

劊子手也有陋規，他們的陋規是犯人要想死得快一些，就得送錢，否則就會讓你在痛苦中慢慢地死去。鄒升恆與俞鴻圖是兒女親家，但他怕自己受到牽連，就沒有把要處以腰斬的事提前告訴俞鴻圖。俞鴻圖被抓到刑場才知道自己被判了死罪，而且還是腰斬，因為缺乏準備，這時他已來不及給劊子手送錢，劊子手就給了他一個慢死……。

人命關天

筆記上說，俞鴻圖被處死時慘不忍睹，他的身體雖然已被斬為了兩段，可是沒有立刻斃命，疼得他在地上亂滾，最後用手蘸著身上的血在地上連寫了七個「慘」字，才逐漸停止呼吸。

鄒升恆在現場目睹此狀，精神上大受刺激，同時他的良心也不免受到責備，回去後就據實向雍正陳奏了事情經過。雍正聽後生出惻隱之心，遂下令封刀，腰斬之刑自此廢除。

在正史上，俞鴻圖雖被判斬立決但並非腰斬，而且也未有雍正宣佈廢除腰斬的明確記錄，不過無庸置疑的是，雍正朝以後的刑罰裡就沒有了腰斬，可想而知，若是雍正本人不表態，它絕不會無緣無故地消失。

腰斬據說自周代就已出現，在兩千多年的歷史長河中，許多名人如李斯、晁錯、方孝孺等都是受腰斬之刑而慘死，雍正以前那麼多皇帝，號稱仁君的不少，但似乎從沒有人像雍正這樣有過惻隱之心，想到過必須徹底廢除這項野蠻殘忍到極點的酷刑。

如果說雍正廢除腰斬尚缺乏文字方面的證實，他對於割腳筋刑法的改動則是確鑿無疑的。根據康熙朝的法律，凡是盜竊犯、逃亡的奴僕、隱匿逃亡奴僕的窩主，都要處以割腳筋的刑法。雍正即位後，認為這種刑法將使受刑者變成殘疾，使用應當謹慎，次年他又說司法機構不能區分輕重，導致現在受此刑的人很多，也起不到應有的警誡作用，因此下令永遠廢除。

由於雍正實行威嚴政治，再加上權力鬥爭、情報網的設置，所以民間一直有他殘暴好殺的流言，傳播者深信雍正「極好殺人，京城凜凜」。雍正在知道這一流言後，感覺啼笑皆非，他拿出十多個死刑案的卷宗，讓人靜心細讀：你一件案子一件案子地看過去，中間有哪一件可以說明我「極好殺人」？有一件算我輸！

十多個案件合在一起，已足以呈現出雍正朝司法的概貌。清代有秋後審決人犯的制度，實際就是給死囚一次覆審的機會，不過在雍正以前，只有京城的死囚才進行三次覆審，地方上的一律立即執行，沒有覆審的可能。雍正即位後為表示對人命的慎重，下令地方處決死囚前也必須三覆審，後來更決定親自審核，親自勾決。

每年秋審到來時，雍正都要先將犯人的供詞看一遍，到勾決之日，再與大學士、刑部堂官等人反覆進行討論，再三再四，然後才降旨定奪。以他給人看的那十多個死刑案件為例，案件來自於六個不同的省份，西至雲南，東至浙江，北至山西，南至廣東，所涉及的犯人年齡、職業各不相同，所犯罪行也形形色色，別說皇帝，就是專業的司法官有時都會嫌麻煩，但雍正在審核時卻極為認真負責，對每個案件的每個口供都看得非常仔細。

在這些案件的死囚犯中，年齡最大的是一名籍貫雲南的寡婦，已經八十二歲了，她的罪狀是夥同三個兒子將一名男子毆打致死，事後還企圖趁夜焚屍滅跡。雲南方面在初審時認定寡婦為主謀，當斬首，其子是從犯，判絞刑。雍正看完該案案宗後，提出兩個疑問：一、一個八旬老婦有何精力和體力去打人，還能搬一大堆稻草焚屍？二、夫亡從子，家中已是長子當家，如果老母有殺人之心，長子應該阻止其犯罪，為什麼卻不阻攔反而相助？

雍正由此判定這應該是一起共同謀殺案，他說就整個案子而言，不是非要讓一個做兒子的負全責不可，但既然是共同謀殺，就沒有理由單單將老婦判得更重，因此下令重審。

在另一件來自江西的案子中，一個婦人與丈夫長期不和，有了情夫，情夫又謀殺了她的丈夫，情夫自然要以命抵命，而該婦人也被判絞刑。雍正結合對供詞的分析，認為婦人事先對謀殺毫不知情，而且她雖與丈夫不和，但仍共同照顧一個八歲的兒子，如果丈夫被殺死，婦人並不會從中得到任何好處，換句話說，她缺乏犯罪動機。雍正認為此案判決有疑問，要求重審。

人命關天，被忽略的細節往往能夠改變案件的性質。發生在安徽的案件就是這樣，弟弟拿起酒罈砸向哥哥，把哥哥給砸死了，弟弟為此被判斬首。雍正從口供中找到並著意推敲了一系列的細節，首先，兩兄弟並不是原來就有仇，關係還好得很，只是這次為了一點小錢才突起爭執。其次，第一個拿酒罈砸向自己兄弟的，不是弟弟，而是哥哥，哥哥砸弟弟，沒砸中，弟弟便隨手撿回酒罈擲回，不巧竟砸中哥哥要害，令哥哥當即身亡，而這顯然不是弟弟事先能夠預料到的。

雍正所得到的結論是，弟弟偶然失手，並非故意或預謀在先，這與一般的謀殺案性質完全不同，當可覆議。

當然，雍正勾決時也不是為避死刑而避死刑。比如有一個福建的案件，案犯偷割別人的稻禾，為了不被發現，竟又將已故胞兄的獨子勒死，企圖嫁禍於人。刑部擬罪時，打算對案犯減等論刑，理由是大清律例中有尊長輩，卑幼輩的規定，而案犯就是死者的長輩。雍正不贊成，他說案犯固然是死者的親叔，但論其兇惡慘毒、喪心病狂的程度，已經超出人倫之外，既然如此，兇手與死者之間還講什麼尊卑長幼名分呢？

雍正指示立即對袒護尊長的相關法律條令進行修改，刑部也由此議定，以後只要碰到類似情形，兇手一律「擬判絞監候處決」。

仁政

在政敵眼中，雍正無疑是個無情、冷血以及毫無憐憫之心的大魔頭。雍正最討厭沽名釣譽、虛偽做作，他也從不說自己有多麼「仁」，但他在執政期間辦過的仁政其實為數不少，「除豁賤民」是當中很著名的一例，與之相比，廢除腰斬或許還真的不值一提。

清代的所謂「賤民」，屬於社會最低層，他們平時從事著卑賤和為人所不齒的職業，也沒有任何政治權利，其社會地位不僅比不上普通農民、佃農、傭工，甚至還不如乞丐。

賤民沿襲自宋、元、明三代，比如山陝樂戶就是明初官員的後代，他們擁護建文帝，反對明成祖朱棣篡位。要說中國歷史上哪些皇帝真正稱得上心狠手辣、毫無教養，包括朱棣在內的幾個明朝皇帝絕對不遑多讓，朱棣篡位成功後不僅將擁護建文的大臣全部予以殘殺，還很下作地將他們的妻女罰入教坊司，充當官妓，以後又驅逐至山西、陝西，但仍勒令世代永操賤業，不得翻身。

一七二三年四月，御史年熙上疏，請求削除山陝樂戶的賤籍，准許他們改業從良，跳出火坑。清代按照儒家正統觀念，對前朝歷史重新做了解讀，山陝樂戶的祖先應為忠義之臣，他們的後代自然也就成了忠義之後，這是年熙在疏中提出的主要理論依據。可是賤民的沉淪畢竟已有數百年歷史，就像腰斬等刑罰一樣，你說它不合理，也已經存在了那麼長時間，儼然成了一種社會習慣，況且中國文化向來都有尊古賤今的一面，類似這樣挑戰社會傳統秩序和觀念的建議，一般御史是不敢輕易涉及的，如果有人提出，就必然有其背景。

年熙的背景和自信來源就是雍正。年熙是年羹堯的長子，雍正對他相當看重，他生病時，雍正曾親自讓人給他算命，為了拉近年羹堯和隆科多的關係，甚至做主將年熙過繼給隆科多做兒子。年熙提請削除山陝樂戶，即便不是出自雍正的授意，也是事先同年羹堯商議過的——那個時候的年羹堯正炙手可熱，與雍正關係極為密切，對雍正的態度和心思非常瞭解。

果然雍正認為年熙的奏議很好，令禮部進行研究。禮部豈會違拗皇帝的意思，立即做出決議：「壓良為賤，是前朝的一個弊政。我朝用教育來感化和啟發民眾，首重禮義廉恥，像這樣有傷風化的事情，切宜革除。」

雍正順水推舟，批准革除山陝樂籍，他同時下令各省進行檢查，若發現有類似賤民，一律准許出賤為良。

山陝樂戶的悲慘生涯是從京城教坊司開始的。在山陝樂戶除籍之時，雍正讓教坊司的樂戶也全部從良，另選精通音樂的平民充當樂工，以後宮中奏樂，一律改由這些樂工來演奏，甚至他將教坊司都改了名稱，稱為和聲署，一段黑暗歷史從此宣告終結。據記載，樂戶除豁，「令下之日，人皆流涕」。

看到皇帝對賤民的事這麼上心，大臣們當然知道應該怎麼做。幾個月後，兩浙巡鹽御史噶爾丹寫來奏摺，說浙江紹興府有一種「惰民」，情形與樂籍沒有什麼兩樣，應該比照山陝樂戶，也革除其賤籍。

惰民也稱墮民，主要分佈於江浙，浙江省內不光紹興府有，寧波府也有，還有一批在江蘇蘇州、常熟一帶。其來源各種典籍記載不一，一種與宋代有關，說他們是南宋大將焦光瓚的部屬，金人入侵時，焦部投降了金人，以後宋金議和，金人為表誠意把焦部全數引渡過南宋，南宋政府除將焦光瓚處斬，將焦光瓚的後代及部下也全部貶為了賤民。另一種說法則起源於元末明初，認為惰民是兵敗後降明的蒙古人後裔，但也有人說是陳友諒的後人和部屬，陳友諒與朱元璋爭天下失敗被殺，他們便一律被貶為賤民。

不管惰民究竟源自哪裡，總之，到明初時他們已被明確載入戶籍，稱為乞丐，但與乞丐不同，他們實際是有職業的，只不過只能從事一些服務性的低賤職業，比如男的當吹鼓手、演戲、抬轎子，女的保媒、賣珠、賣笑。

惰民不單單是職業讓人看不起，按照政府規定，他們不能讀書應舉，不能做官，不能與平民通婚以及平等相處，最過分的是，連居住地區、房屋樣式、穿著打扮、行路乘車都沒有選擇的自由，其處境確實不比樂籍好上多少，甚至還更差。

通向自由的道路

噶爾丹顯然相信惰民源於宋代，如果是這樣的話，在清代社會的道德評價體系中，惰民的先人就是貳臣。儘管噶爾丹也認為，惰民在宋代屬於罪有應得，南宋政府的處置是恰當的，但他同時指出，現在已經過去了幾百年，惰民的子孫繁衍生息，不應該老背著這麼一個包袱，應給其改業從良，走自新之路的機會。

雍正接到噶爾丹的奏摺後，仍先交禮部奏議。這次禮部配合得沒有上次那麼乾脆，他們的意見是惰民以低賤職業糊口，若除丐籍，就是不允許其再從事原來的這些職業，恐怕以後無法維持生活。

雍正見禮部不同意，就直接發話說讓惰民除籍本身是件好事，禮部就不要反對了，經他親自批准，惰民終於還是得以脫離丐籍，轉為了平民。

禮部並不是故意要跟皇帝唱反調，他們的擔心後來也得到了部分事實驗證。按照雍正時代的條件，惰民要捨棄舊業，重找新的職業，確實比較困難，而且當時的社會對吹鼓、演戲、抬轎、保媒等行業也有剛性需求，所以不少人「以生計攸關，乃服務如故」。

與此同時，在封閉的等級制和等級思想的禁錮下，惰民和周圍的人要突破舊俗絕非易事。據魯迅回憶，直到民國建立之初，在他的家鄉紹興還有惰民在給大戶人家服役，而且不與平民通婚。魯迅家也有前來走動幫忙的惰民，他母親對其中一位惰民的女人說，民國建立了，以後我們都一樣了，你們可以不要來了。誰知對方聽了卻勃然變色，憤憤地回答道：「你說的是什麼話？……我們是千年萬代，要走下去的！」

儘管如此，雍正發佈的削籍令還是為惰民打開了通向自由的道路，最起碼，政府對惰民的特殊控制政策已經被取消，只要惰民自己有這個意願，他們就可以按照平民的方式生活，如果與平民發生糾紛，也可以以平民的身份與之對簿公堂，而不用再像過去一樣遭到無端的歧視和打擊。史載，削籍令頒佈實施後，江浙一些惰民都按照政府的規定改業從良，換了其他職業，「無復往來市巷矣」。

賤民不光只有樂戶、惰民。一七二七年，雍正聽說安徽的徽州府有一類人群被稱為「伴當」，寧國府另有一類名為「細民」，他們也都世代從事微賤職業，情況幾乎與樂戶、惰民完全相似。

雍正還聽說了一件匪夷所思的事。有兩個姓氏的人群，民戶和所居村莊的規模都差不多，但甲姓卻有為乙姓「伴當世俗」的習俗，遇到乙姓有婚喪嫁娶，甲姓就要前去「服役」，而且「服役」時還得像奴隸一樣，讓幹什麼就幹什麼，稍有不從，就人人鞭打，苦不堪言。你問他們這個習俗從何而來，有沒有什麼根據或記載，竟然誰都不知道，兩姓之間的這種關係不過是相沿舊俗，習慣使然而已。

雍正又好氣又好笑，他覺得如果這些事是真的，就不該不予理會，遂諭令內閣進行查核並提出處理意見。內閣轉令安徽巡撫魏廷珍進行調查，魏廷珍調查後說在安徽的徽州、寧國確有伴當和細民，不過其中有些人至今仍是大戶人家的奴僕，且有明確文契可考，除此之外，有的是奴僕贖身後所生的子孫，與原主之間早無主僕名分，有的如「伴當世俗」那樣，彼此既無文契，也不受其豢養。

內閣根據調查結果，建議區別對待，除目前仍為奴僕者，或准許豁免為良，或一律不許以伴當、世僕對待。雍正認為內閣的意見妥當，立即批准執行，這也是雍正在御史之外，親自提出和推行的一次賤民除籍行動。

雍正年間，還有本為平民，被地方積習人為壓抑成賤民的例子。廣東濱海地方有一類以捕魚、水運為業的人群，叫作「獺家」，廣東人視之為「卑賤之流」，不准他們到陸地生活和居住。雍正知道後極為同情，說這些人「終身不獲安居之樂，深可憫惻」，他指示廣東當地政府，只要有「獺家」願意也有能力上岸，就要為其提供保護，「勢豪土棍不得藉端欺凌驅逐」。

與「獺家」處境相似的是浙江的九姓漁戶，後者相傳是元末明初陳友諒部屬的九姓後裔，朱元璋建國後便把他們列為賤籍，並不准他們登陸生活。經地方官奏疏，雍正傳令豁其賤籍，允許他們在陸地上從事農業或其他職業。

雍正為什麼熱衷於革除賤籍？史家有很多解釋，有的說他是為了撈取政治資本，有的說是為了維護封建倫理和秩序，還有的說是為了壓抑紳權。這些說法當然都有些道理，但也都有意無意地忽略了雍正在政治鬥爭之外的另一副面孔和人格。

事實上，還是有人注意到了雍正對社會弱勢群體那種發自內心的同情，乾隆年間的《清朝通志》就說雍正對賤民「甚憫之」，所以才會親自主持，「俱令削除其籍」。

對於賤民問題，明萬曆年間的文學家沈德符曾表示不解，說他「不明白為什麼自宋迄今六百年」，賤民仍「不蒙寬宥」。沈德符或許不會想到，自他提出這一疑問後，不僅他所在的朝代始終沒有解決賤民問題，即便又過了一百年，到了清代，賤民也仍然是賤民，其間雖然有君主做過一些釋免，但範圍極小，影響和作用也不大。

直到雍正大頒削籍之令，賤民才終於獲得解放，難怪清代學者俞正燮在研究樂戶、丐戶史時予以高度評價：「本朝盡除其籍，而天地為之廓清矣。」

棘手的難題

未得到解放的賤民固然處境悲慘，但平民、佃戶也不見得日子都好過。在中國古代，田賦、差徭是臣民對於政府的兩項基本義務和負擔，雍正從小接受儒家傳統教育，在儒家的政治理論中，輕徭薄賦向來被視為國泰民安的根本，君主寬政愛民的表現，他當然不會不予重視。有一次雍正查看各省賦稅記錄，發現交稅最多的地方共有兩處，一是江蘇的蘇州府、松江府，二是浙江的嘉興府、湖州府，值得一提的是，它們還不是現在才交這麼多稅，其繳納重稅的歷史竟然已長達數百年之久。

這是一段與惰民、九姓漁戶起源相同的歷史。元末明初，陳友諒與朱元璋抗衡，以蘇、松、嘉、湖四府為據點進行固守，朱元璋取得天下後便歸罪於四府，加重其賦稅。清襲明制，清初時僅蘇、松每年就必須交稅數十萬兩，老百姓負擔非常沉重。瞭解這一典故後，雍正評點說，就算陳友諒擋了你朱家的路，那也只是陳友諒一個人的罪過，怎麼好怪到百姓頭上去呢？「是洪武之苛也」，這姓朱的也太刻薄狹隘了！

雍正首先向蘇、松下達了免稅令。詔令一下，蘇州每年免六十萬兩，松江免十五萬，兩地居民聞訊敲鑼打鼓，歡天喜地進行慶祝。兩年半後，嘉、湖也得到減稅待遇，賦稅各被免掉了十分之一。

江浙本屬富裕地區，即使原先的賦稅重，老百姓可能也就覺得艱難些，還不至過不下去，其他地方就一樣了，從康熙年間起，不少地區的居民便「逃亡過半」，有的地方甚至「逃亡者十之九」，原因就是貧民負擔不了差徭，只能一逃了之。

田賦、差徭歷來都是分別徵收的，簡單來說，田賦收的是土地稅，差徭收的是人頭稅，所以也稱丁役。在清代稅額中，丁銀的數額相當大，少一點的有四成，多的甚至達到六成以上。康雍時期社會穩定，人口和土地的開墾面積都有了較快的增長，但人口增長的速度永遠比土地增加的速度快，人均土地也就越來越少，據統計，從一六八五年至一七一七年，三十多年時間裡，全國人均土地已由平均三十畝下降至二十五畝。

地少甚至無地的貧民急劇增加，他們收入極為有限，交不起丁銀，除了逃亡根本就沒別的辦法可想。鑒於在糧、丁分征的體制下貧民逃亡問題嚴重，一七二三年六月，山東巡撫黃炳向雍正提出奏議，主張將丁銀攤入田畝徵收，有地則納丁銀，無地則不用繳納，以解民困。

雍正不但沒有接受黃炳的建議，還責備黃炳不該冒冒失失地越出職權——你老老實實地把你山東一省的刑名錢谷辦好吧，那才是正事，不要呱呱一張嘴，動不動就拿如此重大的國家議題過嘴癮！

雍正板著臉做出不願一聽的樣子，卻並不等於他內心不受觸動。說實在的，黃炳的建議絕不是什麼新觀點新主張，康熙朝就有人提出要搞攤丁入畝了，但是當時反對的聲浪非常大，反對者站在富人立場，認為窮人富人都是人，都應承擔差徭，將丁銀併入田賦，等於是讓富人代賠窮人的丁銀，有失公平。

康熙本有心對賦役制度進行改革，但見辯論雙方相持不下，也只得把這個棘手的難題暫時擱置下來，結果到臨死前也沒能拿出一個令各方面都滿意的辦法。

雍正是個極具使命感的人，他當然不會容許任何難題在自己任上繼續拖下去，之所以否決黃炳只不過是覺得眼下實施攤丁入畝在時機上尚不成熟，還不能僅憑一個封疆大吏的一面之辭就進行決斷而已。

一個月後，直隸總督李維鈞再次奏請攤丁入畝，並請求雍正批准他在直隸進行實施。一樣的主張，一樣的訴求，一樣的理由，雍正卻沒有像斥責黃炳那樣斥責李維鈞，而是把李維鈞的奏章交給禮部討論，並在給李維鈞的硃批上表示，攤丁入畝是可以考慮的，只是不要推行得太急，最好是等到農田豐收的時候實施，那樣擁有田地比較多的富人也比較好接受一些。

戶部站在專業角度上進行討論，很快同意了李維鈞的意見。為慎重起見，雍正又令其他部門和李維鈞共同商議，解決了諸如土地按好壞等級攤入等技術性問題。

一七二三年十月，雍正批准第二年在直隸先行實施攤丁入畝，但讓人始料不及的是，作為該政策的建議人和未來的實施者，李維鈞自己卻又突然變得猶豫起來。

李衛當官

和火耗歸公、養廉銀等帶有雍正標誌的新政改革一樣，攤丁入畝所產生的後果將是顛覆式的，這一制度實施之後，可以預計的情況是，誰的土地越多越好，交的稅也就越多，誰的土地越少越差，交的稅就越少，無田者或佃戶則不需要交納任何賦稅費用。

它實際上是一種調劑貧富、利貧損富的辦法，正如雍正在上諭中所說：「丁銀攤入地畝一事，於窮民有益，而於紳衿富戶不便。」

雍正明白的事，他的臣僚豈能不知，李維鈞害怕有權勢者或政敵拿著攤丁入畝這件事做文章，對他進行攻擊，到時如果雍正再反悔，說都是他李維鈞一個人要做的，那他就慘了。

李維鈞其實是多慮了，雍正不是那種瞻前顧後、優柔寡斷的性格。對於一件事，他要麼還沒想好，一旦有所把握，認準了可以幹，就會不怕艱難，不顧阻撓，一往無前。當李維鈞發出密摺，奏稱自己遭到「權勢嫌怨」，感覺十分孤立時，雍正馬上告訴他：「照直去做，坦蕩蕩不要有任何心理壓力。如果你信不過自己，那就是信不過朕，朕難道是那麼容易被其他人蠱惑的嗎？」

得到雍正如此明確有力的支持，李維鈞這才安下心來。直隸是攤丁入畝制度的試點省，之後山東、雲南等省也緊跟其後，使得該制度開始由個別省份向全國普遍推行。

作為清代賦役制度的一項重大改革，攤丁入畝對雍正年間的社會發展起到了很大的推動作用，最突出的反映就是人口增加了。資料顯示，在康熙五十年即一七一一年，全國人口還只有兩千四百多萬，至雍正十二年即一七三四年，全國總人口已達到兩千六百多萬，增加了兩百多萬。人口增長的原因很多，比如經濟振興，兒童的出生率亦有所增加等，但主要還是與實施攤丁入畝有關，因為攤丁入畝以後，不徵人丁稅，勞役負擔也免除了，老百姓用不著再隱匿人口。

一個不容迴避的事實是，各省在推行攤丁入畝的過程中確實受到了很大阻力，浙江就是典型例子。一七二四年，當浙江計畫在全省範圍內實施攤丁入畝時，省城杭州一些田多丁少的富人堅決不同意，他們糾集了百餘人到巡撫衙門喊叫阻攔，巡撫法海驚恐不已，只得表示暫不實行。無田的貧民知道後更不滿意，認為富人「阻攔攤丁」，而巡撫姑息養奸，於是也「聚眾鄉民，圍轅吵鬧」，或者「聚眾進城，鬧至縣堂」，一直鬧到了法海被撤職為止。

浙江本可被稱為攤丁入畝的先驅。早在康熙年間，寧波府農民就提出了「隨地派丁」的主張，另有兩個縣的無產業百姓和外來流寓人員表示承受不起丁役，要求賦稅時不要把人丁考慮在內。至計畫全省實施攤丁入畝時，部分州縣實際已經在試行當中，但就是因為遭到部分紳衿富戶的反對，全省計畫屢屢受折，包括法海在內的兩任浙江巡撫也都對此束手無策。

就在大家都覺得搞不定的時候，李衛上陣了。

終雍正一朝，最受皇帝寵幸的漢臣莫過於田文鏡、李衛，但雍正喜歡李衛的程度應該還在田文鏡之上。李衛的出仕方式與田文鏡相同，都沒有經過科舉，而是透過捐納走入了官場，不同之處是田文鏡乃漢軍八旗，李衛非旗籍，且出身豪族，家裡很有錢。

李衛的先祖在明初以軍功起家，世代承襲錦衣衛一職，後由浙江遷至江蘇定居。世人對李衛向有「公不甚識字」的批評，他自己後來也向雍正承認：「臣孤失學，不習章句，緣從母命，訪擇塾師，僅能講說《通鑒》，粗知古人行事。」

就是說，李衛雖然上過私塾，但從小讀書不多，除了對《資治通鑒》瞭解得多一點，對於四書五經以及參加科舉考試的必要技藝，根本就沒下過功夫。

可想而知，如果要讓李衛參加科舉考試，那是絕對沒戲的。好在家裡什麼都可能缺，就是不缺錢，讓他以國子監學生的身份，捐了個兵部員外郎。

康雍時期有很多捐納出身、目不識丁的大吏，所以李衛當官並不稀奇，他官當得也不錯，頗得上司認可。兵部右侍郎田從典對他大加稱讚，說：「非常才也！此席他日屬君矣。」——你可不是一般的人才啊，我的位置以後一定是你的！

李衛三十歲那年，正好碰上青海用兵，國家急需用錢，李家就拿錢出來，先給他買了個監生資格，然後

兩年後，李衛升任戶部郎中，到了新的部門後，他幹得同樣出色，張廷玉評價他在戶部「遇到複雜的疑難問題，能夠代替上司裁決，且都處理得清清楚楚、明明白白」。

有一年山西鬧饑荒，李衛以戶部專員的身份隨左都御史朱軾前往賑災，朱軾也就成了他的臨時上司。在山西期間，李衛輔助朱軾悉心籌畫，救活的人難以計數，與此同時他又保持著極佳的操守，不論經過哪個郡縣，即便當地只請他吃頓飯都拒不接受。朱軾看在眼裡，回京後便向康熙舉薦，康熙感慨地說：「在部屬各司的官吏中，像李衛這樣實心任事的人，已經沒有幾個了。」特授李衛為直隸巡道，不久，又保留道員銜仍回戶部辦公。

從這時候起，有一個皇子就注意起了李衛，這名皇子就是允祥，他在雍正面前竭力推薦李衛，稱李衛「才品俱優，可當大任」。

大鬧天宮

雍邸時期的雍正一開始並沒有聽說過李衛，直到允祥力薦，才知道有這麼一個人。經過瞭解，他發現允祥對李衛的推重確非言過其實，李衛所做的不少事情都令人刮目相看。

有一位親王分管戶部，規定戶部所收繳的白銀，每千兩就要額外加收十兩作為損耗。李衛堅決反對，多次諫阻，但親王執意不聽，李衛就將收來的損耗銀用一個櫃子裝起來，櫃子外面註明這是某某親王的「贏餘」（即額外收入），然後將銀櫃抬至戶部東廊，讓進出的人都能看見。此事讓親王很是震驚和尷尬，只得下令停止了克扣行為。

另一件事也反映了李衛不畏權勢的剛直性格。這位親王王府中的歌伎殺了人，李衛奉命同刑部一起對其進行會審，刑部因為涉及親王，便有意寬縱，想把事情拖下來，然後不了了之。李衛不幹，跟刑部爭吵起來，逼著刑部儘快開審。李衛的同事勸他說，即便刑部開審也不要急著去，這樣好給刑部和王府都留點面子，李衛聽了反而早早就趕去會審現場，總之是非把罪犯繩之以法不行。

李衛的這種性格脾氣和作風，令雍正很是欣賞，一登上大寶便任命他為雲南鹽驛道。李衛是個孝子，奏稱因母親年老，做兒子的不宜遠行，所以想辭去這一職務。雍正下諭說：「朕新政不久，萬里外邊疆重地，無信任的人可以委派，你千萬不能推辭！」他還勉勵李衛到任以後，一定要澄清吏治，對一些不合理的制度實施改革，同時可以隨時就當地所發生的情況向他單獨進行報告。

李衛遵奉旨意，到雲南後一邊詳查鹽務，一邊用密摺向雍正進行詳細彙報，結果他發現雲南鹽課存在嚴重虧空，積欠竟達十一萬餘兩白銀之多。

食鹽是人們生活中的必需品，也是古代重要的利稅來源之一，在清初的各項財政收入排名中，鹽課僅次於田賦，列於第二位。雲南的井鹽和岩鹽資源豐富，有著兩千餘年的產鹽史，到清代時，鹽稅占全省賦稅收入的比例已接近三分之二，雲南鹽課虧空的主要原因是官員們利用職權營私舞弊，中飽私囊，甚至有官員在其任內對挖出的鹽井也隱匿不報，竊為私有，其橫行不法、蒙混瀆職的程度堪為全國之冠。

號準了脈之後，李衛立即從吏治著手進行大力整治，其間不管牽涉到誰，一概追究到底——在京城都跟親王對著幹了，現在到了西南邊陲，又能怕你們誰？

李衛在雲南官場大鬧天宮，所過之處彷彿被掃蕩過一般：對鹽務官員進行嚴查，所有已查出有貪污行為的官員負責分攤虧空的銀子；雲南前任巡撫甘國璧私自挪動鹽課，從中取用資金，雖然甘國璧本人已離滇，但他的兒子還在雲南，那就父債子還；有官員在拜謝上司時，曾從鹽課中挪了六百兩銀子使用，如今必須一文不少，即刻歸還。

李衛此時才剛剛三十八歲，比田文鏡小足足二十四歲，他的性格也與田文鏡不同，田文鏡較為守斂持重，他則豪放粗疏，不拘小節，加上又要「大鬧天宮」，與上司同僚的關係難以融洽，自然很容易引起各種非議。雍正知道李衛的性格弱點，在李衛從雲南發回的第一批奏摺中就對他說：「朕對你的忠誠勤敏沒有顧慮，不放心的地方，就是怕你的少年鋒銳之氣太盛，又報效心切，在和上司同僚相處時太過強勢，以致招來倚仗皇帝撐腰，輕狂放縱等議論，我可不希望這樣。」

在要求李衛戒除身上的壞毛病，學會謙虛待人的同時，雍正也不忘對李衛進行保護。雲貴總督高其倬上奏抱怨李衛這個屬下「輕視同官」，「往往盛氣凌人」，雍正批諭「此人心腸、本領是個好的」，他讓高其倬代替他就近對李衛進行包容和培養，「琢磨他，期於上進，莫負朕惜才之意」。

高其倬是個官場老油條，見雍正態度如此，馬上唯唯諾諾，不再瞎嘮叨了，而有皇帝親自擋槍，李衛身上所承受的壓力毫無疑問被大大減輕。在履任八個月後，他治鹽的成效也出來了，虧空不僅從鹽課的帳本上完全消失，而且還盈餘了三萬餘兩。

雍正接到報告後十分高興，誇獎道：「你為人剛直，忠誠無私，處理公務也勤勉機敏，對此朕非常瞭解……到底沒有辜負朕對你的賞識和提拔。」他讓李衛再接再厲：「一切但放膽去做，自有朕做主。」

經過李衛的整飭，雲南鹽務虧空陸續得以完補，連高其倬也在奏疏中說：「李衛在雲南，鹽政煥然一新，一切皆盡心料理。」

雍正盛讚李衛是「國之偉器」，除頒賜親書「公勤廉幹」匾額以及人參、貂皮等物，還升任他為雲南布政使兼理鹽務、銅礦事務。

並沒有什麼大不了的

還在「田李互爭案」發生前，雍正就不是很介意官員的出身，而是更看重對方的實際才幹。他認為科舉取士，只能看出一個人適不適合應試，至於這個人的人品好不好，實際才能如何，卻是完全看不出來的，所以他主張選拔任用官員，「不可盡以科甲為人才，而視他途為市井小人」。

與此同時，雍正對官場論資排輩的風氣也極為反感，說循資按次、照例選用的官員往往都不合格，「庸碌無能者有之，年老衰憊者有之，少不更事者有之」，讓這些人做官只能造成政務廢弛。為了創造嶄新的政治局面，雍正按照「宜廣其途，以為搜羅」的思路，在傳統的選官制度和模式之外，一再打破出身和資歷的限制，竭力為他所看中的賢才創造脫穎而出的各種條件和機會，從田文鏡、楊文乾等人，再到李衛，莫不如此。

李衛升任布政使後，雍正特賜摺匣一個，使他享有了超出職權之外的特別奏事權。其間，李衛曾奉旨奏議黃河治理，他對當時的河道總督齊蘇勒不滿意，便請求雍正訪尋「深知黃河水利，實有經濟」的人去總理河務。又有一次奉旨論用人，李衛把過去在戶部的老上司都評點了一番，說原戶部尚書趙申喬精熟錢谷吏治，但他把精力都放在細枝末節上，對重大事務和政策反而把控不好，又說戶部侍郎張伯行與趙申喬相仿，人很清廉，可是一樣不善統籌，「密於小而疏於大」，往往被壞人鑽空子。

不論齊蘇勒還是趙申喬、張伯行，都比李衛的現有職位和品級要高，雍正讓李衛直言不諱地談論對他們的看法，一方面是用作下一步用人行政的參考，另一方面也是信任李衛的一種表示，換句話說，李衛從這時起就已被正式納入了雍正的近臣圈子。

信任和重用是一方面，另一方面在自己的允許範圍之外，雍正並不希望李衛放縱和妄言，也期待著他改正身上既有的一些毛病。可是俗話說得好，江山易改，本性難移，李衛就算是升了官，也還是保持著原來的老樣子。有人密參李衛四款罪，說他私下居然稱呼雲貴總督高其倬為「老高」，巡撫楊名時為「老楊」，非但如此，李衛還在節禮生辰時收受川馬、古董等禮物，自己的執事牌子上寫的是「欽用」字樣等等。

李衛這幾個被舉報的罪狀都是可大可小，若往大的說起，「老高」、「老楊」是恃才傲物，對督撫上司粗魯無禮，收受禮物是操守和廉潔有問題，而「欽用」直接就是犯了忌諱。有些皇帝如果知道自己的臣下這樣，可能立刻就會以此上綱，但雍正的反應卻很平淡，因為他的思考角度和用人觀與別人並不相同，在他看來，這些事其實並沒有什麼大不了的。

像李衛這樣實心任事，整飭地方的大臣官員，極可能會觸犯方方面面的利益，從而導致其不為周圍的輿論所容。雍正對此非常清楚，他歷來主張，觀察一個官員好與壞，不能只被輿論左右，歸根結底還是要看他有沒有幹實事，以及政績怎樣。退一步說，即便李衛真的在「操守廉潔」上有可被指摘之處，包括其才也足以進行彌補。過去主流社會的用人觀一般都是重德輕才，「與其得小人，不若得愚人」，包括康熙都是如此，雍正則反其道而行之，他認為德才兼備的官員當然是最好的，但如果才能與操守不可兼得，則寧可捨棄不能辦事的所謂清官，而任用那些操守看起來平常的能吏。

當然「重能輕賢，重才輕守」的前提是，必須確保臣下能夠像田文鏡那樣，大節不虧，始終與君王站在一起，「以天心為心」，同時雍正也不相信李衛真像密參者說得那麼糟糕，他懷疑李衛僅僅只是細節上不注意，被人抓住了把柄。為了加以確證，他特命貴州提督馬會伯進行調查：「最近聽說李衛做事輕狂放縱，操守亦不如前，是否如實？你一絲一毫不能顧及情面，也不能存有酬恩或報怨之心，必須據實向朕奏聞。」

對於這樣的奏報，馬會伯自然不敢隨意往裡面夾私貨，在經過一番調查後，他老實回報：「李衛雖然賦性急躁，樣子看上去也有些輕狂放縱，但做事其實並不偏執亂來，操守也依舊不錯。」

雍正一顆心落了地，不過他仍把密參內容轉給李衛，並在硃批中一一告誡：「以後待人接物儘量學得謙虛老成一點，即便是私下的稱呼，也不要不知輕重；雖然你是偶爾收受禮物，也沒有用於損公肥私，但這事還是要檢討一下自己；『欽用』牌什麼，那是你能用的東西嗎？趕快停下來！」

挨了訓的李衛表示他將「謹遵禮法」，「不敢任性，亦不敢委蛇從事」，可是卻又說「若稍避嫌怨，萬難整頓」，顯然心裡還是不服氣：這才多大一點兒事啊，也值得去皇上您那裡打我的小報告？我才不怕呢，我還是要繼續跟他們槓到底！

對於李衛這樣勇於任事、剛直不屈的勁頭，雍正是讚賞的，他擔心的是李衛分不清剛直與傲慢的區別，於是又用硃批加以教導：「不避嫌怨與使氣凌人、傲慢無禮可不是一回事，二者判然兩途。你要勤加修習的東西，惟『涵養』二字最為要緊，你一定要努力做一個完人，這樣才能不辜負朕對你的知遇之恩。」

他的居心是好的

雍正為李衛可謂操碎了心，誰知李衛似乎橫豎與「涵養」二字無緣，他依舊和雲南按察使張謙等人不和。雍正聞訊，就像是父母對待毛病始終改不了的孩子一樣，既著急又有些無可奈何，他囑咐高其倬對李衛嚴加管理，並且說：「李衛是個好材料，就是性格不夠平和，太過意氣用事。你千萬不要因為朕對他信任重用，就過分地屈就他，你是他的上司，這種上下體統是絕不能亂的。」

李衛和張謙的矛盾尚未能夠理順，他和署貴州巡撫石禮哈之間再起紛爭，而且這回的聲勢大到嚇人，兩人甚至到了勢同水火，有你無我的地步。

如同「田李互爭案」時一樣，雍正為了考察官吏的優劣和忠心，往往會加大密摺的使用範圍，透過將一位大臣的密參內容給另一位大臣看的方式，讓官吏們相互督促和揭發。不過出於保護密參者的考慮，密參者的名字勢必要預先裁去，他給李衛看的密參就做了這樣的處理，李衛不能確知到底是誰參了他，而只能進行猜測。

猜測的目標當然主要集中於那些平時對自己有意見或提過意見的人，李衛倒沒有懷疑到張謙身上，他認為最有可能暗算他的人就是石禮哈，於是在奉旨進京，途經貴州時，逢人就「問候」石禮哈的長輩，將石禮哈的祖父一頓痛罵，還說兩人至此勢不兩立：「他參我四次，我亦還過他七次。」

其實，密參李衛目無上司，私底下直稱「老高」、「老楊」，確係石禮哈所為，但其他三款卻與其無關。石禮哈亦非泛泛之輩，與李衛相比，兩人在年輕氣銳，敢做敢為方面極為相像，因此也頗得雍正賞識，他剛到貴州時任威寧總兵官，未幾即署貴州巡撫。做了巡撫的石禮哈同樣恃寵傲物，得知李衛在自己的地盤上到處罵他，如何忍得下這口氣：你既然說都是我參的你，好，我就這麼辦！而且更狠的招還沒放出來呢，你能拿我怎麼樣？來咬我啊！

石禮哈一不做，二不休，向雍正密奏：「李衛在雲南，驕奢放縱，作威作福，不顧公論，專任私情。凡文武官員有要投靠他，想依附於其門下的，便竭力庇護，有與他合不來的，便想方設法除掉。」

如果說石禮哈的前一次密參尚有事實根據，這次明顯是在編織罪狀，故意抹黑。雍正瞭解李衛，他知道李衛雖有種種性格弱點，但為人處世一向光明磊落，更不至於黨同伐異，所以對石禮哈的這次密奏未作任何批示。

雍正從不怠政，他破例不予批示就是一種態度，可石禮哈依然不死心。未幾，他又密摺參劾李衛的前任、原雲南布政司毛文銓，指控其在任時涉嫌貪污。

參劾毛文銓其實只是一個引子或者說藉口，最終目的還是打倒李衛——據石禮哈說，李衛在與毛文銓進行官職交替時，兩人結為兒女親家，從此以後，毛文銓便敬李衛如神明，言聽計從。

石禮哈的言外之意，是暗指李衛可能與毛文銓聯手涉嫌貪污。根據雍正所掌握的情況，毛文銓怎樣且不去說它，李衛則根本就沒有與別人聯手進行貪污的事實。他對這種為了給別人定罪從而捕風捉影的行為很不以為然，當即直接道出了自己對於李衛的看法：「李衛確實有以氣凌人、傲慢的毛病，朕也時常加以教誨，但他也只有這一個毛病，除此之外，他的居心是好的，一心想著要報效國家，才情亦屬難得。」

正如李衛在貴州時放話出來，石禮哈參他四次，他也參石禮哈七次那樣，石禮哈連參李衛的同時，雍正也收到了李衛參劾他的密摺。這讓雍正頗有啼笑皆非之感，他把李、石互參之摺發給雲貴總督高其倬看，說：「人心如此，真堪發一大笑。」

李、石雖然互參，但李衛再怎麼說石禮哈不好，也只是就事論事，甚至於他每次參劾別人，在呈上奏章後都必定會讓人抄寫一份送給被參劾者，以示光明磊落，堂堂正正。石禮哈就不一樣了，在雍正看來，他已經發展到了無所不用其極的地步，這也讓他在雍正心目中原本不錯的印象大打折扣。

雍正見過大臣們相互攻訐的現象太多了，如果只是因為與對方有矛盾，在密奏中表現得情緒化一些，並不難理解，他唯一無法接受和容忍的就是罔顧事實，他認為這不僅會影響他做出正確判斷，也暴露了對方的人品。為此，他在硃批中對石禮哈進行了嚴厲批評：「看過你參李衛的摺子後，朕很看不起你這種孟浪無知的做法，對你的器重之心也因而減去了大半。你要記住，一個做臣子的，心中一絲一毫都不能存有嫉賢妒能之念。」

多年後雍正讓另一寵臣鄂爾泰評點李、石相爭案，鄂爾泰評論道：「論心地，李衛頗為正直，石禮哈則近乎狡譎。論人品，李衛沒得說，石禮哈卻較為低下。」鄂爾泰提供的說法應該是較為公允的，實際這也是雍正當年對李、石的看法。

鑒於李、石互不相讓，又都不肯改正自身的缺點，雍正決定用人事調整的辦法來解決矛盾。他認為李衛既難以和西南的上司同僚搞好關係，便不適合繼續留在西南，只能調往其他省任巡撫，讓其獨當一面，以觀後效。至於石禮哈，為了個人恩怨，竟然不惜在公事上潑別人髒水，這樣的人，反而不能讓他獨當一面，但調往其他省也不妥。最後雍正做出的處理是，將李衛調往浙江擔任巡撫，取消石禮哈署貴州巡撫的官銜，仍任威寧總兵官。

李、石的一升一降間，可以明顯看出雍正的傾向性，某種程度上，他也是在以此與未來賭博，他要看看他的鑒人有術是否真的能夠像他所自信的那樣，達到精準無誤的程度。

大爺我只會武的

明清時期，浙江是財賦要區，有道是「天下財賦，半出江南」，但同時它又是海上門戶和當年南明小朝廷的根據地，至雍正年間，南明殘餘勢力也仍在當地從事反清復明的活動，其重要性和複雜性不言而喻。李衛看上去渾身是膽，就沒有他不敢做的事，但對於擔任浙江巡撫，也覺得責任過於重大，為此曾以「無巡撫之才」婉謝（當然沒有能夠獲准）。

任職浙江後，李衛首先要解決的就是被暫行擱置的攤丁入畝問題。一七二六年八月，正當他準備在全省實施這一政策時，又再一次遭到了激烈反對。時值鄉試，擁有土地較多的紳衿聚集了一千餘人到錢塘縣衙請願，不許推行攤丁入畝，而地少丁多的貧民也向政府施壓，他們聚眾鬧事，將當街鋪面上的瓦片扔下去，逼迫商人罷市。

前任巡撫遇到這種情況，往往是與鬧事者講道理，道理講不通，便只能答應暫不實行。李衛不一樣：我本身都不識幾個字，還跟你們來文的？大爺我只會武的！

半句廢話都沒有，李衛直接動手，把鬧事者抓了起來，剩下的人都傻了眼，誰也不敢再跟官府叫板了，十幾年來在浙江一直爭執不定、久施不決的攤丁入畝制度迅速在全省得到推行。

對於李衛而言，鎮壓鬧事，推行改革只是小菜小碟，真正讓他大顯身手的還是整治鹽務。李衛在雲南就當過鹽官，但浙江的情況與雲南不同，如果說他在雲南整治鹽政必須側重於吏治的話，那麼在浙江就必須側重於打擊鹽業的走私。

在古代，政府為增加稅收，規定食鹽不得私賣，而公賣的食鹽價格至清代時已達到成本的三十倍，如此驚人的利潤，使得私鹽也營運而生。私鹽比官鹽便宜得多，自然影響官鹽銷路和國庫收入，因此歷朝歷代，政府都要出動力量，對私鹽加以取締。

清代劃分十幾個鹽區，浙江沿海是產鹽大區之一，浙鹽行銷浙、蘇、皖、贛四省，所徵鹽課是浙江省的重要收入來源之一。可是浙江鹽區的走私情況也非常嚴重，由於打擊走私不力，在很長時間內，私鹽竟然可以公開叫賣，像上海（時稱松江府）那樣的新興城市，市場上已經全部都是私鹽，官鹽「片鹽不銷」，一斤都賣不出去。

私鹽的氾濫不僅直接造成官鹽滯銷，使得浙江鹽務出現虧空和財政收入大減，而且也使地方治安受到了影響。經過一番調研，李衛決定採取標本兼治的辦法對食鹽走私進行整治。

官鹽在市場上不受歡迎，價高是最主要的因素，要降低官鹽價格，就必須控制成本。古時以製鹽為業的人戶被稱為鹽戶，鹽戶一般情況下都是各自獨立設灶煎鹽，為節省製鹽的成本，李衛一面將攤丁入畝制度同樣推行於灶地，一面鼓勵鹽戶並灶煎鹽。

私鹽販子自己不會生產鹽，其私鹽也需從鹽戶手裡進行購買，而鹽戶之所以違反政府規定，將鹽賣給他們，大多又與管理鹽場的場官收受賄賂、管理廢弛脫不開干係。李衛軟硬兼施，除提高場官地位，用功名前程來引導他們，使其重名忘利，還對場官嚴加約束，一旦查明不稱職者即永不起用。

當時浙江省的松江、台州、溫州三府的鹽場產量最大，在政府計畫收購之外，鹽戶往往還有不少餘量，所以透漏出去的私鹽也最多。李衛具體情況具體對待，奏請朝廷發放帑銀也就是國庫銀，專門用於收購三府的餘量鹽，然後再銷給本地的漁民，這部分鹽也被稱為帑鹽。

在控制成本、儘量堵住私鹽的流出管道之後，緝私便成為關鍵。浙江海寧縣長安鎮是私鹽販子出沒最為頻繁的一個通道，李衛在此鎮設立了巡鹽千總，專門負責緝拿私販。與之相應，針對緝私過程中各官敷衍塞責、相互推諉的狀況，他又設立了緝私道員，後者對於治內鹽務大案擁有審理權——既然你們對於緝拿私販都一推三六九，那我就專門找人來管這件事！

浙江鹽區的私鹽既有浙鹽，也有從兩淮鹽區透漏的兩淮鹽。兩淮鹽價格低廉，對官鹽的威脅最大，特別是在江蘇，因為與兩淮鹽區靠近，私販紛紛將兩淮鹽越區運到江蘇販賣。

私販有高額利潤可賺，相應也就有能力大量購買武器和招募武裝人員。清以前的很多造反大王，比如唐代的王仙芝、黃巢，明代的張士誠，都是實打實的大鹽梟，要打擊他們這些人，從來都是件吃力不討好而且極為危險的事。江蘇官吏認為鹽課收入反正與本省的財政收入無關，便樂得採取不聞不問的態度，浙江官吏倒有心打擊私鹽，然而往往又鞭長莫及，徒呼奈何。偶爾上面追查下來，江蘇官吏為了交差，也會對私鹽販子進行緝捕，但抓到的往往都是出貨量僅一升兩升的小販子，真正的大鹽梟仍然逍遙法外。

在這種情況下，李衛認為必須跨省兼理鹽務，否則無濟於事，於是便向戶部奏請關防，卻沒有得到批准，李衛再以緝私急需為由呈請，戶部仍不給予關防。

退而求其次

李衛緝私，等於是為國家增加財政收入奔忙，跟戶部直接相關，為什麼戶部還不同意不支持？其實也沒別的原因，就是戶部官員都看不慣李衛那種「我是救世大英雄，你們都要給我當助手」的嘴臉。雍正知道後，一語道破，說李衛對此也有責任，性情太驕傲了：你以前是戶部的人，但現在戶部是你的上級機構，還是要尊重人家嘛。

儘管如此，雍正依舊對李衛毫不瞻顧，一心要把事情幹好的勁頭表示欣賞，他直接指示戶部，說李衛奏請關防是業務需要，不要阻攔，馬上頒給。

拿到關防，李衛即通盤籌畫，在足以決定浙鹽銷售成敗的蘇、松、常、嘉四府（江蘇的蘇州府、松江府、常州府，浙江的嘉興府）對兩淮私鹽進行嚴堵，盡力保障浙鹽的銷路。

要取得打擊走私的徹底勝利，就要主動出擊，向大鹽梟宣戰。打大鹽梟是要操傢伙動武的事，有的白面書生出身的文官可能會覺得提心吊膽，然而李衛卻是興味盎然。

史載李衛身高六尺二寸，若用現代社會的長度單位換算，已接近兩米。除此之外，他身材魁梧、膀大腰圓、膂力過人，而且自幼習武，練就了一身本領，早在任雲南布政使時就曾親自入山，擒獲了兩名為害一方的山賊。

李衛的祖先在明代是以軍功起家的武將，李衛自己雖然以文臣為職業，但平時也愛琢磨武事，常有以武定國的志向。雍正將其調任浙撫時，他認為自己不能勝任，想讓雍正給他調換的官職就是「總兵武弁」。他還建立了一個勇健營，招募兵勇，教兵勇們練習搏擊拼刺之術。每當進行野外演習的時候，他都要身披金甲，手持一柄鐵制的爪杖，親自登臺進行指揮，兵勇則拿著武器，按照他的指揮像模像樣地「衝鋒陷陣」。

李衛對領兵打仗十分嚮往，以至始終念念不忘。在浙撫任上，他曾兩度請纓，一次是提出想當提督或總兵，「專心緝盜練兵，準備征戰，隨時效命疆場」，沒有得到同意。第二次是母親過世，他再度上奏，說母死已無牽掛，願效力西陲，硃批依然是：「但願此等處不用卿也。」

雍正對李衛說，我知道你素來想從軍，也深諳武備，但邊防上暫時還沒有這種需要，而且按照我的想法，也不應該把你用到那方面去，言外之意，李衛做文臣所起的作用會更大。

不能到邊疆保家衛國，便只能退而求其次，透過在家裡剿匪過過癮了。在當時需要打擊的大鹽梟中，以沈氏的勢力為最大，此人既有武藝又有膽量，部下數百人，大船也有好幾艘，經常用船滿載私鹽，在江浙平原縱橫來去。官兵前往追捕，一再敗北，沈氏因而變得更加囂張不可一世。

打不贏和抓不住鹽梟，說明緝私隊伍的力量需要加強。李衛發現千總韓景琦擅長捕盜，他不僅予以重用，還讓自己的小妾拜韓景琦為義兄，以拉近雙方的關係。韓景琦知恩圖報，遂用盡全力對沈氏實施抓捕。清代的江南民間完全是個江湖社會，江湖風氣非常濃厚，即便如鹽梟，其實也算江湖中人。韓景琦原來做過鏢頭，對江湖中人的規矩及其命門可謂瞭若指掌，他熟門熟路，很快就設計將沈氏予以生擒活捉。沈氏本人一落網，該團夥即告自行瓦解，其餘鹽梟亦被震懾，人人避官兵唯恐不及。

產、運、銷、管是貫穿鹽務的四個基本環節，李衛不愧老鹽官，綱舉目張，很快就使原先官鹽滯銷的情況大為改觀，出現了「食私鹽者少，食官鹽者多」的局面，浙江鹽務很自然地得以扭虧為盈。後來鄰近的兩淮鹽區實施鹽政改革，幾乎是照搬了李衛所創立的這套鹽務模式。

李衛整治鹽務取得成功的報告傳至京城，雍正對李衛大加激賞。此時距離李衛離開雲南，出任浙撫已有兩年之久，兩年後，李衛的政績變得更加出色，但當年憋足勁排斥李衛的石禮哈卻在走下坡路，老是把事情辦糟，總挨皇帝的批評，在仕途上已沒法跟李衛相比了。

雍正很高興，因為這證明了他兩年前對李、石的判斷和任用是完全正確的。在批評石禮哈的時候，他舊事重提，對石禮哈說：「你總是不能客觀準確地評價別人，比如當初參奏李衛，就說人家是不可容留之輩。你瞧瞧你都是怎麼看人的，說你有眼無珠不過分吧？」

至此，李衛得到雍正的進一步信任和倚重。有一段時間，李衛病重，雍正竟索取他的生辰八字，讓京城的相師算一算李衛究竟還能活多長。算下來的結果估計讓雍正很滿意很安心，因為過不了幾天，李衛就被擢拔為浙江總督管巡撫事了。

那些所謂毛病

在李衛擔任浙撫後，雍正的硃批中還常見他對李衛的訓誡之語，不外乎是讓李衛注意涵養，戒除「粗狂」、傲慢等毛病，而到授其以浙督前後，類似的批評就慢慢地從硃批中消失掉了。原因當然是在密摺中參李衛的人不多了，雍正因此高興地對李衛說：「看來最近大家對你都比較諒解，已經沒有什麼人再抱怨你了。」

其實哪裡是真的沒有抱怨和不滿之聲，只是官員們看到雍正這麼寵信李衛，甚至都超過了田文鏡，大部分人都不敢上來觸霉頭而已。當然，願意拿花崗岩腦袋撞牆的主兒也不是絕對沒有。李衛向戶部上呈關於兩浙（浙東、浙西）鹽務的題本，戶部議覆時稱李衛為「該鹽政」，而不按規定稱「該督」。雍正一看就知道有奚落李衛的意思，馬上發旨查問是怎麼回事。查詢得知，原來是戶部司官張復故意所為，雍正毫不猶豫地將其予以革職，發回原籍雲南，交當地督撫嚴加管束。

李衛的那些所謂毛病也從來沒有真正得到改正，比如說「粗狂」。李衛愛出風頭愛招搖，他出行穿的都是繡衣袞服，坐八抬大轎，坐轎前方安排一個特選的巨人，巨人肩上扛一把明晃晃亮閃閃的鬼頭刀，作為前導。除了通常都有的鳴鑼、鼓吹等儀仗，這支隊伍裡還配備有「提爐」，也就是把帶鏈的香爐拴在一根棍上讓人提著走，香爐裡點的是檀香，轎子抬到哪裡，香氣就瀰漫到哪裡，而且經久不散。

與其他高官不同的是，李衛出行不僅不要求沿途的百姓迴避，而且他還希望來看的人越多越好。為了告知和吸引圍觀者，隨行人員把鑼鼓敲得震天響，以至於三四里範圍都能聽到，就跟過節一樣，結果是他要麼待在官衙裡不出來，一出來差不多整個杭州城裡的男女老少就都知道了。

知道李衛好這一口，大家也都挺配合，圍觀的人群通常都是裡三層外三層，他們在圍觀時也如同李衛所期待的那樣，嘖嘖稱讚於總督大人的威風八面以及出行儀仗的漂亮炫目。

李衛有時究竟會「粗狂」到一個什麼樣的程度？他疏浚西湖，在西湖建了一座花神廟，廟內正中央塑「湖山正神」，旁邊塑「花神」，結果這小子居然讓人按他的形象塑「湖山正神」，按他妻妾的樣貌塑「花神」，還在一個小神龕內放置了一張他和妻妾們的畫像。杭州人來花神廟拜神，拜來拜去，拜的都是他李衛一家子，實在是讓人哭笑不得。不過好在杭州百姓對這位父母官的印象極佳，好多年了，也從來沒有聽說過他們對此有什麼意見，後來還是當了皇帝的乾隆巡幸江浙，參觀西湖花神廟時發現問題，才下旨予以撤毀。

李衛的「粗狂」有時也挺可愛。他非常喜歡聽評書，時常把民間說書的老藝人叫到衙署內為他說書，每聽到忠臣義士含冤受屈，小人得志，常忍不住嗚嗚啼哭，甚至於還會破口大罵或拔劍而起。明清時，一些輿論往往把王安石視為誤國奸臣，據說李衛某次聽人說書，聽到王安石變法「誤國」時，一氣之下，竟下令把杭州的王安石祠堂給拆了。

李衛在公務上認真敬業、忠於職守，曾幾次累到吐血，但與刻板拘謹的田文鏡不同的是，他也很愛遊玩，正好杭州的西湖又是「人間天堂」，他便常常留戀其間，有時興之所至，還會讓人敲鑼打鼓，把文案搬到西湖的亭台樓榭間「現場辦公」。事情傳出去後，一般人都不敢在雍正面前指責李衛，唯恐惹得雍正不高興，說他們小題大做，只有田文鏡上摺，徑直參劾李衛愛「嬉戲遊玩」。

憑藉對李衛的瞭解，雍正就算不調查，也知道田文鏡說的八九不離十，應該是真的，只好說：「李衛向來喜歡嬉戲遊玩，確實是不太檢點，朕一直都知道他有這個毛病，但沒料到會如此過分，等他下次來京陛見，朕一定要好好地訓斥教導他一番。」

對於「嬉戲遊玩」的指責，李衛倒從來沒有否認過，他申辯的理由是從沒有因此耽誤過公事，甚至有時對公事還有益。比如說他讀書少，而且「不求甚解」，但聽評書卻可以從中學習禮儀，還可以知道哪些人物是好人，哪些人物是壞人，向好人學習，壞人引以為戒……等等。雍正對李衛知之甚深，瞭解他的性格和為人，於是除了略加告誡，也多數不了了之了。

英雄作為

李衛不光「粗狂」，還傲慢，除了雍正，基本上任何一個上司同僚他都敢得罪，哪怕對方也是皇帝的寵臣。

這裡就要說到田文鏡了。田文鏡在河南，李衛在浙江，按道理雙方風馬牛不相及，他為什麼要彈劾李衛？如果讓田文鏡自己陳述理由，他肯定會說為國家惜人才，希望李衛能夠做得更好更出色之類，但清代筆記中卻認為他其實是忌妒李衛更受寵幸，所以才會背地裡彈劾李衛。

富有戲劇性的是，按照筆記所載，在田文鏡彈劾李衛，卻發現雍正除了打馬虎眼，根本不為所動之後，他又害怕起來，轉而想結納李衛。正好李衛的母親去世，田文鏡就派人以他的名義送禮物前去弔唁。不知道是他彈劾的事已經讓李衛知道了，抑或李衛本身對他也有看法，不但不收禮，還大罵道：「我母親生前就算餓死，也絕不會收受小人的哪怕一勺水！」罵完之後，他便將田文鏡的使者推到大門外，同時將田文鏡的名片也扔進了廁所。

筆記裡記載的內容往往都只能劃入野史，但李衛在故事裡的言行卻完全符合他的性格，稱得上是唯妙唯肖，所以有專家分析，李、田之間發生的這類衝突很有可能就是實錄。

雍正如此悉心保護甚至可以說是袒護李衛，是知道李衛與年羹堯、隆科多不同，卻和田文鏡有相似之處，即能夠保持大節，勇於任事。有這些作為基本前提和保證，其他諸如粗狂驕傲、不注意小節之類都可以放在次要位置，留著對當事人慢慢提醒，慢慢改正。

在其他大臣密參李衛的奏摺中，雍正將自己的這一用人理念表達得非常清楚：「李衛粗疏直率，輕狂放縱，這是人所共知的，你們大家就不要介意了。朕也知道這些，但朕用他，是看重他操守廉潔、勇於任事的品格，用以挽回因循苟且，視國政如兒戲的頹風！」

雍正本身的性格，在認真嚴謹一絲不苟之外，還有真性情和有趣的一面，後者也正是李衛身上所表現出來的特質，或許正因為這樣，相對於苛急刻薄的田文鏡，李衛才更討雍正喜歡一些。

前任浙江巡撫朱軾是個有點食古之化的理學名臣，在他撫浙期間，不但要求百姓的婚喪嫁娶、請客吃飯都必須遵循古制，而且禁止燈棚、水嬉、婦女入寺燒香、遊山、聽戲等，弄得市面上一片蕭條，賴此維持生計的人家只得關門閉戶，心中愁苦不堪。李衛在戶部任職時，朱軾曾做過他的臨時上司，有知遇之恩，但李衛為政卻不如此古板，他到浙江後便聽眾民意，下令將朱軾所禁的所有民間娛樂活動全部放開，非但如此，他還不顧保守勢力的指責，實行「三不取締」，即不逐娼妓，不禁賭博，不干擾茶坊酒肆的正常營業。有人提出異議，他給出的理由是：「這些都是緝盜的線索，不能禁絕，否則很難跟蹤盜賊。」

因為李衛的到任，浙江重新變得歌舞太平，老百姓都為此稱頌李衛施行了善政。不過話又說回來，朱軾當初治理地方的出發點究竟有沒有錯？其實也沒錯。朱軾精通理學，他是想把古代禮制的思想和教條融入百姓的日常生活中去，從而教化民眾，用孔子的話來說叫作「齊之以禮」。只不過優秀的理學家未必是合格的能吏幹臣，也註定做不出超出本分的英雄壯舉。李衛就不同了，有人評價他在治理浙江的大膽行政就是一種英雄作為，也讓地方老百姓真正得到了實惠，可稱之為「敏則有功」（李衛去世後獲賜謚號敏達）。

父母官好不好，治下民眾最有發言權。幾年後，李衛調離浙江，未幾坊間便傳出謠言，說：「李太保督浙萬民安業，萬提督到任闔省胥讒。」

李太保即李衛，那時他已被封為太子太保，萬提督是指萬際瑞，新任浙江提督。謠言中直接稱讚李衛督浙有方，使得百姓安居樂業，相比之下，繼任提督簡直是個渣渣，全省人沒有一個說他好的。

又過了好多年，李衛調任直隸總督，因為一個偶然的機會，他與戶部尚書海望一道到南方勘察海塘，經過浙江時，恰好被一些村民給看到了。人們以為李衛「前度劉郎今又來」，又要到浙江來當督撫了，全都額手相慶，消息傳出，數十里範圍內擠滿了紛至遝來的歡迎人群，一時歡聲震天，李衛在浙江得人心之深可見一斑。朱軾聽到後也頗有自歎不如之感，說：「古人云，觀徐、傅言論，不復以學問為長。這話講得太實在、太真實了！」

「徐」是南北朝時的名臣徐羨之，「傅」是指那時候的另一位大臣傅亮。徐羨之和李衛一樣，平民出身，也沒有讀過什麼書，但卻被朝野上下一致公認為有當宰相的能力和聲望。每當大臣們聚會時，其他如傅亮等才學淵博、善於言辭的大臣都雄論滔滔，惟有徐羨之大部分時候都保持著沉默，只在適當的時候才發言，但他那種莊重嚴肅的態度和喜怒不形於色的涵養放在那裡，反而使當時的人加倍推崇他。有人歎息道：「觀察徐羨之、傅亮的言論，已經不再是以學問見長了。」

如今不比學問了，要比就比能力，比貢獻！

自雍正下令清查錢糧虧空並限定期限和目標以來，能否如期達標便成了檢驗各省督撫吏治水準的一項重要尺規。錢糧虧空本身是康熙朝遺留下來的歷史問題，因時間久遠，現任督撫的前任們都已經換了好幾批，關係網更是盤根錯節，面對這一困難，一些能力平平的督撫往往不是束手無策，就是只能敷衍塞責。在李衛履任浙江時，浙江的錢糧虧空也很嚴重，而且過往的浙江督撫同樣換得跟個走馬燈相仿，李衛又是怎麼解決的呢？據清代筆記記載，當雍正的六年清查期限行將結束時，其實浙江離達標還遠得很，李衛問幕僚們該怎麼辦，眾人大眼瞪小眼，誰都拿不出什麼奇思妙策。

見所有的人瞬間都變成了啞巴，李衛說：我倒有一個辦法，如今不妨一試。

借力打力

李衛雖然從小讀書和識字不多，但絕非不通文墨，甚至他還能跟別人講一講《資治通鑑》。《資治通鑑》收錄從戰國到五代之間一千多年的史實，總結了軍事政治方面的許多經驗教訓，既是一部大型歷史書，同時也相當於政治學教材。對一個大吏來講，讀《資治通鑑》其實比單純地讀四書五經要有用得多，李衛也自認受益匪淺，從中瞭解到了不少古人做事的方法。

由讀《資治通鑑》、聽評書中得來的啟示，再加上本身就具備的天賦，讓李衛在處理各類行政事務時表現得非常靈活機智。就拿上報的奏章和公文來說，他一般都是先讓幕僚起草草稿，然後再讀給他聽，聽到不滿意處時，就能立即提出相應的修改意見，而且常常切中肯綮，入木三分。據說有一次，雍正詔命李衛到某地辦差，但他正好痔瘡發作，於是就讓幕僚將這一隱情報告給雍正。幕僚擔心若直接寫痔瘡二字會對皇帝不敬，遲遲難以下筆，李衛脫口而出：「那你為什麼不寫『坐處不安』呢？」

「坐處不安」就是告訴皇帝，我患痔瘡了，行動不便，做這樣的文字處理，既不會有不敬之嫌，又沒有偏離事實，大家聽後無不心悅誠服。

清理虧空非普通處理文案可比，但二者卻也有相同之處，那就是都得用腦。為什麼浙江用了六年時間都無法在清理虧空上收效？一個重要的原因，是下面的州縣官還沒有充分感受到壓力。李衛認為，期限臨近看似是個壞事，但反過來也能對州縣官造成壓力，他的辦法就是借力打力，倒逼州縣官們趕快交代真情，從而收到事半功倍的效果。

清查分兩種：一種是自查，以雍正對李衛的寵幸程度來說，如果李衛提出自查，應該是能夠得到允許的，但對於自查的結果，雍正會不會相信，那就是另外一回事了。另一種就是朝廷派人來查，缺陷是可能會讓李衛失去對局面的掌控，那他的辦法也不能得到成功實施，李衛因此對幕僚們說：「如果不請朝臣（即欽差大臣）來清查，皇上不會相信，但如果朝臣來了，督撫沒有權，事情就糟了。」

在李衛的授意下，幕僚起草了一封奏疏，奏疏中說：「浙江政事廢弛已久，如果有朝中大臣前來督責辦理虧空案當然是再好不過的事，但朝臣初來乍到，恐怕難以抓到要害，我身任浙江總督，希望能夠由我來協助朝臣，對清查事宜進行主持。」

奏疏寫成後即火速上奏。李衛隨後假裝要過生日，大擺筵席，接受下屬的祝賀。總督過生日發請柬，有誰敢不來？浙江七十二州縣的官吏能到的全都到了，其間，李衛在杭州城裡張燈結綵，設樂演戲，搞得還真像那麼回事。生日會結束，他以留下來繼續飲酒為名，藉機將把州縣官們帶入了一間密室。

直到走進密室，李衛才把臉色沉下來，對大家說：「朝廷負責清查虧空的使節就要到了，你們庫中究竟虧了多少，絲毫不能瞞我，這樣我才能救你們，否則的話，一旦被揭發出來，就是誅罰的大罪，到時你們不要怨我。」

州縣官們事先沒有一點思想準備，聽後全都嚇呆了，個個都流著眼淚請總督大人無論如何施以援手，而且保證李衛怎麼說，他們就會怎麼辦。

這哪是什麼生日會，簡直是催命會！州縣官們一回去就趕快行動起來，有虧空的按冊核實，密報李衛，沒有虧空的也都向他打了書面報告。

沒多久，李衛寫給雍正的奏疏批了下來，雍正派戶部尚書彭維新為欽差大臣赴浙清查，同時准許李衛協理。彭維新是個很有名的清官，對地方官員的貪腐之風一向深惡痛絕，他南下後先到江蘇，管轄江蘇的總督、巡撫都不敢在他面前說假話，完全按照他的安排進行清查，結果江蘇各州縣被處以流放、斬殺、監禁、追究的不計其數。查完江蘇，彭維新再殺到浙江，其風風火火的氣勢十分嚇人。此時李衛雖已拿到詳細的虧空名冊，但還來不及進行彌補，所幸他早已有備，在迎接彭維新時即拿出雍正的硃批給對方看，說：「朝廷准行我參與清查，彭公就不要像江南省那樣辦了吧。」

明白了李衛在這次清查中所處的地位和角色，彭維新當然就不能再以欽差的身份居高臨下，說少囉唆，本大臣馬上就要展開清查之類，不僅如此，他還得稍稍對李衛禮讓一些才行呢。

李衛為第一

李衛按例設宴款待彭維新，酒過三巡，菜過五味，他突然舉杯歎息道：「凡是大家在一起共事，就沒有不產生爭執的，偏偏我這個人性情粗魯，又好與人爭鬥，為此曾屢次受到皇上的教誨和批評。這次我下決心再不能與彭公你爭了，可是又不知道怎麼做，才能完全避免我們兩人之間的爭執？」

彭維新也想盡可能避開李衛，以免受其干擾，於是就提議說：「把州縣分開，你我各查一部分如何。」

李衛聽了喜形於色，說好，馬上讓身邊人將全省各州縣名稱書寫在紙上，然後將紙揉成豆粒大的紙團，用漆盤裝著，供他和彭維新分別抓鬮。

在接下來的日子裡，彭維新像清查江蘇時一樣，拿著算盤，親自對所分到的州縣進行錢糧核算，但不管他怎樣反覆算，最後連握算盤的手都起了老繭，還是沒有發現帳本上有問題，而且每個州縣都是如此。

奇怪嗎？不奇怪。彭維新並不知道，李衛在抓鬮分州縣時做了手腳，每個紙團上都有特殊標記，李衛據此將那些存在虧空問題的州縣都抓在手裡，而沒有問題的州縣則都歸了彭維新。

李衛名為與彭維新一道清查，實際是暗中督促各州縣彌補虧空，待到清查全部結束，虧空也基本彌補得差不多了。這時候李衛才故意問彭維新：「怎麼樣，你那裡查到有虧空的沒有？」彭維新當然回答說沒有，他轉問李衛那邊情況如何，李衛立即裝出一副喜出望外的表情，說他負責的州縣也沒有。

兩人一同向雍正奏報，說浙江沒有虧空。雍正聞之大喜，對身邊的人說：「聽到要清查虧空了，督撫們多數愁眉苦臉，只有李衛不放在心上，該玩玩，該吃吃，這是他督浙有方，對此有自信的緣故啊！」遂加封李衛為太子太保，外加許多賞賜，同時浙江各級官吏也都因此各升一級。至此，「江南之人，望如天上」，官員們都對李衛佩服得五體投地，把他看得好像神仙一般。

筆記所述的故事或許有很多誇張虛構的地方，但也足以看出李衛在整肅吏治方面確有自己的獨到之處。

作為一個深受雍正欣賞和重用的封疆大吏，李衛各方面的能力都很突出，不過他最擅長最拿手的還是緝捕盜賊。

清代的江浙兩省一方面是富省，另一方面貧富差距也較他省來得大，這裡不僅充滿江湖氣，而且盜賊出沒橫行，社會治安很成問題。李衛赴浙蒞任後便全力緝盜，他之所以頂著壓力在浙江實行「三不取締」，既是因為認識到青樓、酒坊、茶肆等乃地方財政收入的重要來源，須賴此發展地方經濟，同時也確是如他所言，要從中尋找破案緝盜的線索——民間娛樂行業總離不開盜賊光顧，從業人員當然最恰宜被官府發展為跟蹤他們的眼線。

一旦得到重要線索，李衛就或令捕快幹員喬裝改扮混入賊窩，或命已向官府投誠的盜賊暗通情報，以便知己知彼，全面準確地瞭解盜賊的情況。在此基礎上，李衛才正式指揮人馬發起出擊行動，有意思的是，每次出擊，他都會交給部下一個錦囊，部下們只要按照錦囊去做，每次也都能大獲全勝，從無落空的時候。

在李衛所轄範圍內，最後就連發生在二、三十年前的康熙朝積案都被他給破獲了，浙江由此出現了「東南數千里無盜賊之警」、「千里如枕席」的局面，「拐逃、假銀、扒手、賭博等犯」的作案次數也都銳減。雍正對此大加稱讚，說「督撫中能偵緝匪類的人，惟李衛為第一」。

江浙原本的盜案都一樣多，就在浙江的社會治安大為改觀的時候，隔壁江蘇卻還是老樣子。雍正認為是地方官有問題，在他看來，兩江總督范時繹缺乏緝盜之才，江蘇巡撫陳時夏的性格又過於柔懦，以致在加強地方治安方面毫無起色，已經與鄰省浙江拉開了好大一段距離。

包括范時繹、陳時夏在內，雍正都希望他們能夠效法李衛，曾經屢次對他們說：「朕之所以這麼信任李衛，正在此處（指偵緝匪類），他是真正識得大體，能知地方利害的一個督撫。」當然再怎麼訓誡，你要范、陳二位一下子就趕上李衛的水準，也是件不可能的事，所以雍正就乾脆下令將江蘇所屬七府五州的一切盜案全部移交給李衛管理。

對於李衛到浙江後的表現，後世有說他粗狂傲慢的，有說他意氣用事的，甚至還有批評他摒棄前任朱軾的治理方法，「不純用儒術」的，卻都不能否認他對於地方的貢獻，也都不得不肯定其在撫浙期間，「恩惠施及海邊僻遠地區，乃封疆大吏中的佼佼者」。

第八章

偉大的變革

在李衛由雲南調至浙江的那一年，他的上司、雲貴總督高其倬被召進京，繼任者為原雲南巡撫楊名時，但楊名時身為總督，其許可權卻僅限於雲南巡撫，反而新任雲南巡撫鄂爾泰實際行使著總督的職權。總督、巡撫名實顛倒，究竟怎麼一回事呢？這就得說到鄂爾泰其人，他並非一般大吏，而是與田文鏡、李衛齊名的雍正朝「模範三督撫」之一。實際上，雍正對鄂爾泰的器重和喜愛程度還要超過田、李，本來鄂爾泰剛剛才從江蘇布政使晉升為廣西巡撫，但在赴任途中，雍正覺得他仍可大用，想命其節制雲貴，可是又不好讓在總督位子上屁股都還沒焐熱的楊名時馬上騰出交椅，於是這才有了安排鄂爾泰「以巡撫職管總督事」的非常規做法。

鄂爾泰係滿洲鑲藍旗人，其先人投歸努爾哈赤，為世管佐領。與田文鏡、李衛以及很多不學無術的滿洲八旗子弟不同，鄂爾泰是正宗科舉出身，二十歲就中了舉人，不過他只是把科舉作為敲門磚，在靠中舉獲得進入仕途的資格後，就不再參加科舉考試，而轉入了對真實學問的鑽研和掌握。

拒絕與被拒絕

鄂爾泰最初在官場上得到的職位是襲佐領世職，在宮廷充當侍衛。這是一項清閒差使，鄂爾泰就利用其間的餘暇進行學習，每當到內廷值班時，他都必定要帶去兩本書，「手不釋卷，竟夜忘寢達旦」。鄂爾泰自己後來也說，他入仕前讀書其實純粹是為了應付考試，並未認真研習過學問，「生平得力，全在禁廷直宿之時」。

鄂爾泰少年登科，但在其後的相當長一段時間裡，卻好像是進入了一個仕途的瓶頸期，怎麼都升不上去。直到三十七歲時，他才得以出任內務府員外郎，可是往後去又停滯不前了。

鄂爾泰的這一遭遇與田文鏡頗有相仿之處，原因或許也都可以歸結到性格上去，就是他在為人處世方面和田文鏡很相像，都比較剛正，不太會趨炎附勢的一套。

據記載，康熙朝時有一個暴戾的郡王，強命鄂爾泰替他徇私舞弊，鄂爾泰不從，郡王就把他叫過去，要予以杖擊。鄂爾泰去是去了，但在袖子裡藏了一把匕首，眼看將受杖擊之辱，他當場將匕首掏出來，聲明如果要當場打他，那他寧可自殺，「士可殺，不可辱！」鄂爾泰畢竟也是一個朝廷命官，郡王本來就心懷鬼胎，見事情可能鬧大，連忙讓屬下收起刑具，並且親自向他道歉。

如鄂爾泰、田文鏡這種類型的官吏，在康熙朝並不受青睞。一晃五六年過去了，鄂爾泰依舊還在內務府當著他的小郎官，這使他的內心很是苦悶。四十二歲的時候，他作詩自歎：「攬鏡人將老，開門草未生。」又吟道：「看來四十猶如此，便到百年已可知。」懷才不遇、悲觀失望之情溢於言表。

是雍正完全改變了鄂爾泰的人生走向，或者可以這樣說：如果不是遇到雍正，至少「模範三督撫」中的鄂、田都將註定蹉跎到老，更不用說在史冊上留下印記了。

有人以為「模範三督撫」是雍邸舊僚，所以才受寵，其實包括鄂爾泰在內，三人在雍正登基前和他都沒有任何特別的歷史關係。當然鄂爾泰其實與雍邸時期的雍正也有過接觸，只不過這種接觸是外人看起來很不愉快的「拒絕與被拒絕」——雍正想托鄂爾泰利用公務之便為他辦點分外之事（也有說他是想拉攏鄂爾泰），但遭到了鄂爾泰的嚴辭拒絕：「皇子宜毓德春華，不可交結外臣。」

換別人，可能惱羞成怒，即便當時不能拿鄂爾泰如何，也一定會記在心裡，等著日後有機會再給他小鞋穿，然而雍正到底非同一般，他在碰了釘子後，不但沒有記恨鄂爾泰，反而很欣賞他這種耿直的作風，認為這是一種忠臣的品格和資質，對皇帝的統治有好處。

雍正登基後，特召鄂爾泰入宮，說：「你不過是個微不足道的小郎官，可是卻敢上拒皇子，說明守法意志甚堅。現在朕任命你為大臣，想來你也一定不會私下受他人之請托。」

因為雍正的不計前嫌和豁達大度，鄂爾泰被任命為雲南鄉試副主考，終於在仕途上走出了泥潭。

康雍時期的不少滿洲大員文化都不高，或不識字或不通漢文，只能靠幕客為其起草和閱讀文件，雍正有時也會在硃批中好奇地問對方：「聽說你竟然不識字，怎麼送來的奏摺都如此通順妥當呢？」他有時更會歎息某某大臣其他什麼都好，可惜就是一字不識，平時離不開某某幕客，故難以大用。鄂爾泰不僅是正宗科舉出身，而且有著廣博學識，像他這樣的人才，在當時的滿洲大員中委實比較罕見，一旦被選拔出來使用，想不脫穎而出都難，於是僅僅幾個月後，鄂爾泰又被越級提拔為江蘇布政使，成為了地方大員。

在得到雍正的重用後，鄂爾泰精神大振，又作詩兩首，一云：「問心都是酬恩客，屈指誰為濟世才？」一云：「炊煙卓午散輕絲，十萬人家飯熟時，問訊何年招濟火？斜陽滿樹武鄉祠。」

在忠於國君的前提下，鄂爾泰誓言要以濟世為己任，以先賢諸葛亮為榜樣，敢作敢為，大展宏圖，除此之外，他也仍保持和堅守著他固有的為官準則，即不趨炎附勢，不畏強暴，哪怕可能危害到自己的仕途乃至生命安全也在所不惜。

在年羹堯勢力最盛的時候，就連他的家奴都到處耀武揚威，不可一世，而地方大員懾於年氏淫威，大多不敢予以得罪。鄂爾泰偏不就範，有一次，年羹堯的家奴路過江蘇，鄂爾泰雖開門迎客，但在家奴進門後，他卻連站都沒有站起來，只是高坐堂上問道：「你主子還好嗎？」見鄂爾泰一副凜然不可侵犯的樣子，家奴情知占不到便宜，只得「屈膝出」，灰溜溜地滾蛋了。

鄂爾泰「行為反常」，反而讓年羹堯不知所措。他知道鄂爾泰也得到皇帝寵幸，可是又不知道寵幸到了哪一步，為此他不僅不敢拿鄂爾泰怎樣，還極力保薦他升官。隆科多那段時間都是在跟風走，年羹堯保他也保。

此時的雍正已對年羹堯、隆科多產生懷疑和不滿，原本他因為對鄂爾泰在江蘇的政績感到滿意，已打算提拔鄂爾泰做巡撫，年、隆如此做法，倒讓他誤會鄂爾泰是依附年門之人，與年、隆有所牽連。他透過硃批告訴江蘇巡撫張楷：「鄂爾泰做官甚好，朕所以不給他做巡撫，是因為年羹堯、隆科多極力保薦，必是他附托於人。你可以傳朕的諭旨給他，令其改過，實心辦事，朕自加任。」

之後雍正很快瞭解到了真實情況，對鄂爾泰逾加欣賞，僅僅幾個月後，即升他為廣西巡撫，在其赴任途中又調其為雲南巡撫管理雲貴總督事。

改土歸流

在鄂爾泰節制雲貴之前，有一件西南要務始終讓雍正決斷不下，這就是「改土歸流」。「改土歸流」的「土」是指土司制度，主要施行於西南少數民族地區。土司制度下的土司，即統治這些區域的少數民族頭目，他們與內地的州縣官不同，是世襲的，並非由中央政府所委派。當然土司也經過國家封授，一般情況下分兩種，如果授的是武職，統稱土司，比如宣慰司、宣撫司、安撫司等；如果授的是文職，統稱土官，比如土知府、土知州、土知縣等。

古代中國的很多制度和辦法，一開始都有其特定的作用，後來則往往弊端叢生。土司制始自於元朝，元朝疆域空前廣闊，超過了歷史上以往的任何朝代，在當時條件下，直接在邊遠少數民族地區設置郡縣是很困難的，而土司制的創制，至少做到了用最省力的方式把這些地區置於中央王朝的統治之下。

明代承襲了土司制，但也正是從明朝起，土司制的弊端越來越多地暴露出來。當時對於土司們單方面制定的法令，中央都不能過問，同時多數土司手中還掌握著軍隊，有的甚至達到數萬人之多。不少朝廷官員為之憂心，認為必須設法遏制土司這種「小者視子男，大者竟數倍於公侯」的趨勢。

為了解決土司制的問題，明代出現了流官，所謂流官，是指由中央政府派任，定期調動和更換的官員，明代政府擬在有條件的地方用流官來代替土司，此即「改土歸流」，但「改土歸流」在明代只是偶有實行，區域也不大，只是零星式的。

隨著時間的推移，至明朝中後期，土司制問題已相當嚴峻。有些翅膀長硬了的土司僅在名義上接受中央政府的封號，暗地裡卻進行分裂活動，「無事近患腹心，有事遠通外國」，個別膽大妄為的土司甚至還發動了叛亂，土司由此成為西南地區不安定的一個重要因素。

明朝政府被迫大舉用兵。正統年間，兵部尚書王驥總督雲南軍務，率部在八年時間裡，先後三次征討麓川土司的叛亂，每次出兵都達到十幾萬的規模。雖然明軍最後占領孟養並直抵孟那海，但並未抓到土司頭目，也沒能在孟養設置流官，等於前功盡棄。更可怕的是，明朝國力受到極大削弱和牽制，乃至有土木堡之變，重蹈了唐玄宗天寶年間因征南詔而使盛唐走向沒落的覆轍。

與唐朝在沒落後也曾出現中興一樣，明朝到萬歷時有所謂「萬曆中興」。在國力復振的情況下，明軍兵分八路，平定了播州土司楊應龍的叛亂，這就是「萬曆三大征」之一的播州之役。此役明軍投入兵力總計達到二十萬以上，糜餉超過兩百萬，雖然取得完勝，但也被認為嚴重消耗了中央政府的財力，「白骨山積，海內騷動」，成為壓垮明朝迅速走向衰落的最後一根稻草。

由於土司制未能得到根本改變，嘉靖年間的御史楊鶴在上疏中曾指出：「（土司制）將來尾大不掉，實可寒心。」他的預言很快得到驗證，崇禎時西南各省的土司叛亂不斷，令自身已經陷於四面楚歌中的明朝政府雪上加霜。當時明軍到處撲火，本來就不夠用，可僅僅為了對付其中阿迷州土司發動的叛亂，便在整整一年半的時間裡，調動了四名將軍所指揮的五萬兵馬，「勞師動眾，轉餉萬里之外」。

明軍並沒有能夠把土司叛亂完全遏制住，清初當吳三桂率大軍西進時，西南少數民族地區仍基本處於動亂狀態。吳三桂在進兵的過程中也沒少吃土司的苦頭，曾因彈盡援絕，受困兩個月之久，好在最後總算把大的叛亂給鎮壓下去了。

從吳三桂鎮守雲南到康熙討平三藩之亂，中央政府都無力顧及西南，只得沿用土司制度，其間雖然也在少數地區試行過「改土歸流」，但其規模和動靜與明代相仿，都屬於隔靴搔癢，小打小鬧，解決不了根本問題。

雍正登基之初，土司勢力仍在繼續惡性膨脹，出現了許多轄地數百里，擁兵數萬或數十萬的大土司。這些土司不僅擁有大量的世襲領地和軍隊，還有自己的官吏、法庭和監獄，致使屬民「知有土官而不知有國法者久矣」。

高度集權、大一統是清代政治體制的兩個關鍵字，雍正一手把他的皇朝帶入了集權統一的巔峰期，他當然很難容忍這些「國中之國」和土皇帝、割據者的長期存在，除此之外，關於土司制其他弊端的報告也讓他感到極為惱火。

說起來容易，做起來難

清代土司必須向中央政府繳納貢賦。納貢採用實物折成銀兩的形式，一般是三年一次，而且不多。賦稅是每年都有，但也很輕，這其中納賦最多的是雲南車里宣慰司，也不過才每年一千多石。可是在土司的「國中之國」內，賦稅卻是「一年四小派，三年一大派，小派計錢，大派計兩」，遠超土司要繳納中央的貢賦。比如雲南鎮沅土知府刀翰，他在雍正初年每年進貢銀三十六兩，米一百石，而向屬民徵收的是銀兩千多兩，米一千多石，二者竟相差十倍至五、六十倍。

土司不僅在轄區內橫徵暴斂，而且可以對屬民「任意取其牛馬，奪其子女，生殺任情，土民受其漁肉，敢怒而不敢言」。更有甚者，土司還可以像對待牲畜一樣，將屬民任意轉讓，或殺死敬神祭祖。

很多年後，西方傳教士涉足當時尚存的土司區域，驚歎這是「一片充滿陰謀、法律不行、道德敗壞、劫掠、強姦、謀殺及大量其他類似行為的土地」，「中國文明中的一處污漬」。在西南活動的傳教士大多見多識廣，各種野蠻現象不是沒看到過，但他們對土司區域描繪最多的仍只有「恐怖」兩個字，「它的恐怖氣氛不由得令人沉思，若是貼近它去體驗一下，還將感知更大的恐怖氣氛」。

雍正對土司區域屬民的悲慘生活瞭解得非常清楚，他在上諭中感慨，土司屬民也都是「朕之赤子」，可是就在其他地區百姓安享太平之樂的時候，屬民卻仍過著跟牛馬一般的生活，每每想到這些，「朕心深為不忍」。

土司制也一直嚴重影響著西南的社會安定，清代土司雖然已不至於像明朝那樣發動對中央的戰爭，但由他們所觸發的戰爭、仇殺仍持續不斷：有的土司支系不明，私相傳接，再加上地方官從中偏袒作弊，導致土司內部為了爭奪繼承權，經常發生大大小小的戰爭；土司之間圍繞爭奪土地、人畜的戰爭相當頻繁，有的甚至經年不解，世代為仇；土司到鄰近州縣搶劫、屠殺漢民的事屢屢發生，因此造成了土司屬民與漢民的對立，屬民往往成群結隊騷擾漢民，有的還在夜間乘漢民不備，焚屋屠戮，而漢民也對他們恨之入骨，常有屬民一離開村寨就被漢民殺掉的例子。

雍正初年，隨著國內政局漸趨穩定以及社會經濟的發展，「改土歸流」已成眾望所歸。一方面，部分屬民不堪虐待，本身就有脫離土司統治的願望，有的已全村離開土司，呈請改歸地方政府統轄。另一方面，漢民中要求改流的呼聲也越來越高，有人甚至直接指出，土司制「名為羈縻」，實為「天地間之缺陷」，若任其繼續存在下去，「誠恐數十年後，邊人終未得高枕而臥也」。

處於這種新形勢下，雲貴總督高其倬、廣西提督韓良輔曾先後上疏，提議在雲南威遠和廣西的土司地區實行改土歸流，然而當時朝中對此有不同意見，廣西巡撫李紱就認為土司雖然為惡，但還不至於非改土歸流不可。

大臣們出現爭議，最終都要由皇帝來衡量和裁斷。雍正是注重實際的實幹家，他考慮到，土司制畢竟橫跨元明清三個朝代，已有數百年歷史，樹大根深，要予以取締，必然說起來容易，做起來難，「唐朝征南昭而衰，明朝征麓川而亡」的教訓可以說是歷歷在目。再加上，他當時的皇位還沒徹底穩固，朝中、邊疆一些更緊要的軍政大事亟須處理，所以支持了李紱等人的意見。

在李紱的奏摺上，雍正這樣闡述自己的看法：「土官相襲已久，若一旦無故奪其職守，改土為流，誰不驚疑？」此後對於西南官吏一再奏報的土司不法情況，他只能一面歎息譴責，一面用硃批告誡眾人不得輕舉妄動：「柔遠之道，安邊為要，萬萬不可貪利圖功，輕啟釁端。」

等到雍正逐步解決了朝中、邊疆那些棘手的大事，皇位也坐穩當了，他的態度仍不是很積極，久而久之，也就沒人再敢提及改土歸流這四個字了。

不能半途而廢

雍正年間的西南是朝廷眼中的未開化或半開化地區，那裡有些少數民族地區，比如「苗疆」，連中央政府承認的土司都沒有，只受該族頭人統領，這些頭領可稱為土舍。實行土舍制的苗疆往往被鄰近土司所控制，其弊病與土司區域相比，有多無少，所以官方習慣於把土舍、土司問題放在一起對待處理。

苗疆顧名思義是以苗族為主的聚居區，但此處的「苗」或「苗民」並不僅僅包括苗族，還有彝族等其他少數民族。自明代以來，各種史籍中又常常把「苗」劃分為「熟苗」和「生苗」。所謂熟苗，是指鄰近漢區或與漢民雜居，能講漢話，其生活習俗也同漢民比較接近的苗民。在苗疆裡生活的多為生苗，他們一般居住在偏僻山區，由於言語不通，生活習俗差異大，所以不僅與漢民關係疏遠，有時矛盾還相當尖銳。

在雲貴兩省的苗疆中，以貴州省廣順州長寨的「仲苗」勢力為最強。長寨地處「各苗之腹」，乃周圍大小苗寨的核心，有一呼百應的作用和效果。「仲苗」土司屢屢向官府挑釁，但因其地勢險要，又有大小各寨的呼應支援，數百年來歷朝歷代都無可奈何，拿他們沒什麼辦法。

一七二四年，「仲苗」土舍阿近自稱苗王，再次倚險作亂，雲貴總督高其倬設計誘擒阿近，平息了這次叛亂。之後他經雍正批准，在當地設立軍隊戍防地，以控制前後左右各寨，開始將苗疆置於政府的軍事控制之下。

「仲苗」並不甘心，兩年後，土舍阿革、阿紀派人用大石塊堵塞路口，不讓官軍建房進駐。在朝命無法得以執行的情況下，署理貴州巡撫石禮哈、提督馬會伯先後上奏，向雍正提出用兵請求。雍正儘管內心很贊同他們的意見，但又怕他們年輕魯莽，謀慮不周，不能成功，反倒把事情搞砸，故而還是將他們的奏請壓了下來。

不久，石禮哈因為與李衛鬧矛盾而去職，又重新回到了威寧總兵官任上，新任黔撫何世璂反對用兵，奏請對長寨土司進行招撫，雍正內心雖不以為然，但還是同意讓他一試。結果證明何世璂過於書生氣，一直都拿不出好的招撫辦法，事情仍然一無成效，這也間接促使雍正下決心召高其倬入京，在進一步瞭解雲貴少數民族情況的同時，就長寨問題的處理徵詢其意見。

高其倬的態度與何世璂相左，與石禮哈、馬會伯相近，也主張用兵征剿。雍正一時猶疑不定，難以決定，遂又下旨向「以雲南巡撫管雲貴總督事」的鄂爾泰進行詢問。

此時阿革、阿紀更加倡狂，已開始焚燒官軍營房。見事態嚴重，鄂爾泰在回覆雍正的詢問時力主必須用兵，「窮究到底，殺一儆百，使不敢再犯」。

收到奏摺，雍正內心為之一寬，在硃批中，他說自己深知鄂爾泰乃「才德兼優之督臣」，必能承擔重任，因此完全贊同鄂爾泰用武力開闢邊疆的建議。他鼓勵鄂爾泰全力以赴，將來事定，「當以軍功賞敘」，本來石禮哈已調用廣州將軍，雍正也讓其暫停赴粵，待配合鄂爾泰完成任務後，再履新任。

獲得雍正的批准後，鄂爾泰立即兵分三路，向長寨進兵。在會攻的開始階段，官軍雖拿下了長寨，並焚其附屬七寨，但沒有抓到為首的阿革、阿紀，副將劉業浚所部也在苗兵的反擊下被迫撤退。

政府內部因而再起爭執，何世璂主張適可而止，鄂爾泰堅持不能半途而廢，總兵官丁士傑從「柔遠」、「安邊」角度，提出「三不可剿」，鄂爾泰則答覆以「三不可不剿」。官司打到雍正那裡，雍正認為鄂爾泰做得對，何世璂是書生之氣，他要做的不是對鄂爾泰的決策和指揮說三道四，而是要努力協助鄂爾泰完成此役。丁士傑也遭到一番數落，雍正說他見解謬妄，失於怯懦因循。

當初鄂爾泰赴任西南，便被雍正寄予厚望。知道他身體不適，染有微恙，雍正親自派人為之推算命理，得大壽八字才安心：「朕之心病已痊癒矣。」接著又特命其乘御輿前往西南任所，沿途還命所經各地長官，隨時呈報鄂爾泰的健康狀況。

當鄂爾泰途中自己報告已恢復健康時，雍正欣喜不已，說：「朕與卿一種君臣相得之情，實不比泛泛，乃無量劫善緣所致。」

乾隆當時雖然還未接老子的班，但對鄂爾泰已有所瞭解，也弄懂了為什麼皇父會那麼器重鄂爾泰。他繼位後評價說：「當年鄂爾泰、田文鏡、李衛都是督撫中最為皇考所稱許的人，但其實田文鏡不及李衛，李衛又不及鄂爾泰。」

政治家的品格

鄂爾泰勝過田文鏡、李衛和其他人之處，在於他其實是雍正朝大臣中少有的政治家。清代尤其是前期，在國事方面雖然有大的發展，但由於皇權得到前所未有的加強，所以使得臣下難以發揮政治家那樣的作用，當然也就不容易產生像明代張居正那樣的政治家了。田文鏡、李衛再實心任事，也就是實施雍正的新政特別得力而已，距離政治家的標準還很遠。

沒有大局量和大胸懷，就做不成大事業，政治家的品格之一就是要有容人之量。鄂爾泰赴任前，李衛曾當著面讓他提防石禮哈，鄂爾泰馬上答道：「人須自防，何用防人！」李衛聽了悻悻然，他雖然不得不承認鄂爾泰言之有理，然而最後還是撂下一句：「你去了就知道了。」

鄂爾泰赴任經過貴州時，自然要與石禮哈見面。儘管石禮哈躁動好鬥的名聲在外，李衛又預先打了「預防針」，但鄂爾泰在會見石禮哈時，並沒有對他表現出任何芥蒂或防範。石禮哈剛被降職，很怕新上司對他另眼相看，鄂爾泰的態度當然讓他感到安心，於是一改桀驁不馴的脾氣，對鄂爾泰「相待甚恭」。

鄂爾泰正式上任後依舊和石禮哈相處融洽。令人佩服的是，他並不是為融洽而融洽，作為上司，他既能看到石禮哈敢作敢為，頗具膽略的一面，又深知其恃才任氣，有時做事「過於勇往直前」的缺陷，因此經常進行提醒勸誡。以後直到石禮哈被調往廣州，鄂爾泰和他之間的上下級關係始終都處理得很好，石禮哈的缺點也在不知不覺中改進了不少。

與石禮哈相比，鄂爾泰與楊名時之間似乎要難相處得多。在外人看來，楊名時有總督身份卻只能去管巡撫之事，心裡面多少都會有點想法，兩人在平時也免不了碰撞，但事實上他們一直配合得不錯，不說關係有多密切吧，至少相安無事，沒有出現過什麼大的爭端或矛盾，要知道，就算沒有雍正的超常規安排，總督巡撫之間要做到這樣也不容易。

鄂爾泰有一句名言：「大事不可糊塗，小事不可不糊塗，若小事不糊塗，則大事必至糊塗矣。」這就是說為人處世要明辨大是大非，而不要太在意和理會某些與大局無關的瑣事。張廷玉與鄂爾泰私下有競爭關係，但亦服其見識，說鄂爾泰的這句話「最有味，宜靜思之」。

知人善任是作為政治家的另一個重要品格。在用人觀上，雍正、鄂爾泰君臣極其投契，首先他們都認同「為政首在用人」，其次在用人標準上，都認為用人應以能力為宗旨，在對德和才的要求上，才是第一位的，有才無德的人可以信任，但不可以重用，以免妨礙政事。

鄂爾泰在此基礎上進一步闡述說，國家設官定職，出發點是為了辦好事，不是為用人而用人，尤其不能為養閒而設職。一句話，誰能把事情辦好就應當用誰，而不必管他原本是所謂的君子還是小人。當然，這不是說對有缺點的人才就可以放縱，實際更應該「惜之，教之」，從而讓人才從自身的負擔中解脫出來，更好地施展他的才能。

雍正在看了鄂爾泰對用人觀的闡述後，也不由得擊節讚歎，稱讚鄂爾泰的說理「實可開拓人的胸襟」。鄂爾泰用人唯才的思想不是光嘴上說說，而是自始至終貫徹於其實踐當中，對石禮哈是這樣，對其餘下屬的任用也是如此。史載，鄂爾泰「節制滇南七載，一時智勇非常之士，多出幕下」。

貴州威寧鎮遊擊哈元生勇猛善戰，在一七二四年平定「仲苗」土舍阿近的那場戰爭中，就已立下過戰功。因為哈元生行伍出身，地位不高，所以那次出征還是由石禮哈推薦的，此次鄂爾泰則大膽任用人才，繼副將劉業浚折戟後，破格讓哈元生替代他統領全軍。

鄂爾泰沒有看走眼，哈元生的確是一位難得的將才。有他在前線指揮，官軍勢如破竹，不但攻下多次險要苗寨，而且還將阿革、阿紀及其黨羽七十餘人生擒活捉，長寨之役也終以官軍大獲全勝而告終。

破點

長寨之役結束後，鄂爾泰不辭辛勞，親自來到貴州，用五天時間巡視和踏勘了長寨等地。他發現此役共克五十七寨，不算在內的小寨也有數十個之多，但繳獲的刀弩卻只有百餘。顯然，能夠與官軍劇烈對抗的苗兵絕不可能僅僅擁有這點武器，鄂爾泰下令重新搜查，結果在三天內共搜繳弓弩四千餘張，毒箭三萬餘隻，皮盔皮甲刀標各數百，由此消除了潛藏於長寨的一大隱患。

與窩藏武器相應，鄂爾泰在用兵期間就發現土舍很狡猾，他們往往會在官軍進攻時或逃跑，或偽裝投降，可是等到軍隊一撤，又故態復萌，興風作浪。於是鄂爾泰又在長寨設立參將營，分別扼守險要地區，並推行保甲法，稽查田戶，鞏固既得成果。

換作其他人，可能多數都不會這麼做，對於他們來說，仗打贏了也就可以見好就收，回去邀功請賞了。副將劉業浚就是如此，他極力勸諫鄂爾泰不可在長寨安營，結果遭到了鄂爾泰一頓訓斥。

鄂爾泰主張對長寨用兵，不是臨事治標，也不是看到哪裡起火就往哪裡澆水。他是政治家，擁有政治家必須具備的全域觀和政治眼光，他拿下長寨，不僅僅是為了平息事端，更要「破點」。

古代交通以水道和陸路最為緊要，只有控制住其中的點與線，才能真正把交通掌握在手中。以長寨為例，長寨本寨加上後路和周邊的苗寨，總計有一百多個苗寨，寨裡的苗民全是生苗，數百年來，這些苗寨壟斷著黔西南要道，官府根本不敢問津。在鄂爾泰看來，要打通黔西南交通，只需攻破所有苗寨的「點」，然後再安營守之，而用不著一個寨一個寨地大費周章。

石禮哈與鄂爾泰意見一致，在赴廣州前竭力協助鄂爾泰在長寨設營，雍正也表示支持，在鄂爾泰的奏報上批道：「甚是，甚當。」其後事情的進展證明了鄂爾泰決策的正確性，見官軍在長寨安設大營，附近苗寨紛紛被迫前來就撫，即便僻遠一些的苗寨聽聞後也不敢不來歸附，官軍不動一刀一槍，諸多問題就得以迎刃而解。

如果把「長寨經驗」複製到其他地方，其實就是要全面推行改土歸流，鄂爾泰認為這樣做，不但能夠一勞永逸地解決土司、土舍問題，而且有助於打通西南各省的邊境交通，進一步加強朝廷對西南地區的直接控制。

善於抓綱領，重大局，是鄂爾泰為政的一個特點。他後來在雲南的繼任者尹繼善就說鄂爾泰「大局好，宜學處多」，道咸年間的學者鍾琦也評價他「識理宏淵，規畫久遠」。

自奉命管雲貴總督事以來，鄂爾泰認為在滇黔兩省的行政當中，處理土司問題乃第一要務，是所有事務的點和綱，點破事成，綱舉目張。反之，如果土司問題依然存在，作為督撫而言，其他錢糧兵刑等事務即使辦理得宜，便還是沒能夠抓住重點。

一七二六年九月，鄂爾泰上奏，正式提出了改土歸流的建議。據說在他的條陳送到京城時，鑒於此前雍正已明確表示反對改流，連商量的餘地都沒有留下，朝堂之上「盈庭失色」，大家都為鄂爾泰捏把汗，認為他這麼做有損皇帝權威，極有可能惹得雍正大怒乃至降罪於他。

孰料雍正見到鄂爾泰的條陳後一反常態，不是大怒，而是大悅，還對鄂爾泰讚不絕口，說：「卿，朕奇臣也，此天以卿賜朕也。」

為鄂爾泰擔心的人其實都沒猜到雍正的心思，他哪裡是不想徹底解決土司問題呢，他只是一直沒有找到得力的官員和妥善的辦法罷了！

鄂爾泰在長寨一役中的表現已充分顯示其「才必能辦寇」，這不就是雍正為了改流而尋尋覓覓不可得的能吏嗎？至於改流策略，鄂爾泰更是講到雍正心坎裡去了，那就是既要用兵，又不專恃用兵，快速實現，以及儘量減少波及面和少留後遺症。

看得出，雍正對鄂爾泰的條陳極為滿意，他不時在奏摺上留下「即此二句，上天鑒之矣」、「好」等批語，最後又總批道：「朕內心十分高興，竟至於多出了這許多感觸！也沒什麼可教諭你的了，好好努力吧。」

鄂爾泰的建議全部獲得批准，西南地區開始大規模啟動改土歸流。一七二六年十月，雍正實授鄂爾泰雲貴總督，並加兵部尚書銜，以利於他更好地在轄區推行改流和其他政策。鄂爾泰在謝恩疏中說，皇上給他的恩已達到了極致，「內外臣工無有如臣者」。雍正硃批道：「內外臣工無有如臣者，卿以受恩而言此九字，朕則單用此九字也。」

鄂爾泰所得到的寵遇與其要承受的壓力其實是對等的。他向雍正表示，自己一定竭盡全力地把改流這件事做好，「必誠必敬，矢勤矢慎，時時問心，決不自昧天良」。

重剿不重撫

長寨用兵成為西南改流的開端。鄂爾泰移貴陽同知駐於長寨，在此地設立了長寨廳（今長順縣），隸貴陽府，以流官代替了土司或土舍。緊接著他又乘威招服了長寨東、西、南三面的廣順、定番、鎮寧生苗六百八十餘寨，永寧、永豐、安順生苗一千三百九十八寨，其鋒直抵廣東邊境。

在貴州南、北、西三面的局勢逐漸穩定下來後，鄂爾泰便集中兵力，向黔東南的苗嶺山脈和清江、都江流域進兵。黔東南的這些區域地處要害，是沿江路打通湘黔粵交通要道的關鍵和前提條件，同時清江兩岸及九股一帶物產豐富，盛產桐油、白蠟、棉花、毛竹、桅木等物，一旦可以做到「上下舟楫無阻，財貨流通」，黔東南的漢民和苗民均將受益匪淺。參與改流事業的大臣方顯由此認為，開闢苗疆對於貴州全省都是件大好事，「誠能開闢，則利可興也」。

對於如何開闢黔東南苗疆，清廷內部起初存在著很大爭議。這時像何世璂那樣的純招撫派已無市場，「剿撫結合，二者不可偏廢」成為共識，但表現在實踐中仍有側重及其先後，具體可區分為重撫派和重剿派。比如方顯就是重撫派，他認為必須「先剿後撫，剿平之後仍歸於撫」，而鄂爾泰是重剿派，主張「剿在撫先，撫以善其後」，同時強調猛力優先，「窮究到底，殺一儆百，使不敢再犯」。

鄂爾泰的這一主張與他的整個改流策略完全一致，為此就算被政敵和反對派加上「嚴急」、「殘刻」之名亦在所不顧。他這麼做自然有其現實考慮，按照他的觀點，土司、土舍既擁有土地、屬民、財富，又多儲兵械，高築堡寨以自固，更發展到不受朝廷節制的程度，與分土稱王還有什麼分別？若以一紙「招撫」空文加之，就指望他們自覺自願地去掉封號，繳上兵械，向朝廷納土稱臣，解甲歸田，豈不等於天方夜譚？

「既未示以軍威，亦未曉以法紀，寸鐵未繳，一人不殺，而驟望其寧貼，無此理，無此事！」方顯曾「奉飭」招撫清江北岸及九股諸苗寨，先後有六十餘寨「就撫」，這被重撫派引為可證明己派正確的典型例子。鄂爾泰則大不以為然，在他看來，「就撫」的這些苗寨只是懾於兵威下的個案，而且也難以保證以後不會復叛。對於大多數苗寨而言，有土司、土舍在背後作祟，就決不會輕輕鬆鬆地讓你解決問題，他們「縱則嘯聚，擒則遁藏，本無能為，實不易治」，而奉命去對付他們的大小文武官弁，「怯懦者托言羈縻，取巧者斟酌利害」，反正誰都不肯當惡人，最後弄得「撫」變成虛應故事，「剿」又失去了時機。

在給雍正的奏疏中，鄂爾泰多次以事實為證，說明若不先下定「剿」的決心，會如何貽誤大事：某處未經改剿，某處只用招撫，結果後來還是只好用兵，費力是原來的許多倍；某處的指揮官舉棋不定，始而欲「撫」，始而欲「剿」，弄得部隊疲於奔命，徒勞無功；某處本已改流，但因未清理土司，導致復叛，已有改流成績幾乎前功盡棄。

「剿在撫先」，重「剿」不重「撫」，也就意味著要多殺人。鄂爾泰解釋說他本人並不是個喜歡殺人的殺人狂，「但恐今日不殺少，日後將殺多」，換言之，為了承擔歷史責任，就決不能苟且偷安，也不能太在乎個人的聲名毀譽，「難固不辭，罪亦不避。倘目前惟圖苟安，日後又將有事，即遲至十年、二十年，官去身亡，猶有餘愧！猶有餘恨！」

鄂爾泰的意見得到了雍正的支持，方顯等重撫派的「招撫」設想和計畫告寢，他們也轉而服從於鄂爾泰，在其指揮下著手對黔東南苗疆進行武力開闢。

用將

黔東南苗疆地形險要，山重水複，同時此處苗民全為清一色的生苗，且「蒙昧如昨」，過去這些地區也並不在中央政府的版圖之內，連貴州的土司都無鉗制和約束之責。當時一般認為有三種難以改流或實在無法改流的情況，即「天時之多雨久雪，地勢之萬夫莫前，人心之同惡誓死」，而這三種情況，黔東南苗疆全都具備。

官軍最初計畫由平越路進剿凱里，從而攻占清水江上游水路。這一帶的土舍率領苗眾埋伏於深山，憑險固守，伏擊官軍，使得官軍處於被動挨打的地位，在無法前進的情況下只得撤退。

進剿受挫不但沒有使鄂爾泰怯步，反而加強了他打通苗疆的決心。經過分析，他決定在都勻、黎平、鎮遠三府中分別輕重，次第解決，並選用貴州按察使張廣泗率軍出征。

張廣泗是除哈元生，鄂爾泰在改流進程中所選拔任用的第二位出色將才。雍正因為從未見過張廣泗其人，不明底細，曾在上諭中問鄂爾泰：「（張廣泗）胸襟立志，不知道是不是開闊堅定？」

鄂爾泰回奏，說張廣泗「胸襟亦頗開闊，立志亦頗堅定」，忠於君主，一心向上，而且有統顧全局的能力，「先籌全域，次扼要領，不遺瑣細」。

鄂爾泰善於用將，他的分析與張廣泗的行事基本相符。張廣泗按照鄂爾泰所授機宜，在吸取教訓，重新察看地形的基礎上，變換了進剿路線，將原先的穿越平越路改成了攻克八寨。

八寨被視為都勻府要隘，八寨既克，官軍從八寨出發，沿旱路攻下了大小丹江。這一下就將清水江中游水道予以截斷，土舍無法再相互應援，割據凱里的土舍腹背受敵，最終不得不歸順朝廷。

官軍沿江而下，直抵鎮遠府所屬的清江。當時土司、土舍身邊常有「漢人軍師」，他們其實是一些常在苗疆經商走動的漢人小販，因為自恃既學會了苗語，又懂得一些漢區的規矩，所以能夠為土司、土舍們出謀劃策，鄂爾泰對此輩非常痛恨，斥之為「漢奸」。清江就有一位這樣的「漢奸」，名叫曾文登，他透過散佈「改流升科，歲額將增至十倍，且（清江）江深崖險，兵不能入」的言論，鼓動當地的土舍和苗民拒絕改流，與官軍對抗。

在曾文登的謀劃下，土舍佯令老弱少幼苗民出寨迎接官軍，歸順朝廷，暗地裡卻將所有土舍兵武裝起來，埋伏於要隘，準備乘夜色襲擊官軍。

張廣泗本身也有探報，得知前方有詐，他索性將計就計，令主力部隊夜間暗渡過江，扼其要道，伏擊企圖劫營的土舍兵。官軍在取得大勝後，進而「突搗其巢，填壕拔櫳，冒險深入」，給予了土舍兵以摧毀性的打擊。

消息傳出，苗眾「四山號泣」，被迫將曾文登綁縛獻出，同時接受歸流。自此，清水江上至凱里，下達赤溪，沿岸數百里全部為政府所實際控制。

在打通清水江水路之後，鄂爾泰奏請在清水江、丹江兩地設重營，分別屯兵三千駐防，以控江路。他又雇苗船百餘艘，在軍隊的押運護送下，前往湖南購買食鹽布匹糧食，這樣湘黔兩省的商業便迅速發展起來。

接下來官軍需要進剿的是黔東南苗疆中心、黎平府的古州。康熙朝平三藩時，吳三桂的部隊在湖南與清軍作戰，戰敗後由貴州潰往雲南，途經古州時曾丟棄大批輜重和武器裝備，為古州土舍所得並用於武裝自己的部隊，再加上山川之險，古州土舍便自以為有了反對歸流的資本，於是以群山中的諸葛營為據點，與官軍展開對峙。

官軍此前不知道攻克了多少苗寨，已經積累出豐富的作戰經驗。進攻部隊特製有西瓜炸炮、火毒群蜂炮、火箭、火磚以及基本備而不用的沖天炮等，用以攻寨，無堅不克。土舍兵雖有部分「大炮重甲火藥」，但主要武器不過還是矢石、標杆、槍銃而已。經過半年多的進剿，官軍沿都柳江而下，一舉攻奪了諸葛營，並將古州土舍分割成兩部分，使其被迫分別困守於上江、下江。

見官軍勢大，又深信官軍不會長久住下來，土舍們便表面接受朝廷「招撫」，但卻規定官軍不能渡江進入其防地。

杯酒釋兵權

鄂爾泰之所以重「剿」不重「撫」，就是知道土司、土舍多數都會採取緩兵之計，他馬上宣佈要在諸葛營建城堡設古州鎮，屯兵三千。土舍聞訊，果然「群起拒命」，於是戰端重開。

按照鄂爾泰的部署，張廣泗一面故意在下江方向虛張聲勢，一面暗度陳倉，集中力量進剿上江。一天晚上，官軍用數百隻木船搭成浮橋，搶渡過江，對扼險據守的土舍兵發起突襲，將土舍兵大部予以殲滅。之後，張廣泗率部進入下江。下江兩岸崇山峻嶺，仰不見日，土舍兵隱蔽於其間，暗中襲擊官軍。張廣泗採取「伐山通道，窮搜窟宅」的手段進行搜剿，使得「神焦鬼爛，百里內外咸震」，直至將都柳江全部打通。

都柳江一通，貴州與兩廣在水路上便無阻礙，上下游民眾可以自由地進行貿易往來，「粵商船直抵古州城外，古州大定」。

黔東南苗疆的整個開闢過程很長，在此期間，因兩江總督事務繁劇，雍正曾欲調鄂爾泰往任，並認為「兩江非卿不能整理」，他還把鄂爾泰與怡親王允祥相提並論，說：「怡親王實不世出之賢王，卿實國家之名器，真皆朕之股肱心膂。」

鄂爾泰則唯恐自己一去，對改流造成不利影響，使其功虧一簣，遂以「雲貴極邊，關係緊要，一切時宜尚未有頭緒」進行辭謝。雍正不但沒有不高興，還十分感動，硃批：「上蒼鑒之，朕臨御四載，亦只得卿與怡親王二人耳！勉之一字，朕皆不忍下筆矣！」

堅持不懈的努力必定會換來報償，經過長達五年的反覆進剿，鄂爾泰終於得以先後在八寨、清江、丹江、古州等地設立了由流官主政的六廳，在官方文書和史志中，這六廳被專稱為「新疆」。「新疆」六廳的設置，標誌著貴州全省特別是黔東南兩江流域的改土歸流基本獲得成功，其改流設官地區之廣，差不多相當於原來州縣的一半面積，正如近代大學者魏源在其著述中所云：「苗疆辟地二三千里，幾當貴州全省之半。」

雲南的改流係與貴州同時進行，該省土司勢力很大，猖獗萬分。鎮沅土知府刀翰、沾益土知府安於藩不僅「勢眾地廣，尤滇省土司之難治者」，而且罪惡昭著，其中刀翰強占民田，強姦民妻，安於藩更甚，「視命盜為兒戲，倚賄庇作生涯，私占橫爭，任其苛索」。

鄂爾泰在雲南改流，首先拿刀翰、安於藩開刀，他在發兵將兩人擒拿歸案後，隨即在其地分設鎮沅州、沾益州。此後改流中即遵循這樣的辦法，即對於抗拒朝廷同時又罪大惡極的予以嚴厲處置，沒收他們全部或大部分財產，並施以重刑，但對於其餘能夠及時看清形勢，自動繳印，申請改流者，則既往不咎，按照類似於杯酒釋兵權的原則，授職世襲，給以出路。

過去，有些土司、土舍區域地處川滇兩省交界，政令難以在其區域內推行，一旦發生事故，一省也無法予以處治。比如四川的東川府就是這樣，該府離成都將近三千里，距昆明僅四百里，當在四川的鄰境烏蒙土府要攻劫它時，東川知府向四川方面報告，請求救援，四川方面卻無法及時援手，還得另外請雲南救護。

東川府雖已於康熙中期改流，然而實際情況與未改差不多，東川土人常到雲南境內與之接壤的三土州內搶掠人口牲畜。三土州告到官府，因為隔省審理，四川對東川多有徇私舞弊之舉，而且還長年拖著，不能結案。

換句話說，這東川、烏蒙兩府都不是省油的燈，其中烏蒙土司不僅荼毒東川，而且凡滇、黔、蜀與之接壤之地，沒有不受其害的。

早在全面提出改流建議之前，鄂爾泰就向雍正提議應改變滇川兩省間這種不合理的行政區劃，把東川劃歸雲南。雍正很快就予以批准，在改流正式開始後，又將烏蒙、鎮雄二土府也一併劃歸雲南建制，以便鄂爾泰能夠統一事權，有步驟地實行改流。

東川既然名義上已經改流，鄂爾泰便名正言順地派部隊進駐，趁勢將東川土司全部予以裁革，代之以真正的流官。不久他又親自坐鎮東川，以烏蒙土知府祿萬鐘攻掠東川府，鎮雄土知府隴慶侯助之為虐為由，命哈元生率軍討伐。在四川軍隊的配合下，討伐獲得全勝，烏蒙、鎮雄遂被分別改設為烏蒙府（後改稱昭通府）和鎮雄州。

一七二七年底，官軍揮師進入茶山、孟養一帶。這是明朝兵部尚書王驥征討麓川土司所到達的極限邊界，過了國境線就是越南（時稱交趾）、緬甸等東南亞國家。土司、土舍們在叛亂時會和鄰國相互勾結，彼此呼應，向來都是中央政府的一個大麻煩。

當年王驥率部到此時，當地人曾大為震撼，說：「自古汗人（即漢人）沒有能夠來到這裡的，實在是天威啊！」可惜王驥連個土司頭目都沒抓到，流官也未設置，就匆匆忙忙地班師回朝了。鄂爾泰認為正是因為這樣虎頭蛇尾的做法，才把禍患遺留至今，而他現在絕不能再犯同樣的錯誤。

在鄂爾泰的部署下，官軍深入每個敢於對抗朝廷的「凶寨」，逐一進行攻克，最終達到了「賊巢俱破，賊首俱斬，賊黨俱擒，群蠻皆願歸附」的目標。

奏報傳至京城，雍正硃批：「朕歡慶喜悅的心情，實難筆諭，勉之一字，皆不忍書矣！嘉之一字，實亦有負卿之心也！」

理財高手

鄂爾泰改流的基本策略是將先禮後兵的古語倒過來，以「剿」促「撫」或逼「撫」。「剿」則必先練兵，所謂制苗「尤以練兵為急務」，而練兵又必先籌餉，二者相聯密不可分，尤以籌餉最重要。鄂爾泰在西南前後用兵曆五六載，兵員在十幾萬以上，糜餉在四百萬以上，但所有官兵都不是來自京師八旗，軍餉也主要不是由戶部掏腰包。

究其原因，是鄂爾泰吸取了明朝的教訓。明朝從正統年間王驥領兵征討麓川土司，到「萬曆三大征」的播州之役，兵力動輒幾十萬，調用的全是京師武裝，糜餉多的時候超過兩百萬，全須國庫承擔，最後削弱國防力量、用空國庫且不去說，勞師動眾結果還未必得到滿意的收穫，所謂用力多而成功者少。

雍正朝為盛世，中央可調往西南的八旗軍隊絕不會弱於明朝，如果鄂爾泰照此向雍正請兵，相信雍正也不會一口否決，但鄂爾泰認為前車之鑒，後車之覆，「極盛之世，尤當思患預防，則力半功倍，可謀久遠」。

鄂爾泰在組織用於征剿的部隊時，都是就地添補調撥，其主體成分為滇、黔、粵西三省的駐防部隊及綠營，然後再摻之以土司兵，土司兵的數量與正規官兵相比一般是一半對一半，有的甚至還超過一半。

軍餉同樣是就地籌集，其中以雲南為最多。這也是外界特別感興趣的一個地方，雲貴兩省雖幅員遼闊，但作為兩個標標準準的窮省，它們每年在賦稅方面都入不敷出，就算鄂爾泰把兩省的賦稅錢糧統統截留下來充作軍餉，也是遠遠不夠的。

有人說鄂爾泰是拜了改流所賜，從改流地區得到了這部分錢糧，然後再以當地之糧養當地之兵。實際上，納糧是在改流之後，為了達到改流的目的，未改之前就必須用兵，而用兵又必須有餉。此為其一；其二，即便在那些不須用兵，自動接受改流的地方，少數民族原先並沒有納糧交稅的習慣，現在知道要納糧交稅了，但納交的數量微不足道，數十至百個苗寨加一起只有數十百兩銀子，就算數百上千苗寨也不過才數百兩銀子。更何況，改流後中央政府還會施以免賦、不科糧等優惠政策，因此若要靠在改流區納糧收稅來充作軍餉，根本就無濟於事。

那麼，數額如此巨大的改流費用究竟從何處而來呢？

鄂爾泰不但是政治家，也是個理財高手，他認為「國家政治，只有理財一大事」，田賦、兵車、刑名、教化等各項要務最後都要歸結到理財上去，「財不理得，則諸事不振」。

鄂爾泰在滇理財和籌措軍餉時，緊扣五個環節，即鹽務、廠務、莊田、公件、商稅。說到鹽務，還得誇誇李衛，當年正是由於李衛的一番整頓，才使得雲南鹽課由虧空轉為盈餘，鄂爾泰來滇後，又增加了不少鹽井，自改流開始，鹽課每年都有三十萬兩銀子的盈餘。

廠務也就是礦務。西南礦產資源豐富，雲南有銅、錫、金、銀，貴州有鉛、銅，原先各廠因經營不善，非但盈餘很少，有的還出現虧損。鄂爾泰到滇後，改善經營方法，各廠都有了大幅贏利，獲利較以前有了數倍乃至十倍以上的增長。

莊田也稱田莊，是指朝廷劃撥各級官府或個人的田地和莊園，有官莊、私莊之分。雲南文武衙門大半都各有官莊，此外私莊尤多。鄂爾泰一抵滇任即加以清理，至一七二七年冬，前後共清出一萬五千畝，第二年又清出十一萬四千餘畝，這還不算無主和以往隱漏的田地。

公件始於前任雲貴總督楊名時，楊名時在康熙末年任雲南巡撫，當時他宣佈取消雲南的各種火耗，只保留「公件銀」，所以公件銀實際也就等同於養廉銀，鄂爾泰除酌留一部分辦公，尚可節省出一部分。

五大收入來源的最後一個來源是商稅。這裡的商稅不僅包括對工商業所徵的稅收，還有沿江河口岸關卡所徵收的關稅，隨著改土歸流的深入和道路被打通，西南自由貿易的範圍越來越大，政府所能得到的商稅自然也就越來越多了。

總而言之，鄂爾泰是將鹽課盈餘（鹽息）、廠務贏利（銅息）、莊田的田租折銀、公件銀和商稅中節省出來的部分，全部都充作軍餉。據統計，自一七二六年至一七三一年，即改流最重要的五六年時間裡，透過五項收入，共得軍餉四百六十萬兩，其中鹽息一項占到總數的一半，鄂爾泰在奏疏中也說：「滇省錢糧，半山鹽課。」

與明代相比，鄂爾泰集結的兵力不算多，裡面還有那麼多的地方部隊和土司兵，軍餉也主要是海綿擠水一樣的就地籌措，他勝就勝在計畫周密，而且能夠抓住重點，做到兵得其力，財盡其用，尤其著眼於打通點和線這一戰略，使得改流不僅立竿見影，而且事半功倍。

「鄂爾泰之才之能，有非他人所能及者」，這不僅是歷來學者對鄂爾泰在改流中表現的一個定評，恐怕也是雍正本人當時的真切感受。正是因為有了鄂爾泰這個能幹且忠誠的大臣，他不僅能完成改流這項古今罕有的大事業，而且也確保了其他國政不受其影響和連累，比如錢糧方面，自始至終，他用來犒勞改流軍隊的費用，不過才四到十五萬兩銀子。

三十萬兵安在

一七二八年十二月初，鑒於廣西與兩廣總督衙門駐地較遠，與滇黔兩省相近，改流的事務也較多，雍正將廣西從兩廣總督轄下劃出，歸雲貴總督管理，鄂爾泰由此職權擴大，成了雲南、貴州、廣西的三省總督。

鄂爾泰受命後，考慮到廣西與雲貴的情況稍有不同，而當地官府長期以來又「吏治因循，營伍廢弛」，若貿然強行推動改流，恐怕適得其反，因此請求皇帝容許他在積極料理的同時適當放慢速度。

雍正照准，並且說：「卿自有次第料理措置之道，實在用不著朕為西南之事擔心，只是想到卿心神過勞，不免於心不忍！」

廣西以泗城的力量為最強，此處方圓兩千餘里，實力上數倍於烏蒙、鎮雄。泗城現任土司岑映宸原本對改流持抗拒態度，為此在南盤江以北地區聚兵四千，但烏蒙改流的消息傳出，讓他明白此次朝廷的改流是動真格的，於是氣焰立刻委頓下去，趕緊撤兵縮回了老窩。

鄂爾泰可不會這麼容易就放過他。泗城的土司制有著數百年的承襲歷史，土司「舉止儀從，盛於制撫」，排場甚至比督撫還要大。按照鄂爾泰所掌握的情報，過去川滇黔粵四省的搶劫兇殺案多由泗城、烏蒙、鎮雄三地的土司所主使，現在烏、雄兩府既已改流，無論是從徹底消除隱患的角度，還是為廣西改流打開局面，勢必都要對泗城動手。

按照與鄂爾泰的約定，廣西巡撫兼提督韓良輔首先趕到貴州南部的安籠鎮，為進剿行動打前站。鄂爾泰隨後也親自趕到安籠，但讓韓良輔感到驚異的是，鄂爾泰身邊除了護衛部隊，竟未攜一兵。他忙問究竟怎麼一回事，鄂爾泰讓他不要擔心，「我已攜三十萬兵矣。」

直到第二天，韓良輔仍未見到進剿大軍的影子，不過岑映宸卻已未戰乞降。韓良輔好奇地追問鄂爾泰：「三十萬兵安在？」

「煌煌明詔（即聖旨）當兵十萬，烏蒙先亡（指改流）當兵十萬，某不才，從諸公後親蒞南籠（安籠），亦可當兵十萬，是則強兵三十萬也。」

韓良輔等人聽後心悅誠服，都感歎鄂爾泰的謀略「深不可測」。

在改流方式上，雲貴兩省除一部分是以威力相威脅，借其他罪名對土司予以革職，大多透過戰爭方式解決。事實上，也正是這種咄咄逼人的大規模用兵對岑映宸起了作用，使得他的心理防線在最後一刻崩坍了。岑映宸乞降後，鄂爾泰即在泗城改設流官，並以南盤江為界，江北劃歸貴州省，江南仍屬廣西。

受泗城不戰而改的鼓舞，梧州、柳州、慶遠等地的土民「爭備糧請兵」，請求官軍前去幫助他們推翻當地酷虐的土舍。在這股民意潮流的推動下，廣西各地的改土歸流和設官建制全都得以順利展開。

西南改流的省份除了滇黔桂，還有與之接壤的湖北、湖南、四川。湘鄂川比較接近內地，與地方政府的聯繫多，漢、土民交往密切，土司、土舍的勢力也小，滇黔桂改流、建制的浩大聲勢給他們造成了猛烈衝擊。處於這種強大的內外壓力之下，土司們相繼呈請交出世襲印信，讓出領地。

改流後的原土司及其家屬，開始一般仍留於原地。後來雲南的刀翰家屬鬧事，雍正聞訊重新思考了這一問題，他考慮若將土司及家屬留在原地，放鬆管理的話，他們會鬧事，可要是管束太嚴，這些人又沒法生存，於是決定不如遠遠打發。以後包括刀翰家屬在內，土司及其家屬便都被從西南遷往內地，尤以皖、蘇、贛三省最為集中，雍正要求各地督撫對他們予以關照，及時撥給房屋和土地，但不准他們再潛回原籍。

一七三一年冬，見改流已有頭緒，鄂爾泰奉詔進京任武英殿大學士。其間改流仍在進行，一直到雍正去世那一年即一七三五年，經過十年的不懈推進（從一七二六年算起），滇黔桂湘鄂川等西南六省的改土歸流和設官建制才基本實現。這次改土歸流歷時之長，涉及地區之廣，改流之徹底，影響之深遠，均為明清乃至有史以來所僅見，它不單單是從政治上取消了世襲土司、土舍，鞏固了西南邊疆，還伴隨著一系列開發西南的經濟和文化措施，包括興修水利、開發交通、廣設學校、實行科舉等。

儘管其間也存在著許多缺憾和硬傷，但改土歸流仍不失為一個偉大的變革。作為對雍正朝那個勵精圖治，文治武功均稱一時之盛的時代的直接驗證，即便兩百年後，當大清作為沒落王朝已經永遠消失在歷史塵埃之中時，依舊有許多人對此念念不忘，《清宮詞本事》中就寫道：「文武雍雍共贊襄，滇黔萬里靖邊疆！」

雞蛋裡挑骨頭

自雍正執政以來，如果說治下有哪幾個省最讓他放心不下，除了西南的滇黔，大概就得算東南的江浙了，尤其是浙江。這一點在他的用人和佈局上體現得極為明顯——作為最受雍正信任和欣賞的兩位封疆大吏，鄂爾泰和李衛一個蘿蔔一個坑，分別替他控制著這些省份。

雍正不放心浙江，主要是對浙江民風始終抱有一種深深的疑慮和不滿。他認為江南一帶自明朝滅亡以來，始終籠罩著揮之不去的遺民情結，而浙江的讀書人又往往在其中充當著重要角色：隱居者著書諷世，出仕者妄議朝政。

最早給雍正留下深刻印象的是汪景祺，他在所著的《西征隨筆》中說什麼「功臣不可為」，還對雍正年號中所含的「正」字說三道四。在雍正看來，這就是妄議朝政，非予以嚴懲不可，一查汪景祺的籍貫：浙江總督府所在地杭州！

汪景祺之後還有嗎？有，此人名叫查嗣庭，浙江海寧人。

海寧查家是個有名的文官之家，尤其在康熙年間整個家族進入了鼎盛期，有十餘人考中進士，五人進入翰林院，後者包括了親兄弟三人，遂有「一門十進士，兄弟三翰林」之譽。「兄弟三翰林」就是查嗣庭和他的兩個哥哥，三人皆為翰林院編修，其中查嗣庭在雍正登基後任內閣學士兼禮部侍郎，雍正還曾賜以御用衣帽等三次賞賜，對他甚為優待。

汪景祺在其人生的大半時間裡只不過是個落魄文人，即便成了年羹堯的幕僚，也沒能得意到哪裡去，與查嗣庭可以說完全沒有可比性，但命運就是這麼詭異和無常，最終這兩個起點不一的文人卻遭遇了同樣的噩運。

一七二六年，查嗣庭受命為江西鄉試正考官，有人告發他所出試題荒謬。雍正仔細看了試題後，認定告發基本屬實，遂接連發出上諭，說查嗣庭和汪景祺係浙江同鄉，很可能是一黨，並下令將查嗣庭予以革職拿問，交三法司嚴審。明清的刑部、都察院、大理寺合稱「三法司」，遇到重大案件，才會由三法司會審，所以也稱「三司會審」，足見雍正對查嗣庭案的定性之重。

在後世流傳的說法中，查嗣庭所出試題是「維民所止」，此語出自《詩經》，原文為「邦畿千里，維民所止」，意思大致是說國君如果不能愛護百姓，國家的面積就是再大也終究會失去。告發者指認查嗣庭把雍正年號中的「正」字變成「止」，是蓄意要削掉雍正的腦袋。

其實查嗣庭所出試題中並沒有「維民所止」，給他惹禍的一共是這四道題：第一題出自《論語》，「君子不以言舉人，不以人廢言」，君子不會僅僅因為某人能說會道就提拔他，也不會因為某人有缺點錯誤就輕易否定他所說過的話；第二題出自《周易．大壯》，「正大而天地之情可見矣」，君子若能懂得正大光明的道理，就能瞭解天地萬物的真相；第三題也出自《周易》，「其旨遠，其辭文」，這個人所作的文章，意境深遠又富於文采；第四題出自《詩經》，「百室盈止，婦子寧止」，秋天豐收了，上百個糧倉一字排開收糧入庫，而且個個糧倉都裝滿了糧食，婦女兒童喜氣洋洋。

不愧是飽學之士，查嗣庭所出的四題皆為四書五經中的名言，而且作為試題，給予考生的發揮空間也很大。那雍正又是如何看出其中毛病來的呢？他認為查嗣庭是在借古喻今，譏諷時事。比如雍正選拔任用官員的一個主要方法，就是在引見過程中與其交談，憑個人印象對其進行打分，而查嗣庭在首題中就說「君子不以言舉人」——朕即國家，你是在反對國家的用人之道嗎？

與國家政策唱反調尚在其次，最主要的還是雍正把第二題和第四題結合了起來，又與汪景祺的《歷代年號論》連繫起來進行分析，從而得出了更加讓人瞠目的結論：《歷代年號論》中說「『正』字有一止之象」，查嗣庭的第二題前用「正」字，第四題後有「止」字，不也就是把「正」字拆成「一止」嗎？

第二、四題本來位置相隔，為什麼居然可以這樣結合起來呢？一向擅長且喜愛邏輯推理的皇帝再次發揮了他的所長，說第三題「其旨遠，其辭文」的作用就是起承轉合，明講此事，而讓你聯想到彼事，「寓意欲將前後聯絡，顯然與汪景祺悖逆之語相同」。

這真是哪兒跟哪兒啊！雍正也怕外界說他雞蛋裡挑骨頭，欲加之罪，何患無辭，所以特地指示李衛和浙江將軍鄂彌達，對查嗣庭的老家進行查抄，以便進一步搜集證據。

月黑見漁燈

雍正既被民間稱為「抄家皇帝」，抄家於他是家常便飯，而且早就抄出經驗來了。他要求搜查時甚至連牆壁和小洞都不能放過，凡是查嗣庭親筆所寫字跡以及抄錄件，一律都要搜出「封固送部」，同時還警告李衛、鄂密達，說你們要是走漏風聲，使得查家預先進行藏匿，一定拿你們是問。

李衛等人豈敢怠慢，連夜趕往查府，將查家的裡裡外外都搜個了遍。在搜出的所有文字資料中，有兩部查嗣庭的日記，而正是透過這兩件極其重要的證物，雍正得到了他想要的東西。

指責查嗣庭透過試題譏諷時事，連雍正自己都擔心太過牽強附會，日記就不一樣了，查嗣庭透過它們清楚地表露了自己對時政的很多異見，其中康雍兩朝都有涉及，雍正斥之為滿紙「悖亂、荒唐、怨謗、捏造」。

比如皇帝引見官員，不中意者即行罷斥，查嗣庭說是失去用賢之道，可見他確實是對皇帝選拔官員的方式有意見。又如康熙朝時，翰林戴名世寫了一本歷史書《南山集》，因書中用南明年號並對「揚州十日」等加以揭露，被康熙問斬，從而釀成康熙朝最大的文字獄「南山案」，查嗣庭直截了當地認為這就是文字之禍。再如雍正登基後最愛大講特講所謂祥瑞，出現祥瑞或者災異與否，也被視為對其政權支持與否的表現，而查嗣庭常在日記中對此反著來，別人稱頌風和日麗，他就記「大風大霧大露大雨大電」。

查嗣庭獲咎，除了他的試題和日記，以及那被認為「譏刺時事」的思想，實際都離不開更為複雜的背景——查嗣庭與隆科多、蔡珽有私交，他任內閣學士，係由隆科多所薦舉，兼任禮部侍郎，則又是出於蔡珽所薦。

說到底，查案不過是汪景祺案的翻版，是作為政治鬥爭附庸的文字獄。在查嗣庭所獲罪狀中，他與隆科多、蔡珽、科甲朋黨的關係也被加以特別強調，甚至雍正在定罪時，也仍延續了他在處理汪案時的那種欲蓋彌彰的手法——先前給汪景祺案定罪，只涉及汪景祺作詩譏刺康熙，而不提《歷代年號論》。這次給查嗣庭治罪，也說查嗣庭在日記中所批評的都是康熙朝的事，「於雍正年間之事，不但沒有加以詆毀，還有感恩戴德之語」，似乎雍正治罪於查嗣庭，只是為了維護乃父康熙的名聲而已。

當查嗣庭案最終審結時，受到巨大驚嚇的查嗣庭已在獄中病死，雖仍遭戮屍示眾的懲罰，但總算免去了被刑場處決的痛苦和屈辱。古代刑法有連坐的制度，即父母有罪，子女親屬也有罪，按照判決結果，查嗣庭的成年兒子都要被處決，最終其長子病死於獄中，像父親一樣避免了受刑，次子被判斬監候，秋後遭到處決，其餘未成年兒子、侄子均被流放三千里，家產也被變賣後充作浙江海塘工程的費用，是名副其實的家破人亡了。

查嗣庭的兩個哥哥被判的是「家長失教罪」，二哥查嗣瑮父子被發配至邊疆，後來查嗣瑮死在了戍所。大哥查慎行先在京城被關了一年，所幸他詩寫得好，雍正很欣賞，說他像杜甫一樣忠君，特加寬赦，一年後將其行放歸原籍。

當年的「兄弟三翰林」，能夠活著回到海寧故鄉的，僅查慎行一家四口。「好一似食盡鳥投林，落了片白茫茫大地真乾淨」，這是比曹雪芹家族和《紅樓夢》還要更加悲慘的結局，查慎行從此告別官場，一心專注於寫詩和藏書，經此一劫，整個查氏家族也都放棄以科舉為重心，文學成了他們新的信仰和追求。

查家不再出進士、翰林、大吏，子弟中更多的是沒有功名在身的文人，直至近現代，湧現了詩人穆旦、武俠小說家金庸，方才讓人們重新關注到這個家族長達六百年的傳奇經歷。

「月黑見漁燈，孤光一點螢，微微風簇浪，散作滿河星。」這是中國現代小學課本所選錄的一首古詩，詩名「舟夜書所見」，作者就是查慎行。它更像是查家命運的一個隱喻，這個家族雖曾遭受極權政治的極度碾壓和摧殘，但所保存下來那一點螢光，只要有微風拂過，就又立刻化為了倒映於水中的滿天明星。

浙江習氣

至少在雍正看來，汪景祺、查嗣庭等浙籍文人對朝廷和時政都是不滿的，這使他逐漸產生了浙江人「不忠」的印象，並由此誕生出一個專門用以評論浙江人的貶義詞：浙江習氣。

從雍正的講話來分析，他所認為的「浙江習氣」主要是指紹興、杭州、嘉興、湖州四府的「澆漓」民風。澆漓者，社會風氣淺薄不厚道是也。平心而論，當時的浙江民風中的確也有一些陰暗面，為雍正的指責提供了口實。比如紹興的職業幕僚在雍正年間進入極盛階段，混跡京城的「紹興師爺」不少，他們既能像田文鏡的幕僚鄔思道那樣幫助官吏辦事，也能參與各種潛規則和幕後交易，並進而對京城各衙門造成不好的影響。雍正經常聽到相關報告，因此他說紹興地區「生事不法之徒皆出在外」，至於他對杭嘉湖三府的看法，除了被他引為例證的汪景祺、查嗣庭，還可以套用大臣王國棟的話，即「杭州人狂放，湖州人刁健，嘉興人浮薄」，總之都非良民。

本來只是兩個浙江讀書人的事情，這下不僅禍及了整個省的讀書人，而且讓普通民眾也跟著倒楣。雍正下諭指責浙江「紳士刁悍淺漓，以強凌弱，相習成風，如汪景祺、查嗣庭，肆行訕謗，目無國法」，他宣佈要重點整治杭州府和海寧縣，今後這一府一縣的最高長官也必須由皇帝親自選派。

見皇帝對「浙江習氣」如此厭惡，有的大臣也著意迎合，推波助瀾地呈上奏摺，對浙江民間存在的刁鑽、興訟等情況進行數落。雍正聽後更加憤怒，便以浙江風氣太壞為由，下令暫停浙江士人的鄉試和會試，同時諭令內大臣，向他們徵求勸導、懲治浙江風氣的辦法。

吏部等部門提出，唐太宗貞觀年間曾遣使巡行天下，號「觀風使」，可為先例，援用於當朝。雍正採納了這一建議，並略加改變，專設觀風整俗使一職，說是要協助地方官改變當地風俗，使其回到正道。

第一個被雍正任命為觀風整俗使並派往浙江的，就是點評杭嘉湖三府風氣的大臣王國棟。一七二七年，當他計畫去查嗣庭的家鄉海寧進行宣講時，人還沒到海寧，當地就傳言朝廷將要對海寧進行屠城，嚇得城裡人爭相外逃。及至王國棟抵達海寧，當地未逃走的紳士們看到他都戰戰兢兢，一邊叩頭謝恩，一邊切齒痛罵「查賊」（查嗣庭）。

不光浙江本地的紳民人心惶惶，惴惴不安，就連有些在京的浙籍官員也不能免除被株連的恐懼。禮部左侍郎沈近思是杭州人，儘管平時圍繞某個政策上的意見分歧，他都敢於和皇帝當庭辯論，但為了力證自己沒有「浙江習氣」，仍然忙不迭地上書雍正，建議對母省的「澆漓」民風予以整頓，還說因為出了汪景祺、查嗣庭這樣的「逆種」，致使「越水增羞，吳山蒙恥」。

雍正看了很高興，誇獎沈近思的奏議切中浙江時弊，而沈近思自己身為浙江人，卻無「浙江習氣」，已足以「洗越水吳山之羞恥」。他讓李衛等人採納施行，李衛便把沈近思的奏議與相應聖旨一起「貼遍全鄉」，用以警示和勸服浙江紳民。有的清代筆記站在官方立場，硬是睜著眼睛說瞎話，稱雍正朝的文字獄其實沒有人們想像中那麼嚴重，「文字之禁，以本朝為最寬」。例證是雍正不像前朝，對自己的名諱頗不在意，見到有臣工為避諱，要用其他字代替他名字中的「禛」，居然還發怒了，說：「朕不就一個名字嗎，哪裡多出來這許多名字？避諱朕的名字，是對朕的不敬！」

問題是避諱嚴不嚴，跟文字獄多不多，完全是兩碼事，因犯諱而起的案子與清代文字獄也根本不能混為一談。比如清初八旗臣工奏對時都習慣自稱奴才，雍正認為旗籍的奴僕對主人才自稱奴才，大臣也自稱奴才有些不合體統，遂除被革職官員以外，一律禁止八旗臣工再如此稱呼自己。

可是與此同時，雍正本質上卻仍然希望臣下能夠像「奴才」那樣對自己保持絕對忠誠，一旦有八旗臣工敢於越出界限，其下場可能連旗籍的奴僕都不如，年羹堯、隆科多便是明證。

事實是，雍正一朝的文字獄總共有約二十起，比順治、康熙兩朝加起來還多！

不過在清代，雍正尚不是興文字獄最多的，最多的是他的兒子乾隆。雍正朝最大也是其區別於乾隆朝的特徵是，各案中真正因文字賈禍的只是少數，多數其實是政治案件。從早期的汪景祺、錢名世案，再到查嗣庭案，雖都有文字致禍成分，但他們之所以被議罪，首要因素不是文字，而是被懷疑成了年羹堯黨或隆科多黨。

凡是雍正朝的文人，只要與皇帝的政治對手有瓜葛，也就等於進入了政治鬥爭的圈子。從爭儲中殺出來的雍正對於任何政治對手及其附從者都持毫不留情的態度，一俟有機會逮住，必定嚴懲。他對於年、隆黨是這樣，對皇子黨也是如此，允禩門下的陳夢雷、允禵門下的何焯、允禟門下的秦道然，這些人有的負責出謀劃策，有的只是歌功頌德，雖然文字上沒有任何出格的地方，但照樣都倒了大楣。

投書案

一七二八年十一月的第一個週末，川陝總督岳鍾琪自西安向京城發來一份緊急密摺，報告說有個叫張熙的人投來一份「逆書」，張熙已被逮捕，正在進行審訊。雍正君臣後來才知道，寫「逆書」的人不是張熙，而是張熙的老師曾靜，曾靜才是投書案背後的策劃人。

李衛親身涉及了投書案的審案過程，又看過許多關於投書案的通報，對曾靜這個名字可謂是如雷貫耳，然而當他在杭州乍見曾靜時，卻發現此人和自己的想像完全不一樣。在上呈雍正的密摺中，他頗有些失望地說：「觀其（指曾靜）相貌談吐，鄙陋不堪，甚為平常。」

李衛的觀感，與案發前曾靜的身份和境遇倒是基本相符。曾靜是湖南永興縣的一個落第秀才，據他自己說，他所住的村莊位於湘贛交界地帶的幽僻谷地之中，離縣城很遠，包括曾家在內，附近的人們大多非常窮困貧寒，家中都沒有什麼銀子或錢幣，平常交易只能使用以物易物的方式，即用稻穀來做買賣。

曾靜應試科舉的運氣不好，學問也沒有什麼了不得之處，但他在社會和政制上卻都有一些自己的觀點。中國古代曾有一種井田制，按照通常解釋，所謂井田制，是按「井」字形將土地平均劃分為若干份，「井」字周圍的耕田為私田，每個耕戶都擁有其中的一份，中間是公田，由耕戶共同耕種，其生產所得用以納糧交稅。雖然井田制在春秋晚期就已經遭到淘汰，但儒家對它非常認可。曾靜年輕時讀《孟子・滕文公》，看到孟子竭力主張實行井田制，便也對這種土地制度產生出嚮往之情，「心中覺得快活」。

透過閱讀古籍，曾靜還相信治理中國的良方莫過於在政治方面實施封建制，即像春秋時代那樣，在上有天子進行統治、協調的情況下，讓各諸侯國都擁有各自的疆域並實施獨立的管理。曾靜認為，自秦以後，國家被劃分為州、府、縣等轄區，官員由朝廷任命，多數官員都不勤政愛民，其責任心和使命感更沒法與以前的諸侯國君相比，所以應重新恢復封建制。

站在職業政治家的角度，曾靜的觀點或許並不難於駁斥。雍正就針對性地指出，歷史發展本身會指明新的方向，井田制、封建制既被淘汰已久，就證明它已不合於時代，若硬要實行於現代社會，必定會帶來內亂和外患。

儘管如此，一個偏僻鄉村的秀才能夠想到和堅持這些，就已經說明他的思想深處有不同於他人的地方，也可以用來解釋為什麼他能夠挑起這場轟動全國的驚天大案。

在曾靜那個窮到極致的山溝溝里，他可以稱得上是百裡挑一的「金鳳凰」，因為當地方圓十餘里全是山農，像曾靜這樣的讀書人實在是鳳毛麟角。曾靜自述，因為父親死得早，他十八歲便到丈人家入贅，岳丈一見到他，就指著他大聲說：「此詩禮大家，方正君子。」岳丈還向別人誇耀自己生平做事，只有挑選女婿這一樁做得最為成功，「眼力高過天下」。

曾靜的這位老泰山對現實社會很不滿，同時懷念前朝，「極鄙薄當今，屢歎先朝文物衣冠」，這一點和女婿十分投緣契合，他因此當著面稱讚曾靜：「賢婿有濟世之德，宰相之量。」

很多年後，當曾靜身陷囹圄時，對於岳丈曾經跟他說過的那些話，他連一個字都沒有忘記，可見印象之深刻以及對他本人影響之大。因為家境貧寒，曾靜極少有機會出門遠遊，除非是去城裡應試。正是應試期間，他在州城裡偶然讀到了理學大師呂留良的著述。

呂留良代表著清初科舉考試中解讀四書的正宗，被尊為「東海夫子」。他去世後，友人從其筆記中搜羅編纂成《四書講義》，該書編排適當、論辯精詳，連同呂留良生前自己編纂的進士科考文集，一向都是無數科舉學子的首選讀本。曾靜之所以「偶然」讀到，實在是因其原先條件太差，無法與人交流所致。

曾靜不讀呂留良便罷，一讀便被吸引住了，他對呂留良在書中的精闢分析佩服得五體投地，相比之下，感到以往所見的相關著作都十分淺薄。呂留良也由此在曾靜的心目中奠定了地位，他認為呂留良是「本朝第一等人物」，以後不管說什麼話，寫什麼文章，都應該以之為範。

在古代，讀書識字直至科舉入仕，近乎是窮人藉以改變境遇、出人頭地的唯一希望，可惜曾靜寒窗數載，皓首窮經，但除了考到一個秀才，一直未能在科舉之路上有所斬獲，出於生活所迫，他中年後只得放棄舉業，從此以授徒為生。

年輕時的曾靜急欲取得功名，主要還是把呂氏著作當成科舉考試的敲門磚，對呂留良的為人行事以及其他遺著並不瞭解。從這個時候起，他開始有時間有耐心重新深入接觸呂留良的學說，令他深感震驚的是，他發現呂留良在正統理學家的大眾面孔之外，竟然還隱藏著另外一個身份——反清義士！

第九章

好辯的性格

在雍正所認為「浙江習氣」嚴重的浙江四府中，有一個嘉興府，呂留良的家鄉就屬於嘉興府。呂家祖上在明朝世代為官，對明朝的感情自然也更為深厚，呂留良以及他的哥哥、侄兒都在順治年間參加了抗清鬥爭，侄兒被捕遇害時，還是呂留良為他送的行。

呂留良本人不但學問淵博，而且精通兵法和武藝，很小的時候即能拉開勁弓，且每射必中。奈何時事變遷，非個人所能改變，呂家所組織的抗清鬥爭最終歸於失敗，呂留良帶著作戰時所受的箭傷和國仇家恨歸隱鄉里。其間他一度參加過科舉考試，一考就考中了秀才，但隨即又反悔自責，發誓再不在新朝應試出仕。

康熙年間，浙江學使到嘉興考核生員，呂留良拒不應試，被革除了秀才資格。後來康熙開博學鴻詞科，用以籠絡明朝遺民和隱士，呂留良是浙江省第一個受到推薦的人，如果他要應試的話，百分之一百可被取中，也百分一百可做高官，但呂留良堅決予以了拒絕。兩年後嘉興官府再薦，呂留良覺得這是「逼仕」，在無可奈何的情況下只得削髮為僧，實踐了他「死以山林隱逸，薦則剃髮為僧」的志願。

五星聯珠

呂留良晚年，大清江山已經日益穩固，然而呂留良不改初衷，在他私底下撰寫的著作和日記中，對大清及大清皇帝從不冠以尊稱和敬稱，而謂之以「燕」、「北」、「清」等，相反對於南明皇帝則禮敬有加。他稱南明最後一個皇帝為「永樂皇帝」，而不按當時的要求稱「偽永曆」。他還充滿敬意地描寫永樂被捕時，滿漢官兵為之動容的情景，「（永曆）勒馬前行，以鞭梢向東面一指，東面的滿漢清兵都跪了下來，向西面一指，西面的滿漢清兵也都跪了下來」。記述永曆被害，呂留良的筆下更是充滿同情和悲傷，「天昏地暗，日月無光，百里之內，凡關公廟全都遭到了雷擊」。

呂留良的講義和所編纂的科考文集作為公開出版物，看似持論平正，沒有什麼偏激的觀點，但如果你弄清呂留良真實的政治立場，便會察覺出他在其中也深藏著某些反滿思想，最典型的是他會藉評論科考文章的機會，宣揚「華夷之分大於君臣之倫」，明眼人一看就知道是怎麼回事了。堂堂理學鴻儒，居然是個有異端思想的人！

曾靜除了大驚，還有大喜，因為這種所謂的異端思想，他也有，而且隨著屢試不中以及生活的日益艱難，這種思想正逐漸變得越來越強烈。

一度陷入消沉的秀才彷彿聽到了時代召喚的聲音，在呂留良遺著的指引下，他結合自己的體驗和觀察，開始熱衷於思考社會問題，並寫成《知新錄》、《知幾錄》，用以表達自己的政治觀點和訴求。

呂留良主張「華夷之分大於君臣之倫」，大清皇帝雖是君主，卻是滿人，是「夷」，按照漢族「夷夏之大防」的傳統觀念，必須進行反抗，爭取恢復漢人的明朝。曾靜完全同意，他說對於這些少數民族統治者就不應該客氣，「只有殺而已矣，砍而已矣」。

從自身處境出發，曾靜對貧富不均的現實狀況非常不滿，他一直認為解決的良方就是實施井田制和封建制。令他格外意外和驚喜的是，呂留良也同樣對井田制和封建制感興趣，並且認為完全可施行於今世，從而把百姓從貧窮生活中拯救出來。曾靜如遇知音，在《知新錄》裡，他興致勃勃地寫道：「治天下必要井田封建，井田封建復了，而後方可望得治平。」

曾靜在老家做先生，能收到的學生也全都窮得叮噹響，他的弟子張熙、廖易莫不如此，這使曾靜雖在當地有些聲望，人稱「蒲潭先生」（據考證，蒲潭應為曾靜故居旁的一處水潭），但日子仍然過得十分艱難窘迫。曾靜的岳父病逝於康熙末年，臨死也沒能看到「賢婿」和自己的家族得以翻身，而他的舅子更因為在本地實在難以維持生計，最終不得不舉家遷往四川。

「湖廣填四川」是發生在清代的一次大規模移民事件，為了吸引湖北、湖南、廣東、江西等其他地區的居民移民四川，從中央到地方政府都制定了一系列政策措施。曾靜父親活著的時候就曾有移徙四川的想法，繼舅子遷川後，曾靜便也動起了移民的腦筋。

曾靜最初的打算是先到四川看看，然後再搬遷，但在經過長沙時，他突然看到一張告示，上面寫著「五星聯珠，日月合璧」的話，原來是朝廷正在宣傳剛剛發生的祥瑞，這使他莫名地激動和興奮起來，竟然認為世道將如自己所預想的那樣變好，井田制和封建制也要實行了。

既然就要實行井田制和封建制了，那麼何處無安身之所？又何必再拖家帶口，背井離鄉地去四川呢？於是曾靜打消了移民的主意，返回了家鄉。可是回家後，他卻失望地發現，井田制和封建制不僅沒有要實行的跡象，隨著水災的爆發，家鄉米貴穀貴，日子反而變得比以前更艱難了。

莫非「五星聯珠，日月合璧」不是祥瑞，而是一種可怕的異象？呂留良的弟子嚴鴻逵在日記中這樣引述「欽天監官員」的話，說「五星聯珠」並非祥瑞，實際是內戰之先兆，國家要以此線劃分為西南和東部兩國，軍隊將在城中嘩變起事。「五星聯珠」中的金星又稱啟明星，肉眼看上去為白色，「欽天監官員」因此還警告稱，這預示著大清王朝即將衰落。

其實，就算是欽天監官員真的有類似說法，也不敢公佈出來，這不過是民間的一種流言罷了，當然也代表著曾靜、嚴鴻逵等人的解讀。曾靜雖然命運不濟，但卻一向自視甚高，岳丈在世時誇他有「濟世之德，宰相之量」，他可真聽進去了。他幻想著「五星聯珠」出現後，中國將出現一個新的治世，而他則可以當仁不讓地輔佐呂留良式的賢君，改變政局。他的弟子張熙也將他看作一個了不起的人物，師徒自此便操練起來，用雍正的話來說是「以濟世自命，心懷異謀，圖為不軌」。

曾靜師徒皆為手無縛雞之力的讀書人，他們有「異謀」，但是要想「不軌」，也就是成事的話，就必須尋找實力派作為依靠。此前曾靜除了赴州城應試以及去了一趟長沙外，很少出遠門，也沒有見過什麼大世面，他並不知道外界的世界究竟如何，當然也不瞭解誰是肯支持他們的實力派，這可如何是好？

岳公爺

在封閉保守的古代社會，人們獲取外界資訊的一個主要方式就是等待外鄉人的光臨，尤其是在被崇山峻嶺所環抱、幾乎與世隔絕的山村裡更是如此。這時雖然曾靜自己已放棄了移民的計畫，但湖南、廣東等地不斷有百姓搬家前往四川，從曾靜家門口經過的也有不少，他們給曾靜及其鄉民們帶來了各種新鮮的故事和資訊。

曾靜注意到，大部分過路者似乎都聽到過西部有個叫「岳公爺」的人，說他愛民如子，深得百姓擁戴，「西邊的人最肯服他」，不過當被問到「岳公爺」的真名是什麼，擔任什麼官職時，這些人卻又都答不上來。

在此之前，住在附近的一位秀才低聲給曾靜講述了一個關於某總督的故事。在這個故事裡，皇上一再傳諭某總督進京面聖，意圖趁機剝奪其兵權並將其處死，但某總督對皇帝深具戒心，拒不從命。皇帝無可奈何，只得讓大學士朱軾為其安全擔保。朱軾原是某總督當初出任官職時的推薦人，當他到陝西相請時，某總督出於知遇之恩，便在安全得到保證的情況下同意入京。

一到京城，某總督就上書皇帝，說「用人不疑，疑人不用」。皇上見他坦蕩無懼，勇氣可嘉，態度已經稍稍有所轉變，但當要求其回任時，某總督卻拒不接受，說除非像召其入京時那樣，有人出來保他，否則他決不成行。

可是這回朱軾不願再保了，找其他大臣，也沒有一個肯出面相保，最後皇帝就決定自己保，某總督這才安心離京。在他離京四天後，有人奏稱，朱軾不保他，是要和他一起圖謀造反，這種情況下，更不應當讓某總督離京。皇帝後悔莫及，忙派親信侍衛追趕某總督回京，可是某總督已經不願再回去，侍衛難以向皇帝覆命，惟有自殺以謝罪。某總督到達任所後就上書皇帝，譴責他背信棄義。

這個故事非常符合民間百姓的口味，內容上生動具體，有板有眼，情節上山重水複，撲朔迷離。當然講述者也不是故事的第一源頭，他本人甚至連某總督姓甚名誰都不知道。

直到後來，曾靜聽人轉述川陝總督岳鍾琪「上」諫本，說些不知忌諱的話，勸皇上修德行仁」，他這才恍然大悟，茅塞頓開，意識到「岳公爺」和某總督其實指的都是岳鍾琪。

岳鍾琪係岳飛後裔，這個岳飛便是南宋時率部抵抗金軍入侵，並力圖收復失地的那個岳飛岳鵬舉。多少年來，從小說戲曲到評書演義，他的忠勇事蹟在民間廣泛流傳，使其成為人們心目中忠臣良將的完美典範。對於清代的漢人來說，懷念岳飛還有更深一層的意義，那就是如今統治江山的滿人，正是當年岳飛所抵抗的金軍，也就是女真人的後裔。很多人相信，岳鍾琪身上仍流著祖先的血液，終有一日要像岳飛那樣，「還我舊山河」，恢復漢家昔日的榮光。「岳公爺」和某總督的故事不正說明了這一點嗎？

眾裡尋他千百度，驀然回首，那人卻在燈火闌珊處。曾靜激動不已，他認定岳鍾琪就是自己要尋找的人，於是決定派弟子張熙赴陝策動岳鍾琪起來造反。

一七二八年十月二十八日，到達西安的張熙將曾靜親筆所寫的書信投送至川陝總督衙門。岳鍾琪單看信封，尚未拆看信的內容，就意識到自己遇到了一個極大的麻煩，因為抬頭並不是以他的現任官職「川陝總督」相稱呼，而是極為突兀的「天吏元帥」。雍正年間流言紛生，「天吏元帥」的稱呼本身就是一個十分危險的信號，於是岳鍾琪迅速傳令將張熙予以拘捕候審，而他自己則獨處書房，開始仔細閱讀這封陌生而又神秘的信件。

曾靜在信中給他和張熙都分別起了化名，並自稱是「無主遊民」，也就是不承認清政府，希望有新的人主出現之意。信的主旨是勸告岳鍾琪：你是宋朝岳飛的後人，清朝皇帝是金朝女真人的後裔，岳飛既是抗金英雄，他的後人就不應該侍奉仇人的後代，而要利用手中的權力反對清朝，替祖宗報仇，為漢人雪恥。

讀完信函內容，岳鍾琪證實了起初的判斷，確認這是一封謀反味十足的「逆書」，同時他也感到極為鬱悶，因為信中的說法，他已經不止聽到過一次了。

萬萬沒想到

岳鍾琪出身將門世家，是純靠軍功擢升起來的武將，在驅準保藏、青海平叛等一系列西北戰役中屢建奇功。年羹堯出事後，岳鍾琪成為接替年羹堯的不二人選，出任川陝總督，加兵部尚書銜。

岳家前兩代雖然也是高官，然而都還沒有達到像岳鍾琪這樣顯赫的程度，尤其川陝總督這個職位，自康熙中期起即有定例，乃八旗人員的專缺，漢人從未能夠染指。岳鍾琪能夠破例得到這個職位，赫赫戰功自然是其資本，但若沒有雍正的寵信，是根本做不到的。

可是正所謂「譽滿天下，謗亦隨之」，朝中忌妒岳鍾琪的人不少，光是密參他的「謗書」便在雍正那裡裝了滿滿一筐子。「謗書」中最具殺傷力而又讓當事人難以辯解的言論之一，便是說他是岳飛的後人，他要追隨先祖，揭旗反清云云。

岳鍾琪知道後真是又急又氣。岳飛抗金離清代已將近六百年，在如此漫長的時間裡，沒有一個家族的政治理念會不發生變化。事實上，從清初起，岳家就已經成為大清的忠臣了，而他們岳家也恰恰就是靠大清才重新發達起來的：岳鍾琪的爺爺乃山西大同鎮總兵官；父親參加平定「三藩之亂」，為康熙所重用，授職四川提督，充議政大臣；岳鍾琪本人更是紅極一時，被雍正倚為重臣，雍正甚至還將岳鍾琪的長子岳濬提拔為山東的署理巡撫，以示恩寵。

日轉星移，岳家早已不是要保大宋，而是要保大清了，後者才是岳家新時代的「精忠報國」。包括岳鍾琪在內，岳家子弟從未想到要藉著所謂「種族大義」的名義去反清，岳鍾琪更不可能與皇帝對著幹，外面的傳言不過都是造謠中傷或一廂情願罷了。

就在張熙赴陝的前一年，岳鍾琪領軍坐帳於成都府，有一天中午剛過，突然有一個人雙手抓著石塊，在成都街頭狂奔，嘴裡還大叫「岳公爺帶川陝兵丁造反」，他還說城內的秘密會社將在成都四門同時發難，見人就殺。此人隨即遭到逮捕，在被押往監獄後竟立刻全身虛脫，死睡過去，對外界的一切都失去了知覺。

經審訊查實，他叫盧宗漢，是個鄉下老百姓，先前因與鄰居發生土地糾紛，以及未能夠如願收回部分被迫出售的土地，曾向鄉縣官員提出上訴，但當地衙門未予受理。他對此感到極為不滿，腦子一時轉不過來，便逐漸變得瘋癲起來，之所以跑來省城成都，是為了替自己「申冤」。

在發現盧宗漢實際是一個瘋漢之後，他的一系列看似瘋狂的舉動也就獲得了較為合理的解釋：狂言造謠，可能是他聽到過岳鍾琪秉公理案的名聲，在沒法正常見到這位「包公」的情況下，就想做出點什麼事來引起岳鍾琪本人的注意；兩手握住石塊，是為了驅趕一路追趕他的野狗，而不是真的要造反；被捕後昏睡，是因為案發前已患有瘧疾，加上滿街亂跑消耗了體力所致。

盧宗漢案水露石出，真相大白，可是它給岳鍾琪造成的困擾卻並沒有能夠就此消除。與此同時，岳鍾琪與朝廷關係不協調，遭到朝廷譴責，其長子岳濬甚至已被捉拿問罪的流言，也開始在社會上廣為傳播。在這種巨大的壓力下，為避免真的引起皇帝的猜忌，岳鍾琪只好主動上摺，強調身體欠佳，日感虛弱，自請解除包括川陝總督在內的所有職務。

其實雍正對岳鍾琪一直都是相當信任的，這依賴於他對所有關於岳鍾琪的情報的綜合分析，而不是任何捕風捉影式的猜測——如果他雍正也像俗人一樣，僅僅因為岳鍾琪是漢人，是岳飛的後裔，就相信對方要揭旗反清，那他的頭腦該有多簡單，又哪裡還配得上做大清的國君！

至少，雍正就是這麼想的，在他的書房裡，說岳鍾琪不忠的「謗書」已經收了一大筐子，但就是再來幾筐，他也照舊會嗤之以鼻，不屑一顧。

對於新近發生的盧宗漢一案，雍正在回覆中只是輕描淡寫地一筆帶過，並且說所有在背後誹謗岳鍾琪的言論都是「鬼魅之所為」，它們不但傷害了岳鍾琪，也極大地污蔑了作為西北邊陲三軍後盾的川陝忠良百姓。

雍正用人向來都有定見，此時朝廷已準備出兵準噶爾，岳鍾琪是年羹堯之後西北最出色的大將，自然更不能允許在這個節骨眼上退出，所以他鼓勵岳鍾琪振作精神，繼續供職，還說健康狀況確實不可疏忽，但是他將派深受其信任的太醫院太醫南下成都，為岳鍾琪做一番徹底的診療。

不久，太醫劉裕鐸果然奉皇命來到成都，來了之後便接連用三天時間為岳鍾琪號脈、試藥，直至根據他的情況開出藥方。岳鍾琪長年征戰沙場，身體上難免這裡那裡有點毛病，所謂身體欠佳並不全是託辭。他在按照劉太醫的藥方吃藥後，再經過一番調養，很快便「宿疾頓除，手足輕健」，當然最重要的還是將一塊心病給去掉了。

讓岳鍾琪萬萬沒想到的是，事隔不到一年，同樣的大麻煩會再次落到自己頭上。儘管他在盧宗漢案中有驚無險，但眼前的案子無疑比盧案又要複雜和嚴重得多，首先案犯頭腦清醒，目標明確，不是盧宗漢一類的瘋子，其次「逆書」白紙黑字，言之鑿鑿，更非尋常流言可比。面對如此奇誕的案情，他該怎樣向皇上解釋清楚呢？皇上還能相信他與之毫無關係，對他不產生疑心嗎？

岳鍾琪很清楚雍正對於封疆大吏忠誠與否的重視和敏感程度，尤其他又處於這樣舉足輕重的位置上，稍有不慎，就可能步其前任的後塵，因此心情格外緊張不安。

頭等大事

岳鍾琪的第一反應是找同事作為旁證共同提審張熙。對於如此重案而言，官小了還不具備同審的資格，岳鍾琪最初想到的是西安城內的二把手、陝西巡撫西琳，偏巧西琳有事不能出席，於是便退而求其次，把三把手、按察使碩色請來衙署同審。

審訊時，碩色在側廳旁聽，由岳鍾琪親自對張熙進行訊問。一開始，岳鍾琪故作和顏悅色，請張熙喝茶，想從他嘴裡套出實情，但張熙並未上當，堅不吐實。其後直至西琳把自己的事忙完，匆匆趕到衙署，審訊也仍然陷於僵持狀態。

岳鍾琪與西琳一商量，既然案犯敬酒不吃吃罰酒，那就只好上大刑了。可是他們對張熙動了幾個小時的刑，對方除了痛楚號叫，未肯再提供任何有用的口供。

發現張熙是個硬骨頭，大刑不管用，第二天，岳鍾琪又換了個套路，他一方面不斷威脅要繼續用刑，然而棒子舉得高高，就是始終不落下來；另一方面，則用一種貌似推心置腹、將心比心的方式，竭力勸說張熙交代實情。誰知張熙在挨過大刑後，對岳鍾琪更加難以信任，不管怎樣軟硬兼施，橫豎還是不肯就範。

至一七二八年十月三十日清晨，投書案已過去兩天，但對張熙的審訊依然毫無進展。眼看拖不下去了，岳鍾琪只得研墨敷紙，向雍正報告。在密摺中，他字斟句酌，將張熙如何投書，所投「逆書」的大致內容，以及這兩天審訊的經過都詳細彙報了一遍，為的是證明自己在收到「逆書」後，毫無隱匿不報之意，且依然對皇上忠心不貳，凡他節制下的西北大軍更不會有任何謀逆的心思和舉動。最後他坦承自己對此案至今束手無策，因此懇請皇上同意，將人犯押送至京城，由富有審訊經驗的內大臣再行審理。

古代急遞費用昂貴，速度也較慢，受限於此，各省督撫及以下外臣的密摺通常都不會一件一件遞送，而是集為一批，放入其個人專用的奏匣後一起遞送出去。比如在岳鍾琪十天前發出的奏匣中，就統共收了十二份奏摺，其中既有地方稅收等一般事務，也包括西北用兵後勤供應等朝廷要務。

投書案的密摺是單獨發出的！如此超越常規的做法足以顯示出，該案在岳鍾琪心目中已成為一樁頭等大事，刻不容緩，必須立即處理。與之相比，其他公務無論平常看起來有多麼重要，如今也都變得無足輕重了，所以不必同時遞送入京。

寫完並寄出密摺，岳鍾琪稍稍鬆了一口氣，但並不能從煩悶和憂慮中完全解脫出來。自投書案爆發，無論願不願意，他都已經與此案緊緊捆綁在了一起，即便皇上在看了密摺後，和過去一樣相信他是無辜的，但破不了案本身，就已經足以讓皇上對他留下軟弱無能的印象了，這對他今後的仕途和前程而言，可以說是相當不利。再者，他建議將人犯押京受審也等於把難題推給皇上，萬一京城的官員也對張熙毫無辦法，問不出一句供詞呢？

不管如何，還是得想方設法在自己手上破案啊！可是這幾天軟磨硬逼卻總不見效，看這情形，就算是再給張熙賠多少笑臉，他也照舊會守口如瓶，若是一味嚴刑逼供，又怕把他給打死，令整個案件成為無頭案。

既然明攻難以達到目的，何不智取？岳鍾琪強迫自己靜下心來，將投書案從頭到尾重新細想了一遍，漸漸地，一個新的行動方案終於在頭腦中浮現出來。

當天晚上，張熙被從牢裡提出，移送至衙署內一個較為舒適的客房內居住。其時天氣寒冷，岳鍾琪不僅命侍衛給張熙送來皮襖和暖酒，還派一名「家僕」專門進行招待。這名「家僕」絕口不提案情，只是一邊陪著張熙飲酒，一邊閒扯些西安當地的閒言碎語，之後便極力誇讚其主子的為人信譽。

張熙不知道，「家僕」其實是岳鍾琪請來的代理知縣李元。李元剛剛赴任不久，岳鍾琪估計張熙應該不會碰巧遇見過他，最重要的是，李元原為西安城東的學監，跟讀書人打交道是他的強項，自然更懂得如何攻破一個孤立無援、驚懼不安的讀書人的心理防線。

果然，張熙的態度大為鬆動。他本為策動岳鍾琪而來，不肯說出實話是因為他還信不過岳鍾琪，岳鍾琪突如其來的款待和李元與他的對話令他一下子放鬆了警惕，對於打動和說服岳鍾琪的原計劃也重新產生出極大期待。

詭詐術

按照岳鍾琪制訂的新方案，一七二八年十月三十一日黃昏，再次開審。張熙被從其過宿的新客房帶至總督府大堂，在大堂上，岳鍾琪故作真誠地告訴張熙，說他對信函上的內容以及張熙的話進行了反覆思量，如今才痛下決心，甘冒風險參與造反，並希望張熙的老師能夠輔佐自己。

經過和李元的對床夜話，張熙已經認為岳鍾琪值得信任，岳鍾琪的這一番慷慨陳辭也正是他所想要的，但出於保險起見，他仍然堅持在他披露所有實情之前，岳鍾琪必須對天盟誓，絕不向任何其他人透露消息，更不會背叛他和老師。

對岳鍾琪而言，設下騙局誘騙一個像張熙這樣的要犯，於公於私都沒有任何忌諱，唯獨讓他跟老天爺撒謊，多少都會產生些心理陰影。可是既然已經到了這個地步，總不至於前功盡棄吧？

岳鍾琪一口答應了張熙的要求，不但賭咒發誓，而且發誓的時候痛哭流涕，表現得要多有誠意就多有誠意，他甚至還讓自己的侄兒整理行裝，做出了一副隨時準備迎接曾靜來歸的樣子。

張熙畢竟年輕，而且他和曾靜一樣，很少出遠門見世面，哪裡料得到眼前這位有頭有臉的大人物為了達到其目的，竟可以如此不擇手段地行其詭詐之計？他當下就把岳鍾琪當成自己人，一五一十地吐露了對方最想知道的一些秘密，包括他和曾靜師徒的真名實姓，家住哪裡，與謀判計畫有關的還有哪些人，等等。

岳鍾琪高興得小心臟怦怦直跳，但他表面上仍不動聲色，在結束當晚的問話後，即派人將張熙送回客房休息，讓其和李元繼續輕鬆閒聊，並命令手下在天亮前不得入內打擾。

乘此間隙，岳鍾琪著手撰寫出關於投書案的第二份密摺，大致敘述了自己如何設下圈套，又如何假意盟誓以獲取張熙的信任，以及當晚所套出的部分案情、包括曾靜師徒在內的六名初步共謀嫌犯的姓名住址。筆墨剛幹，岳鍾琪就挑選了一名得力驛卒，命其乘快馬連夜出發，將密摺單獨送往京城。

天亮後繼續審訊，這次岳鍾琪獲得和掌握了所有案情，最具實質性也最讓他感興趣的資訊，是張熙說出了呂留良對他們師徒乃至投書案的作用和影響。張熙還告訴岳鍾琪，一年前他曾奉師命去浙江拜訪呂留良的後裔，呂留良的孫子讓他閱讀了呂的日記及其他著作，並送給他一些呂詩作的刻印本。

岳鍾琪先將張熙打發回客房，繼而再展筆墨，撰寫並發出了關於投書案的第三份密摺。在這封密摺中，他根據和張熙的談話內容，建議重點追查呂留良家族，同時列出了新發現的七名共謀嫌犯的名單。至此，六天之內，三份密摺都先後發了出去。

當岳鍾琪的第一份密摺送到雍正的案頭時，擺在他面前的還有另外一份來自西安的密摺，落款日期也是十月三十日。具奏人是陝西按察使碩色，主要是彙報他旁聽審訊的經過以及對案犯張熙的印象：「臣細看此人甚是狡猾，（此案）斷非一二人所謀之事，必有黨羽匪類。」

雍正看過後僅僅批了一個「閱」字，這是最簡單的一種批閱方式——說白了，碩色的作用就止於驗證一下岳鍾琪有沒有撒謊，雍正對他的想法沒什麼興趣。

岳鍾琪才是牽動投書案的關鍵人物，雍正花了很多時間批覆他所送來的密摺。當然，他那時候還沒有覺得投書案有什麼特異之處，而只是把它當成了盧宗漢案的增強版，認為頂多是一個瘋子變成了兩個不自量力的腐儒而已，看法是：「竟有如此可笑之事，可恨之人！」

正如岳鍾琪發出密摺後所考慮到的那樣，雍正並不認為把張熙送到京城審理是個好主意，憑他的直覺，張熙既有膽造反和挑撥別人造反，又能熬過大刑，必是一個悍不畏死的亡命之徒，如果不改變審訊方法，就算押至京城，還是難以讓他開口。

若論詭詐術，雍正甘居第二，沒有誰敢稱第一。略加思索，他便一口氣給岳鍾琪想出了四條計策，其中有的是假意與張熙開誠佈公，套對方的話，有的是誇讚張熙為英雄好漢，藉機勸他歸化朝廷，有的是先隨意攀談緩和氣氛，然後伺機展開審訊，還有的是欲擒故縱，釋放張熙，但將其置於嚴密監視之下，待時機成熟，再將其與同夥一網打盡。總之，岳鍾琪能想到的，雍正都想到了，岳鍾琪沒想到的，雍正也都想到了。

雍正批閱密摺的慣例是通覽來自一地的奏摺，處理完後將硃批奏摺放回同一奏匣，再由進京遞送的驛卒發還給具摺人。岳鍾琪、碩色的密摺都是發自西安，自然也就算作一批，不過還沒等雍正把它們交到驛卒手中，岳鍾琪的第二份密摺已經飛馬送到。

死人在指揮活人

透過新的密摺，雍正得知案情已經獲得突破性進展，且突破方法與其預想的思路基本一致，這讓他大為激動，尤其是當讀到岳鍾琪佯裝對天盟誓並允諾加入謀反行列一節時，更是動了感情，他以硃筆對密摺中的這段文字加圈，批覆道：「讀至『盟誓』二字，朕不覺落淚。」

雍正信佛，他認為，岳鍾琪出於儘快破案和讓皇帝安心的考慮，在明知自己將欺天的情況下仍對天盟誓，已足見他對皇帝和朝廷有多麼忠誠。他安慰岳鍾琪，說：「此等盟誓乃不得已的權變之舉，神明有知，不但不降禍，還一定會消災滅罪，賜福延祿。」

從收到岳鍾琪的第二份密摺起，雍正就明確投書案與盧宗漢案完全不同，屬於前所未有的民間大案。隨著第三份密摺的到來，不僅涉案嫌犯人數已達到十三人之多，而且還具體延伸出曾靜、呂留良兩案，而這無疑又進一步驗證了雍正的認識。最令他感到震驚的，莫過於呂留良在案件中的出現，這位已故的浙江大儒竟然對兩案中的一干嫌犯都有著那麼深刻的影響力，宛如死人在指揮活人，誰能想得到？

十三名嫌犯分別居住於湖南、浙江和江蘇，雍正下令由三省督撫親自負責，同時在三省展開抓捕。一七二八年十一月二十四日深夜，浙江總督李衛接到雍正急諭，要求除抓捕嫌犯，還必須徹查呂留良宅院及藏書。

如果李衛興師動眾地派部隊包圍呂宅，人是一定跑不掉，但警覺事情有變的呂家必然可能毀書。李衛先前已有查辦查嗣庭案的經驗，為防止意外發生，他便想出了一個瞞天過海之計。按照其部署，緝捕官隱瞞身份，欺騙呂氏家人，假稱他們來自京城內廷史館，特地到民間拾遺補缺，收集圖書，並將用現銀購買呂宅中藏有的珍本。呂氏家人對此毫無防備，在遭到官兵突襲時自然也未能做出任何應變，結果使得李衛如願以償地達到了既捕人又搜書的目的。

從呂宅搜出的所有手稿都先被送至總督府，由李衛本人閱讀、甄別，然後再與抄沒的其他呂氏著述一起送往京師，供皇帝閱覽。李衛在破案子、抓犯人方面是把好手，讀書就頭大了，看來看去，就是看不出這些所謂危害巨大的文章與別的文人撰著有什麼區別，自然也不知道它們究竟有何「危害」。為此，他只好在密摺中向雍正老實承認，由於自己學業不精，因而對抄沒的手稿、著述缺乏鑒別力，難下判斷，只能粗略地認為呂留良及其後人、弟子是在以研究理學為幌子，四處散佈異端邪說。

其實倒也不能完全怪李衛不學無術。呂留良著述浩繁，加之學術、隱寓和批判性文字交織其間，李衛又只是沒有重點的粗略流覽，當然很難發現不軌的段落。張熙隨身有一本呂留良的詩稿，岳鍾琪在審訊時拿著看了半天，也是看不出任何名堂，最後還是在張熙的指點下，從另外的角度重新審讀玩味，才得以琢磨出一點意思出來。

比如詩卷裡有一首長詩《錢墓松歌》，這是呂留良應友人錢汝霖之邀，到嘉興名勝南北湖遊玩時所作。錢家是嘉興望族，錢汝霖的祖上全都葬於南北湖，他們的墓前遍植松柏，形成了一片鬱鬱蔥蔥的松柏林，人稱「錢墓」。從表面上看，《錢墓松歌》不過是一個文人對「錢墓」松柏的感懷，但寓意就暗藏其中，因為呂留良在詩中特別以松柏發論，說此松應自元朝時就存在，接著又用短短數行的篇幅，描述了在元朝統治下，中原百姓的困苦生活。

元與清一樣，都是少數民族進入中原後所建立的王朝，可想而知，任何一個有反滿傾向的人只要一讀到這些詩句，立刻就能聯想到元與清之間的關聯，也隨即能夠明白作者的政治立場和觀點。曾靜就是如此，他說他剛接觸《錢墓松歌》時即受到了巨大震撼，尤其詩裡「其中雖有數十年，天荒地塌非人間」一句，更是令他「如墜深谷」，不能自拔。

與《錢墓松歌》相比，另一首長詩《題如此江山圖》的背景更為複雜。《如此江山圖》是一幅畫，畫中的「如此江山」實際是一座亭子，稱為「如此江山亭」，乃杭州吳山的一處勝跡，據傳是北宋被金滅掉後，南渡的遺民所建，用以寄託對故國的思念。這幅畫的作者陳仲美則生於南宋，但他少年時南宋就被元朝傾覆了，所以作者同樣是在托景寄情，既寫山水之美，復歎時代變遷。

宋遺民的悲情引起了呂留良的共鳴，他在題詠詩中寫道：「其為宋之南渡耶？如此江山真可恥。其為崖山以後耶？如此江山不忍視。吾今始悟作畫意，痛哭流涕有若是。」

《如此江山圖》雖是山水畫，但山水間依稀可見人物，只是畫中人的穿著很奇怪，既不像是一般士大夫的官袍，也不像山林隱士的竹笠粗服。呂留良借題發揮，甚至不惜超出畫卷本身創作的時代，說如果畫中人是宋人，那麼其必然以祖國大好河山落於蒙元鐵蹄之手而為恥，如果畫中人是明人，則其必為漢人重拾江山而舉杯痛飲，欣喜若狂。

一首《錢墓松歌》，一首《題如此江山圖》，不要小看就是兩首詩，正是它們對曾靜起到了醍醐灌頂的作用。曾靜讀後「始而怪，即而疑，繼而信」，開始覺得怪，後來感到有些疑團，最後就完全相信了呂留良關於「華夷之分」的學說。

收買人心

雍正的文化水準和學養遠非李衛可比，加上已經仔細閱讀和研究過岳鍾琪等人的密摺，所以他對呂留良隱藏於字裡行間的這些情結全都看得真真切切、明明白白。除此之外，其他諸如呂留良反感和蔑視清廷，對明朝充滿同情等細節，也都被雍正火眼金睛般的從各種書函、日記和著述中一一「摳」了出來。

雍正越讀越氣憤。在他看來，呂留良與汪景祺、查嗣庭是同一個類型的人，都是他極為厭惡的「浙江習氣」的具體體現，但比起汪、查等，呂留良還要更為可恨和可怕得多。因為前者畢竟影響力有限，而呂留良卻託名講學，將「華夷之分」、「夷夏之防」等觀念灌輸給士子，造成了「海內士子尊崇其著述非一日矣」的現象。曾靜師徒本是僻處湘南山區的鄉下人，竟然也受到呂留良啟蒙，並視之為精神偶像，就可見情況已有多麼嚴重。

與雍正只能透過文字勾勒呂留良的思想脈絡不同，在呂留良晚年，他的反政府傾向常常透過行動直接表現出來。以他作《錢墓松歌》的南北湖之行為例，清廷開國後，嚴禁漢族文人結社，但南北湖之行就是一次典型的文人聚會，錢汝霖、呂留良等具有反滿傾向的文人會聚在一起，在南北湖及周邊盤桓達四十餘天，已經是在公然與朝廷唱對臺戲。更為嚴重的是，他們那次其實還鑽了欽天監推算日曆失誤的空子，說是要在南北湖過除夕，但這個除夕並非清曆所規定的除夕，其意就是不承認和不按清廷的時節辦事。

康熙朝的情報網或許沒有雍正這麼嚴密，然而康熙也熟知下情，尤其對江南社會的動靜一直都很關注，呂留良的這些行跡不可能一點都不為他所察覺，但可以看出他既未採取什麼措施，也沒有下令嚴查。對於呂留良本人，如果說康熙有什麼遺憾，倒很可能是呂留良始終不肯「入其彀中」，以及寧願剃髮做和尚也不肯參加他的博學鴻詞考試。

清在取代明後，出於調和反滿情緒及滿漢矛盾等多方面因素的考慮，表面上一改抹黑前朝，抬高當朝的做法，在對待明朝君臣的態度上表現出了相當的氣度。康熙六次南巡，每次到南京都要祭掃明孝陵，並且行三跪九叩大禮，以示對明太祖朱元璋的尊重。不僅如此，他還親題「治隆唐宋」四字，讚譽明朝的治理和興盛程度為唐宋所不及。

雍正登基後，檢視康熙的遺物，在書篋中發現了一道康熙的未發諭旨，上面說自己決定效法前人，查訪朱元璋的子孫，然後給他封官加爵，以繼承朱元璋的香火。雍正看後認為父親說得很對，遂在雍正二年派人找到了據傳是明室後裔的朱之璉，加封其為一等侯，讓他承擔明朝諸陵的祭祀，並將其「抬入」了漢軍正白旗（朱之璉的先人被清軍俘虜，已入八旗）。

對於明臣，清皇室也有他們的一套做法。順治說：「明臣而不思明者，必非忠臣。」清修《明史》，對明末清初因抗清而遇難的明朝官員予以表彰，反過來將那些投降清朝的官員稱為大節有虧的變節分子，洪承疇、祖大壽等人就算是對清代立國立下過赫赫功勳，堪稱大清的開國功臣，但也照舊被列入了《貳臣傳》。

康熙等人這麼做，講穿了都是收買人心之舉，為的是讓漢族臣民像忠於明朝一樣忠於清朝，轉而為他們服務。如果有誰越過底線，對大清統治造成了威脅，他們還是要予以打擊的。像雍正找到的那個明室後裔朱之璉，其實據說並不正宗，最正宗的是崇禎帝第五子、民間稱為「朱三太子」的朱慈煥，他也是截至康熙朝時，唯一活下來的明皇室後裔。問題是反清復明者都紛紛打著「朱三太子」的旗號造反，哪怕朱慈煥自己並沒有實際參與進去，可康熙也依舊將他給處死了。

辯論

雖然對真正的「朱三太子」絕不肯放過，但康熙朝時，清廷的統治基礎尚不穩固，反清復明的起義和排滿鬥爭不斷，在那種情況下，康熙不可能聽到一點風聲就打，否則就會四面樹敵，到處激化矛盾。

二十多年前，雍正還是雍親王的時候，曾發生過一樁舊案。江蘇蘇州人一念和尚以忠於「朱三太子」和前明為號召，突然聚眾起事，參加這次起義的人一律頭裹紅巾，打著仿明朝的旗幟，檄文通令也都沿襲前明年號。

一念武功高強，許多江湖俠客如甘鳳池等都是他的徒弟，同時他又通曉作戰之術，清軍騎兵聞訊前去「圍剿」，被打得大敗。至當年年底，起義軍已增至數千人，只可惜他們終究獨木難支，次年還是遭到了失敗，一念亦被捕遇害。

當時呂留良早已去世，被俘的起義軍士兵指控呂留良的孫子呂懿歷參加了起義軍，呂懿歷因此被抓去審問，並與指控者當面對質。在審問過程中，他堅稱自己從未見過指控者，也否認與起義軍有任何瓜葛，最後，朝廷派去江浙平叛的欽差大臣穆旦宣佈將其無罪開釋。

正常情況下，涉嫌謀反可沒有這麼容易就脫身，更何況還有人證。李衛在審問呂氏家人時初次聽到此事，馬上命人從總督府舊檔中翻出了關於呂懿歷的卷宗，上面有穆旦寫的公文，說他確信呂懿歷並未說謊，於是下令撤銷了對呂懿歷的所有指控。

實際上，穆旦的公文只是官樣文章，他開釋呂懿歷的背後，是得到了皇帝的特別指示和許可——康熙顧念呂懿歷出身宿儒世家，不諳世事，故特命將其寬宥釋放。

是康熙真的特別器重呂留良這樣的宿儒，所以才對其子弟網開一面？自然不是，而是當時的政治形勢和對外宣傳需要他這麼做。為此，康熙一方面該硬的時候不手軟，堅決鎮壓反清起義，消除重大隱患；另一方面，又積極主動地拉攏漢族上層知識份子，實行要官給官，要名聲給名聲，要出路給出路。即便是那些執意不肯與朝廷合作的明遺民及其後代，只要不直接拿著刀槍跟官府對著幹，也都儘量睜一隻眼閉一隻眼，康熙對呂留良和呂氏家族是如此，對於名氣比呂留良更大的「三大儒」黃宗羲、顧炎武、王夫之亦然。

康熙朝時的顧慮到了雍正朝已經不復存在。隨著康熙平定臺灣，鄭氏退出政治舞臺，海上最後一個反清堡壘消失了，江南雖然仍有遺民風氣，但反清的武裝起義已明顯式微，號召力也大大下降，到了這個時候，對於一些在他們看來給臉不要臉的文人儒生來說，清皇室自然就沒有理由再忍著性子好聲好氣地哄騙和包容了。

雍正決定下旨對呂留良展開批駁，為了顯示對這次行動的重視，他特意從相對較為舒適的圓明園移駕回紫禁城養心殿，在那裡專心撰寫諭旨。

雍正元年，從中國返回自己國家的朝鮮使臣曾向國王報告，說親眼見到雍正「氣象英發，語言洪亮」。事實上，雍正不但說話聲音飽滿洪亮，而且好辯善辯，有學者認為，他這種好辯的性格最初應該得益於康熙。康熙倒不是好辯，他是愛講邏輯，據分析，康熙之所以會如此，小半是接受了宋明理學關於「理」的觀念，大半則受西方傳教士利瑪竇、湯若望等人的影響。

雍正一方面繼承了父親的性格特點，另一方面他偏好禪學，而禪學重自省思辨的傾向也必然會滲透到思維和語言習慣中去。雍正登基後，不但支持禪宗，而且直接參加了佛教宗派的學術鬥爭，其間，曾親自對他所認為的「邪魔外道」進行指斥和批駁，並集成了《揀魔辨異錄》一書。

和尚都是老百姓，雍正以皇帝之尊與他們辯難，免不了招來「以人天子與匹夫搏」的譏笑，但這就是雍正的一貫作風，他認為自己不單單是能靠皇帝的無上權威來強行壓服別人，更重要的是還可以做到以理服人。

這回雍正需要駁倒的是呂留良，與以往批駁「邪魔外道」一樣，他先要尋找對方的弱點，而呂留良的弱點或者說是軟肋是什麼？

是吃著本朝的飯，卻砸著本朝的鍋！

如果呂留良是一個明朝官員，為明朝鞠躬盡瘁，死而後已，那他還不失為一個盡其本分的忠臣，但雍正說可惜了，呂留良只是出生於「明朝之末季」，清軍入關時，「年方孩童」。按照雍正的理解，呂所得到的完全是大清的恩澤，是清朝給他提供了讀書教育的機會，甚至於後來應試成為秀才，都得益於此，可以說他本人是長於斯朝，得餵養於斯朝，其子子孫孫亦生長於斯朝，那他有什麼理由對這個朝代如此痛恨和憎惡呢？

呂留良一生中最感到悔恨不已的一件事，莫過於為生計所迫和免遭陷害，在順治年間參加了清廷的科舉考試，他自己也常稱之為「失腳」。雍正緊抓住這一點不放，把呂留良因思想改變而自棄考試，說成是赴考不中而一改初衷，在他的筆下，呂留良成了一個原本對明朝毫無依戀之情，一心以仕途為念的人，直到後來考試受挫，喪失了秀才資格，才突然尊奉起明朝，而做起了肆意污蔑大清的文章。

在上諭中，雍正質問道：「誰曾見過呂留良這樣怪誕無恥、可嗤可鄙者？」隨即發出感慨：「朕即位以來，實不知呂留良有何著述之事，而其惡貫滿盈，人神共憤，天地不容，致有曾靜上書總督岳鍾琪之舉。」

明頂暗抗

「華夷之分」是呂留良反滿思想的核心論點，也是雍正予以批駁的重點。在古代中國，少數民族素為漢族的主流政治圈所排斥，連雍正也無法堂而皇之地說出滿人亦可為中原之主這樣的話，不過他不愧是辯論戰的高手，此路難行，立即另尋捷徑，轉而用偷換概念的手法，以地域代替民族。

雍正說，什麼是華，什麼是夷，依地域來分的話，上古的舜帝為夷之人，周文王為西夷之人，這兩個君主不都是公認的聖德明君嗎？我們清朝皇帝也一樣，不過原先住在滿洲而已，自然也像舜帝、周文王一樣有資格做中國的皇帝。

在論證華夷無別，地域不能作為區別君主好壞標準的基礎上，雍正說清朝開闢疆土，創造太平盛世，「令四方無事，百姓康樂，戶口蕃庶」，否則的話，全國將仍陷於戰亂和苦難之中，臣民們應該感到慶幸才對。更何況，清朝是從李自成手裡奪來的天下，奪明朝皇位的並不是他們，相反，他們還打敗了李自成，為明朝報了仇，雪了恥。現在一些居心叵測的漢人卻專門將明朝後裔作為反清旗號，這種行為只能算作叛逆。

在親自出馬，對呂留良進行一番批駁後，雍正自認為找到了予以懲處的合理依據，他在發下批駁諭旨的同時，下諭給在京百官和封疆大吏，要求內外臣工拿出了一個處理呂留良及其家族的具體辦法。可讓他沒想到的是，他初夏時頒下的旨意，整個夏季都快結束了，竟然還是沒有任何有關的奏疏上達。

雍正雖將呂留良與汪景祺、查嗣庭列為一類人，但呂留良在文人圈中的地位和影響力其實與汪、查根本不在一個檔次。很多科甲出身的官員都看過呂留良對儒家經籍的注解，或者在走進考場前閱讀過呂所編纂的應試文章範本，呂留良在這些著述中多持論平正，就是偶有一些偏激之語，也早就為後來編輯其著作的學者所刪除，所以他們印象中的呂留良，只是一個具有傑出學術成就的注經通儒和理學家而已，實在難以跟雍正上諭中那個狂妄悖逆、十惡不赦的「大壞蛋」掛上鉤。

不少人認為呂留良晚年沒有從事過實質性的反清活動，縱使有「華夷之分」、「夷夏之防」的言論，主要還是認識問題，不是政治問題，他獲罪是受到了曾靜案的牽連，是曾靜案把他給連累了，所以應予重懲的不是呂留良，而是元兇曾靜。雍正接到密報，湖北按察使王肅章對貶低和處罰呂留良表示不滿甚至憤怒，考慮到王肅章只是在表達意見的過程中，「含憤激切，一時昏瞶，致失檢點」，雍正在警告之外，沒有對他進行懲處。

有的在雍正看來卻是非懲處不可。廣州府同知朱振基在自己管理的書院內供奉呂留良的牌位，還讓前來參加考試的生員向牌位跪拜，在雍正發出批駁諭文後，才將牌位移至家中，若不是被人舉報，難保他不會暗中繼續敬拜。事發後，朱振基被撤職嚴審，並受杖刑，直至死於獄中。

在呂留良的家鄉嘉興，早已退休的學官張昌言被揭發不僅刻了呂留良的牌位，而且將牌位請到城內一座著名書院中供奉。浙江總督李衛下令將張昌言處以鞭刑，同時焚毀呂氏牌位。

從湖北到廣東再到浙江，三個省份的官場竟然都不約而同地出現了對批駁諭令明頂暗抗的事件，而且涉案者除一名退休官員，另外兩人不是執掌一省司法大權者，就是負責督導教育的官員，連他們都沉迷到了不惜抗旨甚至供奉呂留良牌位的地步，可想而知呂留良對臣民的影響力有多大，不整治又怎麼得了？

雍正於吃驚和警惕之餘，又連發幾次長諭，對呂留良的弟子嚴鴻逵等人展開批駁，並著刑部嚴加審問，議定其罪，資以製造更大的聲勢。

就在雍正及其擁護者急於獲取朝野輿論支持的時候，福建泉州有個叫諸葛際盛的書生向讀書人發了一封公開信，立刻得到了他們的注意和重視。諸葛際盛在公開信中寫道，讀罷皇上諭旨，發現呂留良居然在日記中攻擊先皇聖祖康熙，真是太可惡了，而呂留良的子孫不但不對呂留良的行徑感到懺悔，還故意藏匿其父祖的「逆書」，由此可見，呂氏合門上下都有企圖顛覆大清之禍心。

諸葛際盛還不忘拿姓氏做文章，吹噓自己是一千多年前忠君愛國的諸葛亮的後代，同時又說呂姓一族千年以來有不少奸臣，受刑斬首的也不乏其人。

按照這位書生的意見，呂留良已死，砍他的腦袋是不可能了，最適宜的懲罰是開其棺戮其屍！

小人行徑

任何時代都會有想靠踩別人來獲得進身之階的小人，諸葛際盛大抵如此。一開始，他的文章還只是局限在小範圍內，一位支援雍正處理呂留良案的大臣偶然看到了，如獲至寶，決定在邸報上破格刊登此文。

邸報全國發行，是官員們必讀的內參，一個處於京師官僚機構圈子之外、此前又名不見經傳的書生，如果沒有皇帝的允許或至少是默認，怎麼可能刊載他的文章？毫無疑問，這是雍正在用希圖上位進階的小人當武器，給朝臣施加壓力，在批判呂留良方面逼迫他們接受自己的意志。

出於同樣的目的，雍正明諭表彰在廣州朱振基案中舉報朱振基的四名生員，下令增加廣州一地生員鄉試配額四名，這四名生員可以用此特置配額參加鄉試，若成績優良，即賞作舉人，送京城參加會試。

在一片人為製造出的沉默中，竟仍不乏勇敢倔強之聲。按照制度，邸報的閱讀範圍僅限於朝廷命官，但朝廷命官的私聘幕僚實際上總能接觸到這些內部資料，據湖北省通山縣知縣井濬詳報告，他的師爺唐孫鎬從邸報上讀到諸葛際盛的文章後，「忽然瘋狂大作，詈罵號呼，無所不至」。

官場之上，誰都知道諸文的背景有多深，井濬詳連忙上前阻止，但不管他哄勸也好，責罵也罷，唐孫鎬依舊不改初衷，幾天後又突然向井濬詳提出辭職。

唐孫鎬追隨井濬詳已有數年之久，井濬詳忙問他將何去何從，回答說要去向省城官署呈遞文書。問是什麼文書，唐孫鎬交給東家一份他花了幾天時間寫就的揭帖。

井濬詳不看揭帖則已，一看大驚失色。唐孫鎬在其中大罵諸葛際盛是漢人中的敗類，一個「蛇蠍為心，豺狼成性」的小人，此人詆毀和攻擊呂留良不過是「飾奸為忠，希圖幸進」。

唐孫鎬透過揭帖直言，正是諸葛際盛的這種小人行徑促使自己不能不挺身而出，為呂留良說幾句公道話。他承認，呂留良並非無過，但那是有歷史原因的，因為在呂氏生活的時代，東南沿岸動亂未息，明末忠臣義士仍在舉旗抗清以圖恢復，呂留良受此影響，私下不免會流露出同情前明的言論。可是這些都不是最重要的，最重要的是呂留良寫出了不朽的學術著作，就以《四書講義》而言，雖然以他唐孫鎬的學識不足以完全窺其精妙，但也知道此書「闡揚聖道至精且詳，海內文人莫不宗之」，甚至即便孔孟程朱這些儒家聖人復出，都「不易其言」，不能隨便改動書裡的話。

唐孫鎬認為皇上日理萬機，可能無暇翻閱《四書講義》等呂氏名著，於是才在「疑信相參」的情況下，下旨讓群臣細研呂氏之書，希望聽取眾臣的見解，以此作為判斷依據。可是內外臣工因為都怕得罪皇上，便紛紛甘作違心之談，導致如今被小人所乘，竟有了開棺戮屍之說。在唐孫鎬看來，如果此說成真，必將使飽讀聖賢之書、尊崇孔孟之道的天下儒生為之心寒，「孔孟在天之靈亦應為之流涕」。

在諸文發表於邸報的前後，湖北按察使王肅章受警告，廣州府同知朱振基、嘉興學官張昌言遭嚴懲等一系列事件已經傳開，它們都再清楚不過地表明瞭為呂留良辯護的後果有多麼嚴重。唐孫鎬也知道呈上揭帖之後，「感悟天心十之一，身罹法網十之九」，成功的可能性很小，而且還會給自己帶來滅頂之災，但他已做好了思想準備，「與其與無恥之諸葛際盛並生陽世，何如與儒雅之呂氏父子同歸陰府也！」

讀完揭帖，井濬詳被嚇得膽戰心驚，這時候他如果再放唐孫鎬離開，就有知情不報乃至包庇私幕的罪名了，於是只能先下令羈押唐孫鎬，然後向湖廣總督邁柱呈報案情。邁柱仔細閱讀後，次日便向雍正寄呈密摺並附上了唐孫鎬的揭帖抄件。

唐孫鎬在揭帖中猜測，皇上可能是沒空閱讀呂氏名著，未能領略到它們有多麼了不起，所以才向臣下廣泛徵求意見。實際情況恰恰相反，雍正雖不可能在短時間內讀完呂氏的全部著述，但重要部分他都看了一遍，而他要對已經死了四十多年的呂留良予以嚴懲的決定，也正是在看了呂氏著述後才做出的。至於徵求意見，那不過是雍正一貫的權謀風格而已——雖然雍正貴為皇帝，手中擁有絕對的權力，朝廷上下也沒有任何有效機制可對他進行限制，然而每逢重大決策，他總是要徵求朝廷內外的意見，為的是取得道義上的支持和輿論的背書。

從整治皇子黨起，雍正玩的就是這一套，已經極其嫻熟，呂留良案並非特例。也就是說，對怎麼處理呂案，他早有定見，用不著別人說三道四，他所需要的，只是掌聲和應和聲而已，但他沒想到，這一套在呂案上會顯得那麼不適應，尤其唐孫鎬的出現，讓他簡直有手足無措之感。

名山藏

權謀之術說到底，都是在利用人性的弱點。允禩、允禵厲害吧？一個智謀超群，一個將略出眾，可是他們本身就是皇位的追逐者，其有所求則必會讓別人有空隙可鑽。年羹堯、隆科多皆為大臣中的出類拔萃者，然而他們貪圖榮華富貴，漏洞到處都是，乃至於雍正只要一打招呼，還沒等公開宣佈罪狀，兩人就已形同甕中之鱉。

唐孫鎬是什麼樣的人，他既非王子王孫，也不是朝中重臣，甚至連一個起碼的官職都沒有，不過是個極普通極平常的書生。同為未受朝廷升鬥之粟的書生，諸葛際盛一肚子私欲，對雍正而言，這樣的人最好拿捏，也最適宜用來當武器，唐孫鎬卻與諸葛際盛正好相反，他什麼都不求，只求維護讀書人的信念和正義。

雍正最拿手的權謀在唐孫鎬身上失去了用武之地，而若改用強權的話，唐孫鎬又根本無懼生死，正如他在揭帖中所說：「莫謂無人也，猶有不怕死之唐孫鎬在！」

無可奈何之下，雍正不得不放棄了他所謂的以理服人，但是如果公開處決唐孫鎬，又怕招來外界議論。在邁柱的密奏末尾，他用硃筆如此批註道：「像唐孫鎬這樣的人，你殺了他反而成就了他的聲名，那太便宜他了，不如將其秘密處決，比如杖斃，或者用其他辦法。總之，這件事就當從沒發生，你千萬不要跟別人說曾就此事上奏朕，誰都不要說，包括井濬詳。」他還特地囑咐邁柱，務必跟井濬詳講清楚，不得把唐孫鎬的揭帖洩露出去，否則將來必定嚴懲不貸。

邁柱是個久歷宦海、經驗豐富的老官僚，收到雍正的硃批後馬上明白了皇帝的心思，他回覆說，因為擔心用杖刑打死唐孫鎬太過引人注目，所以沒有馬上採用這一辦法，不過好在唐孫鎬「不數日而伏冥誅」，自己在監獄中患病身亡了。

唐孫鎬其實並不是病死，根據後來流傳出去的說法，他是在獄中被人用沙袋壓死的。邁柱做了這個安排後，便將唐孫鎬的猝死解釋成連老天都不能寬饒這等逆天大罪，並報告說已將唐孫鎬的揭帖原稿就地銷毀，一定不會外泄。

就像當年對待囚禁中的允禩、允禟一樣，雍正既要解心腹之患，又希望盡可能避免被人議論，所以體察其意的大臣便用同樣一個「冥誅」的辦法，讓他遂了心願。

雍正君臣自以為料理得乾淨俐落，不料幾天後，湖南就傳來消息，沅州的一位巡察御史竟在書案的一大堆公文中見到了唐孫鎬的揭帖！

雍正聞訊大發雷霆，劈頭蓋臉訓斥了邁柱一頓，說揭帖風波不但未銷聲匿跡，反而波及遠地，「海內外皆傳聞矣」。你口口聲聲都料理好了，怎麼給我出現這種情況？

誰也不知道在明明已被銷毀的情況下，唐孫鎬的揭帖是如何再現，又從湖北來到湖南的。很有可能唐孫鎬在寫好揭帖後，另外還抄了若干份，並已在他獲罪前進入了別的官方流轉管道。

不管怎樣，揭帖的秘密是再也守不住了，其內容在文人圈子裡迅速得以傳播，並得到了一些正直之士的推崇。唐孫鎬乃浙江會稽人，他的浙江同鄉、天台秀才齊周華將揭帖易名為「討諸葛際盛檄文」，收入其輯刊的《名山藏副本》。「名山藏」取自於司馬遷「藏之名山，傳之其人」，意思是現在不便公世，只能藏起來給後人看，果然，後來的人們都透過這篇作品領略到了一個底層知識份子所擁有的堅毅、執著與偉大。

揭帖的事且放到一邊不去說它，讓雍正感到煩悶不已的是，大臣們對呂留良案的表態仍不踴躍。在多方暗示也不見動靜的情況下，他終於失去耐心，多次降下嚴旨，縱論歷史和罪案，向滿朝文武施加壓力。

明末之際，戰火頻仍，明朝軍隊鎮壓李自成起義不得力，在濫殺百姓用以充數邀功方面卻很起勁。自李自成發動起義後，整個中原都淪為戰場，據雍正自己估計，至少有半數內地百姓死於戰亂以及戰爭所帶來的動盪、遷移、饑荒。他還特地提到四川，因為這個省那時候死傷特別慘重，即便少數倖存者，也多被劓目去耳，殘足傷手，否則何至於有「湖廣填四川」？

雍正說，當是時，他們大清「出薄海內外之人於湯火之中」，鎮壓了起義，拯救了大家，給關內帶來了和平和統一，可謂居功至偉。然而時至今日，反清的謠言仍間有耳聞，打著恢復明朝漢人江山旗號的起事者也依舊層出不窮，此情此景，讓他感慨繫之，真有不知何從何往之感。

在雍正看來，呂留良的惡毒正在此處，他的那些悖謬思想由其門生繼承，再傳於曾靜，所以曾靜才會有「八十餘年以來天地昏暗，日月無光」的狂言以及陰謀造反的舉動。

一七三一年一月，距離雍正下旨徵求意見已經過去了整整十八個月，六部九卿終於呈上了基本符合雍正意願的審結建議。呂留良案由此正式定案：呂留良及長子呂葆中（已死）、門生嚴鴻逵戮屍梟示；

呂留良最小的兒子呂毅中、嚴鴻逵弟子沈在寬斬立決；呂留良和嚴鴻逵的孫輩全部發遣寧古塔給披甲人為奴。

呂案被曾靜案所牽連，而呂案本身又牽連了很多人。因為雍正認為凡與呂留良有關的人員均應重判，所以最後連與呂留良有交往的刻書人、藏書人都被問斬，其株連人員之廣、判刑之重，在文字獄中也是不多見的。

十大罪狀

在岳鍾琪最初關於投書案的密摺中，一直未隨摺附上「逆書」原件，只是做了概要介紹，以及配合案情陸陸續續地透露了一些其中的資訊。

為什麼不附原件呢？岳鍾琪的理由是「逆書」過於「誣謗悖逆」，他擔心「有汙聖覽」，皇上看了會影響心情。彼時雍正還表現得頗為輕鬆鎮定，提筆寫道：「犬吠獸號之聲耳，有何可介意？送來閒觀之。」

其後，岳鍾琪奉命將曾靜所寫的「逆書」原件遞送入京。乍見「逆書」全文，雍正的反應卻是大受震動，激憤之情無可名狀，已全無一點「閒觀之」的淡定和從容了。

原來曾靜在「逆書」中直指雍正是失德暴君，並給他列了十大罪狀，即「謀父」、「逼母」、「弒兄」、「屠弟」、「貪財」、「好殺」、「酗酒」、「淫色」、「懷疑誅忠」、「好諛任佞」。這十條罪名基本囊括了雍正從繼位起直至投書案前的一系列重大政治事件，其中除「好諛任佞」稍顯平淡，其他九條罪名全都稱得上是觸目驚心，駭人聽聞。曾靜說雍正這樣的暴君，就算不是滿人，是漢人，也根本沒資格做皇帝。

暴風雨前的寧靜瞬間就被擊破了。在岳鍾琪的奏摺中，雍正批道：「朕覽逆書，驚訝墮淚。覽之，夢中亦未料天下有人如此論朕也，亦未料其逆情如此之大也。」

雍正說做夢也想不到有人會這樣議論他，其實也並非實話。之前透過情報網，他早就知道在他的繼位、處理皇子黨、懲處年隆等問題上，朝野頗多私議。不過一者，流言畢竟是流言，當事人總是不太好自己去挑明。二者，就像不在乎避諱一樣，雍正本身不重虛名，他認為這些流言都處於零散狀態，況且只是對他本人表示不滿或質疑罷了，尚沒有對其政權構成挑戰，所以不需要像處理其他重大政治事務那樣拿出大量精力去認真對待，一般性點到為止即可。比如雍正元年、二年，雍正在講話中曾兩次提到有人說他「凌逼弟輩」、「凌逼眾阿哥」，但除了矢口否認，他都沒有追究流言的具體來源。

「逆書」之所以能夠起到讓雍正都坐不住的作用，是因為經過曾靜的妙筆生花和歸納綜合，在雍正看來荒誕不經的那些社會流言，不僅全都被包裝得十分像樣，頗能令人信服，而且還驟然上升到了對其人格和政績的全盤否定——若雍正真的像上面所說的那樣，他哪裡是配不配做皇帝的問題，根本就是連做人的資格都不具備了，簡直一個禽獸不如！

別說雍正本來就好辯，就算他不好辯，事到如今，也得逐一嚴辭批駁了。

「謀父」是曾靜所列舉的雍正第一罪狀，曾靜顯然對社會上雍正毒死康熙的傳說深信不疑，認為新皇帝處處與老皇帝「為仇為敵」，終至弒父、改詔、篡位。這是雍正所要駁斥的最大指控，為此他調動全部腦細胞，竭力追憶了他繼承大統前對康熙的敬愛孝順，以及康熙在暢春園病重、彌留期間的種種細節。雍正思維極其縝密，他不是單方面說自己如何如何，而是還將康熙去世之際，接受「末命」的皇子、王公大臣的姓名和接受時辰都一一描述了一番。

「謀父」以下，指責雍正殘害至親骨肉的罪狀尚有「逼母」、「弒兄」、「屠弟」。「逼母」是說仁壽皇太后（德妃）之死為被迫自殺，「弒兄」是懷疑被囚的廢太子死於雍正之手，「屠弟」當然是指允禟、允禩的死於非命。「逼母」、「弒兄」均被雍正視為令他忍無可忍的惡毒謠言，他也像批駁「謀父」一樣，一一拿出了對自己有利的證據，惟有「屠弟」一條，他卻無法完全否認。

當初為了秘密結果允禟、允禩，雍正和大臣李紱合謀，想出了一個「冥誅」的法子，他們自以為得計，誰知老百姓心明眼亮，都知道是怎麼一回事，認為正是李紱秉承君命謀害了允禟、允禩。實際上，雍正在透過情報網得知外界有他「屠弟」的流言後，也已經開始感到後悔，後來他的兒子乾隆便回憶說對於處置允禩、允禟，「皇考晚年意頗悔之」。雍正當然不會是後悔對允禩、允禟進行整治，他應該是在發現靠「冥誅」也無法瞞天過海後，覺得與其如此，倒還不如把這哥兒倆像允禵一樣予以永遠囚禁了，那樣的話，他們既翻不了天，自己也不會落一個「屠弟」的惡名。

哭笑不得

在批駁聖諭中，雍正先解釋了整治允禟、允禩等人的原因，說這些皇弟都是不安分的覬覦大位者，在康熙生前和自己執政初期有種種不端非法行為，康熙早就對他們不滿。自己圈禁他們，也並非出於一己之私，或出於殘忍或報復之心，而是為了尊重先帝的意願，維護祖宗留下的江山基業。

雍正說他雖然下決心要大義滅親，但並沒有想要允禟、允禩的命，反而還在他們生病時遣醫送藥，就怕他們在獄中有什麼閃失。二人也確實是病死的，是伏了「冥誅」，受到了陰間的懲罰。

正好此時李紱已因科甲朋黨案而失寵，雍正就順勢把責任都推給他，指責李紱沒有把允禟、允禩病死的情況明白地告訴眾人，以致引起了外界無端的懷疑和猜測。至於他自己對兩個皇弟的死，「不辯亦不受」，意思就是說他也不是一點責任沒有，但至多就是負失察的責任而已。

平心而論，曾靜的十大罪狀中有相當大一部分都是無中生有、空穴來風的謠言。比如「淫色」，指責雍正特別好色，竟將廢太子的妃嬪都收歸己有。雍正氣憤地說他自幼對女色就興趣乏乏，「朕常自謂，天下人不好色未有如朕者，『遠色』二字朕實可自信，而諸王大臣近侍等亦共知之」。他稱自己登基以來，從未廣置後宮嬪妃，更不用說什麼收歸廢太子的妃嬪了，「今乃謗為好色，不知所好者何色，所寵者何人」？

緊跟著「淫色」的是「貪財」和「酗酒」。「貪財」的內容不少，曾靜曾從移民四川回來的百姓那裡打聽到，皇帝「使人從四川販米，至江南蘇州發賣」，又據行走於廣東的人傳言，雍正還在「廣東、廣西發賣水銀」，於是曾靜就都列入「逆書」，作為了雍正貪財的證據。

曾靜所舉的兩個例子都確有其事，只是在被傳來傳去的過程早已扭曲變形。雍正解釋，最初是外省督撫上奏時向他提出的建議，說江浙一帶人多米貴，因此請求動用國庫裡的銀錢，向產米的省份購進後，再運到江浙。

雍正辯駁道，把米糧平價賣給百姓，以解決當地的吃飯問題，是自古以來就有的一種米糧調配辦法，況且減價賣給百姓，朝廷還虧著本呢，他本人又如何可以從中得利？

水銀的事，則跟原任貴州巡撫金世揚有關。金世揚在任時，由於動用府庫的銀兩收貯水銀等原因，使得府庫虧空，無法完成交接，新任巡撫石禮哈向雍正報告了此事，同時建議將金世揚收貯的水銀在廣東變賣，用以充公平帳。雍正同意了，認為這是一舉兩得的好事，既解決了虧本，也保全了金世揚的身家性命，但這跟他雍正想占誰的便宜完全搭不上邊。

在據理駁斥時，雍正再三強調，他身為一國之君，富有四海，如果他想要錢財的話，不費吹灰之力就可以取之不盡，用之不竭，有什麼必要去動與民爭利的小腦筋？

「酗酒」的指控直接來源於坊間流言。社會上傳聞雍正是一個不理政事的酒鬼，常帶著大臣在圓明園內大白天的飲酒作樂，隆科多得寵時，他曾頻頻與之飲至深夜，直到把隆科多灌得爛醉，令人抬出為止。

又傳說有一年端午節，雍正與諸王大臣登上數十條龍舟，在船上暢飲蒲酒。

對於這一罪名，雍正頗有哭笑不得之感。他引用古史所載，說連堯舜都喜好飲酒，《論語》中亦稱孔子「惟酒無量」，這表明飲酒這件事即使對聖人的道德而言，都沒有什麼損害，作為他本人，如果真的喜歡喝幾杯的話，絕不會遮遮掩掩，躲躲閃閃。然而實際情況是，他天生就不愛喝酒，同時平時的工作量和身體狀況也不允許他整日流連於醉鄉之中，酗酒云云完全是無稽之談。

雍正還提到一件事。前年陝西固原提督路振揚來京朝見，有一天忽然啟奏說：「臣在京很久，每天晉見皇上，仰看皇上容顏，發現完全不像喝過酒的樣子，可為什麼臣在外省任上時，卻聽到有皇上喜歡飲酒的說法呢？」

雍正說他聽後只是一笑置之，如今想來，曾靜誹謗自己酗酒，應該就是這一類謠言的反映。

在「逆書」中，曾靜在指責完雍正的個人品格後，馬上就轉向了其執政風格，控訴雍正「懷疑誅忠」。所謂「懷疑誅忠」，無疑是指年羹堯、隆科多的案子，雍正認為這個罪名本身就不成立，「誅忠」？年、隆能算是忠臣嗎？他對年、隆的懷疑無錯可言，最終予以處置，乃其「自招」，是他們「倚功造過」的結果，屬於咎由自取。

曾靜痛罵雍正「極好殺人，京城凜凜」。雍正大叫撞天屈，說他的本性是最仁慈的，平時別說隨便懲罰一個人了，連走路都不肯輕易傷害螻蟻。他繼任後更是時刻以謹慎用刑為宗旨，每遇到死刑犯案件，都要親自審查，如果能夠從中為罪犯找出一線生機，他心裡都覺得十分愉快，這樣曾靜居然還說他「好殺」，那真是和他的存心以及現實相差得太遠了。

最新線索

「好諛任佞」在「逆書」諸條罪狀中算是比較輕的，但這是歷代昏君的標配，原告不能不提，被告也不能不駁。雍正辯駁稱在藩邸四十餘年，早已看透了各種人情世故，什麼是讒言，什麼是諂媚，瞭解得比誰都清楚，他自己也十分討厭虛偽和卑鄙。即位以來，凡是歌功頌德的馬屁文章，他都扔到一邊，或一看即過，不再留意，以至於內外諸臣都已形成習慣，不敢把浮誇頌揚的詞句寫入奏章或者口頭說出，就怕遭到他的厭棄和輕視。

雍正說曾靜如此誣衊他，是把他看得太浮淺了，把他當成了那種從娃娃開始就做皇帝，以致沒有一點人生閱歷的人。他質問道，現在你曾靜既然說我愛好阿諛奉承而任用奸佞之人，那麼，能夠舉出一人一事來加以證實一下嗎？不能吧！

在雍正洋洋灑灑地親筆完成批駁後，內閣按其旨意整理出了一份長達八十三頁的長諭，不過這份長諭除在乾清門外當著所有在京大臣的面宣讀了一遍，並沒有公開下發。原因當然是裡面也同時披露了「逆書」的內容，大臣們擔心其中的「十大罪狀」反而會引起民間的注意和興趣。

雍正對此很不滿意。曾靜的「逆書」已經讓他認識到，相對於在政治上取得的成功，自己在民間輿論中卻一直處於極其不利和被動的地位，有相當一部分人對他的嗣位及其政策表示質疑、不滿和反對，這些人千方百計地散佈攻訐他的言論，希望他立即垮臺。

對雍正而言，輿論上對他的進攻跟政治鬥爭緊緊掛鉤，所以必須全力以赴地打它一仗。過去政務繁忙，就算想打也沒時間打，現在皇子黨瓦解了，年、隆灰飛煙滅了，科目人受到打擊，吏治得到整飭，火耗歸公、養廉銀、攤丁入畝、改土歸流等新政已逐一得到實施，也就到了可以騰出手來好好策劃一番的時候了。

正所謂來得早不如來得巧，曾靜用「逆書」發難，提出嗣位和施政問題，不正好為出擊提供了一個開火的靶子嗎？在投書案初發階段，雍正就對岳鍾琪說曾靜投書是壞事，也是好事，隨後他在給李衛的硃諭中進一步明確了這一觀點：關於我的謠言，由曾靜暴露出來，乃是天賜良機，我可以「借此表明於天下後世，不使白璧蒙汙」。

要知道，他雍正肯花那麼大的力氣和那麼多的篇幅，一一駁斥「逆書」，可不光是好辯或者一時激憤所致，而是有著明確的政治企圖和用意。在他的計畫中，向所有在京大臣宣讀長諭，也只是第一步，離最終目標還沒遠，奈何大臣們不能理解，居然到此就想剎車了，這怎麼行？

就在雍正考慮如何推進下一步驟的時候，湖南方面傳來了最新線索。這一線索來自已經被捕且正在湖南受審的曾靜，曾靜是在長諭宣讀的前一周被捕的，當緝捕官兵闖入他家時，情知大事不妙的曾靜曾經大叫道：「蒲潭先生卒於此！」

看樣子他想自殺，可惜沒有成功。其後當緝捕官兵在對曾靜進行搜身時，發現其夾衣上繡有幾個字，是「渤潭（蒲潭的別稱）得道先生」，另外衣衫上還繡有一副對句。按照當地的鄉間風俗，已故老人的壽衣上常繡有姓名故里，為的是在陰間易於識別，曾靜此舉似乎表明他對被捕和自殺成仁已經有了一定的心理準備。

不過曾靜顯然又沒有他想像中那麼堅強，他很快就向雍正專門派去湖南的承審官求饒了，「痛哭流涕，叩頭不已」，並且按要求寫下了詳盡的供狀。當承審官們追根究底，要他提供流言根源時，他雖然稱只是「偶聽來往路人傳言，實未詢確姓名住址，不敢信口妄報」，但還是交代有一個叫王澍的人在案發前曾造訪過他的學館，自己「逆書」中關於雍正的罪狀很多也都出自王澍之口。

據曾靜供述，王澍自稱丙戌進士，與「十四爺」同窗讀過書，而且有一個兒子現在正在川陝統兵。曾靜當時看到王澍的來頭太大，就沒敢再深入打聽他的其他資訊，但猜測此人可能就是岳鍾琪的父親，王澍只是他的化名。曾靜說正是因為王澍的到訪，才直接促成了張熙的西安之行。

至此，投書案的性質發生了徹底改變。大家這才知道，不管呂留良的著作對曾靜產生過多麼巨大的影響，也不管曾靜本人對異族統治和現實政治抱著何等不滿的情緒，實際上他派弟子遠赴西安投書策反岳鍾琪的直接起因，還在這個神秘的王澍身上。

很顯然，王澍不太可能是岳鍾琪的父親，但僅憑他自稱的進士、「十四爺」允禵的伴讀等身份，就足以判定，他絕不會是一個普通人，與那些或人云亦云或目不識丁的路人亦截然不同，更為巧合的是，呂留良長子呂葆中即丙戌科榜眼，王澍與他還是同年。

第十章 出奇料理

王澍的出現，令一度陷於困局之中的雍正幾乎有了柳暗花明又一村的感覺，他重又亢奮起來，腦子裡也有了新的設想。

為了對自己的設想加以驗證和取得支持，雍正決定給在西南主持改流的雲貴總督鄂爾泰寄去長諭的副本。湊巧，鄂爾泰的一名親信家臣正好也在京城，於是雍正便將副本封在一個黃緞包裹的奏盒內，令此人迅速攜件返回，交給其主子。

就算沒有收到長諭，有關投書案及其該案中所暴露出來的對於雍正不利的一些言論，也早已傳到了鄂爾泰耳中。作為一個政治家型的能臣，鄂爾泰擁有發達的政治嗅覺，他和雍正都應該能察覺得到，無論是以前的查嗣庭案，還是如今的曾靜案、呂留良案，案犯有一個共同的特點，就是都喜歡在異象上作文章，與皇帝和當朝唱對臺戲。

翻一翻查嗣庭、呂留良、嚴鴻逵的日記，裡面均津津樂道於各種自然災害，並把它們解釋成為災象徵兆。當雍正從日記中讀到此類記述的時候，真是又氣又恨。他在長諭中拿出相當篇幅對此進行了專門批駁，說呂留良之輩對於自然災害缺乏常識性的瞭解，要知道，中國的自然災害在歷朝歷代都會間隙性地發生，並不是大清朝所獨有，也不僅僅發生於呂留良他們所生活的這個時代。

報祥瑞

既然自然災害總是不可避免，正確的應對態度是什麼呢？是在災害時期救百姓於水火！

雍正認為他的父親康熙就是一個這樣的楷模，其勤政愛民的風範與功績，無人能出其右。縱觀當今之世，呂留良家鄉的父母官李衛同樣公忠體國，面對一個被呂氏之輩所散佈的謠言所毒害，以致民風敗壞、士風墮落的省份，他兢兢業業，一心為百姓謀求福祉。相形之下，倒是呂留良自己，平時以追隨聖人的理學家自居，動輒引經據典，實際卻心懷惡念，任意詮釋自然災害，真可謂無恥之尤。

雍正說得有沒有道理？至少聽起來很像那麼回事。可是有沒有用？老實說，沒什麼大用。有專家認為，中華民族從來都不是個嚴謹的民族，中國人的思維模式向來感性強，理性弱。更何況，在「天人感應說」長期控制人們思想的古代，你要大家在自然現象面前不迷信根本是難以做到的。相應地，災異之說也最容易動搖人心，曾靜不就是因為對「五星聯珠，日月合璧」的解釋前後不同，而逐漸產生出「異謀」的嗎？

甚至雍正本人也不能免俗。你別看他一張嘴一套又一套，但他其實最迷信，尤其在當初剛剛登基、帝位不穩的時候，更是大講祥瑞，一個「五星聯珠，日月合璧」之瑞，就能把他給樂得不能自己。講祥瑞的同時必然惡災變，朝鮮來華的使臣回國後報告說，雍正「惡聞災異，欽天監雖有災不敢奏」。

顯然，當自然現象被與政治緊緊連繫在一起後，講祥瑞或災異便被人為地賦予了政治意義：報祥瑞，就是支持朝廷；講災異，便是對朝廷表示蔑視或反對。

鄂爾泰不愧是雍正的第一心腹重臣，當雍正身陷各種不利傳言之中，據理辯駁看上去又作用不大，效果有限時，是他第一個想到了以報祥瑞來支持雍正——這回不但要講祥瑞，還要有意識地、有針對性地大講祥瑞，哪怕是為此編瞎話也在所不惜！

投書案案發後，鄂爾泰頻頻奏稱雲貴出現了諸如瑞蓮、瑞穀、瑞鶴等祥瑞。這其中最出彩的還是卿雲，據他說，萬壽節也就是雍正過生日那天，雲南四府三縣出現「五色卿雲，光華捧日」，次日「絢爛倍常」，此乃「從來未有之嘉瑞」。之後他又奏報，貴州省的思州和古州一個月內竟連續出現了七次卿雲。

卿雲偶爾出來亮相一兩次就夠給面子了，如此頻繁地現身，你以為搞批發呢？一些官員認為鄂爾泰吹得太過離譜，是在刻意迎合和諂媚皇上，大理縣有一個劉姓知縣說：「我怎麼看不到卿雲哪，莫非是眼睛裡迷了沙子？」

雍正聽到後很不高興，他斥責說鄂爾泰陳奏祥瑞，乃是出於強烈的愛君之心，哪像你們所認為的那樣齷齪？你們在背後說人家的風涼話，才真正是藏有幸災樂禍的邪心呢！

雍正當然要給鄂爾泰撐腰，他們君臣在類似的政治操作上可謂一拍即合。曾靜指控雍正大逆不孝，十大罪狀中的「謀父」、「逼母」、「弒兄」、「屠弟」個個都觸目驚心，而鄂爾泰就引《孝經》中「天子孝，則卿雲現」之語，把卿雲與天子孝順連在一起，說卿雲的出現正是皇上「大孝格天」的徵兆，當今聖上乃是標標準準的大孝子，在道德方面沒有任何缺陷，曾靜之輩完全是在惡意詆毀。

別的地方和別的時候或許都可以低調，唯獨此處此時絕對不能。在鄂爾泰的奏摺中，雍正異常高興地用硃批寫道：「朕每遇此祥瑞，蒙上天慈恩，豈有不感喜之理。」他隨後即諭告廷臣，特別引出「天子孝，則慶雲現」的話，說：「朕之事親，不敢言孝，但自藩邸以至於今，四十餘年，誠敬之心，有如一日，只此一念，可以自信。」

對於雍正、鄂爾泰兩君臣的喜慶之意，大臣們心領神會，大家全都應聲附和，上書請求將卿雲這一所謂的罕見祥瑞載入正史。雍正頒旨批准，同時大肆開恩，對雲貴官員加官晉爵，鄂爾泰被超授為三等男爵，其他縣令以上官員也都得到賞拔。

雍正在位期間極少大興土木之舉，沒有建造過任何一座專供遊賞的離宮別館，但他此次援引古制慣例，破天荒地下旨特造風、雲、雷、雨四座神祠，表面上說是為了祈禱風調雨順，其實還是想把這股因祥瑞而起的聲勢再炒大炒熱一些。

知音

在雍正的支持和鼓動下，繼鄂爾泰報卿雲之後，各省關於祥瑞的報告紛至沓來。在當年餘下的八九個月中，山東、山西、湖北等省總共有十六封奏摺馳入京師，打開來看，彙報的全是本省所出現的各種各樣的祥瑞，裡面最多的即為卿雲，不是「霞光萬道」，就是「光華四射」。

雍正一邊欲蓋彌彰地表白「朕從來不言祥瑞」，「朕素不言祥瑞」，一邊樂滋滋地對奏報省份迭加獎勵。他當然知道這些所謂的祥瑞裡面摻雜著多少水分，但這重要嗎？不重要。相比之下，透過國家機器的宣傳，盡可能讓那些危險的惡兆煙消雲散，以及使所有居心叵測的流言歸於破產，才真正重要。

鄂爾泰是一個極具城府和見識的人，他不是李衛，可以「粗狂」到把自己當成西湖花神，他內心完全清楚祥瑞之說有多麼荒誕，但就是這樣，他還要推崇祥瑞，甚至冒著聲譽受損的危險假造祥瑞，說穿了，都是為了支持雍正，使其能在政治上取得主動。

這是一個有意設計的政治行動，不知內幕或不直接參與操作的人不應受責。鄂爾泰是政治家，他有這個雅量，所以對奚落他的大理令劉某不但不記仇，反而嘉許他的公直，主動向雍正予以推薦。

思想感情上的高度契合，使得鄂爾泰比別人更能領會雍正的深意。在讀完雍正寄來的長諭副本，完整瞭解曾靜的各種指責後，他像雍正一樣感到激憤、痛心和不安，回覆說：「我大清開國八十多年，施政有方，恩及百姓，但國家人民卻並未達到齊心合一的境界，一方面漢人尚有疑心異念，另一方面滿人在治理上也有可議論之處，否則就不會讓曾靜輩有機可乘了。」

「漢人之心思終不能一，視滿洲之人物猶未如爭光」，鄂爾泰的這段話簡直就是雍正自己的心聲，他在奏摺上特地加圈並批道：「朕亦歎息流涕耳。」

除了交流感受，鄂爾泰還向雍正提出了具體建議，這些建議與雍正的設想也完全合拍。鄂爾泰認為曾靜案不能孤立看待，而應透過現象看本質，按照他的分析，「逆書」中的十大罪狀以及種種社會傳言都事出有因，官場是它們的發源地，但本源必在皇室內部，具體地說就是允禩、允禟等人。

知音啊！王澍現身後，雍正設想的關鍵一步就是要順藤摸瓜，對幕後的允禩、允禟等人進行重點追查，鄂爾泰的分析可謂正中下懷，他不由得稱讚鄂爾泰：「懇挈詳明，深誅奸逆之心。」

雍正希望從鄂爾泰那裡得到的東西，現在都得到了，剩下來的就是像以往規劃重大政事和權鬥那樣，鎮定自若地逐一走出令對手和旁人都瞠目的殺招。他告訴鄂爾泰：「為朕放心，絲毫不必憤悶。過此怪物，自有一番出奇料理。卿可聽之。」

雍正「出奇料理」曾靜案的第一回合，是找出攻擊他失德的輿論根源。對王澍的追查自然首當其衝，但讓承審官們感到發愁的是，關於王澍的所有資訊都來自於曾靜的一面之辭，他甚至都說不清楚王澍任何職以及籍貫故里，只記得好像是江浙一帶人，「彼時有四十多歲，如今有五十餘歲了，五短身材，胖胖的，微須」。

只能先從王澍的丙戌進士、曾做過允禵伴讀這些線索查起。可是負責審案的官員在經過徹查後，卻發現丙戌科的進士題名榜上並無叫王澍的人，在其他科雖有一個同名者，但此人從未入侍皇子，也無子任職西南，更重要的是，此王澍年已六十二歲，不久前才致仕歸里，返回江蘇安葬父母，怎麼看，都沒法和案中的王澍對上號。

顯然，「王澍」從名字到身份都是假冒的。雍正沒有就此放棄，他諭令吏部徹查舊檔，從中尋找可能為假王澍的人，查詢標準一共有兩條，可任擇其一，其中一條是至今仍不知去向的候補官員，另一條是廷試中榜且出任皇子伴讀的進士。

事實上，具備這兩條標準的人並不多，結果很快就出來了。康熙末年官僚機構重整，湖北某處有個叫王倬的官員因而丟了飯碗，按規定，他應向吏部備案，以申請新的職位，但他沒有這麼做，而且從此杳無音信。

沿著這條新線索，兩湖官員對王倬進行通緝，直至將他逮捕歸案並解送京城。此後承審官立即將王倬帶往關押曾靜的監獄，讓兩人互相對質，然而讓眾人大失所望的情景再次出現：曾靜、王倬面面相覷，彼此都根本不認識對方。

線索斷了，王倬不是「王澍」。

柳暗花明

在屢屢碰壁的情況下，挖空心思的承審官不由得想到了另一種可能，即假王澍是不是認識真王澍，或許還曾替真王澍辦過差使，所以才利用了一部分他的資訊進行假冒。問題是，當承審官就此訪問正在無錫家中的真王澍，並向他提供曾靜所述的假王澍相貌特徵時，真王澍就算搜索枯腸也回憶不出身邊有過這麼一個人。

相貌特徵已成為假王澍的唯一有價值線索。承審官們專門請來了一位畫師，讓他根據曾靜的描述畫出一幅人物肖像。肖像畫成後即被四處散發，讓所有可能與假王澍有過接觸的人進行辨認，但依然一無所獲。

古代資訊和交通都不發達，要僅僅依靠畫像找出一個人，無疑形同大海撈針。對假王澍的追查就此進入了死胡同，但好在曾案本身又突然出現了柳暗花明般的轉折——曾靜在審訊過程中承認，除王澍，茶陵州的風水先生陳帝西是流言的另一個資訊源。

陳帝西立刻遭到逮捕和提審。經過審訊，他供稱流言也是路上聽來的，那是他去衡州城為母親買絲線，因為天氣酷熱，就在一個小涼亭裡乘涼歇腳。這時有四個說官話、穿馬褂、旗人打扮的人也走進了涼亭，陳帝西聽到他們互相議論，說：「岳老爺上了諫本，不知避諱，恐怕不便。」

陳帝西和曾靜一樣，都屬於沒怎麼見過世面的鄉下人，他見四人語帶官腔，舉止行為頗像京城八旗禁軍，就沒敢詢問細節，也沒膽量問一下他們的身份和姓名。

無論是京城禁軍還是侍衛，沒有皇帝的特批，是不能隨便前往外省的，更不用說還帶出「岳老爺」之類犯忌的話了。審訊結果報上來後，按照那四個人所走的路線，雍正推測出他們可能是發配南方邊疆的犯人，而且還是身份不一般的犯人，遂令沿途各省長吏按圖索驥地進行追查。

不久，各省巡撫相繼應命報告。廣西巡撫金鉷具摺上奏，報告查出五名由衡州流往本省的太監，據他說，這五名太監昔日均供職於皇子府邸，在流放地，他們每每於酒足飯飽之後信口開河，在公開宣揚其從前主子皇阿哥好處的同時，為其主子鳴冤叫屈。

五名太監隨即被鎖拿進京。雍正對廣西方面的追查非常滿意，在金鉷的奏摺上明確批示：「料理可嘉之至。」讓他感到不滿的恰恰還是湖南，湖南巡撫王國棟等人在查到四個過路人後就沒了頭緒，雍正屢次降旨催責，「再行詳訊，務必追出傳言之人，則此事方可歸著」，但官員們仍舊一籌莫展。

雍正下令將王國棟調往京城，其餘承審官員也予以革職論處。當官的最害怕丟官，新任湘撫趙弘恩為避免重蹈覆轍，卯足勁兒進行偵查，終於將太監們在經過湖南戍所時的言行也全部翻了出來。

各種逮捕檔案、審訊記錄、押解兵丁和沿途店家的耳聞目睹，隨即被匯總到一起，拼湊出了一幅較為完整的畫面。從中可以看出，涉案太監均為允禩、允禟、允䄉、允禵門下，主子獲罪後，他們也被判流放南方。懷著為故主和自己復仇的念頭，在前往流放地的途中，這些太監就「沿途稱冤，逢人訕謗」，每到村莊城市總是高聲呼喊：「你們都來聽新皇帝的新聞，我們已受冤屈，要向你們告訴，好等你們向人傳說。」甚至有太監叫嚷：「只好問我們的罪，豈能封我們的口？」

北方同樣有流放的皇子黨門下太監，從那裡傳來的案情消息，證明他們中有人也沒閒著。流犯、三藩之一的耿精忠之孫耿六格被充發在三姓（今黑龍江省依蘭），據他供招，他在允䄉使用過的八寶家中，曾聽允禩心腹太監何玉柱、於義向八寶的妻子講述皇上改詔篡位、毒死康熙、逼死太后的話。

另一名流犯達色供認，允禩太監馬起雲向他講過太后自殺的情況，「皇上令塞思黑（允禟）去見活佛，太后說何苦如此用心，皇上不理，跑出來，太后怒甚，就撞死」。佐領華賚供稱，他在三姓供協領時，聽見太監關格說：「皇上氣憤母親，陷害兄弟。」

儘管仍未查出假王澍的底細和去向，但雍正已經初步達到目的，他宣佈曾靜案以及與之相關的投書案已經真相大白，可以結案了，此案的罪魁禍首也就是有關他失德輿論的製造者與傳播者，即為允禩集團。

雍正斷言：「謗及朕躬者，則阿其那、塞思黑、允䄉、允禵等之逆黨奸徒，造作蜚語，布散傳播。」在他看來，曾靜之輩同允禩集團之間，屬於彼此利用的關係，「曾靜等素懷不臣之心，一經傳聞，遂藉以為蠱惑人心之具耳」。

改造和利用

雍正說要「出奇料理」曾靜案，對流言的來源追根究底當然還遠稱不上「奇」，其真正出奇之處，恰恰體現在對曾靜本人及其言論的「料理」之上。

在曾靜案的審理過程中，雍正親自覽讀了曾靜所寫的《知新錄》、《知幾錄》，與呂留良的日記、詩作相對照，他可以明顯發現曾靜所受呂氏的影響之深，但同時也能一眼看出兩人在學養、境界上的懸殊差別：「呂留良生於浙省人文之鄉，讀書學問初非曾靜山野窮僻冥頑無知者比。」

呂留良從儒學裡挖掘精神資源，主張「華夷之分大於君臣之倫」。曾靜接受了這一觀點，遂「華夷之見橫介於中心」，不過他更大的興趣卻集中於究竟讓誰做皇帝。在《知新錄》中，他信心滿滿地寫道：「皇帝合該是吾學中儒者做，不該把世路上英雄做，周末局變，在位多不知學，盡是世路中英雄，甚至老奸巨滑，即諺所為光棍也。」

曾靜認為，只有飽學之士和大儒們才有資格做皇帝，從古到今，春秋時應是孔子，戰國應是孟子，秦以後應為程、朱，「明末皇帝該呂子（呂留良）做」。至於明亡以後更是如此，國政毫無疑問要由呂留良來掌握，而不能拱手讓於外夷、「光棍」或者千百年來只會一時之勇，卻因循奪取江山的匹夫們。

結合曾靜被捕後的表現，雍正有足夠理由認為，這就是一個迂腐鄙陋的鄉下秀才，一方面他看了呂氏等人的書，有點飄飄然，想做點大事，但另一方面又缺乏做大事應有的見識、能力和膽魄，所以無論謀劃還是實幹都只能停留於表面。

如果拿曾靜與呂留良案中的唐孫鎬做一個對比，還可以更清楚地看出此人的無能和無足輕重。

唐孫鎬雖也不過是個師爺，但他見多識廣，又是圈內人物，有官場上的關係和背景，要不然就無法解釋在唐孫鎬被害，原揭帖也已被銷毀的情況下，其備份揭帖如何會進入其他官方流轉管道。曾靜則才疏學淺，且因為陋居村鄉，與外界幾乎隔絕。

唐孫鎬可以從一份官方檔邸報中看出問題所在，而且進行言之有據、條理分明的批判，足見其具有獨立和極其敏銳的判斷認知。曾靜完全無此頭腦，他在「逆書」中的指控並不是來自本人直接的觀察和思考，所依據的不外乎是道聽塗說、謠言惡言罷了。

同樣是呂留良的追隨者，之前同樣名不見經傳，唐孫鎬對呂留良的仰慕發自內心，對呂留良的學說也有真切的認識，所以他在被捕前後才會不屈不撓，不惜以殉道的精神與強權進行抗爭。曾靜就簡單多了，雍正把他這類讀書人稱為「好亂樂禍」之徒，說白了，就是企圖渾水摸魚，亂中奪取富貴的野心家。野心家尚有大小之分，曾靜屬於能力不強、意志薄弱的小野心家，表現在現實中就是甫遭逮捕，即痛哭流涕，悔恨再三。

出色的人因無法掌握，一旦形成危害性，就萬不能留他在這個世界上，反之，無能的人你可以看不起他，但惟有這樣的人，才更便於玩弄於股掌之間。先前為了在呂留良案上製造聲勢，雍正曾將那個叫諸葛際盛的書生作為工具，曾靜、諸葛際盛看似觀點立場和做法截然相反，一個是站在朝廷的對立面進行謀逆，一個是站在朝廷這邊主動獻媚，實則他們的層次相差並不大，都是易於被利用和控制的類型。

雍正新設想的核心就是對曾靜進行改造和利用，他認為要做到這一點並不難，也惟有做到這一點，他才可能在輿論反擊戰中真正占據主動。

改造曾靜的第一步是讓他重新端正認識，認清皇帝與岳鍾琪之間的真實關係到底如何。雍正為此特別降諭，讓承審官親赴關押曾靜的大牢，將一批宮廷密件交給他細細閱讀體會，之後再寫感想。

這批密件都是數年來岳鍾琪的密摺及雍正的御筆親批。在曾靜所寫的感想中，他對於密件中所披露的君臣親密關係深表驚訝，承認自己誤聽誤信了謠言，加上家鄉農業歉收，生活艱難，又受到呂留良華夷之分思想的毒害，才最終導致了自己叛逆狂悖念頭的滋長。

不管曾靜是真的感到驚訝，還是被迫低頭，雍正都認為這種用接觸朝廷公文原件來觸動其反省之心的策略是行之有效的。接下來，他又下了一道諭旨，令承審官收集各省數百份奏報交給曾靜閱讀。

看著眼前堆積如山的奏報及其皇帝的批閱，曾靜傻眼了，一直以來，他憑藉著民間傳聞和自己的臆想，都把清宮中的皇帝想像成一個飽食終日、無所用心的昏君，何曾想到雍正會這麼辛苦呢？更讓曾靜覺得不可思議的是，雍正每天要處理如此多的軍政要務，但他批閱時孜孜不倦，從不掉以輕心，所以連字句筆誤、數字不合都別想逃過他的眼睛。

在「逆書」中，曾靜根據流言將雍正描繪成了個酒色之徒，現在他知道這根本不可能——雍正哪有時間去花天酒地，這位皇帝必須「自朝至暮，一日萬機，件件御覽，字字御批」，甚至到了半夜三更，還得批閱密摺，「竟不用一人代筆，其焦勞如此」。

眼睛不會騙人，事實面前，曾靜深受震動，百感交集，自歎：「螻蟻度天，何處測其高深。」他這才明白皇帝不是好當的，「吾儒」和呂留良們且不說根本不可能當皇帝，就是當了也未必治理得好國家。

大功告成

在讓曾靜瞭解和認識國家大政運作機制的同時，雍正還針對自己所蒙受的不同指責，分門別類地讓他閱讀相關奏摺。比如「逆書」的十大罪狀中有「好殺」一項，他就親自列出一系列當年春夏兩季送朝廷三覆審的案子，令曾靜靜心細讀，並對每一件案子的判決發表意見，特別讓他反省，這中間有哪一件可以說明皇上「極好殺人」？

沒有例外，曾靜在將案子一一讀過之後再受震撼，他說他沒想到皇上對普通老百姓的死活也看得如此之重，乃至於每一個細枝末節都不肯放過，他這才知道以前對皇上誤解之深，今後再也不敢存皇上好殺生、輕人命之心了。

眼看以擺事實為主的攻心戰已經勝利在望，雍正又拿出他的絕活，透過書面對話，一面就「逆書」中的十大罪狀等向曾靜解釋，一面與之進行辯論。

說是辯論，其實光看後來所擬的責問標題，就知道純粹都是碾壓式的，是一方肆無忌憚的猛打猛衝，而另一方連招架之功都已失去：

「大逆不道的呂留良真的能和孔子相提並論嗎？」

「你曾靜為何尊敬悅服一個行走於市井江湖的呂留良呢？」

「你曾靜真的是可以擔當『天聰明，乾之九五』的大人物嗎？」

「你曾靜自命為濟世英才，你真的有『宰相之量』，還是心懷異謀，圖為不軌呢？」

……

如雍正所希望的那樣，曾靜迅速在精神上繳械投降，在口供中逐一認罪懺悔，就其標題而言，倒也與雍正的責問相映成趣：

「亂臣賊子呂留良是怎樣把我們引入歧途的？」

「我是怎樣受呂留良思想毒害，而成為彌天重犯的？」

「我這過去的禽獸，如今是怎樣脫胎成人的。」

「皇上不是有意遵循守孝三年的古制，不過是為了盡心盡孝才安心罷了。」

……

雍正對曾靜的改造終於大功告成，既然如此，當然就用不著再對他予以懲罰乃至處死了，雍正決定特赦曾靜和他那個也已經認罪懺悔的弟子張熙，讓他們雙雙從寬免死。

本來雍正可以直接下特赦令，但與對呂留良案的處治一樣，他希望由朝臣們而不是他自己首先提出這一建議，然後他再來個順水推舟。可是這只是他一廂情願的想法，大臣們根本就想不通這是一個什麼道理：呂留良都死四十五年了，也沒有任何直接謀反的舉動，不過是言論有些出格，就要加以嚴懲，而曾靜蓄意謀反，大逆不道，卻要予以寬宥！

大臣們不敢明辯，惟有選擇默不作聲。雍正眼巴巴地盼了半天，朝中就是沒有一個人主動上書奏論此案，萬不得已，他諭令九卿六部再次會審曾靜，就其是否「自知罪大惡極，愧恥悔恨出於本心」做出最後裁斷。

在皇帝的嚴令下，九卿六部對曾靜進行了一周時間的重審。曾靜在重審過程中態度非常老實，句句都是萬分悔恨的話，但大臣們的決議卻不免讓雍正失望，因為他們依據刑律，仍舊堅持非判曾靜死刑不可。

更讓人覺得難辦的是，這還不是某幾個人的意見，而是浩浩蕩蕩一大群人的意見——自曾靜案發生以來，所有有關此案的上奏都是由個別大臣、衙門具名奏聞，可是這一回完全不同，奏章上總共有一百四十八名大臣署名，從大學士到六部，官員們的名字整整齊齊，密密麻麻。

奏章是按刑部名義呈報的，然而看這陣勢，分別是文武百官已經團結一致，橫豎就是不同意放曾靜一馬。

利用曾靜打輿論反擊戰乃是雍正既定方略中最重要的一招，豈肯因大臣們組團施壓就輕易讓步？一七二九年十一月二十七日，在刑部決議已經呈遞上堂的情況下，雍正仍然下令暫緩勾結該項決議。

理由已經編好了。當初岳鍾琪為了從信使張熙口中套出實情，曾立下盟誓永不背叛曾靜師徒，雍正稱岳鍾琪為其股肱大臣，與他這個做皇帝的應視為一體。換句話說，岳鍾琪若是失信、不忠，那就等於他雍正失信、不忠，所以必須遵守盟誓，寬免曾靜師徒。

再者，經過追查，發現社會上那些惡毒攻擊皇帝和朝廷的謠言原來都是允禩、允禟的太監所為，若要論刑的話，允禩、允禟、允䄉、允禵及其太監們應是主犯，曾靜、張熙只能算是從犯，而且正是因為有了他們師徒的投書，才能展開追查，如此看來，他們還立了功，有減免罪罰的條件。

至於最後究竟應該如何處治曾靜師徒，雍正說有先例可循：康熙年間，吳三桂等三藩造反，從者甚眾，但康熙一旦平息三藩之亂，即降下諭旨，凡一般妄從者，只要深具悔意，立志重新做人，則一律赦免其罪。

奇書

雍正向文武百官宣諭，聲明康熙處理三藩黨羽的原則完全適用於曾靜師徒。宣諭完畢，他便稱日後將再有旨意，命令散朝，實際是在繼續察看下面的回饋。

回饋的結果一點都不讓人樂觀，從京師到外省都有人把曾靜案與呂留良案連繫起來進行比較，並間接地對雍正處治曾靜的方式表達不滿。雍正不得不一再向臣工們強調：「曾靜譏及於朕躬，而呂留良則上誣聖祖皇考之聖德；曾靜之謗訕由於誤聽流言，而呂留良則出自胸臆，造作妖妄。是呂留良之罪大惡極，誠有較曾靜為倍甚者也。」

他還說，投書案至今已經一年有餘，他前後考慮思量了很久，認為有一件事是極為清楚的，那就是此大案中的每一個重大疑點都不是源自曾靜，「曾靜之誤聽尚有可原之情，而無必不可寬之罪也」。

在與雍正的角力中，大臣們並無任何優勢可言，但他們也不是純粹吃素的，為了既能挽回聖意，又不因此獲罪於皇上，他們決定附翼於最為雍正所信任的內大臣之下，做最後一爭。十二月五日，怡親王允祥應邀出面，代表百官領銜上疏，提出像曾靜師徒這樣的「誣謗悖逆、罪惡滔天」之徒，不殺不足以蔽其辜。

事情到了這個地步，雍正想讓臣下為其背書的初衷完全落空，他已沒有別的退路和選擇，只能乾綱獨斷了。於是當天稍晚時候，他正式下達諭旨，明確表示曾靜案已不是臣下所可以參與的，他說寬宥就寬宥。至於這件事到底是對是錯，他的看法是留諸後世評判，責任由他一人承擔，「天下後世或以為是，或以為非，皆朕身任之，與臣工無與也」。

雍正不僅將曾靜師徒免罪赦放，而且公開留話給自己的繼位者，讓他不要對曾靜師徒動刀，「即朕之子孫將來亦不得以其詆毀朕躬而追究誅戮之」。

曾靜意外獲赦，自然感激涕零，他搜腸刮肚，前引後證，寫了一本《歸仁錄》。此書一反《知新錄》、《知幾錄》等「逆書」中的觀點，一邊對呂留良以及詆毀雍正的謠言進行痛斥，一邊大加稱讚清朝歷代帝王的作為，尤其頌揚雍正至純至孝，勤政愛民，把他吹捧成了一個宛如堯舜在世的罕有聖君。

雍正早先寄上諭副本給鄂爾泰時，鄂爾泰就曾建議沒必要將上諭藏著掖著，「不為一曾靜，而為千百億萬人，遍示臣民，佈告中外」。這一建議與雍正的想法不謀而合，他下令將曾靜的口供、《歸仁錄》與上諭編輯在一起，集成《大義覺迷錄》一書，加以刊刻，分發於全國各地。

由於雍正的這道諭令，至一七三〇年十一月底，連遠在臺灣的官員也上奏朝廷說收到了寄書。雍正的要求是，上自各省府州縣，下至集鎮鄉村和駐地軍營，「使人人觀覽悉之」。

全國各府州縣學被作為重點，學官必須帶領學子們觀覽，如果讀書人不知此書，一經發現，該省學政、該州縣教官都要被從重治罪。各地府州縣之中，臺灣因收復未久，移居島上的百姓不多，學宮數目有限，但臺灣府的官員為了達到雍正的要求，也根據寄來的樣本印了不下一千多冊。

即使不識字的鄉間小民，也要透過巡迴宣講讓他們知曉。作為特殊身份的宣講人，雍正下令將曾靜、張熙分別派往江浙和陝西進行巡迴宣講，現身說法地對《大義覺迷錄》進行宣傳。這種宣傳效果自然是任何人都無法企及的，而它也正是雍正要留住曾、張的性命並加以改造利用的目的所在——想想看，兩個被呂留良遺著愚弄的鄉下讀書人，如今幡然悔悟，重新做人，反戈一擊地揭穿了呂氏和允禩集團的老底，是不是很有故事性？是不是比僅僅殺了他們和揪出謠言根源更高明、更有遠見？

除此之外，雍正還從翰林院中選拔新科進士，組建征西宣諭隊，專門奔赴陝西、甘肅等被認為流言廣布的地區進行宣講。按其諭旨，《大義覺迷錄》被傳播到西北的每個基層角落，連一些人煙稀少的鄉村都沒有遺漏。

在國家機器的助力下，《大義覺迷錄》當時的普及之廣，讀者規模之大，是普通著書人連做夢都想不到的，它也因此成為十八世紀三十年代初期中國人閱讀並引述最為廣泛的一本清代奇書。

神秘人

雍正允許曾靜在前往江浙宣講前，先回家鄉「料理家務」。曾靜返鄉在當地引起了極大震動，他所遇見的每一個人，無論是親友、鄰人，還是曾有一面之緣的舊相識，無不驚訝不已，而當他們聽說了曾靜在京城中的際遇，尤其還是皇帝親自下旨將其開釋時，更是個個目瞪口呆。

曾靜啟程離京時，雍正特地派太監御賜了一包衣服及一些其他東西作為禮物。看到這些來自皇宮的衣服和禮物，鄉人們一個個都把眼睛給瞪圓了，臉上全是羡慕和不可思議的表情，「簡直是著了迷」。

曾靜不說是衣錦還鄉，起碼在鄉人面前沒有丟了面子，他在感恩戴德的同時，也嘗試著要報答皇帝的恩惠，窮本追源地找到那個始終沒有下落的神秘人——假王澍。

經過四處查訪，曾靜掌握到了一個新的線索。他得知，一七二三年五月二十日那天，假王澍自耒陽縣南下，曾在祝融廟落腳。祝融廟是位於永興縣的大路旁、兩縣交界處的一座小廟，據當時接待王澍的該廟住持彌增回憶，王澍喜談宮廷內幕及早些年在陝西邊地的行軍生涯，尤其欽佩皇十四子允禵，誇讚允禵「文武聖神」，還說他和允禵志同道合，朝中大事全靠他們兩人把定，假如沒有他們兩人在朝，「天下一日難安」。

十一天後，也就是一七二三年五月三十一日，王澍來到永興縣，拜訪了曾靜設於大路邊的學館，並在學館裡逗留了兩天，正是在王澍的啟發和引導下，曾靜才下決心派張熙前往西安投書。

那麼在此之後，王澍又去了哪裡呢？曾靜一路尋訪到桂東縣，桂東縣見過王澍的人還不少，他們證實，王澍行藏詭異，蓄微須，留指甲，曾在本地四處走動，拜訪士人，參觀藏書，如果受邀也會吃上一頓飯，並閒聊京城掌故。知情者還說，王澍最後客死在了本縣大嶺山的一個茶館裡，並被安葬在了茶館附近。

本來曾靜還要繼續追查下去，但他必須在規定時間內到長沙衙門報到，於是他便向湘撫趙弘恩進行報告，深入追查的事也就由官府接了過去。

在官府的嚴查下，更多證人證詞被收集和匯總到一起，由此描述出的王澍形象越來越立體化，但也令此人的各種資訊變得更加撲朔迷離：他言必稱京師皇宮，還自稱是北方人，但其言語中卻帶有明顯的南方口音；兩手空空，甚至鋪蓋卷都沒帶一個，有人問他何以隨身竟不帶行囊，他回答說是身負秘密使命，為免被懷疑，不便多攜行李；自詡精通藝文，卻從未親筆寫過一個字，隨口吟了一首詩，還被識破是抄襲之作。

連祝融廟住持彌增和尚都上了當。王澍曾送給他一張五十兩的銀票，說是可以購置大約十畝地，用來維持小廟生計應該不成問題了。銀票上由耒陽縣知縣署名，湖南布政使擔保，並簽有「皇子允佑」字樣。可是經過核對，這張銀票卻是假的，銀票本身連同上面的署名、簽字、擔保皆係偽造。

追查結果顯示，王澍後來在桂東縣染了病，不斷吐血，而且身無分文。他臨時雇了一個行販做隨從，他說自己要圖大事，並且口頭許諾事成後會給予重酬，但實際上隨從身上僅有的一點錢也都被他給借走用光了。

在大嶺山的那個茶館裡，王澍開始大量嘔血，直至咽下最後一口氣。他死後，茶館要把他的屍體扔出去，在隨從的央求下，當地一個與王澍見過面的文人出資買了一副棺木和一小塊墓地，才將王澍予以安葬。

隨從跟著王澍跑東跑西，不僅預期的酬勞落了空，自己還倒貼了進去，但他對王澍卻並無怨恨之心。曾靜估計王澍有四、五十歲年紀，他則認為王澍死的時候看上去年紀還不超過三十，並且歎息著說王澍「讓人覺得是個頗有教養的人」。

承審官再三追問王澍死前有沒有留下什麼話，以及他到底是誰，究竟來自何方。隨從答道：「他臨死時，小的也曾問他家住何處，家裡還有子弟沒有。他只兩眼流淚，竟不答應就死了。」

根據當事人提供的線索，官府發掘出了王澍的棺木及其屍骸，證明他確實是死了，然而包括籍貫、身份在內，圍繞此人的眾多謎團仍然沒能解開：他如此寒酸窮困，為什麼會瞭解這麼多京城掌故、皇宮秘聞乃至陝西邊地的軍旅生活？他來到永興縣的目的是什麼，究竟擔負著怎樣的使命？他一直聲稱要從事一樁驚天動地的大事，這件大事究竟是什麼？

現在，所有這些謎都永遠成了謎，再也不會有人知曉了。

什麼叫奇

在曾靜的家鄉永興，至今還有一個傳說。傳說從前有一個名叫曾甑的讀書人，他家旁邊有一個水潭，透過潭裡的水泡可以看到皇宮，有一個道士告訴曾甑，只要看到雞上牆、狗上屋，就可以透過水潭造反。一天，有一隻雞突然飛上了牆頭。眼看「雞上牆」有了，獨缺「狗上屋」，曾甑的妹妹盼哥哥早日成事，就把一條狗抱上了屋頂。曾甑不知道是妹妹硬湊的數，以為時機已到，便撥開潭裡的水泡，對著皇宮射了一箭。

這一箭本來要射的是皇帝，可是因為道士所預料的機緣其實並沒有真正來到，皇帝沒有被射中，而曾甑的造反企圖也被發現了。隨後皇帝就派人將曾甑捉去，關進了死牢。

在死牢裡，曾甑想到自己一肚子學問，不甘心就這樣白白死了，於是要來文房四寶，連夜寫了一本《增廣賢文》。《增廣賢文》進呈皇帝，皇帝看到曾甑的才學如此之好，出於愛才之心，就赦免了曾甑的死罪，把他給放了。

顯然，這個傳說與曾靜的故事有著密不可分的連繫。在當地方言中，「曾靜」與「曾甑」的發音非常近似，其差異幾乎可以忽略不計，而曾靜故居旁也確實曾有一個水潭，所以曾靜才會號稱「蒲潭先生」。

《增廣賢文》是明清時期的兒童啟蒙讀物，相對於四書五經，它或許更易被農村人所熟悉，同時書名中「增」字與「曾」同音，也可能是它被作為傳說中道具的一個重要原因。寫一本《增廣賢文》就能免罪，既可以看出鄉間百姓對朝廷法律機制的隔膜和陌生，也能充分反映出他們當年對曾靜犯造反這樣的大罪卻能全身而退的迷惘和不解。

老百姓不能理解，官員們也同樣感到困惑，但這就是雍正「出奇料理」中的「奇」。什麼叫奇？就是奇在雍正能夠放下架子，以皇帝之尊與一個窮秀才對話，奇在他敢於把所有不利於他的論點和輿論公佈出來，進行大批判、大辯論，奇在他可以置百官的意見於不顧，寬恕並將曾靜師徒放到社會上去做典型。

毫無疑問，如果雍正沒有超越常人的政治氣魄，沒有善於料理重大政治事務的能力和決心，「出奇料理」別說做，根本是件連想都不敢想的事。

至於作用和效果，從因追查王澍而被拘捕的證人們口中，已經不難看到——

王澍在永興縣活動期間只口述，從不親自寫字，字是由他找來的一個塾師代勞的。王澍曾當著塾師的面大談他與皇宮的關係，吹噓他與允禩、允禟之間的友情，還說他在此地肩負著秘密使命，皇室前程安危在此一舉。塾師差點相信了，直到他參加了一次鄉約集會，聽了《大義覺迷錄》的宣講，才領悟到王澍所說的眾皇子故事有多麼荒唐可笑。

那個為王澍買棺木、墓地的桂東縣文人名叫鐘湘，他與塾師有著差不多同樣的體會。先前王澍登門拜訪鐘湘時，講了許多有關他與允禩、允䄉、允禵之間關係密切的話，鐘湘說他那時候還有些將信將疑，不置可否，及至讀了《大義覺迷錄》，才知道在這些事情背後，原來都有著重大干係與複雜背景。鐘湘表示這使他擦亮了眼睛，終於意識到了王澍此人的危險性。

除了諸多證人，曾靜當然更不能不提，他已經從一個無法無天的謀逆罪犯徹底轉變成了誠心歸向的合作者，一個朝廷的喉舌和幫手，此次若不是他主動且第一個發起追查王澍的行動，王澍逃匿和潛藏於何處就要成為懸案了。

作為對曾靜協助查案之功的獎賞，雍正諭令湘撫從省庫銀中撥出一千兩銀子送給曾靜。無論以什麼標準來衡量，這筆錢在當時都是一筆鉅款，曾靜因此也歡天喜地向官府請假，要求回家鄉「葬親置產」。

湖南方面將這一陳請上奏朝廷，雍正同意給假一年，待期滿後回長沙報到。

有人猜測，雍正贈予曾靜重金，並僅僅是獎賞，其實還另有意味——王澍送給彌增和尚一張面值五十兩的銀票，說是可以用來買十畝地，結果還是假的。雍正給曾靜的禮物貨真價實，白花花的千兩銀子，足以購買百多畝良田和他以前可望不可即的任何好東西。

曾靜就是榜樣，你們都瞧好了，是要堅持跟朝廷作對，還是合作，自己看著辦！沒有什麼比這種對比更能刺激人了。當眼睜睜地看著再次回鄉的曾靜從窮秀才搖身一變成為地主，可以堂而皇之地享有各種良田美宅的時候，有更多人開始效仿曾靜，在精神上將自己與呂留良，與反清復明，與各種反政府思想進行剝離，而這也正是雍正所樂意看到的。

內中堂

作為大清入關後的第三代君主，雍正本人雖從未像乃父那樣御駕親征，但他對西北形勢和政務一直極為關注，而在西北地方，自康熙朝以來，新疆的準噶爾部又始終是一個長期存在的最嚴重隱患。

康熙末年，允禵以撫遠大將軍的身份移駐甘州，對準噶爾部採取了進攻的姿態，卻發現難度較大，同時康熙在西藏平亂後，也強調用防禦性手段對付準噶爾，本身就沒有大舉興兵，深入對方老巢徹底消滅之的打算，所以前線未能取得明顯進展。

解決準噶爾問題是康熙的未竟之業，也是他留給後繼者的一個重要使命，但雍正即位後就以兵丁在前線日久、勤勞過度為由，將大軍撤回了內地，僅在哈密、吐魯番等地留下戍兵駐防。這當然不是雍正不想解決問題，而是當時內部事務繁多，經濟力量也不足，客觀上缺乏用兵的條件。

準噶爾方面，由於在入藏時曾大敗於清軍之手，所以也對中央政府多出了一些忌憚，首領策妄阿拉布坦決定派遣使臣到北京講和。雍正熱情款待了使臣，一七二四年元旦，該使臣要求隨同廷臣一起朝賀，雍正便讓他與朝鮮使臣一道行禮。

準噶爾使臣行禮時，「光景十分虔誠」。看到策妄阿拉布坦似乎表現出了講和的誠意，雍正即派人到準噶爾與之進行和談，然而此後的談判並不順利，始終商談不出任何結果。

談不出結果，是因為雙方在核心利益和價碼上相去甚遠。未幾，和碩特首領羅卜藏丹津在青海叛亂失敗，率兩百多人逃往準噶爾，為策妄阿拉布坦所接納和藏匿。雍正遣使索取羅卜藏丹津，策妄阿拉布坦拒不奉詔，但也不敢輕易侵犯邊境，雙方再次進入了相互敵視的狀態。

看來光談是沒有用的，雍正相信，只有重新做好在西部秘密集結大軍的準備，從軍事上時刻保持對準噶爾的警惕，才能防範準噶爾襲擊和抑制其勢力的擴張。

做軍事準備需要進行商議和部署。以往決定軍國大事，都是召集議政王大臣會議或由內閣擬議，但議政王大臣全都是世襲貴族，沒有實際經驗，就是把他們召集到一起也談不出個子丑寅卯。內閣在紫禁城太和門外，離街市近，人員又多，往返遞奏本章容易洩露機密——想想看，京城中有蒙古王子和公主，有游販的商人，有念經的喇嘛，只要稍有風聲傳出去，他們中的任何人都有機會把相關資訊傳遞給準噶爾，到時可能朝廷還沒做好準備，準噶爾就已經先發制人，大舉進攻了。

出於這些考慮，雍正只能把商議的物件限於少數他最信任的大臣，為了與外朝官員相區別，雍正稱他們為「內中堂」。內中堂的核心成員一共有三個人，為首者自然是怡親王允祥，其次則為大學士張廷玉、蔣廷錫。

雍正朝有「四大寵臣」的說法，除了排在前面的鄂爾泰、李衛、田文鏡外，剩下來的就是張廷玉。張氏家族發源於安徽桐城，如同查嗣庭所在的海寧查家一樣，他們也是一個極有代表性的科舉家族。張廷玉父子均為進士出身，張廷玉自己六次充任廷試的讀卷官，有一年他主動申請迴避，原因是他的弟弟、堂弟、侄孫居然同登甲榜，全都考中了進士。雍正聽說後特降諭旨，破例允許他繼續擔任讀卷官，被外界稱為「異數中之罕見者」。

眾所周知，雍正對科甲人講究師生、同年這一點很是反感，認為是唐宋遺留下來的積習，應當予以清除，並有意透過科甲朋黨案實施了打擊。當然這不等於說他不要科甲人，他所不滿意的只是科甲朋黨和所謂「科甲習氣」而已，張廷玉作為一個科舉出身的官員，之所以能夠在「四大寵臣」中叨陪末座，用雍正的一句常用評價就可加以概括，那就是「不似科甲，像一實力辦理之人」。

股肱大臣

張廷玉久在官場，又屢次在科舉考試中擔任考官，同僚和門生故吏自然到處都是，但他非常注意不讓這種關係影響到自己的公事。康熙末年，他被任命為會試考官，一天同僚中有人造訪，張廷玉當著他的面鋪開白紙，不動聲色地寫下詩句：「暗室無欺古所難，四知常凜寸心安。簾前月色明如晝，莫作人間暮夜看。」

我們千萬不能「暗室欺心」，昧著良心做壞事啊！你看，我這間房間裡除了你知我知，還有天知神知，那簾前明月相照，萬事都能被它照得透亮。

來人的目的就是要與張廷玉攀關係，想從中舞弊，眼見張廷玉以詩寓意，已直接加以拒絕，只得羞愧而退。會試放榜後，張廷玉潔己奉公之譽以及他的這首絕句很快就都在士人中流傳開來。

張廷玉性格寬厚，但他身上不僅沒有雍正所討厭的「科甲習氣」，而且馭下也極嚴。吏部有個姓張的吏員仗著有些背景和人脈，經常用玩弄文字的手法構陷官員，京師內外不少人都吃了他的暗虧。張廷玉擔任吏部左侍郎後，毫不猶豫地對張某痛加懲治，即使朝中權貴多有前來為張某求情的，亦不為所動。

張某綽號「張老虎」，張廷玉把他都給降服了，令眾人感到敬佩，遂尊稱其為「伏虎侍郎」。

又有一次，張廷玉坐堂理事，一名小吏拿了一份地方報上來的文書來給他看，說是文書中將元氏縣誤寫成了先民縣，所以應發回地方駁問。張廷玉一眼看穿了其中貓膩，他笑著說：「地方上的人如果把先民二字錯寫成了元氏二字，這種可能性也許是有的。現在多寫了好幾筆，那就不是人家粗心的事了，我敢肯定是書吏加了幾筆，目的無非是想向地方上索賄敲竹槓罷了。」他隨後下令重責書吏，以儆效尤。

嚴格執法，不徇私情，是雍正「威嚴政治」的一個重要特徵，鄂爾泰、李衛、田文鏡最初能得到雍正的賞識，皆來源於此，張廷玉在這方面同樣也符合要求。

張廷玉具備超強的記憶力和文字書寫能力。雍正召見他，有時問起某部院大臣或司員胥吏的名字，張廷玉不僅可以隨口報來，還能準確無誤地講出此人的籍貫甚至入仕前取自於科舉的哪一科。白天雍正講過的話，散朝回家後，他會一字不漏地記錄於日記之中，據說一直到八十多歲他才把一句話給記顛倒了，為此還擲筆歎息，說人上了歲數，到底不行，「精力竭矣」！

雍正面諭廷臣或召見地方官員都要講話，大家聆聽時，或沒有聽清，或有所遺忘，總之落實到諭旨中常有不合原意的情況，但如果把書寫諭旨的事交給張廷玉，則可以做到百分之百符合雍正的本意。雍正大權獨攬，多數主意都是他自己定奪，身邊缺的就是一個出色的書記長，張廷玉正好填補了這一角色，是以屢獲表揚。

與鄂、李、田較為張揚的性格不同，張廷玉不喜聲張，他的為官之道也是緘默二字。北宋大家黃庭堅說「萬言萬當不如一默」，張廷玉以為至理名言，「終身誦之」。這實際也是他常伴君旁的處境所決定的，畢竟疆吏需要自己去開拓，在朝為臣則不用，因為大事自有君王拿主意，作為朝臣只要記著以君王之意為意，默默去做就行了，事成自然歸功於君王，事敗也不能辯解或企圖擺脫責任，默默接受就是。

緘默的背後，是張廷玉對榮辱進退相對淡然的態度。每次朝中出現讓人意想不到的升遷任免，別人都會用驚訝的語氣私下議論，認定其中必有緣故，他們問張廷玉怎麼看，張廷玉往往一笑置之，說：「天下事，哪裡有你們說的那許多緣故呢！」

不算疆吏，朝臣中除弟弟允祥外，雍正最器重最賞識的就是張廷玉。張廷玉曾經六次得到雍正的大筆賞金，有一次還受賜典鋪一所，價值三萬五千兩白銀。遍查史冊，能夠得到如此高規格賞賜的大臣實屬鳳毛麟角，張廷玉也因此將他家的花園起名為「賜金」。

有一年張廷玉得了個小病，痊癒後，雍正對近侍說：「連日來朕臂痛，用了幾天時間才好，你們知道嗎？」消息傳開，眾人爭相前來問安，雍正笑著解釋事情弄錯了，他不是說他自己真的臂痛，而是指張廷玉這位股肱大臣生了病，「張廷玉患病，跟我臂痛有何分別」？

張廷玉和蔣廷錫精明強幹，忠心耿耿，而且他們一個以大學士兼管吏部，一個以大學士兼管戶部，其中吏部涉及官員調遣，戶部涉及錢糧調配，均為用兵所必需。允祥作為秩位最高的親王，平時承雍正親命總理事務，統籌全國財政經濟，並參與京師防務及西北軍事，更是雍正在選將練兵、軍需後勤方面的得力助手。

正當雍正在幾位股肱大臣的協助下，為出兵準噶爾進行籌謀的時候，西藏突然爆發叛亂事件，這更促使他下定了用兵的決心。

次第解決

康熙末年平定藏亂後，建立了五噶倫共管西藏事務的體制，雍正繼位後，又於元年將留守駐藏的部隊撤回了內地，只在四川的察木多留少量軍隊駐守。五噶倫也就是五個噶廈的高級行政官員，由於中央政府放寬了對西藏的控制，五噶倫內部的矛盾加劇，原先地位更高的前藏貴族阿爾布巴出於奪取權力，控制西藏的目的，開始對被朝廷所扶持的後藏貴族發起挑戰。一七二七年七月，阿爾布巴發動武裝叛亂，殺掉了後藏貴族康濟鼐，又出兵對另一個後藏貴族頗羅鼐發起進攻。

雍正向來認為，西藏問題和準噶爾問題緊密相聯，準噶爾安寧無事，西藏就不致生出太大波瀾，反過來，西藏若料理不妥，必然會引起包括準噶爾在內的北部蒙古的不安甚至躁動。此時恰值準噶爾首領策妄阿拉布坦病故，出兵西藏已無後顧之憂，雍正於是決定抓住討伐叛亂這一契機，將兩個問題予以次第解決：雍正六年（一七二八年）解決西藏問題，七年（一七二九年）轉向準噶爾，「必滅此而後朝食」。

一七二八年六月，清軍取道八年前驅逐準噶爾的路線，由南北兩路同時進藏。部隊剛剛入藏，尚未與叛軍正式開打，阿爾布巴就已被頗羅鼐所擒獲，這使清軍剩下來的任務變得更為輕鬆，不久便得以肅清叛軍殘部，徹底平息了叛亂。

平叛後，雍正一方面封頗羅鼐為貝子，將西藏政務委於其一人總理，另一方面又在西藏正式設立駐藏大臣辦事衙門，派遣兩名駐藏大臣，分駐前後藏，協助頗羅鼐處理政務，並留川、陝兵各一千駐守西藏。

清軍入藏平叛前，七世達賴正處於前藏眾噶倫的控制之下，其父索南達結更是已與阿爾布巴等人結成死黨。這使得雍正對出兵入藏一度產生過猶豫，就是怕把阿爾布巴給逼急了，索性挾持達賴喇嘛逃奔準噶爾，兩邊共同作亂，則後果不堪設想。

好在這一切都沒有發生，為安定人心，免除後患，雍正下令將達賴父子遷往內地。一七二八年十二月二十四日，達賴父子在清軍保護下離開拉薩，移駐於原歸屬於前藏，此時由四川管轄的理塘。

自決定次第解決西藏、準噶爾問題起，雍正就加快了討伐準噶爾的軍事準備。首先是挑選和訓練出徵兵將，對於如此重大的西北戰事，自然要調撥駐京八旗參加，但雍正對八旗中的漢軍有看法，認為他們平時耽於安逸，不肯演習，導致騎射技術生疏，難以勝任戰事，現在縱使勉強調去打仗，也派不上什麼大用處，所以索性就不派他們了。

八旗的兵員數本身就不多，少了漢軍，就更加捉襟見肘。在這種情況下，雍正只能考慮重用和選募地方上的綠營。清代筆記中載，雍正曾招募天下壯士，成立了數千人的一支部隊，稱為勇健軍，又說勇健軍的士兵都是力大無窮的好漢，最厲害的能拉開二十石的強弓，還能舉起千斤重的大刀。

古代一石少說點也有二、三十斤，二十石那是什麼樣的硬弓？可見這與千斤大刀一樣，都只是一些民間的噱頭。不過雍正在挑選綠營兵將方面確實還是很嚴格的，對他自己的話來說，「殊非草率從事」，除了士兵必須是「行伍中出格精壯」者，基層將領也均為「鎮協中優等人才」。

西北距內地較遠，要深入敵後進行作戰，保障軍需供給的壓力很大，雍正為此建立了專門機構——軍需房。軍需房人員除原有的內中堂成員外，又將川陝總督岳鍾琪等前線將帥納入，雍正集中這些軍政精英，一起秘密商量兵馬糧餉屯守進取的方略。

駱駝、騾馬是古時運輸的主要工具，西北用兵為長途運輸，駝騾自然不可或缺。雍正雖然從各省徵用了大量駝騾，但仍不夠用，再買的話代價太大，而且還得考慮到駝騾在戰場上易受攻擊，一旦出現損失，便會對供給保障造成影響。

雍正讓大家籌謀良策。岳鍾琪提出了車營法的建議，辦法是製造一種寬二尺、長五尺的戰車，用一人推輦，四人保護，即一車五人。按照這一單位推而廣之，每五車為一伍，每五伍為一乘，每四乘為一隊，每十隊為一營，稱為「車騎營」。

車騎營在行軍時用戰車裝載軍糧軍衣，以人力代替馱騾，駐防時則將戰車作為營盤，對大營進行保護，到了作戰的時候臨時拆開，各負其責：兩隊在前，進行衝鋒格鬥，三隊隨後跟進，其餘五隊保護大營，劫殺可能衝入的敵軍。

雍正採納了這一建議，下令打造戰車，並挑選滿洲護軍作為車騎營的骨幹，同時密令河南、山東、山西三省督撫從各省步兵中挑出兩千人，要求是不必擅長弓馬，但一定要會放鳥槍，以便用於車戰。

畢其功於一役

一七二九年三月，在內部政局穩定，財力充足，外部解決了西藏問題，相應準備工作也已充分完備的情況下，雍正公開發佈上諭，提出對準噶爾的用兵主張，並下令朝臣進行討論。

朝臣們在討論時意見並不統一。大學士朱軾、左都御史沈近思認為解決準噶爾問題的條件尚未成熟，「天時人事未至，不宜用兵」。散秩大臣、前鋒統領達福也從軍事角度力言不可：準噶爾的老首領策妄阿拉布坦雖死，但得力的舊臣仍在，而繼位的策妄阿拉布坦之子噶爾丹策零「親賢使能」，能夠信任和利用好這些先帝舊臣，後者感念於老首領生前的恩澤，必然拚力死戰。

「我軍千里轉戰，官兵疲憊，要進攻以逸待勞且誓死一搏的敵軍，臣看不出這樣做的勝算有多大。」達福慨然道。

除了覺得難以打贏，反對派中還有人批評進攻準噶爾這樣的游牧部落是窮兵黷武，對大清帝國而言，沒有多大實際意義和價值，「得土不足以耕，得民不足以使」。

支持用兵的主要都是雍正的親信大臣，其中張廷玉極力主戰，已在西南改土歸流中取得重大進展的鄂爾泰也斥責反對派是庸人畏事，目光短淺，只知道評論事情的難易，而不管事情的正確錯誤以及利害關係，在他看來，所有反對派的意見「皆不足道耳」，都是一些不值得稱道的議論。

如果說鄂爾泰主戰是有感而發，張廷玉等軍需房成員更多還是早已摸透雍正的意圖，深知他用兵決心已下，無可挽回，討論云云和之前決定許多大政一樣，都不過是走個形式過個場，想讓大臣們附和他，為其背書而已。

如果大臣們不能達成一致怎麼辦？照例，雍正自己負責，自己決斷，一七二九年四月，他下令出兵討伐準噶爾，與此相配合，軍需房改為軍機房（當年改名為軍機處），以便協助他料理軍務。

兩個月後，雍正以出征告祭太廟，其間他與傅爾丹等將領一一行跪抱禮，還在檢閱車騎營後難得地當場賦詩：「萬里玉關平虎虜，三秋翰海渡天兵。」

雍正對此次出征的極端重視不難理解。在清代前期，準噶爾人的勢力除控制新疆外，一度達到西藏、青海、漠北蒙古，噶爾丹時期甚至還想將戰火從邊疆延伸至華北地區。為了全力對付準部這個心腹大患，康熙不得不在他極為敬重的孝莊太皇太后死後「秘不發喪」，繼而還在中俄邊界談判中將尼布楚讓給俄國。之後經過三次親征噶爾丹，才終於消滅了噶爾丹勢力，然而此消彼長，沒想到策妄阿拉布坦一支又跑出來作亂，弄得康熙年逾六十都差點再次率部親征。

所有這些都被雍正看在眼裡，從中他深切地體會到了徹底解決準噶爾問題之難，同時也明白一旦成功解決，對於一個大清皇帝的榮譽和作為而言意味著什麼。康熙作戰，於戰前必認真準備，雍正不僅把父親的這種作風繼承下來，而且做得更為精細和富於耐心，可以說，他從即位起就一直在暗中為出兵準噶爾做著準備，凡是康熙能忍的，他也都忍了，比如急於同俄國訂立邊界條約那件事，即含有阻止沙俄勾結準噶爾之意。

整整七年的籌畫，籌措的軍需用銀高達六千萬兩，相當於每年國家財政收入的兩倍，加上軍需房的建立，這一切都是奔著畢其功於一役，完成皇父未竟事業而去的！

出征部隊按照以往模式分兩路向準噶爾進軍，以形成夾擊之勢，其中內侍衛大臣傅爾丹為靖邊大將軍，統領北路軍，川陝總督岳鍾琪為寧遠大將軍，統領西路軍。

西路軍以綠營為主，岳鍾琪及部將也多為漢人，而從戰前雍正主要與岳鍾琪籌商各項事宜，以及自西藏平亂以來的慣例看，西路軍乃是當仁不讓的主攻力量。一七二九年九月十三日，岳鍾琪率西路軍十二支先遣隊「出關」，也就是出甘肅肅州向西，六個星期後抵達新疆的巴里坤。聞此消息，雍正立即致信岳鍾琪，對他及前方將士表示關切和期望之意：「鞍馬風霜，卿好麼？官弁兵丁人馬安泰否？特諭。」

西路軍出發不久，策零就探知了消息，正如廷議時達福所料，這位準噶爾的新首領雖然繼位不久，但在狡黠好戰方面不讓其父，絕非易捏的軟柿子。

得悉清軍大舉進攻，策零連忙派使臣特磊前往岳鍾琪軍營說項。特磊在見到岳鍾琪後，按照預先商量好的口徑編了個瞎話，詐稱羅卜藏丹津陰謀與其族人殺害策零，後者發覺了，擬將其解送清廷，誰知走到半路，卻聽到了清軍進兵的消息，於是就又把他送回了伊犁。

特磊說如果清廷能夠原諒策零，「俯念愚昧，赦其已往」，他們便再將羅卜藏丹津解送過來。岳鍾琪當即將這一情況向雍正進行報告，並表示懷疑策零求和的誠意。

相對於政治方面的才能，軍事和外交向來都是雍正的短板，儘管他已經做了那麼長時間的準備，但到了實際操作時，仍與康熙相去甚遠。從軍事行動剛剛開始起，他就有料敵不足的傾向，只是一味認為己方兵精糧足，勝券在握，見對方主動派人求和，他在深信不疑的情況下，一面命岳鍾琪將特磊送至京城，一面諭令策零「請封號，所有屬下悉編旗分佐領」。

為顯示自己的從容大度和等待噶爾丹歸降，雍正又下令暫緩兩路軍進兵，於是在其後整整一年時間裡，前線都處於戰不能戰、和亦不能的窘境之中，以致先機喪失，將士怠急，師老兵疲。更糟糕的是，岳、傅兩位前敵總指揮也被雍正臨時召回京城商議軍情，此時兩路軍尚頓兵於敵境之外，而這顯然也是兵家之大忌。

頹喪之氣

雍正八年，即一七三〇年，雍正正式登基的第八個年頭，北京突然發生了一次強烈地震。震前是狂風暴雨，震中地動山搖，房屋倒坍嚴重，紫禁城、圓明園、暢春園全都遭到了不同程度的破壞，連太和殿的一角都傾頹了。死傷人數也很多，有說死了兩萬人，有說死了四萬人，雖然資料並不統一，但總之極為慘烈。

出使中國的朝鮮官員李樞、李橈此時正在北京，他們聽內大臣常明說，地震發生後，皇上先是跑到船上，後來又住在臨時搭建的帳篷裡，「乘船幕處，以避崩壓」，以致沒能像往常那樣回宮室理政和休息。這一資訊傳到朝鮮國內，向來就對清王室沒有好感的朝鮮君臣表現得幸災樂禍，國王李昑譏笑雍正「以萬乘之主」居然泛舟而居，如此驚訝失措，大失常態，真是夠丟臉的，「可謂駭異矣」。

其實只要是人，雍正也好，李昑也罷，不管是什麼身份，又有什麼樣的作為，在大自然和命運面前都一樣極其渺小。雍正一個勁兒地讓臣下們報祥瑞，但一個大地震就把幾乎所有祥瑞都給沖淡沖沒了，隨之而來的便是無論如何都無法遮掩的頹喪之氣，這其中最令雍正感到無法接受的，則莫過於怡親王允祥的因病去世。

先前京城中有一個名氣很大的劉道士，外界傳聞他已經幾百歲了，能知人的前生。有一次允祥見到他，他就說允祥前生也是一個道士，允祥把這件事當作趣聞告訴皇兄，雍正大笑道：「這是你們生前的緣法，應如是也，但只是為什麼商量來與我和尚出力？」

雍正以戲言的方式把允祥視為道士，自比和尚，說允祥一直在為自己出力。事實也正是如此，允祥既是參與帷幄的重臣，又是雍正身邊貼心的大管家和侍衛長，忙裡忙外，東奔西跑，可謂完美地恪盡了臣弟之道。雍正曾親書「忠誠敬直，勤慎廉明」八字匾額賜予允祥，並且對眾人說，廷臣之中能夠做到「忠誠敬直」的不乏其人，而具備「勤慎廉明」的則很少，所以你們都應向怡親王效法。

允祥死前仍在為雍正調度西征事宜，尤其是糧草等後勤供應，他比雍正小八歲，死時年僅四十四歲。雍正悲痛萬分，親臨奠祭，稱讚他「自古以來，無此公忠體國之賢王」，並超出常例，為允祥素服一月，在朝官員也不例外。

允祥對雍正的支持作用在皇室之中有目共睹。外界傳言，允祥死後雍正身邊無人扶助，所以命大學士馬爾傳旨，欲赦免和重用囚禁中的允禵，允禵回奏只有殺掉馬爾賽他才會應命，雍正見狀只好放棄了起用他的念頭。雖然這只是謠言，但無風不起浪，可以看出已被雍正完全壓制的政敵殘餘可能又有了某種異動，最明顯表現出來的就是允祉，他不僅遲遲未參加允祥的喪禮，而且在喪禮上即便是裝也不肯裝出憂傷的表情，惹得雍正大怒，下令將他和允禵、允䄉一樣囚禁起來。

其實雍正本人的健康狀況也早已出現危機。皇子時的雍正身體素質應該不錯，否則既不可能在儲位爭奪戰中獲勝，也無法在即位後日理萬機地料理政務，然而再好的體魄恐怕亦難承受數年如一日的超強度工作。自一七二九年冬天起，雍正經歷了一場他自我感覺「不大爽快，似瘧非瘧」的大病，但究竟是什麼病，卻連太醫院的御醫們都弄不清楚，亦束手無策。

這場病的持續時間相當之長，一直到參加允祥喪禮，寒熱不定、飲食失常和睡眠不好等問題都一直纏繞著雍正。至一七三〇年上半年，他的病情已極為嚴重，只得給田文鏡、李衛、鄂爾泰等心腹督撫秘密發出諭旨，讓他們為自己訪求醫家。

李衛得旨後訪得道士賈士芳浪跡河南，很有名氣，於是便向雍正推薦。其實雍正與賈士芳見過面，後者原為京中最有名的道家聖地白雲觀的道士，允祥認為他「精通醫術」，曾把他推薦給雍正，但雍正召見後感覺他虛詐不實，就將他給打發走了。此次也算病急亂投醫，見李衛說好，雍正就讓河南總督田文鏡將賈士芳送來京城。

賈士芳進京後，用口誦經咒加按摩術的辦法為雍正進行治療。一開始很見療效，雍正十分高興，寄信給鄂爾泰，說：「朕躬違和，適得異人賈士芳調治有效。」

不料沒過多久，雍正忽然又宣佈賈士芳是妖人左道，隨即下令對賈士芳予以治罪，一個月後即行處斬。這是怎麼回事呢？

後事安排

從賈士芳採取的治療辦法來看，他其實也沒真正找到雍正的病因，口誦經咒充其量是一種精神治療，目的是配合按摩，讓雍正進入睡眠放鬆狀態，以便得到休息。這種治療方法應該說效果是有的，但不治本，只可能時好時壞，時間長了，雍正便認為賈士芳是在利用他的健康故意控制他。

有一天賈士芳給雍正治病，雍正聽到他誦的經咒是「天地聽我主持，鬼神聽我驅使」，於是便以此理由給他定罪：我是至尊的皇帝，尚且要聽命於天地神祇，你一個外方道士，有何德能敢當著我的面讓天地鬼神都聽你的擺佈？我看你不僅僅是在褻瀆神明，而且還是大逆不忠！

對一個病人而言，誰都能得罪，惟醫生不能輕易得罪。想想看，千方百計找來的賈道士都被你以這樣一個莫須有的罪名給斬了，以後還有哪個「異人」敢為你醫治？就是李衛們在推薦民間良醫方面也不敢再積極了。

雍正素來以不好殺人作為標榜，綜觀其在位期間，類似的情況不是沒有，但確實少之又少。或許只能這樣說，雍正生病後，病情給他製造了太大的病痛和壓力，已經讓他有些歇斯底里了，所以才會變得疑神疑鬼，喜怒無常。

經過此次變故，雍正對口誦經咒的調治失去了信心。久治不愈讓他想到自己大限將至，隨時可能一命歸西，為了防止猝死無備，他不得不打破禁忌，對後事做出安排。從一七三〇年六月十八日起，雍正陸續降旨，指定自己的棺內隨葬品以及御容（畫像）前、陵寢內用物，其中最引人注目的是他所親自指定的三件棺內隨葬品：數珠兩盤、玻璃鼻煙壺一隻。

這三件隨葬品分別與雍正的三個親人相關，其中兩盤數珠為孝莊文皇太后、康熙所賜，玻璃鼻煙壺則是允祥的遺物。

孝莊是雍正的曾祖母，其對大清的貢獻、對少年康熙的扶持，以及在康熙心目中的地位都是人盡皆知的事。孝莊病逝時，雍正已經十歲，他親眼見過孝莊，孝莊能夠把數珠賜給雍正，說明了老人家對這位曾孫的喜愛，這當然也會影響到康熙對皇儲的選擇。

至於康熙，不管他在奪儲時期如何無端地罰過雍正，也不管雍正為了取得康熙的好感和信任，如何處心積慮地揣度他的心思，到了最後，康熙終究還是把皇位傳給了雍正。僅憑這一點，就足夠雍正後半生都念著皇父的好，更別說他還受到了康熙許多教誨和真傳，執政手法處處都可以見到康熙的影子。

允祥是雍正人生中第三個也是最後一個親人兼貴人。他遺下的那只玻璃鼻煙壺被雍正珍藏在一個精緻的黃匣內，見物如見人，自允祥病逝後，雍正一直都把這只鼻煙壺帶在身邊。

人之將死，其言未必都善，但其情卻多半真摯。雍正平時喜歡宣傳自己對母親仁壽皇太后（德妃）的孝順以及仁壽對他的偏愛，但看看他所選擇的棺內隨葬品，竟無一件仁壽的遺物，這對母子的實際關係究竟如何，就很可玩味了。

遺詔也是要準備的。一七三〇年七月，重病中的雍正將皇四子弘曆、皇五子弘晝、莊親王允祿、果親王允禮以及大學士、內大臣數人召至御榻前，「面諭遺詔大意」，以便草擬遺詔。

皇儲早已確定，還在雍正元年，雍正就按照自創的「密建皇儲」法，密定弘曆為皇位繼承人，其名寫進密詔，藏在乾清宮「正大光明」匾額後面。由於雍正經常不在宮中居住，而是在圓明園安身，他怕出了大事後，身邊沒有遺詔，弘曆不好即位，也為了與第一份密旨進行驗證，所以又寫了一份與乾清宮密詔內容完全相同的密旨，藏於圓明園內。

儘管已經是雙保險，但畢竟以前從未施行過此法，雍正仍擔心出現閃失，於是決定提前向親信大臣進行透露。十月，他把密詔和密旨的內容單獨透露給了張廷玉，後來又告訴了鄂爾泰，並叮囑他們注意保密，說：「汝二人之外，再無一人知之。」

雍正把自己的後事安排得十分周到穩妥。辦理完這一切後，他就靜等龍馭上賓了，然而出乎意料的是，經過藥丸調治，他的身體狀況又有所好轉，不僅沒有死，還出現了逐漸恢復健康的跡象。十一月十四日，雍正特別召為鄂爾泰遞送密摺的親信家臣進宮，後者向鄂爾泰報告：「親見萬歲佛爺臉面十分豐滿。」

雖然暫時得以轉危為安，但這場突如其來的大病已足以使雍正元氣大傷，以往那種只要處理公務就生龍活虎，不以為苦反以為樂的狀態也從此一去不復返。恰恰在這個節骨眼上，一個令雍正深感意外和震驚的消息傳來：西路軍營遭到準噶爾突襲，駝騾被劫！

第十一章

最險惡之局

策零所謂的求和不過是緩兵之計，利用清軍停止進攻的機會，他迅速進行調兵遣將，隨後又乘岳鍾琪回京，派兵偷襲科舍圖。

岳鍾琪離開前線後，由四川提督紀成斌臨時代攝軍事。準軍所偷襲的科舍圖係西路軍的臨時牧場，也即放牧駝騾的地方，此處雖當敵來路，但距離大營甚遠，理應派重兵堵禦險要隘口。退一點來說，就算不能分兵保障，也要將駝騾及時收回大營，可是紀成斌重視程度不夠，僅派副參領、滿人查廩率兵到牧場放牧。

康雍年間，不少滿人養尊處優，已失去了原先強悍和肯吃苦的本色，查廩怯懦畏寒，奉命後自己躲在山谷間，只派五十人在牧場空曠處放牧。準軍乘機攻襲，搶走了不少駝騾，查廩無心戀戰，狼狽逃跑後求救於總兵曹勷，曹勷倉促出戰，大敗而歸。樊廷等總兵聞訊前去增援，大家力戰七天七夜，終於奪回了被劫掠的大多數駝騾。

得知損失輕微，雍正轉憂為喜，除特別獎賞樊廷等人，還派遣內務府總管鄂善到前線犒師。

科舍圖遇襲期間，西路軍營的緊急奏報接二連三地馳遞京師，這些奏報不僅打破了雍正不戰而屈人之兵的幻想，也讓他變得緊張起來，因為需要他及時處置的緊要軍機事務開始急劇增加。

廷寄

清初繼承明制，將內閣作為國家中樞機構，凡皇帝的諭旨、內外臣工的奏章，都是透過內閣周轉，其中皇帝的諭旨透過內閣發抄，稱為明發諭旨。明發諭旨的最大缺陷是難以保密，特別是由內閣刊登在邸報上的行政公告和敕令，本來按律只有京官、內大臣及縣令以上的外臣才有資格閱讀，可是外泄之事卻層出不窮，且早已見怪不怪。比如在對曾靜案的查處中，師爺唐孫鎬就是從邸報上讀到了諸葛際盛的文章。更有甚者，內閣、六部的官吏以及地方官員為牟取私利，還會偷偷將邸報販售給民間報房，結果導致印刷粗糙的政府公文滿天飛，根本無機密可言。

雍正一向偏愛機密和高效的行事風格，為了糾正明發諭旨的缺陷，他除密摺制度，還使用了廷寄。所謂廷寄，是指皇帝繞開內閣，當著親信大臣的面口述旨意，再讓親信大臣以「遵旨寄信前來」的口吻所擬的諭旨。負責擬稿的親信大臣都是像張廷玉這樣既讓皇帝信得過，還善於體會皇帝意旨，同時又博聞強識、書旨得體、運筆如飛的角色。

廷寄寫好後，便由兵部加封，發驛站寄出，它的好處是不僅可以保密，而且能減少皇帝的工作量（畢竟不需皇帝親自擬稿構思了），同時其準確性、權威性和時效性也絕對可以保證。不過以前雍正身體好的時候，每天精力旺盛，凡事都要親力親為，使用廷寄的機會和數量很少，大部分時候還是透過密摺硃批來處理事務和給臣工發去指示，這些硃批動輒都有數百字，上千字的亦不鮮見。

得病以後，雍正的身體漸漸不堪繁劇，為了治療，他又搞了幾個月的「靜養調攝」，自云其間「精神不能貫注」於政務。直接對於政務的影響就是硃批不僅數量有所減少，內容也日見簡短，諸如「覽」、「是」、「勉為之」、「實力為之」等個把字的硃批比比皆是，雍正自己也承認：「偶然不批，乃極尋常之事。」

顯然，對於西北戰爭及其他重大緊急機密事務，既不能延遲也不能簡直處置，而透過內閣發硃諭（即內閣明發諭旨）又怕洩密，於是以一七三〇年年末科舍圖遇襲為標誌，由軍機處擬發的廷寄便開始被頻繁採用，並逐漸超過硃批，開始在諭旨形式中居於主要地位。

軍機處和廷寄雖然讓雍正輕鬆了許多，但也僅止於此，他每天仍須理事，而且只要健康狀況允許，一些重要的活動和儀式也會親自去參加。比如，按照康熙生前的慣例，雍正每年春天都要到先農壇行「耕耤禮」，一七三〇年、一七三一年這兩年他都生著病，但還是去行了禮，只是因為精力不足，取消了筵宴而已。

李衛曾奏請雍正「萬幾之餘，稍為靜養片刻」，雍正表示完全靜養做不到，且未必對身體有好處。他按照自己的方式邊理事邊調養，身體也確實越來越好，但這時科舍圖遇襲事件真相的暴露，卻差點把他又給氣趴下。

原來樊廷等人奪回的駝騾只是少部分，西路軍折損的駝騾高達十二萬餘頭，陣亡漢蒙官兵三千多人，換言之，西路軍的損失不是輕微，而是極其慘重。這樣的大敗仗，他們最後卻以大捷上報，從雍正手裡騙取了獎賞和犒勞。

雍正平生最恨欺瞞他的人，何況還涉及如此重要、如此關鍵的軍務，西路軍方面對他的誤導已足以讓他的下一步戰略部署錯到一塌糊塗。

具體寫大捷奏報的雖然是紀成斌，但雍正不能不對岳鍾琪表示懷疑和不滿——岳鍾琪不僅是紀成斌的上司，還是他的保舉人，即便紀成斌的奏報未曾受到過岳鍾琪的暗中授意，然而至少岳鍾琪也沒有加以反對或揭穿，他們已實際形成共謀！

失策

雍正用人有一個顯著特點，即他如果發現你對他忠心耿耿而且能力又很強，他會寵待異常，乃至推心置腹，但一旦你表現得並不那麼盡心盡力，或者與他想像中的相去甚遠，他對你的態度又極可能走向另一個極端。

一七三一年三月，岳鍾琪向雍正上奏軍機事宜十六條，建議擊敵後方，然後在吐魯番屯田，並在哈密、吐魯番之間設置哨所。雍正便借紀成斌諱敗飾功的事加以責備，說岳鍾琪所提建議中沒有一條可以採用，「朕心深為憂煩」。言辭之中，可以看出他對岳鍾琪無疑是失去了信心：「卿向持穩守大營、步步為營策略，如今駝馬為準噶爾所劫掠，乃因愧憤而一改初衷，倡言長驅直入敵據腹地。以今之勢，何以能保必勝？」

自此，岳鍾琪在前線的日子就越來越不好過了。因為懷疑岳鍾琪及其親信會謊報軍情，雍正任命都統伊禮布為西路副將軍，率兩千八旗滿洲兵前往赴任。伊禮布臨行前得到指示，凡岳鍾琪統兵所到的地方，他也可帶滿洲兵一同前往，這實際上是在監視岳鍾琪。

在擊敵後方的計畫被否定後，岳鍾琪採取了堅壁防守的戰略，可是雍正又不高興，說他統兵兩萬九千人，卻不能禦敵，是籌度無方。為此，雍正派石倬云為西路副將軍，以分岳鍾琪的統兵之權。岳鍾琪在出兵之時，其川陝總督一職就由大臣查郎阿署理，雍正一邊讓查郎阿在陝甘後方專理軍需，一邊擺出了一副你岳鍾琪不賣力，我可以隨時用查郎阿等人將你換下來的姿態。

有人批評雍正對岳鍾琪信用不專，但客觀地說，岳鍾琪也有他本身的問題。他雖然有勇有謀，在西藏、青海平亂中的大顯身手更是令人驚豔，但放到主帥的位置上來看，他在用將和統籌全域等方面與允禵、年羹堯相比仍有不小差距。

還在出師之際，岳鍾琪就疏言有「十勝」的把握，從天時、地利、人和、兵精、糧足一直到車騎營設計，說得頭頭是道，並且還斷言必能「指日蕩平，獻俘奏凱」。這些言論明顯所含水分太大，大言、浮言成分太多，有人說這是因為曾靜、呂留良案尚未正式結案，岳鍾琪為防嫌所以才極力迎合雍正意願，以表明自己的忠誠，但能把話說到「十勝」這麼絕對，何嘗不是他自己驕傲情緒的一種外在表露？主帥的這種情緒很容易感染其部屬，紀成斌及其官兵防範不周，不能說與岳鍾琪的輕敵思想沒有關係。

與此同時，岳鍾琪又是一個典型的攻強守弱的戰將，進攻時常能出奇制勝，輪到防守時卻難以做到風雨不透、無懈可擊。車騎法本是他「立意用車」與準噶爾部抗衡的得意之作，西路軍的車騎營紮營時以千輛大車圍成一個圓圈，內有前車、後車、中車三帳，確實看起來美觀，練起來也整齊，但那是在平原地帶，到了沙磧溝塹地區就是兩回事了。

西北千里荒漠，利於戰馬馳騁，而不利於人力戰車移動。準噶爾部是游牧民族，擅長用馬，其騎兵大則三五千，小則四五百，可以經常性襲擊清軍，其進攻和撤退均十分迅猛，待到清軍駕車迎戰追擊時，準軍騎兵早已逃之夭夭。總之，車騎營在實戰中打起來蹩腳，撤起來拖泥帶水，難以對敵，使得清軍常常處於非常被動的地位。

為了阻止準軍侵襲，岳鍾琪上疏力請移築木壘紮營，稱木壘能與巴里坤成掎角之勢。雍正准其所請，但木壘地處兩山之間，岳鍾琪築城其中，等於把重兵集中於形如釜底的兵家忌諱之地，而且他在木壘要衝僅撥了兩營軍士，士兵不過五百，如果遇敵襲擊根本無力抵禦。當然更糟糕的還是清軍移駐木壘後，準軍騎兵依舊隔三岔五地潛入西路軍控制區，對其牧場造成侵擾。

西路軍孤軍深入，戰線拉得很長，糧隊和牧場頻頻受到襲擊，使得大營時常發生糧草接濟不上的緊張情況。數萬清軍在饑餓中作戰，導致軍心不穩，就是戰機在眼前也抓不住。一七三二年一月，六千準軍自烏魯木齊擾掠哈密，岳鍾琪聞訊派兵迎擊並欲斷敵後路，結果卻是一無所獲。

這時由於西北軍情緊急，西南的改土歸流又已步入正軌，雍正遂將鄂爾泰內召回京城，封其為保和殿大學士，居內閣首輔地位。鄂爾泰首先彈劾岳鍾琪，指責他擁重兵數萬，卻只能眼睜睜地看著自投羅網的敵人來去自如，「既不能料敵於先，又不能殲敵於後」。

鄂爾泰的彈劾分量之重，在朝臣中無人能及。雍正當即下令削去岳鍾琪寧遠大將軍的名號，僅保留川陝總督銜，讓他在前線戴罪立功。不久又以「辦理軍務未協」為由將其召回北京，改由張廣泗護寧遠大將軍印，總理西路軍一切軍機。

張廣泗在改土歸流的戰爭中脫穎而出，是由鄂爾泰一手提撥起來的用兵行家。他到任後對岳鍾琪的軍事指揮進行檢查，繼而上疏指出了岳鍾琪在戰略戰術的種種失策。雍正看到此疏後，下令罷去岳鍾琪的官爵，交兵部拘禁，其負有責任的親信部將紀成斌、曹勷分別因謊報軍情和打敗仗，於軍前處斬。本來內閣奏議也要將岳鍾琪處死，雍正鑒於他以前所立下的功勞，令判為斬監候，岳鍾琪被關在大牢裡，一直等到乾隆上臺才得以恢復自由。

下下策

科舍圖失利是整個西北戰爭的轉捩點，西路軍失去絕大多數駝騾，就意味著他們在短時間內失去了主動出擊以及與北路軍相互呼應的能力，這也是為什麼雍正認為岳鍾琪擊敵後方的計畫根本不現實的原因所在。

由於西路軍已難以有所作為，雍正便只能轉而倚重北路軍。為防止準軍像襲擊科舍圖那樣，也對北路軍營實施偷襲戰術，雍正仿效父親康熙生前留下的軍事方略，令北路軍統帥傅爾丹用築城進逼的辦法向準軍步步推進。按照他的部署，自一七三一年六月起，傅爾丹坐鎮科布多，督理部隊築城，準備等城池築竣後再進兵。

北路軍以滿洲兵為主體，此前準軍屢為滿兵所敗，上上下下都對其懷有極深的畏懼感，連策零也不例外，他告誡部下，讓他們千萬不要主動和北路軍接戰，如果北路軍逼近，也只能監視戒備，等到降大風雪時再伺機偷馬，「將其馬畜奮力趕回」。

清軍的兩路軍暫時無法相互策應，給準噶爾用兵北路創造了一個千載難逢的機會。策零決心抓住這次機會，這時準噶爾最多可動員六萬到七萬男丁，其中準噶爾人不滿兩萬，但卻要同時防備哈薩克、土爾扈特、俄國和清軍。為取得兵力優勢，策零不惜從防禦死敵哈薩克的西部鄂托克抽調兵力，從而集中了可動員兵力的百分之五十也就是三萬人馬，用於進攻北路軍營。

北路軍有兩萬人，比來攻的準軍少一萬人，但他們可以依託科布多城進行防禦。科布多城儘管尚未完工，然而配備火器後仍具有較強的防禦能力，準軍沒有重炮，即便兵力上占有優勢，也無力攻陷。如果清軍以堅守防禦的戰術對敵，準軍依舊可能乘興而來，無功而返，可令人匪夷所思的是，傅爾丹卻偏偏選擇了可稱之為下下策的棄城出擊。

雍正善於用人，卻不善於使用軍事人才。鄂爾泰曾評價在改土歸流戰役中表現出色的哈元生，說他「止可備調遣，不足以資統率」。傅爾丹和哈元生相似，此人身材魁梧，平時就給人以雄赳赳氣昂昂的印象，可惜的就是有勇無謀，在別人的指揮下廝殺可以，獨當一面做統帥並不稱職。

岳鍾琪有一次到傅爾丹帳中與其商議進兵之策，入帳後見四壁刀槍林立，便問他幹嘛要在中軍帳裡擺這麼多武器，傅爾丹頗為自得地答道：「這都是我平常習練的，放在這裡激勵部下。」岳鍾琪聽後不便當面批評，笑著隨便應付了他幾句就把話題岔開了，嗣後則對人說：「為大將者，如果不恃謀而恃勇，那就離全軍覆滅的日子不遠了！」

準軍出動到達科布多附近後，清軍抓了他們幾個俘虜，這幾個俘虜交代說準部怕受到哈薩克襲擊，已被迫分兵防守，而且羅卜藏丹津的族人謀反，策零正在與其周旋，所以此次準噶爾最具作戰經驗的名將大策零敦多布不能出征，僅另一名大將小策零敦多布可以東來。傅爾丹還從中瞭解到，準軍雖有三萬之眾，但目前已到達前線的只是前鋒，不過才一千多人，大部隊尚未趕到。

有人認為俘虜們都是準軍的間諜，他們是在採用誘敵深入之計，騙清軍出城作戰。問題在於這些俘虜的身份均為「哈喇昆」，哈喇昆是蒙古語，在準噶爾的社會結構中地位很低，恐怕還擔當不了間諜這樣的角色。他們被俘後都分別受到了拷問，口供能夠相互印證，反映清軍的情況也基本屬實，並無串通好欺詐清軍的可能。

關鍵還是傅爾丹自己相信什麼以及他想做什麼。傅爾丹並不是第一次與準噶爾交手，早在康熙末年，他就曾率八千人翻越阿爾泰山，對準噶爾腹地實施突襲，並在斬殺準軍兩百人，擒獲宰桑（準噶爾的宰相級官員）等百餘人後，順利引兵回師。

那次突襲成功顯然給傅爾丹留下了深刻印象。現在既然準軍尚未到齊，為何不再度以雷霆萬鈞之勢突入呢？不說完全擊潰準軍，也至少可以殲其一部，挽回科舍圖失利後的被動局面吧。

見傅爾丹要率隊出城作戰，副都統定壽勸阻道：「噶逆（準部）起初聽到我們要進攻他們，便把部隊全部縮回其境內，靜以觀變，可見他們是時刻預謀要對我們下手的。如今怎麼能因為一個俘虜的一面之辭，就輕易突入敵壘呢？」

「不入虎穴，焉得虎子。」傅爾丹不以為然，「那個投誠我們的俘虜都說了，噶逆正處於窘迫困頓之際，如何能夠抵擋我精壯強大之師？你為什麼要那麼膽小？」

定壽默然，回到自己營帳後即將自己的一件戰袍交給隨從：「你拿著它，以後我戰死了，就將它和我的屍體一起運回我的故鄉安葬吧。」

除了定壽，另一名副都統海蘭也勸傅爾丹三思而行：「俘虜的話怎麼能輕信呢？示敵以弱，向來都是敵人的慣用伎倆，您一定要提防啊！」

「國家為什麼能夠無敵，是因為武將不怕死！你們怎麼都學得跟漢人一樣怕死了呢？」傅爾丹火了，他不顧眾人勸諫，仍然下令整軍進發。

血戰

為了保證突襲獲得成功，傅爾丹挑選了一萬餘精兵隨其出征，其中以京旗為主的滿洲兵和專門訓練的鳥槍騎兵，堪稱八旗武力的精華部分。將佐也是豪華陣容，除輔國公巴賽、兵部尚書查弼納、散秩大臣達福等赫赫重臣，定壽等人都是跟隨傅爾丹多年的宿將，其中定壽還參加過當年突襲準噶爾的戰役。

在草原上作戰與平原不同，因為彼此都很依賴騎兵，所以一邊打仗一邊還得騰出時間來游牧。開始幾天，準軍正處於分散游牧的狀態，這讓清軍暫時占據了優勢，還俘獲了一個名叫郎素的宰桑，可是清軍也需要游牧，而有水草的地方又都為準軍所提前占據，所以傅爾丹不得不下令撤退，向和通淖爾轉移。

淖爾在蒙古語中是湖泊的意思，和通淖爾也稱和通泊，此處即為「有水草處」，然而不幸的是，這時候準軍也正好已從各游牧地集結，可以集中力量對付清軍了。

一七三一年七月二十四日，清軍移至和通淖爾的當晚，狂風驟起，大雨滂沱，還下起了冰雹。突然間，周圍響起了讓人心悸的胡笳聲，成千上萬的準軍從山谷中衝出，趁著雨雹大作之機，如同黑雲蔽日般向清軍發起猛攻。

清軍猝不及防，退無可退，只能在絕境拼死力戰。雙方均投入炮兵和大批配備鳥槍的騎兵，戰況極其慘烈，也正因為清軍是在缺乏準備的情況下驟然陷入血戰，所以參戰官兵都不約而同地形成了中伏的錯覺，一些倖存者在事後的報告中均稱他們在和通淖爾遭到了敵人伏擊。

激戰中，位居移營隊伍前方的一千名黑龍江兵率先被擊潰，接著定壽部兩千餘人也被分割包圍。很快，他們的火藥、鉛彈、箭矢就都打光了，定壽對部下們說：「賊（準軍）實在太多了，你們各自突圍，不要管我！」眾人答道：「我們情願追隨將軍，能出則出，若不能出，共同赴難！」定壽遂帶著官兵們奮力衝殺，直至中槍傷後自刎而死。

得知定壽部被包圍，傅爾丹忙派六千餘清軍前往解圍，但因準軍兵力雄厚，當他們到達作戰地點時，定壽部已經全軍覆滅，除一名高階將佐衝出重圍，其餘全部陣亡。

在和通淖爾，清軍主力分立三營，其中京旗為主的滿洲兵為一營，蒙古兵為一營，以索倫兵（黑龍江地區的土著民族士兵）為主的黑龍江兵單立一營。七月二十五日凌晨，黑龍江營因發生混亂而崩潰，此後，準軍派一名清軍俘虜向傅爾丹傳話，說：「我們兩邊為什麼要捨命交戰呢？不如這樣，你們將前些天俘虜的郎素歸還給我們，我們也將你方俘虜人員、屍骸送回，彼此遣使議和。」

傅爾丹答應了，隨後下令在和通淖爾紮營坐守。傅爾丹這麼做，據分析可能是因為部隊連日苦戰，黑龍江營又率先崩潰，他需要時間整頓營伍，只是他卻忘了這個時候最應該做的，既不是交換俘虜也不是整頓營伍，而是抓緊時間不顧一切地進行突圍。事實上，如果他在這個時候組織強行突圍的話，雖然也免不了被準軍窮追猛打，但代價最多不過就是犧牲後衛部隊而已。

準軍遣使議和自然也是謊話，他們的目的除了清理戰場和休整兵馬，主要是為了等待大策零敦多布及其所率兵馬與之會合，以便能夠全殲清軍。與準軍俘虜的交代不同，大策零敦多布之所以未在第一時間出現在前線，是因為眼疾的問題，與羅卜藏丹津的族人的謀反並沒有關係，所以他是可以趕來參加會戰的。

七月二十六日，準軍又派清軍俘虜前來傳話，稱他們負責議和的宰桑馬上就來，而且將就地交換俘虜。傅爾丹信以為真，當下便翹首等待宰桑的到來，可是他並沒有等來什麼宰桑和被釋放的清軍俘虜，反而看到了大批準軍呼嘯而來！

「既講和，何來這麼多兵？」傅爾丹還在懵懂之中，合兵一處的大小策零敦多布已經重開攻勢，清軍再也難以脫身了。

敗局已定

在準軍對清軍發起總攻後，蒙古兵營繼黑龍江營後發生崩潰，該營的各支人馬全都亂了陣腳，紛紛敗退或投降。整個大營只剩下滿洲兵營在進行抵抗，清軍敗局已定。

一七三一年七月二十八日，傅爾丹率四千滿洲兵「列方營」步行突圍。雍正在密謀出兵時，採納岳鍾琪的車營法建議，除了在西路軍中建立以滿洲護軍和綠營鳥槍兵為主的車騎營，還挑選直、魯、晉、豫四省綠營兵九千人演習車戰，並將其配屬於北路。不過在清軍出兵討伐準噶爾的第一年，北路軍營就已經裁汰了三千名車兵，此次出征前，傅爾丹認為車騎營的戰車沒什麼用，攜帶遠行看上去又很笨重，便沒有攜車出發，六千車兵也被留在了科布多築城。換句話說，傅爾丹的方營與車騎營完全不是一回事，這只是部隊所列出的一種方形陣式，為的是守護包括火炮、糧餉、牲畜在內的行裝。後來有人指責車騎營造成道路壅塞，並說清軍在撤出和通淖爾時因而蒙受了重大損失，其實是不瞭解內情，不知道傅爾丹根本就沒有帶車騎營出征。

此時局勢對準軍極其有利，與清軍的兵力對比上已形成了七打一，即七個準軍打一個清軍，而且清軍已苦鬥數日，在無生力軍予以增援的情況下，個個疲憊不堪。令人稱奇的是，準軍卻無法一鼓作氣地將剩餘清軍也就是突圍的這四千滿洲兵打垮，後者以寡敵眾，在海拔兩三千米的山地上連續苦戰，始終沒有放棄保護主帥突圍的希望和信念。

應該指出的是，雍正朝時部分滿人的腐敗無能與滿洲兵的衰弱不是一回事。不可否認，滿洲兵在入關後確實經歷了長期的衰退過程，早已沒有剛開始那種橫掃一切的氣勢，但作為世代以此為業的軍制，滿洲兵尤其是京旗、右衛這樣的老滿洲軍人仍有著較強的內在凝聚力和榮譽感，這一點絕非以募兵制為基礎的綠營可比。

令準軍內心有著本能畏懼感的滿洲兵即便身處絕境，也依舊不是可以任人宰割的弱旅。準軍沒有辦法，只得冒著隨時可能遭遇對方援軍甚至被打伏擊的風險繼續尾隨追擊。

對於和通淖爾戰役的慘敗，傅爾丹自然要負首要責任，他在自身兵力不占優勢的情況下冒險出擊，遇到重挫後，在心理上又沒有做好相應準備，乃至錯過了最佳的突圍時機。與此同時，後方清軍未出兵接應，則是戰役釀成慘敗的另一個關鍵因素。

傅爾丹在率部出征前，安排都統袞泰等人率七千餘名官兵留守和搶築科布多城，另派參贊大臣陳泰率兩千滿洲兵扼守科布多河東。自七月二十四日戰役打響起，就有潰兵逃回科布多，報告大軍在和通淖爾陷入重圍。袞泰等人驚惶不已，除必要的守城部隊，他們急調附近機動兵力前往增援，然而回應者寥寥。此時陳泰不僅轄有兩千滿洲兵，還新到了一千察哈爾兵，是科布多附近最強的野戰和機動力量，如果這支生力軍能夠及時趕去和通淖爾，必能最大限度地遏阻準軍的攻勢和追擊，減少前線部隊的損失。可惜的是陳泰雖為康熙朝名將費揚古的兒子，妥妥的名門之後，卻並無乃父之雄風和血性，他貪生怕死，拒絕了袞泰關於增援前線的命令。

七月二十七日黃昏，索倫兵紛至遝來，他們聲稱傅爾丹已經自盡，清軍損失慘重，數萬準軍正沿科布多河兩岸開來，且旦夕即至。其實彼時準軍儘管已發起第二次總攻，但傅爾丹並未自殺，滿洲兵營仍在抵抗，甚至他們還沒有步行突圍，問題是留守將領們並不瞭解這一情況，都以為索倫兵說的是真的。袞泰在加強城防的同時，急令陳泰協防，萬不料陳泰的回應竟然是「我的部隊是負責野外作戰的，不能去你築城的那些地方」，隨後便率部一溜煙地往東逃往了扎布堪。

陳泰怯戰東竄，不僅令救援前線之議完全成為泡影，科布多門戶洞開，而且在承擔各項勞役的蒙古兵丁中引起極大動盪，不少人在驚慌失措中沿途拋棄軍糧等物資，驅趕馬匹、駱駝逃逸，補給線因而一度中斷。

後方留守大臣中，正在閱視地形的大臣錫保屬於頭腦比較清醒的一個，接到警訊後，他立即從閱視地折往察罕叟爾。當時的察罕叟爾是北路最大的軍運中心，僅軍糧便貯有二十萬石，但駐兵只有兩千多人，此處倘若出現閃失，科布多守軍乃至整個北路軍都將陷入危局。錫保一邊將東撤的寧夏駐防兵截留下來用於守城，一邊從各處增調官兵前來協助防守，他還與漠北蒙古的札薩克（即蒙古王公）們商量，讓他們安排喀爾喀人向內游牧，以免被準軍所襲擾。

錫保事後得到雍正的讚賞，被晉封為順承親王，也因為他和袞泰等人的處置，才暫時確保了科布多城及其整個後方的穩定，給前線清軍留下了一個可以突圍逃生的落腳處。

七月三十一日，突圍部隊抵達哈爾哈納河，此時他們的彈藥、箭矢都打光了，大家被迫丟棄一直守護的行裝，吸引準軍掠取，以便尋機突圍。當天的突圍戰打得十分殘酷，就是被俘的士兵也幾乎個個渾身是傷，突圍而出的官兵登上對面山嶺，分兩隊撤退。一隊由傅爾丹親自統率，一隊由副將軍巴賽、查弼納統率，後者在準軍的追擊下全軍覆滅，只有傅爾丹的一隊於兩天後抵達科布多，一清點，只剩下兩千餘人。

成為空中樓閣

和通淖爾戰役創下了八旗軍在統一蒙古戰爭中的兩項紀錄：最大敗績、最高傷亡。據統計，北路軍一共損失了七千多名官兵，戰損率超過百分之七十，僥倖突圍撤回科布多的兩千餘人也大多有傷在身。死傷官兵中，京旗、右衛駐防兵占到了最高比例，可想而知若不是因為他們的殊死苦鬥，清軍離全軍覆滅也就不遠了。乾隆上臺後對陣亡於西北戰爭中的官兵追加恩恤，更對是役八旗滿洲兵的表現做出較高評價：「京師、右衛之滿洲兵奮勇衝擊，雖年少者亦死戰不退，是以盡忠者甚眾。」

指揮官層面，傅爾丹以下共有十八名至少副都統銜的大臣隨其出征，除傅爾丹和少數幾個大臣突圍得生，其餘全部戰歿。戰歿大臣中的達福曾是討伐準噶爾的反對派，廷議時雍正急於讓他閉嘴，居然說：「達福是中暑了吧，為什麼不回家去灌兩碗老湯解解暑？」達福為人耿直，不但沒有退縮，反而言辭更激烈了，雍正見沒法說服他，只得說：「雖然你堅持己見，但如果我就是要讓你做傅爾丹的副手，隨其出征，你敢推辭嗎？」達福一時語塞，他默默無言地向雍正叩了個頭，隨後便應命出征。

其實達福還有另外一個身份，他的爺爺是康熙朝時赫赫有名的權臣鰲拜。鰲拜年輕時極為勇猛善戰，號稱「滿洲第一勇士」，作為他的孫子，達福也不是孬種，他反對討伐準噶爾純粹是擔心取勝沒有把握，並不是個人怕死。突圍時，他承擔了最危險的斷後任務，成為戰役中第一個戰死沙場的清軍重臣。

一次戰役中陣亡這麼多重臣，這在十九世紀以前的八旗戰史中是極其罕見的，往前數，也只有順治九年即一六五二年，敬謹親王尼堪在衢州遭遇明軍伏擊身亡的那一場戰役可與之相提並論了。

在戰後對責任人的處理上，傅爾丹被認為用兵無方，是導致「損兵敗績」的主要責任人，但因他在突圍中拼命力戰而得以免罪，雍正僅將其由靖邊大將軍降為振武將軍。畏敵逃跑的陳泰則被雍正批為「不知羞恥，玷辱父祖，該殺」，只因父、祖之功而逃過誅戮，最後的處分是削職囚禁，直至乾隆朝得以獲釋。

和通淖爾之敗不僅令清軍拱手交出了北路戰場的主動權，也使雍正苦心經營的築城進逼之策頓時成為空中樓閣。傅爾丹退回科布多後雖加緊修築城池，北路軍能夠集中在科布多的兵馬也有一萬五千多人，加上調來增援的新兵，科布多仍堪稱重鎮，但大敗之後，部隊士氣沮喪，要想予以固守已經變得相當困難。更重要的是科布多的後方空虛，駐守兵力很少，設若準軍越過科布多襲擊漠北蒙古，清軍將面臨無兵可用的窘境。

原先錫保力守的察罕叟爾處於漠北蒙古縱深，這是一個與和通淖爾相似的地區，形勢險要，水草豐美，便於屯戍，康熙末年出兵準噶爾時，就曾在察罕叟爾築城駐兵。雍正認為可以效法，他指示傅爾丹相機堅守科布多，如果覺得科布多守不住，便將軍隊集中於察罕叟爾、拜達里克至歸化城一線，分設將佐統兵，守護漠北蒙古縱深，保障通往內地的台站（即驛站）。

搞政治和軍事指揮有著很大不同，搞政治需要再三權衡，話到嘴邊留三分，軍事指揮則往往要求當機立斷，所下的命令也是越簡單越直接越明白越好。雍正的本意是讓傅爾丹放棄已形同雞肋的科布多，可是在諭旨卻又為固守科布多留下了空間。傅爾丹並不願撤兵，加之此前為進攻準噶爾，清軍在科布多積貯了大批物資，僅白銀就有八十多萬兩，糧米有兩萬多石，難以遽行運回，所以他在接到指示後沒有立即部署撤退，而是上摺稱察罕叟爾距科布多太遠，移駐過去有困難。

傅爾丹沒有想到的是，策零展開了更大規模的行動。蒙古在明末時分裂為漠南、漠北、漠西三部，漠南蒙古早在清軍入關前就已被大清國所控制，漠北蒙古（也稱外蒙古、喀爾喀蒙古）則在康熙朝時被中央政府完全招納。之後，從康熙到雍正，凡是要出兵從北路進襲準噶爾本土，都是以漠北蒙古為橋頭堡，越過被準噶爾人視為天然障礙的阿爾泰山，攻擊敵之側翼。

準噶爾也同樣知道漠北蒙古的價值，其歷代首領除了青海西藏，最想染指的就是漠北蒙古，只是自康熙三征噶爾丹以來，懾於清軍特別是滿洲八旗軍的威力，他們從來都不敢越阿爾泰山東侵。此次策零用兵北路，堪稱他一生中最大的軍事冒險，沒想到冒險取得了極大成功，和通淖爾一戰大勝清軍，他在大喜過望之餘，擴展勢力乃至吞併漠北蒙古的野心也因此迅速滋長起來。

和通淖爾戰役結束後，策零在西北兩路備兵，他讓台吉（蒙古貴族）們環峙烏魯木齊，「以伺清軍西路」，又屯田於額爾齊斯河流域，「以窺清軍北路」，但是其主攻方向始終被放在北鄰的漠北蒙古，大小策零敦多布也都在這一側磨刀霍霍。

響亮的回答

一七三一年九月十一日，大小策零敦多布奉命率兩萬六千多人，自額爾齊斯河上游啟程，越過阿爾泰山東進。

此前，雍正已收到傅爾丹的奏摺，他召集大臣們廷議，眾人一致認為察罕叟爾距離科布多固然較遠，可是距漠北蒙古的游牧區域較近，若大軍會屯此處，戰守都很方便。雍正於是下詔命傅爾丹移駐察罕叟爾，同時任命大學士馬爾賽為撫遠大將軍，在歸化城屯守，以為後援。

等雍正的詔令到達傅爾丹手上，已經是當月月底，他這才開始就地掩埋築城工具，做撤退準備，而此時大小策零敦多布已率主力部隊渡過科布多河，直逼城下！

傅爾丹雖然手握重兵，但大敗之後，卻已不敢出城與之野戰，只能聽任準軍在城外各處劫掠馬畜和物資。大小策零敦多布在科布多附近所獲不多，他們很快就繞過北路軍大營，分兵向其後方進襲。

從歸化城到察罕叟爾的台站（即驛站）是北路用兵的生命線，但因傅爾丹未及時率大軍移駐，察罕叟爾、拜達里克兩城的守軍兵力過於單薄，發現準軍大舉進襲，他們只能遵照上諭守城，而不敢出城應戰。在清軍各部「無敢攖其鋒」的情況下，準軍如入無人之境，從二十二台向北，直到察罕叟爾的台站幾乎全部遭到準軍洗劫，坐台官員、家眷、牲畜被掠走，運米的兵丁和百姓則多數慘遭殺害。尚未被劫的二十二台到十六台為防止準軍襲掠，將家眷、牲畜移往戈壁，每台僅留二十名男丁、四十匹馬用於傳訊，剛到十九台的撫遠大將軍馬爾賽也被迫折返歸化城。

雍正原本命馬爾賽在後方調度，但馬爾賽此人庸劣怯戰，派他奔赴西北的任命剛剛下達不久，他就在眾大臣集會時牢騷滿腹，公然說：「讓我做統領大將軍，還不如發遣黑龍江，那樣倒安逸舒服得多。」馬爾賽折返歸化後就一直縮在城裡，一動也不敢動，使得後方清軍更加驚慌混亂，不知所措。

一時間，北路陷入了自康熙朝設驛以來的最險惡之局，不單單是漠北蒙古動盪不安，漠西蒙古直至西藏也受到了影響。馬爾賽行文漠南蒙古各部，命令他們備兵邊境，以防禦準軍竄犯。四川總督黃廷桂等人奏報，因擔心準噶爾偷襲西藏，重演挾制活佛的故事，準備將居住於四川泰寧的七世達賴移居成都。

策零自然也有動漠西蒙古、青海、西藏的念頭，但他首先要做的還是徹底顛覆清廷在漠北的影響力。早在出兵漠北之前，策零就令大策零敦多布選出數名在和通淖爾戰役中俘虜的漠北蒙古士兵，讓他們負責充當信使，對漠北蒙古上層進行分化和拉攏。趁著清軍兵威掃地之際，大策零敦多布依照策零的交代，派信使們給所屬部落的王公送去了信函和禮物。

「你們都是成吉思汗的後裔，決沒有做別人附庸的道理。」策零在信中說道。他希望能夠在此刺激和打動對方，贏得這些漠北蒙古最有權勢的王公的支持，孰料王公們不僅不為所動，而且還用血和劍做出了響亮的回答，其中表現最為突出的是三音諾顏部首領策棱。

策棱是成吉思汗十八世孫圖蒙肯的後裔。明末漠北蒙古有寧瑪、格魯教派之爭，寧瑪、格魯是藏傳佛教的兩大教派，其中的格魯派戴黃色僧帽，擁有達賴、班禪兩大活佛系統，至明末清初時已逐漸發展成為西藏地方的執政教派，圖蒙肯尊奉和護持黃教，被達賴授予三音諾顏（意思是好的官長）稱號，三音諾顏部也由此得名。

三音諾顏部最初隸屬於漠北蒙古三大部之一的土謝圖汗部，部眾世代游牧於塔密爾河流域。康熙朝中期，噶爾丹舉兵入侵漠北，當時的部落首領善巴被迫率眾內附於清廷，康熙對他們非常重視，除將善巴及其部眾暫時安置於漠南蒙古居住外，還把善巴的母親及弟弟策棱接到了北京。自此以後，策棱便被賜居京師，教養於內廷，其所有待遇也與滿洲王子無異。

康熙四十五年，即一七〇六年，已經成人的策棱與自小青梅竹馬的和碩純慤公主成婚，被授和碩額駙（額駙即駙馬），並賜貝子品級。鑒於噶爾丹和準噶爾勢力已被逐出漠北蒙古，康熙讓他率領本部部眾歸牧於塔密爾。

奇蹟般的秋天

自和通淖爾戰役後，清軍之所以格外被動，除了戰後精兵缺乏，更深層次的原因還是在於沒能用好漠北蒙古的武裝力量。當然這與漠北蒙古附清較晚，戰鬥中表現也一直不是太好有關，不過這就又看出康熙、雍正父子在軍事調度上的能力和遠見了。

康熙一直堅持倚重漠北蒙古軍隊，當年派傅爾丹襲擊準噶爾腹地，漠北蒙古王公如策棱等人均被委以先鋒重任。反觀雍正則顯得縮手縮腳，雖然他也委任策棱等三人為副將軍，可是這三人均不能參與核心機密，就連跟雍正是郎舅關係、滿化也最深的策棱亦不例外。雍正的態度和做法當然不可能對大臣沒有影響，傅爾丹麾下有四千漠北蒙古兵，他都不用於作戰，而是讓這些兵丁負擔台站、運米等雜役。

漠北蒙古人並不是真的不能打仗，只是出頭的時機還沒到而已。策棱在年少時就因準噶爾的入侵而背井離鄉，內心對準噶爾極其憤恨，報仇雪恥和奮發圖強的決心也十分堅定，而透過參與對準噶爾的襲擊行動，又讓他積累了軍事經驗，在本部落中贏得了威望。為了對付準噶爾，策棱從部眾中挑選猛士，建立了一支千人的親兵部隊。他認為此前準噶爾能夠在漠北橫衝直撞，肆無忌憚，是由於漠北蒙古的軍隊普遍缺乏紀律約束，為此每次率部打獵和紮營，都以從清軍中學來的陣法對官兵加以約束。

經過嚴格訓練，策棱的親兵部隊軍紀森嚴，即便在不打仗的時候，官兵們也如同與敵人對壘一樣時刻做好戒備，這使策軍迅速崛起於漠北，被公認為是漠北當地戰鬥力最強的一支武裝。

策棱等漠北王公或與準噶爾是世仇，或受清廷感召，在清軍不敢接戰，紛紛作壁上觀的情況下，他們為了保衛家園，依靠自身的力量，陸續向準軍發起了反擊。在這一系列的反擊戰中，策棱指揮了鄂登楚勒戰役，他與土謝圖汗部親王丹津多爾濟合作，利用自身對漠北地形的熟悉，先派六百輕騎兵向準軍挑戰，誘其來追，然後再實施伏擊，結果大敗準軍。

在和通淖爾戰役中，準軍的損失應該並不嚴重，否則的話，大小策零敦多布不可能只在額爾齊斯河流域休整月餘便挺進漠北。鄂登楚勒戰役就不一樣了，準軍死傷枕藉，宰桑喀喇巴圖魯陣亡，另一名宰桑錫喇巴圖魯受重傷，不久也死了，大策零敦多布承認此戰讓準噶爾損失了「甚多好男兒」。交戰中，漠北蒙古兵的強弓硬弩尤其令準軍不寒而慄，「鎖子甲被射透，大旗旗杆也被射斷」。

鄂登楚勒戰役是結束北路亂象的關鍵一戰，經此一役，準軍東來時的囂張氣焰受到極大遏制，不得不移營台錫里山以避鋒芒。雍正聞訊大喜，特將策棱由多羅郡王晉封為和碩親王，授蒙古大札薩克（即蒙古大王公）。

漠北蒙古各部除了積極抵抗，還遵順承親王錫保之命，將馬畜內徙游牧。眼看漠北蒙古軍越戰越勇，搶掠的機會越來越少，連屢經戰陣的大策零敦多布也萌生退意，他向策零報告，稱漠北草原已進入枯黃期，戰馬非常瘦弱，漠北蒙古軍又「力眾可懼」，所以必須撤回阿爾泰山以西過冬。

一七三一年十月底，準軍漸次撤退，北路的危機終賴策棱等漠北王公之力得以緩解。事後錫保向雍正奏報：「此次喀爾喀眾感戴主子厚恩，行走甚奮勉。」雍正接到奏報後，在對眾王公予以嘉獎的同時，也完全改變了過去輕視漠北蒙古軍的認識，策棱、丹津多爾濟的事權被擴大至僅次於大將軍，諸部兵亦一躍成為清廷討伐準噶爾的核心力量。

對雍正而言，當年他經歷的是一個奇蹟般的秋天，不但眼看已經無法收拾的邊境危機得以暫時消除，而且他自己也在身體上闖過大難，基本痊癒了！

令雍正感到傷心和難過的是，十月二十九日，他的元配皇后孝敬皇后去世。孝敬是雍正在雍邸時期的結髮妻子，性格溫和柔順，雍正又無聲色犬馬之好，所以兩人結婚四十餘載，感情一直都很好。雍正本來想親自參加孝敬皇后的葬禮並到靈前致奠，但群臣以皇上大病初癒，尚宜靜攝，不可過勞為由，竭力予以勸阻，雍正「自度量力，亦覺勉強」，最後沒能成行，這也給他造成了終生的遺憾。

時勢比人強

兩年前，傅爾丹等人誓師出京，雍正親自告祭太廟，檢閱軍隊，場面熱烈隆重，從皇帝到多數將帥都顯得躊躇滿志，認為可以穩操勝券。然而也有一些人注意到了一個細節，即當天的天氣相當不給面子，大雨如注，把軍旗都淋濕了，官兵們全成了落湯雞，只能「狼狽出國門」。兩年後，這一細節被放大，成了記憶中的不祥之兆。

對於出兵準噶爾，雍正可謂後悔莫及，然而開弓沒有回頭箭，戰爭的按鈕一旦撳下，就不是你想停就能停的。在漠北，雖然準噶爾的軍隊已經撤退，但如同人的身體已經總體康復，然而依舊虛弱一樣，戰爭的陰霾遠未消散——準軍只是退回去過冬，沒有說不捲土重來，如果他們再集中全力發動一次攻擊，實力上已今非昔比的清軍能否頂得住，連雍正自己都沒有把握。

準軍入侵漠北期間，馬爾賽等人的表現相當拙劣，再結合防禦漠北的實際需要，雍正決定對北路軍指揮層做出調整，他授錫保為靖邊大將軍，改授馬爾賽為綏遠將軍，與振武將軍傅爾丹同受錫保節制。

一七三一年十一月，北路軍奉命放棄科布多城，撤往察罕叟爾，這次戰略撤退標誌著清軍已前所未有地轉入了守勢。察罕叟爾、拜達里克因此從軍運中心轉變為屯聚重兵的橋頭堡，至一七三二年三月，兩城合計已屯有官兵一萬八千餘人。朝廷經過廷議，仍認為兩城勢孤，不足以制敵，於是又在三音諾顏部內築城戍兵，以加厚漠北防禦。

自漠北向內，到漠南境內，雍正下令在呼倫貝爾、烏爾會河、察哈爾集中蒙古兵加以訓練，以補充和通淖爾戰役中喪失的精銳。直隸、山西的綠營官員也接到命令，要求修繕自明亡後就一直未大規模修葺過的長城各緊要隘口，並添設兵馬。

不修長城始自康熙朝，當時有人請修長城，康熙沒有同意，說自秦代以來，漢、唐、宋沒有哪一個朝代不修長城，然而照樣都有邊患，明代也修長城，可我們清軍不還是照樣長驅直入，誰都擋不住嗎？

康熙沒有修長城，但他成功地籠絡住了漠北蒙古各部，又親自出馬，三征噶爾丹，這無異於在邊疆上建立了一座更堅固更牢靠的長城。雍正本來也想沿著乃父的足跡繼續前進，無奈能力不夠，如今便只有窩窩囊囊地重走明朝老路，指望靠磚頭來幫著阻擋準噶爾鐵騎的南侵了。

即便採取了這麼多舉措，承受著巨大壓力的雍正也依舊坐立不安。晉商蘇大茂捎來一封策零的信件，信中談到欲與清廷秘密議和的話，雍正雖明知可能有詐，但還是打算一試，他在諭旨中說：「準噶爾之策零倘照商人蘇大茂帶來之信，遣使乞和，事便完結。」

時勢比人強，在保住面子與避免危機之間，雍正只能選擇後者，一如北京地震中，就算外人再怎麼笑話，他也得不管不顧地躲到船上和帳篷裡去一樣。

雍正想讓他的爛攤子不再繼續爛下去，然而現實卻狠狠地扇了他一巴掌，策零關於和談的提議果然還是謊言，利用過冬和休整的時間，他集中了三萬兵馬用於再次東進。一七三二年九月，策零把這股可稱為傾國之兵的力量全部使用出來，親自率部越過阿爾泰山，進擊漠北要地烏遜珠勒。

按照雍正對北路軍指揮層的調整，已任靖邊大將軍的錫保自然成為統帥。錫保雖然反應很快，責任心也較強，但軍事才能有限，調兵遣將方面甚至不及傅爾丹。得知準軍發動進攻，他也不管來了多少兵馬，就給傅爾丹撥了三千人，讓他前去防衛。

在烏遜珠勒，傅爾丹和準軍打了幾仗，都擊敗了對方，可那只是準軍前鋒，等到準軍後隊趕到，合力進攻，傅爾丹就招架不住了，部隊也敗歸大營。錫保上疏彈劾，雍正撤了傅爾丹的領侍衛內大臣、振武將軍等職務，並削其爵位。

錫保本身並不是一個做統帥的料，常做些將兵丁「時撤時撥」的事，抓不住戰機的同時還白白損傷許多馬匹，整個軍營裡沒有不怨恨和譏諷他的，傅爾丹應該也在此列。可能是因為這個緣故，第二年錫保又再次彈劾傅爾丹，不過這次雍正經過調查，發現傅爾丹失利的原因是帶的兵太少，不但沒有對傅爾丹繼續治罪，反而還寬赦了他。

烏遜珠勒戰後，大策零敦多布率部繞過察罕叟爾清軍大營，潛至杭愛山，目的是「延請」活佛哲布尊丹巴二世。

由於蒙藏百姓普遍信仰藏傳佛教，所以自噶爾丹起，準噶爾便十分重視利用藏傳佛教的號召力來達成其重建蒙古帝國的計畫。哲布尊丹巴是漠北蒙古的宗教領袖，在漠北蒙古擁有極為崇高的威望，策零「延請」哲布尊丹巴二世，其實質與當初策妄阿拉布坦侵藏，將宗教領袖達賴和班禪予以拘禁是一樣的。

雍正在軍事才能上固然遠不如康熙，但在政治手腕及其敏感性方面卻還可能超過乃父，在上年年底，他就命土謝圖汗部親王丹津多爾濟將哲布尊丹巴二世轉移至漠南蒙古的多倫諾爾寺廟，活佛早在幾個月前就已經啟程，讓準軍撲了個空。

發現準軍潛至厄得爾河源，錫保忙檄令副都統塔爾岱攜同策棱等人到本博圖山進行阻擊。偵知策棱已經離開，小策零敦多布乘機突襲了其位於塔密爾河流域的游牧地，在攻破三音諾顏部的大營後，準軍不僅搶掠了數萬頭牛羊，還擄走了策棱的妻子和兩個兒子。

激將法

準軍第一次出兵漠北時，之所以沒有急於搶掠三音諾顏等部，是因為他們還想分化和拉攏策棱等人，結果後者不但不買帳，還跟他們幹了起來，如今自然沒必要手下留情。不過小策零敦多布的副將事前仍向他提出警告，說：「策棱的軍事實力在當下的漠北各部中居於首位，乃北藩中最強的，如果真的把策棱給激怒了，與我們死拼，恐怕連您都難以生還呢！」

其實就算副將不說，鄂登楚勒戰役也已經顯示出策棱有多麼難對付，只是小策零敦多布垂涎於三音諾顏部的人畜，根本沒聽勸，依然還是做了他想做的事。

策棱率部走到半途，就聽到了自己的大營被襲，牛羊被奪、妻兒被擄的消息，不由得悲憤至極。可是此時的形勢與鄂登楚勒戰役時已有所不同，鄂登楚勒戰役時，準軍實際處於強弩之末，此時出師不久，士氣正盛，策棱自忖若是硬碰硬的話，未必能夠戰而勝之，這讓他又急又惱，一時間不知該如何是好。

恰巧理藩院侍郎綽爾鐸護送糧餉來到軍中，策棱上前拜見，把事情經過跟他講了一遍，隨後便說自己想去向朝廷請援。綽爾鐸聽後，笑著對策棱說：「我向來都認為王爺是個豪傑，可現在才發現王爺原來也只是一個沒用的人！您的妻兒雖然被搶走了，但精兵勁卒都還在，再加上諸部協力，您帶著他們盡力攻敵，阻其歸路，必可一戰成功。這樣的話，您不僅可以迎回妻兒，還能收復疆域，朝廷也一定會對您大加表彰和賞賜，此乃您應該採取的上策啊！」

在使激將法的同時，綽爾鐸也不忘提醒策棱：「現在您如果不顧大局，獨自去向朝廷請援，前線將帥們不知道您的用心，只會以為是您把事情弄糟了，所以才扔下軍隊和任務一走了之，到時我擔心不僅漠北諸部中不會再有王爺的位置，而且您還可能被逮捕法辦呢！」

「您說得太對了！」策棱是個血性漢子，綽爾鐸的這番話深深打動了他，「男兒一腔血，當為諾顏倒也！」

諾顏是蒙古語，意為君王，此處指雍正。隨後策棱便割下自己的頭髮及所乘坐騎的馬尾，向天宣誓，表示將為朝廷和雍正拼死一戰。

綽爾鐸也沒閒著，他隨即前去謁見錫保，請錫保調清軍配合策棱行動，這更增添了策棱與準軍作戰的信心和勇氣。當然，策棱也並不是一個莽撞的人，行動之前，他先派遣了自己的親信護衛綽克渾前去偵察敵情。

綽克渾有著《水滸傳》中神行太保那樣的本事，能夠「日行千里」，步行速度快到驚人。他在到達準軍軍營附近後，立於高山之上，一邊觀察敵情，一邊兩手撐開衣服，遠望彷彿一隻大雕鼓翼而立，準軍即使看見，也真以為那是大雕，所以並不為意。

綽克渾把敵情偵察得詳詳細細，明明白白，然後返回向策棱報告。策棱心裡有了數，他立即憑藉自己在漠北建立的威望，從各部落中抽調和集中了三萬蒙古兵用於作戰。

準軍有三萬之眾，對外號稱三十萬，看起來策軍似乎仍難以勝算，策棱激勵大家說：「賊軍（指準軍）有三十萬，但我們只要能夠以一誅十，一個殺他們十個，也照樣可以戰勝敵人。」

兵馬齊集，準備就緒，策軍抄小路向塔密爾河逼近，他們先乘夜從山後繞出，至黎明時突然從山頂大叫著俯衝下去，向準軍軍營發起突襲。

聽到外面的動靜，準軍從夢中驚醒，人不及甲，馬不及鞍，猝不及防之下難以對戰，遂盡棄軍資，倉皇潰逃。策軍急追，追至喀喇森齊泊後，兩軍作戰十餘次，準軍被多次擊破，只得繼續奔逃。

策棱熟悉地形，率部日行三百里，抄近道先一步到達了準軍必須經過的光顯寺。光顯寺是一座大喇嘛寺，因在蒙古語中將寺稱為昭，所以也叫額爾德尼昭。該地區右鄰杭愛山南麓，左傍鄂爾渾河畔，中間就是這麼一座寺廟，道路狹窄，大軍不易通行。策棱對部下們說：「只要我軍控制了此處險要地域，賊軍縱有百萬之眾，也必定可為我所擒。」

眾人請示是否要趕緊登上杭愛山據險以守，策棱搖搖頭：「賊軍如果看到我們扼守住要害，就會主動避開，從鄂爾渾河上游逃竄，那樣的話，我軍反而不容易取得成功。」

策棱另有克敵妙計，不過這一妙計還必須透過弱兵來實施。

安得北斗為長弓

就在此次出擊前，透過綽爾鐸的協調，策棱專程與錫保會面，除商量對準軍進行夾擊，他還請錫保撥給他一些孱弱的滿洲兵。錫保覺得奇怪：你怎麼要弱兵呢？我這裡又不是沒有精兵，你要多少，我馬上撥給你。

「我所以請王師（即清軍）相助，是想用他們來做誘餌，以便讓敵人上當！」策棱笑道，「不然的話，王師雖然戰鬥力強，但敵人更是百戰之師，怎麼打得過他們呢？」

自和通淖爾慘敗後，清軍確實一場真實意義的勝仗都沒打過，策棱這話聽起來雖有些刺耳，其實並沒毛病。錫保也就不再堅持，按照策棱所希望的那樣給他撥了兵。

在光顯寺，策棱將參加聯合行動的滿洲兵部署於鄂爾渾河的南面，令其背水列陣，自己率本部落勁旅埋伏於山谷。其他部落的蒙古軍則被安置在鄂爾渾河的北面，策棱與他們約定：「聽到胡笳聲起，大家就按計劃向敵人發起進攻。」

剛剛部署好，準軍就來了。見滿洲兵背水列陣，而且軍容很差，小策零敦多布嗤之以鼻，不屑地說：「一群手下敗將，居然還敢跑來跟我們鬥！也好，又可以增加俘虜數量了。」

「策棱是個才智出眾的人。我們攻破他的大營，抓了他的妻兒，他能這麼甘心就放我們走嗎？」副將表示疑慮，「我軍這一路逃過來，卻沒發現他在後面窮追，會不會他就埋伏在這裡阻我去路啊？」

小策零敦多布自以為聰明地笑道：「你看清楚了，這是滿洲兵，彼國（指清廷）制度，從來就不用外藩統率滿洲兵，策棱怎麼會在這裡？」隨後他命令所部向滿洲兵徑直進擊。

如其所願，準軍一出擊，滿洲兵便望風披靡，棄甲向山谷中逃去。準軍一邊追擊一邊撿拾戰利品，漸漸追進了山谷，正追得起勁，突然胡笳聲大作，山谷裡瞬間插遍旌旗，事先隱蔽於谷中的策軍伏兵出現了！

事後來看，除了角色易位，策棱所策動的這場戰役與小策零敦多布發動的和通淖爾戰役其實有著頗多相似之處，尤其是到了最後關鍵處，處於主動地位的一方都把軍事學中「兵不厭詐」用到了精彩絕倫的程度。

敵人已經中計，成敗在此一舉，策棱用蒙古語大呼：「策棱在此，阻君之行！」清軍如同急風驟雨一般對準軍發起衝擊，殺得性起，策棱一把將自己的帽子摘下扔在地上：「今日若不能破賊，我以後就不戴帽子了。」

在策棱的激勵下，將士們無不以一當十，奮勇爭先，準軍被斬殺一萬餘人，谷中佈滿屍體，人們幾乎都要踏著敵人的屍體才能繼續前進。

小策零敦多布率餘部乘夜拼死突圍，被他們丟棄的牲畜、器械、輜重塞滿山谷，只為遲滯策軍追擊。在從山谷中突圍後，準軍準備繼續渡河奔逃，誰知河對面的蒙古軍聽到胡笳聲後已做好作戰準備，發現敵人渡河，便立即「半渡以擊之」，即趁其渡到一半時才發起攻擊，可憐準軍大多不是被殺死，就是在河裡溺死，河水被染成血色，乃至「數十里皆赤」。

準軍被徹底擊潰了，小策零敦多布的副將陣亡，他自己僅率數百騎逃出重圍。這就是有名的光顯寺大捷，戰役結束後，策棱騎在馬上，彈著琵琶唱著歌，率部凱旋。

在光顯寺大捷中，護衛綽克渾立下汗馬功勞，在慶功宴上，策棱賜以千金，並親自向他敬酒。綽克渾即席提出請求：「請王爺的侍姬為奴（綽克渾自稱）舞劍，奴請求為王爺歌上一曲。」

得到策棱的同意後，綽克渾引吭高歌：「朔風高，天馬號，追兵夜至天驕逃。雪山旁，黑河道，狹途殺賊如殺草。安得北斗為長弓？射隕欃槍入酒盅！」

據傳當年文天祥被關在大牢裡，晚上聽到獄卒在唱一首有調無詞的蒙古歌（有人認為可能是呼麥），曾深受震撼，歎息說：「此黃鐘大呂之聲，中土久不聞矣！」漠北草原民風強悍，士多悲歌慷慨之氣，綽克渾在高歌時更是帶著一種雄壯沉鬱、豪邁宏大的情感，恰與光顯寺大捷的氛圍相契合，策棱聽得高興，即席又將自己的侍姬和所乘戰馬賜給了綽克渾。

本來連小策零敦多布也插翅難逃。錫保之前已給駐於拜達里克的馬爾賽下達命令，讓他與副都統達爾濟出兵合力截擊，以斷其歸路。土謝圖汗部親王丹津多爾濟也派人向馬爾賽送信，催促他儘快發兵。拜達里克城內有一萬三千兵馬，僅八旗兵就有五千人，奈何馬爾賽膽小如鼠，接到命令後猶豫不決，被催急了才召集諸將進行商議。眾將大多主張時不我待，趕緊出兵，副將軍達爾濟更是已經整兵待發，惟有都統李杕主張繼續守城。馬爾賽自己怕死，便對李杕的意見表示支持，制止達爾濟出城擊敵。

糊塗蛋

參贊大臣傅鼐這時正以偏將的身份在拜達里克從軍效力。他本是雍邸舊人，祖上以軍功起家，自己也精於騎射，於是便主動向馬爾賽請令：「賊敗亡之餘，成功唾手可取！鼐（傅鼐自稱）剛剛遠道而來，雖然馬疲但猶能一戰，願大將軍撥數千輕騎給鼐指揮。如果事成，歸功將軍；事敗，鼐受其罪。」

馬爾賽聽後默不作聲，既不願自己統兵出城也不肯撥兵給傅鼐。傅鼐再三懇求得不到回應，急得跪在地上給馬爾賽磕頭，然而馬爾賽依舊無動於衷，李杕則幫著他威嚇眾人，說：「違將令者可斬也。」

此後傳來了光顯寺大捷的消息，已經發起追擊的達爾濟也遣使來讓馬爾賽堵住敵軍。眾將看到這種情況，全都爭著想出城立功，但令人不可思議的是，馬爾賽竟然還是不肯發兵。第二天，將士們在城頭看到準軍殘部從城下經過，正在焚燒荒草以阻擋追兵，陣形已經紊亂，於是再次請命出擊，豈料馬爾賽聽到準軍就在城下，卻更加不敢動彈了，還說：「我奉命屯戍於此，沒有奉命退賊。」

眾將悲憤交集，有人拿刀砍柱子，有人都已經急得哭了。李杕見將士們不服，一邊揮舞著鞭子讓士兵緊閉城門，一邊說誰敢擅自出城，他將按軍令將其斬首示眾。

李杕的高壓反而激起了更強烈的反抗，傅鼐慷慨激昂地對大家說：「相公（指馬爾賽）奉命斷賊歸路，如今逆賊已經失魂落魄，豕突狼奔地逃到此處，這正是男兒殺賊立功之時，為什麼要緊閉城門，聽任逆賊逃脫？」。不等馬爾賽下令，傅鼐和參贊胡琳便冒著被處斬的危險，打開城門衝了出去，其他將領也緊隨其後，雖然小策零敦多布已經跑遠，但他們還是斬殺和俘虜了一些來不及逃跑的敵軍。

看到大勢所趨，攔已經攔不住，馬爾賽這才無可奈何地跟著一道出城截擊。他出城後沒看到準軍，看到的是追擊準軍的達爾濟部，這個糊塗蛋也不管三七二十一，就把達部當成準軍加以攻擊。兩軍互有傷損，打了半天才弄明白打錯了，馬爾賽只得收兵回營，然後向朝廷報告說準軍逃得太快，實在追不上了。

馬爾賽之舉激起了公憤，胡琳等人先後上疏進行檢舉，雍正得報大怒，命令削去馬爾賽官爵予以治罪。刑部經過合議，認定馬爾賽及李杕犯下貽誤軍機罪當斬，雍正遂傳令將二人立斬於軍中。

次年，錫保、丹津多爾濟也受到追究。錫保被追究，除了烏遜珠勒之戰中，只撥給傅爾丹撥三千兵，以致兵敗外，另一個原因就是在光顯寺戰役中處置無方，沒能調集足夠兵力與策棱形成夾攻準軍之效。丹津多爾濟則是在光顯寺大戰時，明明擁兵兩萬，卻既不參與夾攻，也不追擊，純粹觀望躲避，事後卻還要冒領軍功。雍正下令罷去錫保靖邊大將軍的職位，將他和丹津多爾濟的爵號一併削掉，另行委任平郡王福彭為定邊大將軍。

從鄂登楚勒戰役到光顯寺大捷，北路軍兩創準噶爾幾乎均為策棱一人之功，雍正大賞策棱，賜號超勇親王，並授定邊左副將軍，讓其進駐科布多城，協助福彭經理軍務。除此之外，雍正還從漠北蒙古的其他部落中分出二十旗給策棱，使三音諾顏部得以從土謝圖汗部中獨立出來，與土謝圖汗部、車臣汗部、札薩克圖汗部並列為漠北四部。光顯寺大捷進一步扭轉了北路軍原先極度被動的局面，雍正心情大好，而這自然也對他恢復健康極有益處，一七三二年十一月，他給田文鏡的硃批中透露，現在身體「健爽倍常」，已經完全好了，他在感激上天和父親在天之靈庇佑的同時，自己也覺得超出了原來的預期。

雖然形勢好轉，但清準雙方的戰略均勢尚未得到根本改變。翰林院檢討周彬上疏，指出西征已經造成國家「糜費疲憊」，必須迅速撤兵和立即停止所有軍務，從而「舒天下之力，養天下之命」。

周彬揭示了一個事實，從一七二九年到一七三三年，西北戰爭已經連續打了四年，在這四年時間裡，兩路軍共用兵十餘萬，跟役近十萬，錢糧消耗尤其驚人——一七二三年，雍正正式登基建元，經過六年時間的努力，才使國庫帑銀由八百萬兩增加至用兵前的五千萬兩，但至雍正末年，國庫帑銀只剩下不到三千萬兩，減少了將近一半，其中大部分都耗費在了西征之上！

付出如此大的代價，換來的卻是敗多勝少，師久無功，不能不讓人對戰爭的前途感到憂慮。當雍正認識到這一點時，也就與周彬有了共鳴，一七三三年六月，他宣佈暫停進兵，同時特召策棱及西路的署寧遠大將軍查郎阿進京，與王大臣會議西北軍事。

這次討論的不再是怎樣打，而是要不要打。以策棱、查郎阿、莊親王允祿為一派，主張繼續開戰，大學士張廷玉曾是出兵西北的倡議者，但他跟皇帝朝夕相處，最知道雍正的心理變化，因此反而希望能議和就儘快議和，如果策零不順從，還要來西北擾亂的話，則再整兵進討。

雍正內心傾向於罷兵，見兩派爭執不下，他引用康熙生前的密諭說：「準地遼遠，我往則我師徒勞，彼來則彼師受困，惟當誘致邀擊，是為萬全之策。」這等於從根本上否定了四年前雍正自己所定的主動用兵方略，表明他「無復深入犁庭之志」，自然也就不用再爭論下去了。

儘管在事實上已經一言定乾坤，但雍正心裡也不是特別有底，於是便向親身參加過西征的傅鼐徵求意見，問他對於罷兵之議怎麼看，傅鼐表示贊成，叩頭說：「此社稷之福。」至此，雍正才下定了與準噶爾議和的決心。

還是得靠戰爭來解決

準噶爾在光顯寺大敗後，也無力再向漠北發起進攻，據說小策零敦多布敗逃回準噶爾後即向策零報告說：「南朝（指清廷）大有人在，策棱謀勇兼備，未可攖其鋒。」

在這種情況下，策零似乎也隱隱流露出與清廷和談的意向，一七三三年下半年，他放出口風，表示要釋放清軍俘虜。問題是策零之前曾以和談和釋俘作為煙幕彈，對清軍發起過突襲，如今又施以相同手法，真的很難讓人分出真假。定邊大將軍福彭因為不明敵意，甚至無法進行軍事部署，雍正連忙指示：策零若遣使前來，朝廷也應表示願意罷兵，但不能因此放鬆軍事部署。

如果準噶爾肯不摻假地「遣使求和」，朝廷就可以體體面面地順勢接受，這無疑是宣佈收場的最好方式，只是策零光打雷不下雨，放出口風後便沒了後續動作。不久，查郎阿也向雍正遞來奏摺，稱前來投奔的準噶爾人透露，策零確有講和之意，但這一情報也並無相應事實可以佐證和跟進。

難道策零又在弄奸耍滑，想靠和談煙幕渾水摸魚，抑或他其實並不想與清廷和談，還要繼續打下去？非也，他不過是為未來談判增加籌碼而已，因為他知道只要清廷首先沉不住氣，就必然會在談判中做出讓步。當然，作為玩心機的老手，雍正也未嘗不清楚策零的這一打算，結果雙方便形成了僵持的局面，誰都不肯邁出第一步，哪怕臉上都已憋到通紅。

和戰趨勢的發展和演變最終還是得靠戰爭來解決，就在雍正深感騎虎難下之際，繼北路軍之後，西路軍方面終於也傳來了捷報。

查郎阿雖然名義上是西路軍的一把手，但他在軍事上的能力並不比錫保、馬爾賽強上多少，西路軍務主要還是依賴於張廣泗。張廣泗自受命以來，透過詳細考察地形，改變了岳鍾琪在任時的錯誤方略。他首先奏准雍正，將全軍撤出被認為「地處兩山間」、「非屯兵進取之地」的木壘，轉而退屯巴爾庫爾，以便利用地形，以守為攻。

針對準噶爾善於用騎兵實施迅猛突襲的特點，張廣泗以巴爾庫爾為中心，不僅在各要隘設置哨所，派兵巡護牧場，還增兵哈密、塔勒納沁等極為重要的驛站和屯墾點，對其嚴加戒備。除此之外，西路軍各部之間的協同配合也得到加強，只要發現準軍的警報一響，各路將士便互相求援，合力對敵兵展開圍殲。

張廣泗在換下岳鍾琪的第一年，便屢次挫敗了準噶爾對西路所發動的突襲，使得西路軍逐漸由戰略防守轉為戰略進攻。次年，雍正改授張廣泗為正紅旗漢軍都統，讓他直接統帥京師八旗與準軍作戰，張廣泗遂率一萬兵為前鋒，進駐北山，為實施反攻進行準備。

一七三四年，張廣泗組織和指揮西路軍發起反攻，他親率京師八旗衝鋒在前。一場天昏地暗的惡戰之後，襲擊西路的準軍主力被打垮，餘部落荒而逃，西路軍乘勝追擊，直至鄂隆吉大阪全殲逃敵。雖然實際殲敵數量並不多，只斬殺準軍四百餘人，俘三十六人，但這是自出兵準噶爾以來，清軍所獨自取得的第一場貨真價實的勝仗。捷報傳至京城，雍正立即下詔對西路軍進行犒勞和論功行賞。

西路受挫，對策零自然是個不小的打擊，而在清軍已經打了勝仗的前提下，朝廷如果遣使議和，便不再存在丟面子的問題，相反它還可以被解釋為不拘小節的大度之舉。當年八月，雍正主動打破僵局，派傅鼐、內閣學士阿克敦、副都統羅密前往準噶爾議和。

前往準噶爾的道路自非坦途，一路上黃沙萬里，即便配備了嚮導，也有迷路的時候，使團往往透過連年戰爭所遺留的人畜白骨，才能重新辨識和找到通向準噶爾的方向道路，只是真不知道這是幸抑或不幸了。在到達準噶爾領地和見到策零後，傅鼐即向宣佈雍正的旨意，宣詔時人山人海，「觀者以萬計」。傅鼐相貌堂堂，聲如洪鐘，引得圍觀的準噶爾人都一邊拿手指著他，一邊用蒙古語交頭接耳，說：「果然是中國大皇帝的使臣，相貌就是出眾！」

如同其他蒙古王公一樣，策零伏地聽旨，但一俟進入實質性的談判環節，他便以國與國的態度來予以對待，且寸步不讓。雍正的詔書中言明為漠北蒙古和與準噶爾蒙古劃分游牧地，以阿爾泰山為界，策零表示反對，要求以杭愛山為界，阿爾泰山為其游牧地。

「阿爾泰山乃不毛之地，中國（指中央政府）拿去有什麼用！況且這是我的先輩披荊斬棘，刀頭舐血，才從喀爾喀手裡爭來的地方，怎麼能在我手裡丟掉呢？」

驚駭欲絕

傅鼐能在這種場合下充當使節和談判代表，自然也是能言善辯之人，他馬上應聲答道：「我還以為您心裡已經沒有您的先輩呢！如果您對先輩們真的如此尊重，那是再好不過了。」

傅鼐引證說，當初康熙三征噶爾丹，策零的父親策妄阿拉布坦與清軍合作，以噶爾丹為敵。噶爾丹敗亡後，策妄阿拉布坦就主動把阿爾泰山獻給中央政府管轄，中央政府也已在阿爾泰山設置驛站多年。

「您現在還說堅持不讓出阿爾泰山，這不單單是違背大皇帝（雍正）的旨意，更是違背了您先輩們的意願，難道您不認為這是件很不吉利的事嗎？」

策零語塞，但他並不甘心就此讓步。見嘴皮子上不是對手，在談判間隙，他便唆使一群文臣武將去威脅傅鼐，說：「您今天若不答應我們的條件，就不要想活著回去了！」

傅鼐性格剛直豪爽，且向來敢作敢當，無懼無畏，當即厲聲對他們說：「出嘉峪關而思歸者，庸奴也，我如果抱著僥倖生還的念頭，就不來你們這裡談判了！今天的談判，如果能夠談成，我們雙方以後就是萬世和好的局面，這對大家都有利，但如果談不成，你們非要殺了我，那就殺好了。殺我不過是一句話的事，你們這樣婆婆媽媽，搞得像女人做事一樣，我真是為你們的大王感到羞恥。」

不愧是「清廷好舌頭」，一番話不卑不亢，言正詞嚴，說得眾人無言以對，面面相覷，只好都灰溜溜地退了下去。

次日，策零把準方起草的談判檔遞交給傅鼐等人，在檔上，他做出了讓步，以杭愛山為界被改成了以哲爾格西喇呼魯蘇為界。隨後，傅鼐等人與策零所派的使節一起返京，向雍正進行稟報。

就策零所劃邊界，雍正徵求策棱的意見，策棱說以前漠北蒙古的游牧地確實不到哲爾格西喇呼魯蘇，所以以此為界是可以的，但是仍應規定準噶爾人不得越過阿爾泰山。

阿爾泰山是阻礙準噶爾人東侵的天然障礙，在西北戰爭中，準軍兩次對漠北發動大規模進攻，都必須首先越過阿爾泰山。雍正認為策棱言之有理，應該將阿爾泰山作為緩衝帶。

清廷把自己的意見回饋給策零，策零又不滿意。此後兩邊一直爭論來爭論去，使得和談相持不決。儘管如此，鑒於形勢已經明顯緩和，一七三五年上半年，雍正還是批准了兩路撤軍計畫，除留下必要兵力屯守要隘，主力全部撤回內地。在西北事務尚未能夠最後了斷的情況下，與準噶爾達成協約乃至解決準噶爾問題，仍是雍正渴望實現的目標，只是他已沒有時間和機會了。

雍正自從病癒後，身體一直都很好。一七三五年十月六日這一天，他感到有些不適，但仍照常在圓明園內辦公，沒有休息，當天大學士張廷玉照常覲見，未有間斷，並沒有發現皇上有什麼明顯異樣。

次日白天也不例外，晚上二更的時候，張廷玉剛剛就寢，突然有內侍前來宣詔，讓他前往圓明園，而且催得非常急。他不敢耽擱，連忙起身穿上衣服，匆匆趕往圓明園。

除張廷玉，莊親王允祿、果親王允禮、大學士鄂爾泰等人當天深夜也都接到了前往圓明園的急召。由於事情緊急，缺乏準備，張廷玉乘的是官廄中的劣馬，趕路時幾乎從馬上跌下來，鄂爾泰更慘，只能騎一頭運煤的騾子，騾子上沒有馬鞍，弄得他肛門開裂，大腿上的皮也被磨破了，鮮血涔涔而下，可是鄂爾泰卻絲毫沒有察覺到（當然就是他發覺，恐怕那時候也顧不上處理什麼傷口了）。

張廷玉第一個到圓明園，在他趕到之前，已有三四個內侍在圓明園西南門翹首以待，一看到張廷玉，他們就將他帶往寢宮。張廷玉這才知道雍正竟然已瀕臨彌留關頭，他白天一直在雍正身邊，卻沒有發現皇上有任何危殆預兆，自然很難接受這一現實，所以那一瞬間感覺「驚駭欲絕」。

「驚駭欲絕」可以用來概括鄂爾泰等人的共同感受。在內侍的引領下，大家先在雍正的御榻前請安，然後出門到臺階下等候。事已至此，他們只能指望奇蹟降臨，就像五年前雍正身患重病卻又轉危為安那樣。

太醫一直在為雍正診治和進藥，但全無效果，至十月八日子時（半夜十一點至凌晨一點），雍正「龍馭上賓」。奇蹟終於還是沒有發生，這一天距離雍正五十八歲生辰僅差兩個月！

疑案

五年前雍正病重的時候，曾把密詔和密旨的內容單獨透露給張廷玉和鄂爾泰，及至雍正在圓明園去世，兩人告訴允祿、允禮等人：「大行皇帝曾示我二人有密旨，應急請出。」眾人都表示同意。

按照雍正所囑，密旨藏在圓明園內，可是問總管太監，他卻說不知有此密旨，所以不曉得藏於何處。張廷玉平時的角色就相當於雍正的貼身秘書長，他分析道：「大行皇帝當日密封之件，諒亦無多，外用黃紙固封，背後寫一『封』字者即是。」

根據張廷玉提供的這一特徵，眾人一通尋找，終於把密旨找出，拆開一看，上面是雍正御筆親書，說明皇位傳於寶親王弘曆。張廷玉立即就燈下宣讀，眾臣拜請弘曆（即乾隆）受命，乾隆隨令允祿、允禮、張廷玉、鄂爾泰輔政，安排既定後，再率眾人扶雍正靈柩返回紫禁城。

根據清宮檔案，在張廷玉等人被召至圓明園之前，乾隆和他的弟弟、和親王弘晝已經隨侍在御榻旁。

雍正召重臣們進宮應該是要囑託後事，特別是宣佈皇儲，然而在他死後，圓明園的密旨一時竟無處尋覓，由此可知在張廷玉等人進入寢宮時，雍正已失去知覺，或至少失去了最基本的語言和行動能力。

是雍正首創「密建皇儲」法以及五年前所做出的安排，保證了在如此突兀的情況下，政權仍能以最穩妥的方式得到交接。十月八日寅時（凌晨三點至五點），乾隆來到紫禁城，在他的注視下，內侍從「正大光明」匾後取出了元年所封詔書，也就是可與密旨相互驗證的密詔，但沒有當場拆開。等到允祿、允禮、張廷玉、鄂爾泰等人到齊，才拆封宣讀，其內容果然與圓明園密旨分毫不差。

明清兩代遺詔多係君主駕崩後所擬，雍正五年前曾「面諭遺詔大意」，準備在他死後讓大臣們給他草擬遺詔，當然他當時沒死成，遺詔也就不存在了。雍正死後，他的遺詔係由乾隆與眾大臣酌商擬定所成，裡面基本保留了雍正面諭時所說的「遺詔大意」，比如雍正對允祿、允禮、張廷玉、鄂爾泰四人的評價（四人能夠輔政，也主要緣於此），比如讓張廷玉、鄂爾泰將來「配享太廟，以昭恩禮」等。

雍正自己入承大統不僅在他當朝時引起民間質疑，對後世而言也是疑團重重，但他的兒子即位卻沒有引起任何爭議，除了父子兩人所處政治環境已大不相同，雍正生前的未雨綢繆無疑是一個最重要的因素。甚至五年前他對自己後事所做的周密安排，也保證了其喪事的有條不紊，雍正所親自指定的隨葬品，即兩盤數珠、一隻玻璃鼻煙壺以及一部經、一個古錢，均於去世當天被放入了棺內。

雍正死得過於倉促，官書中雖載其因病而亡，卻沒有說清楚究竟是死於什麼病，加上一直以來外界對他為人的一些爭議，遂引起各種猜測，最流行的一種說法是說他被呂四娘所刺殺。

據傳說，呂四娘是呂留良之子呂葆中的女兒（也有說是呂留良的女兒），呂留良案發時，她在外作客，故逃過一劫。後來，呂四娘遇異人學得一身武藝，為報父祖之仇，她潛入寢宮，刺殺了雍正，並把雍正的腦袋割下，提著逃走了。「呂四娘行刺說」主要見之於稗官野史，好事者還把鄂爾泰拉進來作為佐證，說鄂爾泰是雍正死的那天下午被召進宮的，而他在被召時，關於雍正暴崩的消息早已鬧得滿城風雨。

圓明園雖屬離宮，但雍正一年裡有超過一半的時間在裡面辦公和休息，園內設有護軍營，軍士和侍衛們日夜巡邏，要想潛入而且還要取下皇帝首級，是件不可想像的事，呂四娘到底又是如何做到的？

唐代有一部傳奇小說《紅線傳》，裡面的俠女紅線身懷絕技，能潛入戒備森嚴的大宅中，從敵方大將的枕頭底下盜取金盒。人們認為呂四娘也有這樣的奇能異術，他們把呂四娘、鄂爾泰都摻入了雍正遇刺斃命的故事，使之變得更加形象生動，《清宮詞本事》中這樣寫道：「羽林執戟衛森嚴，月落雞人報警簽，紅線劍光寒似雪，老臣夜半泣龍髯。」

「呂四娘行刺說」流傳甚廣，就連有的學者都在其著作中加以引用，「雍正被刺」也因此被列入所謂的「清宮四大疑案」，與「太后下嫁」、「順治出家」、「狸貓換太子」（雍正與海寧陳氏換子的傳聞）並列。

最好的時期

從史實上看，當年雍正在處理呂留良案時，就已下令將呂留良的孫輩全部發戍寧古塔，給披甲人為奴，這些呂氏後人遭到嚴格管制，不能自由活動，當然更無法替祖上報仇。值得注意的是，雍正末年社會上確實出現了「呂氏孤兒」漏網的流言，並且已經傳入宮內，雍正為此在浙督李衛的奏摺上批道：「外邊傳有呂氏孤兒之說，當密加訪察根究，倘若呂留良子孫有隱匿以致漏網者，在卿干係匪輕。」李衛隨後透過密摺稟覆雍正，說呂氏一門，不論男女老幼都已被抓了起來，連呂留良父子的墳塋也在監視之列，他可以保證不會有任何一個人漏網。

雍正行事嚴謹周密，甚至還可以說有些過於苛刻細緻，從來容不得臣工給他打馬虎眼，李衛作為寵臣，又以善於偵緝聞名，在這件事上自然不會也不敢敷衍搪塞，由此可知呂四娘僥倖漏網是不太可能的，史學界也普遍認為，呂四娘刺殺雍正是子虛烏有的傳聞之辭，歷史上並無此事。

既然不可能有呂四娘刺殺雍正的事，民間這種傳說又是因何而起呢？一七二九年，江南大俠甘鳳池等人在浙江策劃反清復明活動，準備在次年秋天舉事，此案被李衛偵破，甘鳳池遭到逮捕，這就是「江南案」。自清初以來，江南一直是前明遺民和江湖情結特別濃重的地區，康熙時，包括一念和尚在內，許多人都打著「朱三太子」的旗號在當地進行活動，甘鳳池本人就是一念的徒弟。至雍正中期，江南反清勢力才日漸式微，「江南案」更使之遭到了雪上加霜般的沉重打擊，從此一蹶不振，此後也不再見有打著朱姓旗號起事者。

現實中越是難以做到的事，人們往往越希望它在想像中能夠實現，「江南北八俠」由此應運而生。民間稱八俠中包括呂四娘、甘鳳池在內的七人都曾是鄭成功的部下，並且都始終不渝地從事著反清復明活動，這樣便很容易把呂四娘與呂留良聯想在一起，再與社會上「呂氏孤兒漏網」的傳言一結合，呂氏孤兒也就順勢變成了能夠飛簷走壁地混入宮中，用飛劍將皇帝腦袋削去的神奇女俠呂四娘了。

近年史學界對雍正死因的推測，主要集中於中風死、過勞死、丹藥中毒等幾種，但都只是推論，並無板上釘釘的確鑿依據。古代醫學不發達，對於很多病症都束手無策，雍正五年前得的那場重病，皇家檔案中就沒有註明病因，實際也可以看作根本沒有查出來，後來之所以能夠痊癒，藥物固然起到了一定作用，但可能多半還是靠運氣。據此是否可做這樣一個判斷：由於當年的病因沒有真正查出，病根很有可能仍然潛藏在雍正體內，只是沒被發覺而已。疾病潛伏的時間久了，自然來勢就猛，所以五年後一旦發作，就能在瞬間將雍正徹底擊垮。

雍正從入承大統到駕崩，計在位十三年，時間甚短，但對國家事務、社會問題、民間生活都影響深遠。著名歷史學家鄭天挺講明清史問題，列舉一八四〇年以前明清史上發生的十四件大事，其中屬於雍正朝的就有兩件，即實行攤丁入畝和設立軍機處。他在講清史時，說到清朝歷史上有八件大事，屬於雍正朝的也有兩件，其一是攤丁入畝，其二則是驅逐西方傳教士。

從明朝建立的一三六八年到鴉片戰爭開始前的一八四〇年，在這近五百年的漫長歲月中，雍正朝只占十三年，但卻有兩三件以上不同凡響的施政大事，足見雍正的魄力以及那個時代的重要。

事實上，雍正朝不僅是清代歷史也是中國歷史上一個相對太平、富足的時代。嘉慶年間的皇族學者昭槤在《嘯亭雜錄》中說，康熙末年「庫帑虧絀，日不給」，而至雍正末年，封櫃庫所藏國帑「至三千餘萬，國用充足」，朝廷「倉廩皆充實，積貯可供二十餘年之用」。

至雍正中期，國庫存銀一度達到六千萬兩，在康熙規定「永不加賦」的前提下，這是一個相當可觀的數字。後來由於西北兩路用兵，動用了將近一半，但就這樣，到新君繼位，國庫也還存有兩千四百萬兩白銀。

即便與世界上的其他先進國家相比較，雍正朝時的中國也不遜色。當時的歐洲各國正處於資本主義萌芽期，近代科技和政治思想雖已露出崢嶸，但還剛剛駛出歷史的月臺，遠沒有到開花結果的時候，就物資繁榮程度而言，中國尚走在它們前面，社會發展程度則各有千秋，至少可以做到兩相持平。

這是所謂康乾盛世的中間階段，也可以說已經進入了盛世中最好的時期，把它推上巔峰的人實在功不可沒。在當政的十三年裡，雍正「以勤先天下」，堅持「今日事今日畢」，每天看的奏摺有多少且不說，只是親手批閱的公文就印行了《上諭內閣》一百五十卷，《硃批諭旨》三百六十卷，沒有印行的還有很多。鄭天挺因此評價雍正「作為一個封建帝王，能做到這點（指勤政），是很不容易的」，他認為雍正是一個「好皇帝」。

雍正在他統治的後期，也做了一個自我評價，說：「朕返躬自省，雖不敢媲美三代以上聖君哲後，若漢唐宋明之主實對之不愧。」

他一點都沒有謙虛，當然也不用謙虛，因為他這一生正是照著這個去做的！

參考文獻

1. 馮爾康，雍正傳〔M〕. 北京：人民出版社，1985.
2. 馮爾康，清朝通史：雍正朝分卷〔M〕. 北京：紫禁城出版社，2003.
3. 馮爾康，雍正繼位新探〔M〕. 天津：天津人民出版社，2007.
4. 梁希哲，清帝列傳：雍正帝〔M〕. 長春：吉林文史出版社，2004.
5. 楊啟樵，揭開雍正皇帝隱秘的面紗〔M〕. 上海：世紀出版集團，上海書店出版社，2002.
6. 楊啟樵，雍正帝及其密摺制度研究〔M〕. 上海：上海古籍出版社，2003.
7. 史松，雍正研究論綱〔J〕. 清史研究，1993（2）：68~78.
8. 韋慶遠，論雍正其人〔J〕. 史學集刊，2000（3）：29~37.
9. 張大春，雍正的第一滴血〔M〕. 北京：寶文堂書店出版社，1988.
10. 李春光，清代名人軼事輯覽〔M〕. 北京：中國社會科學出版社，2004.
11. 啟功，啟功口述歷史〔M〕. 趙仁珪，章景懷，整理. 北京：北京師範大學出版社，2004.
12. 馮爾康，清人生活漫步〔M〕. 北京：中國社會出版社，1999.
13. 中國社會科學院歷史研究所清史研究室，張誠日記〔M〕// 張寶劍，譯. 清史資料：第五輯. 北京：中華書局，1984.

14. 國家清史編纂委員會編譯組．張誠書信〔M〕//辛岩，選譯．清史譯叢：第二輯．北京：中國人民大學出版社，2005.

15. 王鍾翰，清史滿族史講義稿〔M〕．廈門：鷺江出版社，2006.

16. 王鍾翰，王鍾翰清史論集：第二冊．〔M〕．北京：中華書局，2004.

17. 鄭天挺，清史簡述〔M〕．北京：中華書局，1980.

18. 麻天祥，雍正與清初禪學之興衰〔J〕．湖北社會科學，2007（9）：103~106.

19. 線天長，吳營洲．戴鐸的聰明與雍正的聰明〔J〕．書屋，2008（9）：51~54.

20. 徐廣源，康雍乾三帝的兩次會聚一堂：雍正帝繼位的關鍵〔J〕．紫禁城，2013（3）：120~126.

21. 範軍，雍正為什麼不高興〔J〕．傳奇故事：百家講壇下旬，2009（10）：18~22.

22. 劉宗志，清代北京的倉儲〔J〕．中國減災，2008（5）：50~50.

23. 閆文博，清代倉儲虧空的官吏賠補制度〔J〕．西南大學學報（社會科學版），201，37（4）：75~80.

24. 孟森，清世宗入承大統考實〔M〕//孟森．明清史論著集刊．北京：中華書局，1959.

25. 孟森，清初三大疑案考實〔M〕//沈雲龍．近代中國史料叢刊：第36輯．台北：文海出版社，1966.

26. 金承藝，從「胤禵」問題看清世宗奪位〔M〕.//「中央研究院」近代史研究所集刊：第五期．臺北：近代史研究所，1976.

27. 金恒源，雍正帝簒位說新證〔J〕. 史林，2004（3）：122~125.
28. 鄂世鏞，淺談雍正用人〔J〕. 遼寧大學學報（哲學社會科學版），1983（3）：60~63.
29. 劉桂林，清世宗選賢任能述論〔J〕. 歷史檔案，1985（2）：88~91.
30. 王志明，清雍正帝的面試術〔J〕. 史林，2002（4）：94~102.
31. 史景遷，追尋現代中國：1600—1912年的中國歷史〔M〕. 黃純豔. 譯. 上海：上海遠東出版社，2005.
32. 史景遷，皇帝與秀才：皇權遊戲中的文人悲劇〔M〕. 邱辛曄. 譯. 上海：世紀出版集團，上海遠東出版社，2005.
33. 中國社會科學院歷史研究所清史研究室，襄勤伯鄂文端公年譜〔M〕// 張寶劍，譯. 清史資料：第二輯. 北京：中華書局，1981.
34. 許宏芝，論田文鏡及雍正朝的吏治〔J〕. 廣播電視大學學報（哲學社會科學版），2006，23（3）：85~87.
35. 吳玉清，雍正與怡親王允祥〔J〕. 清史研究，1993（1）：99~103.
36. 倪軍民，雍正「逼母」考〔J〕. 紫禁城，1998（1）：26~29.
37. 羅爾綱，湘軍新志〔M〕// 沈雲龍. 近代中國史料叢刊續編：第95輯. 台北：文海出版社，1983.
38. 王志明，雍正反腐敗的政治極限〔J〕. 江漢論壇，2004（2）：62~65.

39. 江曉成，清雍正朝兩湖地區的財政虧空及其清查〔J〕．石家莊學院學報，2012，14（1）：49~53.
40. 陳鋒，清代的清查虧空〔J〕．遼寧大學學報（哲學社會科學版），2008，36（6）：72~76.
41. 張文霞，淺析雍正清查虧空〔J〕．企業家天地下半月刊：理論版，2009（3）：268.
42. 王興亞，田文鏡在河南治貪倡廉舉措與實踐的反思〔J〕．黃河科技大學學報，2016，18（2）：74~81.
43. 李志茗，論清代俸給制度的嬗變〔J〕．清史研究，史林，1998（1）：20~29.
44. 董建中，耗羨歸公政策究竟是如何出臺的〔J〕．清史研究，2002（2）：36~45.
45. 李國榮，論雍正帝的務實思想〔J〕．故宮博物院院刊，1998（1）：46~53.
46. 王偉、袁藝，現存雍正畫像研究〔J〕．美術大觀，2010（1）：12~13.
47. 馬國賢，清廷十三年——馬國賢在華回憶錄〔M〕．李天綱．譯．上海：上海古籍出版社，2004.
48. 魯人，雍正時期的「教難」探討〔J〕．中國天主教，1998（2）：43~45.
49. 孟桑，在北大講清史〔M〕．楊佩昌．整理．北京：中國畫報出版社，2010.
50. 蕭一山，清代通史：第一卷〔M〕．上海：華東師範大學出版社，2005.
51. 李國文，雍正的嘴臉〔J〕．海內與海外，2009（4）：42~43.
52. 況周頤，餐櫻廡隨筆〔M〕．張繼紅．點校．太原：山西古籍出版社，1995.
53. 吳吉遠，雍正帝與年羹堯的郎舅情結〔J〕．紫禁城，1997（4）：20~24.

54. 蘇同炳，雍正與年羹堯〔J〕. 紫禁城，2009（10）：30~34.
55. 馬以工，黑色的雍正四年〔J〕. 紫禁城，2011（8）：52~55.
56. 馬以工，紅樓夢與雍正〔J〕. 紫禁城，2009（3）：40~43.
57. 王志明，清雍正帝的面試術〔J〕. 史林，2002（4）：94~102.
58. 李秀蘭，「模範督撫」李衛〔J〕. 歷史教學，2002（8）：66~69.
59. 青雲，保定直隸總督軼事（之二）「模範督撫」李衛〔J〕. 鄉音，2006（11）.
60. 李婷婷，清朝中後期捐納制度的嬗變及影響〔J〕. 齊齊哈爾大學學報（哲學社會科學版），2015（4）：79~81.
61. 黃培林，雲南鹽史概說〔J〕. 鹽業史研究，1996（3）：62~66.
62. 胡忠良，雍正中期「江南案」透析〔J〕. 清史研究，2001（1）：58~64.
63. 宋媛媛，直隸總督李衛與京畿治理研究〔J〕. 河北大學，2014.
64. 韋慶遠，論雍正其人〔J〕. 史學集刊，2000（3）：29~37.
65. 曹相，清朝雍正年間滇西南地區的改土歸流〔J〕. 雲南師範大學學報（哲學社會科學版），1997（1）：18~23.
66. 餘宏模，清代雍正時期對貴州苗疆的開闢〔J〕. 貴州民族研究，1997（3）：66~74.
67. 伯格理、甘鐸理，在未知的中國〔M〕. 東人達，東旻. 譯. 昆明：雲南民族出版社，2001.
68. 楊正賢，張廣泗評述〔J〕. 凱里學院學報，2013，31（4）：63~67.

69. 王進駒，一份清代失意文人病態心理的標本——談汪景祺的《讀書堂西征隨筆》〔J〕．廣西師範學院學報（哲學社會科學版），2000，21（2）：52~54.

70. 雍正，大義覺迷錄〔M〕．北京：中國城市出版社，1999.

71. 俞國林，呂留良與吳之振交遊述略〔J〕．中國詩歌研究，2011.

72. 莊秋水，憤怒的師爺〔J〕．新世紀週刊，2011（22）：102~102.

73. 郭成康，雍正密諭淺析——兼及軍機處設立的時間〔J〕．清史研究，1998（1）：1~13.

74. 瞿兌之，杶廬所聞錄，故都聞見錄〔M〕．太原：山西古籍出版社，1995.

75. 阿海，雍正十年：那條瑞典船的故事〔M〕．北京：中國社會科學出版社，2006.

76. 徐廣源、孫秀珍，雍正提前安排後事〔J〕．出版參考，2003（1）：19~20.

77. 張建，火器與清朝內陸亞洲邊疆之形成〔J〕．南開大學，2012.

78. 張建，雍正朝北路軍營「鹿角兵」考〔J〕．歷史檔案，2015（4）：125~127.

79. 昭槤，嘯亭雜錄〔M〕．北京：中華書局，1980.

80. 魏源，魏源全集（第三冊）：聖武記，附夷艘寇海記〔M〕．長沙：嶽麓書社，2005.

81. 潘洪鋼，雍正帝之死〔J〕．紫禁城，2009（10）：60~63.

雍正大傳

作　　者　關河五十州

發 行 人　林敬彬
主　　編　楊安瑜
編　　輯　林子揚、陳怡君
封面設計　林子揚
編輯協力　陳于雯、高家宏

出　　版　大旗出版社
發　　行　大都會文化事業有限公司
11051 台北市信義區基隆路一段 432 號 4 樓之 9
讀者服務專線：（02）27235216
讀者服務傳真：（02）27235220
電子郵件信箱：metro@ms21.hinet.net
網　　　址：www.metrobook.com.tw

郵政劃撥　14050529 大都會文化事業有限公司
出版日期　2019 年 09 月初版一刷．2021 年 12 月初版五刷
定　　價　480 元
ISBN　978-986-97821-3-5
書　　號　History-112

Metropolitan Culture Enterprise Co., Ltd.
4F-9, Double Hero Bldg., 432, Keelung Rd., Sec. 1,
Taipei 11051, Taiwan
Tel:+886-2-2723-5216　Fax:+886-2-2723-5220
E-mail:metro@ms21.hinet.net
Web-site:www.metrobook.com.tw

國家圖書館出版品預行編目（CIP）資料

雍正大傳 / 關河五十州著 . -- 初版 -- 臺北市 : 大旗出版 : 大都會文化發行 ,2019.09
432 面 ; 17×23 公分 . -- (History-112)
ISBN 978-986-97821-3-5(平裝)

1. 民國初年 2. 人物傳記

782.298　　107013866

讀者服務卡

書名：雍正大傳

謝謝您選擇了這本書！期待您的支持與建議，讓我們能有更多聯繫與互動的機會。

A. 您在何時購得本書：　　　年　　　月　　　日

B. 您在何處購得本書：　　　　　　　書店，位於　　　　　　　（市、縣）

C. 您從哪裡得知本書的消息：

1. □書店　2. □報章雜誌　3. □電臺活動　4. □網路資訊
5. □書籤宣傳品等　6. □親友介紹　7. □書評　8. □其他

D. 您購買本書的動機：（可複選）

1. □對主題或內容感興趣　2. □工作需要　3. □生活需要
4. □自我進修　5. □內容為流行熱門話題　6. □其他

E. 您最喜歡本書的：（可複選）

1. □內容題材　2. □字體大小　3. □翻譯文筆　4. □封面　5. □編排方式　6. □其他

F. 您認為本書的封面：1. □非常出色　2. □普通　3. □毫不起眼　4. □其他

G. 您認為本書的編排：1. □非常出色　2. □普通　3. □毫不起眼　4. □其他

H. 您通常以哪些方式購書：(可複選)

1. □逛書店　2. □書展　3. □劃撥郵購　4. □團體訂購　5. □網路購書　6. □其他

I. 您希望我們出版哪類書籍：（可複選）

1. □旅遊　2. □流行文化　3. □生活休閒　4. □美容保養　5. □散文小品
6. □科學新知　7. □藝術音樂　8. □致富理財　9. □工商企管　10. □科幻推理
11. □史地類　12. □勵志傳記　13. □電影小說　14. □語言學習（____ 語）
15. □幽默諧趣　16. □其他

J. 您對本書(系)的建議：

____

K. 您對本出版社的建議：

____

讀者小檔案

姓名：______________ 性別：□男 □女 生日：____年____月____日

年齡：□20歲以下 □21～30歲 □31～40歲 □41～50歲 □51歲以上

職業：1.□學生 2.□軍公教 3.□大眾傳播 4.□服務業 5.□金融業 6.□製造業
7.□資訊業 8.□自由業 9.□家管 10.□退休 11.□其他

學歷：□國小或以下 □國中 □高中／高職 □大學／大專 □研究所以上

通訊地址：____

電話：（H）________________（O）______________ 傳真：______________

行動電話：__________________ E-Mail：______________________________

◎謝謝您購買本書，歡迎您上大都會文化網站（www.metrobook.com.tw）登錄會員，或至 Facebook（www.facebook.com/metrobook2）為我們按個讚，您將不定期收到最新的圖書訊息與電子報。

雍正大傳

北區郵政管理局
登記證北臺字第9125號
免貼郵票

大都會文化事業有限公司
讀者服務部 收

11051臺北市信義區基隆路一段432號4樓之9

寄回這張服務卡〔免貼郵票〕
您可以：
◎不定期收到最新出版訊息
◎參加各項回饋優惠活動

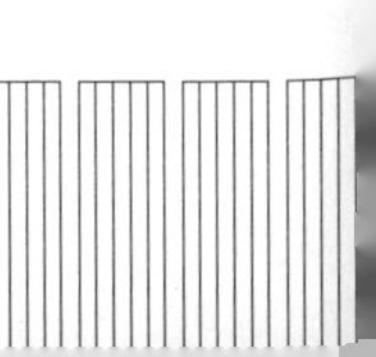